재미있고 알기쉬운

양조공학

고 정 삼 지음

yh 도서출판 유한문화사

머리말

인류의 시작과 더불어 이어온 술은 역사의 흐름 속에 사람들에게 많은 영향을 끼쳤으며, 지금도 우리의 일상생활 속에서 늘 함께 하고 있다. 고대의 제례의식에서부터 시작하여 조선시대에는 풍류의 세월 속에, 그리고 일제시대에는 술 속에 아픈 한을 담기도 하였다. 오늘날의 술은 복잡한 현실로부터의 심리적 탈출이나 쾌락 추구를 위한 수단으로 많은 변모를 하였다.

술은 스트레스를 해소하고, 슬픔을 달래고 기쁨을 더하기도 한다. 사회생활 속에 서로의 정을 나눌 수 있는 약주이면서, 지나치면 알코올중독으로 삶을 깊은 수렁에 빠뜨리기도 하는 양면성을 가지고 있다. 우리 조상들은 술을 음식이라고 여겨 지나치지 않도록 술을 마시는 법을 가르쳐 왔다. 술은 서로의 마음을 쉽게 연결해 주는 매개체로서 역할을 한다. 술이 우리에게 늘 좋은 약으로 활용하기 위해서는 술에 대한 내용을 먼저 알아야 할 것이다.

양조산업은 매출액을 기준으로 8조원이 넘는 국가적인 중요한 산업이면서 첨단산업의 그늘에 가려 마치 이미 확립된 전통기술로 의미가 퇴색되는 경우가 많다. 그러나 양조산업은 전통산업이면서도 늘 첨단기술의 접근을 필요로 하는 현재와 미래의 산업이라고 할 수 있다.

지금까지 기술적인 내용만을 다룬 전문서적의 영역을 벗어나 이 책에서는 술의 역사에서부터 각종 술의 종류, 제조방법과 특성, 술과 건강, 다양한 음주문화, 주류 분석법 등 문화적인 측면까지 종합적인 내용을 체계적으로 정리하였다. 지금까지의 다른 어떤 전공서적에 비하여 가능한 많은 사진자료를 통하여 누구나 쉽게 이해할 수 있도록 하였다. 이 책은 교양도서로서, 그리고 전공서적으로 대학과정에서 강의용으로 활용할 수 있도록 꾸몄다.

자료를 작성하여 편집하는 과정에서 각 internet site의 내용이 일부 인용되었음을 알려드리며 이에 감사드린다. 모자란 부분에 대해서는 앞으로 계속하여 보완함으로써 이 분야의 지침서가 되도록 노력하고자 한다.

저자 씀

차 례

제 1 장

술의 역사

술은 알코올(ethanol) 함량이 1% 이상의 음료를 말한다. 술은 기호식품으로서 대부분 알코올 외에 당분·단백질·무기질 등이 들어 있으나, 이는 매우 적은 양으로 영양이 될 정도는 아니다. 술은 인류의 역사와 함께 시작되었다. 그만큼 술은 인간생활과 밀접한 관계를 가지고 있었으며, 우리의 생활 속에 늘 함께 하고 있다. 과거의 술은 인간의 호연지기를 키워주고 어려운 기후와 생활로부터 이겨낼 수 있도록 해주었다. 그러나 오늘날에는 복잡한 현실로부터의 심리적 탈출 또는 쾌락을 추구하기 위한 술의 소비가 늘고 있다는 점이 예전과 다르다.

성인이 되면서부터 많은 사람들이 술과의 인연을 맺으며, 또한 추억에 남을 만한 일들을 만들기도 한다. 주류산업은 국가적으로 중요한 산업으로서 안정된 세원(稅源)으로서의 역할을 하여 왔다. 국내 주류산업은 2006년도 출고량을 기준으로 맥주가 172만 kL로 3조 2천억 원으로 매출액에서 47.8%를 차지하며, 희석식 소주가 127만 kL로 2조 7천억 원으로 39.5%를 차지하였다. 이 외로 청주, 약주, 과실주, 위스키 순으로 매출액 기준으로 위스키가 7.3%, 기타 5.4%였다. 2005년에 비하여 출고량은 3.25% 증가하였으나 맥주 세율이 90%에서 80%로 인하함에 따라 매출액은 4.03% 감소하였다. 포도주와 복분자주 등 과일주에 대한 소비자의 관심이 높아지고 웰빙 경향이 확산되어 출고량이 12.4%가 증가하였다. 세계적으로 양주 소비가 상대적으로 많은 특이한 구조를 나타내고 있다.

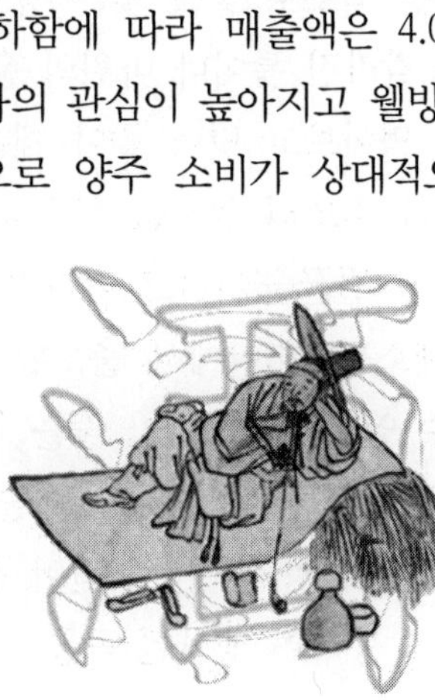

2006년에 맥주의 용기별 출고량은 병이 46.05%, 생맥주가 21.80%, 캔이 15.61%, 그리고 PET가 16.54%로서 아직도 외국에 비하여 병맥주가 차지하는 비중이 높다. 2004년에 세계 맥주 생산량은 14,760 kL로 지난 5년간 평균 2%의 성장을 나타내었다. 중국이 2,824 kL로 세계 생산량의 19.1%를 차지하였다. 다음으로 미국(15.8%), 독일(6.5%), 브라질(5.9%), 러시아(5.6%) 순으로, 한국은 1% 정도로서 15위권으로 추정된다. 국내의 경우 회사별로는 HITE가 54%, CASS 27%, OB 11%, Prime 맥주 2%였다.

국제유가의 상승은 바이오에너지 생산에 관심을 갖게 됨으로써 독일 등에서는 보리 재배지역이 유채 등의 재배로 대체되었다. 이에 따라 맥주의 원료가 되는 보리가격의 상승을 초래하여 맥주산업에 어려움을 가중시키고 있다. 앞으로 좋은 품질의 양조 원료의 확보경쟁은 양조산업에서 중요한 변수로 보인다. 우리들에게 늘 가까이 있어 왔던 술이 어떻게 시작되었으며, 또한 우리들의 생활 속에서 어떤 의미를 가지고 있는지 하나씩 알아보자.

1. 술의 기원

술이 언제부터 있었는지는 분명하지 않지만 인류의 기원과 함께 자연적으로 발생된 술로부터 유래되었을 것이다. 술은 오랜 세월을 거쳐 인류문화의 발전에 직접 또는 간접적으로 영향을 준 것은 분명하다. 여러 지역, 민족, 기후, 풍토에 따라 특색이 있는 각각의 술로 나름대로 발전하였다. 따라서 세계 각국에는 여러 형태의 술이 다양하게 분포되어 있다.

인류가 목축과 농경을 시작하기 이전인 수렵과 채취가 이루어지던 시대에는 과실주가 있었을 것이다. 과실이나 벌꿀과 같은 당분이 들어 있는 액체에 토양이나 과실 등 자연에 널리 분포하는 야생효모(wild yeast)가 들어가면 자연적으로 발효가 일어나 알코올이 생성된다. 원시시대의 술은 어느 나라에서나 모두 이러한 형태의 술이었을 것이다.

가장 최초로 술을 빚은 생명체는 사람이 아닌 원숭이로 알려져 있다. 원숭이가 나무의 갈라진 틈이나 바위의 움푹 패인 곳에 저장해 둔 과실이 우연히 발효된 것을 인간이 먹어보고 맛이 좋아 계속 만들어 마셨다. 이 술을 원숭이술(猿酒)라고도 한다. 그러나 최초의 알코올성 음료는 석기시대에 동굴에서 살던 사람들이 마셨을 것으로 보이는 '벌꿀술'이라고 여겨지고 있다. 역사적인 기록으로 나타나는 것은 BC 5,000년경 메소포타미아에서 출토된 토제 분판(粉板)에서부터 곡류로 빚은 술을 즐겼음을 알 수 있다. 그들은 이 술을 '신의 선물'로 생각하였으며, 사원에서 여사제(女司祭)에 의하여 종교의식의 하나로 술을 빚었다.

이 외의 양조주는 인간이 농경을 시작한 직후부터 발달된 것으로 여겨지고 있다. 농경을 통하여 생산된 곡물로 빵을 만드는 중에 빵효모에 의하여 발효된 것으로 술을 만들었다. 과거 인간은 주로 '벌꿀술', '곡주', '포도주' 등을 즐겨 왔다.

시대별로 술의 변천을 살펴보면, 수렵과 채취를 하던 시대의 술은 과실주이었다. 유목시대에는 가축의 젖으로 젖술(乳酒)이 만들어졌다. 청주나 맥주와 같은 곡류 양조주는 농경이 시작되어 녹말을 당화시키는 기술이 개발된 다음에 이루어졌다. 소주나 위스키와 같은 증류주는 가장 늦게 만들어진 술이다. 술의 원료는 그 나라의 주식과 밀접한 관계가 있다. 술로 만들 수 없는 어패류나 바다동물을 주식으로 하는 에스키모족에게는 술이 없었다. 또한 술을 빚을 원료가 있다고 하더라도 종교적으로 금주를 하는 나라에서의 양조주는 매우 뒤떨어져 있다.

음주의 관습도 종교와 밀접한 관련이 있다. 일반적으로 종교에서는 술을 빚어 마시는 일이 의식의 중심이 되는 경우가 많았기 때문이다. 인도의 베다 시대에는 소마(soma) 술을 빚어 신에게 바치는 의식이 있었다. 가톨릭에서는 포도주가 '예수의 피'의 상징이라 하여 세례에 쓰이고 주교가 미사 중에 마신다.

원시인들은 발효를 증식의 상징으로 받아들여 풍요와 연결시켰고, 여성의 생식작용을 의미한다고 보았다. 중동지역의 원시종교는 술에다 물을 섞어 신에게 바치는 것을 의식의 중심으로 이루어졌다. 여기에서 물은 남성을 상징하여 음양화합의 뜻을 나타낸 것이다. 농경시대에 들어와 곡물로 빚은 술이 생기면서 술은 농경신과 깊은 관계를 가지게 된다. 술의 원료가 되는 곡물은 그 땅에 사는 사람들의 주식이며, 농경에 의해서 얻어지기 때문이다.

2. 신화 속의 술

그리스 신화에서 디오니소스(Dionysos)라고 불리는 로마신화의 주신(酒神) '바커스(Bacchus)'는 제우스(Zeus)와 세멜레(Semele) 사이에서 태어났다. 바커스에 대한 신앙은 발칸반도 남동쪽인 트라키아(Thracia) 지방에서 그리스로 들어온 것으로 보인다. 바커스는 대지의 풍작을 관장하는 신으로 아시아에 이르는 넓은 지역을 여행하며, 각 지역에 포도재배와 양조법을 전파하였다고 한다.

이집트 신화에서 오시리스(Osiris)는 누이인 이시스(Isis)와 결혼을 하고 이집트를 통치한 왕이었으나 동생에게 살해되어 죽은 자(死者) 나라의 왕이 된다. 이 신은 농경의례와 결부되어 신앙의 대상이 되고 있으며, 보리로 술을 빚는 법을 가르쳤다고 한다. 『구약성서』의 '노아(Noah)의 방주'에 관한 이야기에서는 하나님이 노아에게 포도의 재배방법과 포도주의 제조방법을 전수하였다고 한다.

중국에서는 하(夏)나라의 시조 우왕 때 의적(儀狄)이 처음으로 곡류로 술을 빚어

왕에게 헌상하였다는 전설이 있다. 이 후에 의적은 주신(酒神)으로 숭배되었다. 또한 진나라의 강통(江統)은 『주고(酒誥)』라는 책에서 '술이 만들어지기 시작한 시기는 천지개벽과 함께 태어난 사람으로 알려진 상황(上皇) 때부터이고, 제녀(帝女) 때 성숙되었다.' 라고 적혀 있어서 인류가 탄생하면서부터 술이 만들어졌음을 나타내었다. 그러나 구체적으로 중국에서 처음 술을 빚기 시작한 시기는 지금으로부터 8,000년 전인 황하문명 때부터인 것으로 추정된다. 특히 이 시기의 유적지에서 발굴된 술을 발효시킬 때 사용하거나 술을 담아두던 용기인 술그릇이 당시 용기 중에 26%나 되었을 정도였다. 술은 이 시기에 일상생활에서 큰 비중을 차지하고 있었다.

3. 우리나라 술의 역사

우리나라 술의 기원으로는 고구려 주몽(朱蒙)의 탄생신화에 대한 전설이 있다. 그리고 『삼국사기』, 『삼국유사』, 『고려도경』, 『제민요술』 등의 문헌에 술에 대한 기록이 있어서 삼국시대부터 다양한 술이 있었음을 짐작하게 한다.

3.1 술의 기원

술의 옛 글자인 유(酉) 자는 술이 익은 다음 침전물을 모으기 편리하도록 한 밑이 뾰쪽한 항아리에서 유래하였다고 한다. 술의 고유한 우리말은 '수불/수블'이었다고 한다. 수블 > 수울 > 수을 > 술로 변천하였을 것이다. 옛사람에게는 술이 발효되는 과정에서 탄산가스가 발생함으로써 물이 난데없이 부글부글 끓는 것이 신기하여 '물에 불이 붙는다'는 뜻으로 '수불'이라 하였을 것이다.

문헌에 나타나는 우리나라 술에 대한 이야기는 『제왕운기(帝王韻紀)』에 처음으로 나타난다. '하백의 딸 유와가 해모수의 꾀에 속아 술에 잔뜩 취한 후 해모수의 아이를 잉태하였는데, 그가 주몽이라는 이야기'이다. 우리 문헌에 술에 관한 기록이 드물지라도 술이 중국에서 전래되었을 것으로 보지는 않는다. 고조선 이전부터 동아시아 대륙에 번성하였던 우리 민족은 발효기술을 발전시켰기 때문에 술의 역사도 우리 민족의 역사와 함께 시작되었을 것이다. 따라서 우리나라 술의 기원은 중국으로부터 전래되었다는 추론보다 산동지역에 살던 동이족(東夷族)의 음주문화가 중국과 한반도에 동시에 영향을 주었으리라고 여겨진다.

3.2 고구려의 술

부여, 진한, 마한, 고구려의 무천, 영고, 동맹 등 제천(祭天) 행사에서 '밤낮으로 술을 마시며 노래하고 춤을 추었다(晝夜飮酒歌舞)'라는 『삼국지, 위지(魏誌)』『동이전(東夷傳)』의 기록에 의하면 고구려에는 좋은 술을 담그는 기술이 발달하였다. 이때에 이미 술을 빚기 위한 누룩(酒麴)과 곡아(穀芽)[1]로 술을 빚는 방법이 완성되었다고 할 수 있다.

AD 430년경 북위(北魏)의 산동태수 가사협이 지은 『제민요술』은 고구려의 술을 빚는 기술을 구명하는 데 중요한 자료이다. 산동반도가 역사 이래로 우리 민족에 직접적이거나 간접적인 영향에 있었던 문화지역이었다. 북위와 고구려는 민족적, 지리적, 그리고 정치적으로 가까이 있어서 고구려 때에 술을 빚는 방법이 거의 『제민요술』에 전해오고 있다. 고구려의 술을 빚는 기술은 중국으로 건너가 '곡아주(穀芽酒)'라는 명주(名酒)를 낳았다. 고구려의 양조기술을 이어받은 낙랑에서의 술을 만드는 방법이 다시 신라에 전해져 뿌리를 내리게 되었다.

3.3 백제의 술

일본에서 주신(酒神)으로 모시는 백제사람 인번(仁番, 贈保利)이 일본에 누룩과 술을 빚는 방법을 전함으로써 비로소 일본에 술다운 술이 생겼다고 한다. 일본 고사기(古史記)의 중권 『응신천왕조』에는 베를 짜는 기술자인 궁월군의 증손인 인번이 일본에 가서 응신천황(應神天皇, 270~312년)에게 술을 빚어 바쳤더니, 왕이 술을 마시고 기분이 좋아 다음과 같은 노래를 불렀다고 한다.

보리가 빚은 술에
나도 취했네
태평 술, 즐거운 술
나도 취했네

양조기술의 장인(匠人)인 보리라는 이름의 뜻은 '술을 거르는 이'로서, 이때에 이미 백제에서는 발전된 양조법으로 술을 빚었을 것이다. 그러나 백제의 술에 대하여 자세한 기록으로 전하는 것이 없어 확실하지는 않다. 그러나 일본에 남아 있는 기록과 술을 빚는 기술로 미루어 고구려의 술 빚기에 비하여 그리 떨어지지 않았을 것이다.

3.4 신라와 통일신라의 술

그 당시에 시인들이 칭송하던 신라술의 명성은 아마도 고구려로부터 전해진 듯하

1) 지금의 맥아와 유사한 형태로, 곡류를 발아시켜 생기는 식물성 효소를 이용하여 녹말을 당화시킬 수 있는 소재로 추정된다.

다. 삼국 중에서 비교적 늦은 시기에 국가체제를 형성한 신라는 술 빚기에서도 처음에는 가장 뒤떨어졌을 것이다. 그러나 다른 문화와 함께 고구려로부터 전해진 술을 빚는 기술은 국력의 성장과 함께 날로 발전하였다. 해동역사에 나오는 고려술이 바로 신라술이라고 하였다. 통일신라에 이르면 양조곡주들이 다양하게 개발되고, 상류사회에서는 청주를 마시는 일이 많게 되었다.

3.5 고려시대의 술

고려시대에는 이전부터 내려오는 곡주류 양조법이 완성되었다. 고려 전기에 청주, 탁주, 재제주, 감주 등 술의 종류가 많았다. 고려시대에도 송나라와 빈번한 교류가 있었고, 절에서는 여관업을 겸하여 술을 빚어 팔기도 하였다. 또한 궁중의 양온서[2)]에서도 국가의 의식에 쓰일 술을 빚었다.

송나라 서긍의 『고려도경(高麗圖經)』에 의하면 '고려에는 찹쌀이 없어 멥쌀과 누룩으로 술을 빚는데, 맛이 독하여 쉽게 취하고 빨리 깬다. 일반적으로 고려 사람은 술을 즐긴다. 그러나 서민들은 양온서에서 빚는 좋은 술을 얻기 어려워 맛이 떨어지고 빛깔이 짙은 것을 마신다.' 라고 하였다. 양온서에서 빚는 술은 법도대로 빚는다고 하여 '법주'라고 하였다. 그러나 오늘날의 법주[3)]와는 전혀 다른 술이 있었던 것 같다. 아마도 종묘제사에 관용으로 쓰였던 술이었을 것이다.

고려시대에 소주가 우리나라에 전래되었다. 『동의보감』과 『본초강목』에 의하면 소주는 원나라 때 아라비아에서 원 → 만주 → 고려의 순으로 전해진 듯하다. 소주가 들어온 시기는 대체로 고려 충렬왕 3년(1277년)이며, 소주가 일반적으로 마시게 된 시기는 충숙왕에서 충혜왕(1314～1345년) 사이로 보고 있다. 고려시대에는 다음과 같은 술들이 있었던 것으로 알려져 있다.

- 포도주 : 쌀로 빚은 술에 포도를 넣어 만든 술
- 도소주 : 원단(元旦)에 마시는 약주로서 백출, 대황, 질경 등 한약재를 넣어 빚은 청주
- 계향어주(桂香御酒) : 계실을 넣은 계피향이 있는 향기로운 술로서 송나라로부터 전래됨.
- 마유주(馬乳酒) : 고려 충렬왕의 왕비가 몽고술인 마유주를 고려에 전했다고 함.

---

2) 궁중에서 술을 빚던 관청으로서 후에 장예서, 사온서로 명칭이 바뀌었다.

3) ㈜경주법주에서 생산되는 한약재를 첨가하여 만든 약주

• 감주(甘酒) : 감향주와 향감주가 있었으며, 발효 원료를 한번에 1단 사입하여 빚은 술

• 이화주(梨花酒) : 쌀누룩을 사용한 탁주의 일종

이처럼 고려시대는 우리나라 술의 3대 분류인 탁주·약주·소주의 기본형태가 완성된 시대이었다.

3.6 조선시대의 술

조선시대에서 술 빚기의 특징은 발효원료를 나누어서 술을 담그는 방법인 2단 사입에 의한 중양주류가 발달하였다. 양조 원료도 멥쌀만으로 빚다가 찹쌀이 점차 늘어난다는 점과 부본(腐本), 즉 술밑을 사용하여 효모를 증식시키는 기술이 발전하였다. 조선시대에 유명하였던 술은 무려 300여 가지에 이른다. 이 중에서도 백하주, 삼해주, 이화주, 청감주, 부의주, 향온주와 약산춘, 호산춘, 노산춘 등의 봄에 술을 빚는 춘주류(春酒類)들을 손꼽을 수 있다.

소주도 날로 소비가 늘었음을 알 수 있다. 정약용이 '전국의 소주고리를 거두어들여 식량난을 예방하자'고 상소하기도 할 정도이었다. 유명한 소주로 감홍로, 죽력고, 이강고 등이 있었다. 조선 후기에는 합주류와 과하주류가 나타났으며 탁주, 약주, 소주 외에 혼성주가 덧붙여지게 되었다. 조선시대의 대표적인 술들은 다음과 같다.

1) 탁 주

• 이화주(梨花酒) : 쌀누룩으로 빚은 진하고 주정도수가 높은 탁주

• 사절주 : 막누룩으로 빚어 청주를 조금 얻고, 탁주로 대부분 걸러 마시는 술로서 맛은 이화주와 비슷함.

• 혼돈주 : 연산군 때 정희량이 빚었다고 하는 술로서, 사흘 만에 걸러 마신다. 탁주에 소주를 타서 마시는 술이라는 설도 있다.

• 합주(合酒) : 약주를 뜨지 않고 탁주로 한꺼번에 걸러 마시는 술

• 모주(母酒) : 술지게미에 물을 타서 끓여 낸 탁주

2) 홍주와 백주

• 천대홍주 : 홍국(紅麴)과 누룩, 찹쌀로 빚은 술

• 백주 : 탁주에 가까움

3) 감 주

- 감주(甘酒): 누룩으로 빚은 술의 일종으로, 술과 식혜의 중간 형태
- 청감주(淸甘酒): 물 대신 좋은 술로 빚어 단맛을 더한 술
- 이양주, 청서주: 여름철에 빚어 마시는 술로서, 큰 자배기에 찬물을 수시로 갈아주며, 술독을 그 속에 담가 저온에서 발효시킴.
- 와송주(臥松酒): 스스로 누운 생소나무의 둥치를 말구유 모양으로 파내고 그 안에 술독을 넣고 술을 빚은 다음 진흙으로 봉하여 익힌 술
- 죽통주: 생 대나무의 마디 사이를 뚫고 술을 빚어 넣어 익힌 술
- 가향주: 도화주, 송화주, 송순주(松筍酒), 하엽청, 연엽양, 진달래술 등
- 과실주: 포도주, 송자주 등

4) 소 주

- 공덕지 소주: 서울 교외의 시골인 공덕리에서 만든 소주이며, 집에서 빚은 순곡소주로서 임진왜란 이후부터 시작됨.
- 안동소주: 안동지방에서 빚어진 순곡 증류주
- 찹쌀소주: 찹쌀로 빚은 술밑을 증류한 소주, 삼해주의 술밑을 고아낸 소주

5) 혼성주(재제주)

- 과하주(過夏酒): 여름을 넘기는 술로서 약주에 소주를 섞어 주정도수를 높인 서울식 과하주와 달고 진하게 빚어 여름을 넘기는 김천식 과하주가 있다.
- 송순주: 찹쌀밥, 송순으로 빚은 술밑에 삼해소주를 부어 서늘한 곳에서 삭힌 술

6) 약용 소주

- 관서 감홍주: 소주를 고을 때 지초와 꿀로 바쳐 내린 소주
- 이강고(梨薑膏): 울금, 계피, 배, 생강, 물을 소주에 넣어 혼합한 술
- 죽력고: 푸른 대나무를 쪼개어 불에 구워 우러나오는 진액인 죽력과 물을 소주에 넣고 우려낸 술

7) 약용 약주

• 자주(煮酒): 좋은 청주에 약재를 넣고 우려낸 약주
• 구기주: 구기자즙과 누룩, 쌀로 빚어낸 약주
• 기 타: 오가피주, 도소주, 밀주, 송절주 등

문헌에 나타나는 조선시대의 술을 정리하면 다음과 같다. 그러나 일제시대를 거치면서 가양주 형태의 많은 종류의 술이 소멸되고 몇 가지만이 전래되어 복원되었다.

감주(甘酒), 감하향주(甘夏香酒), 감향주(甘香酒), 감홍(로)주(甘紅露酒), 강서마고주(江西麻姑酒), 강주(薑酒), 거승주(巨勝酒), 건창 홍주(建昌 紅酒), 견조 향주(鵑鳥 香酒), 경면 녹파주(鏡面 綠波酒), 계명주(鷄鳴酒), 계향 어주(桂香 御酒), 고아주(羔兒酒), 곡아주(曲阿酒), 과하주(過夏酒), 관서 계당주(關西桂糖酒), 광제주(廣濟酒), 괴지주(槐枝酒), 구기주(枸杞酒), 구황주(救荒酒), 국미주, 국화주(菊花酒), 금분로(金盆露), 금화주(金華酒), 급주(急酒), 급시주(急時酒), 급청주(急淸酒) 등

남경 금화주(南京 金華酒), 남등주(南藤酒), 노주(露酒), 녹골주(鹿骨酒), 녹두주(綠豆酒), 녹두주(鹿頭酒) 녹용주(鹿茸酒), 녹파주(綠波酒), 농주(農酒), 뇌주(腦酒) 등

당귀주(當歸酒), 대추 술, 더덕 술(사삼주, 沙蔘酒), 도소주(屠蘇酒), 도원주(桃源酒), 도화주(桃花酒), 동동주(부의주, 浮蟻酒), 동양주(東陽酒), 동정춘(洞庭春), 두강주(杜康酒), 두견주(杜鵑酒), 두림주(豆淋酒) 등

매실주(梅實酒), 모주(母酒), 모소주(牟燒酒), 무국주(無?酒), 무술주(戊戌酒), 무시주(無時酒), 무회주(無灰酒), 문배주, 문장주(文章酒), 미인주(美人酒), 밀주(蜜酒) 등

방문주(方文酒), 백주(白酒), 백령 등주(百靈 藤酒), 백로주(白露酒), 백부주(百部酒), 백엽주(柏葉酒), 백설주(白雪酒), 백일주(百日酒), 백자주(柏子酒), 백출주(白朮酒), 백하주(白霞酒), 백화주(百花酒), 백화춘(白花春), 법주(法酒), 벽향주(碧香酒), 별주(別酒), 병자주(餠子酒), 복령주(茯笭酒), 봉채춘(蓬菜春) 등

사강주(社康酒), 사근주, 사마주(四馬酒), 사절 칠일주(四節 七日酒), 산동추로백(山東秋露白), 산약주(山藥酒), 산우주(山芋酒), 삼오주(三午酒), 삼일주(三日酒), 삼칠 소국주(三七 少麴酒), 삼해주(三亥酒), 상심주, 석향주(惜香酒), 선령비주(仙靈脾酒), 선장주(仙漿酒), 섬라주(暹羅酒), 섬사주(蟾蛇酒), 세신주(細辛酒), 소국

주(少麴酒), 소맥 소주(小麥 燒酒), 소자주(蘇子酒), 소주소병주(蘇州小瓶酒), 송자주(松子酒), 송주(松酒), 송령주(松鈴酒), 송로주(松露酒), 송순주(松荀酒), 송액주(松液酒), 송엽주(松葉酒), 송절주(松節酒), 송지주(松脂酒), 송화주(松花酒), 시급주(時急酒), 신도주(新稻酒), 신라주(新羅酒), 신선주(神仙酒), 신선 고본주(神仙 固本酒), 신청주(新淸酒) 등

아황주(鵝黃酒), 안동 소주(安東 燒酒), 애주(艾酒), 약산춘(藥山春), 양고주(羊羔酒) 연엽주(蓮葉酒), 연해주(燕海酒), 연화주(蓮花酒), 오가피주(五加皮酒), 오곡주(五穀酒), 오미주(五味酒), 오수주(烏鬚酒), 오정주(五精酒), 오향 소주(五香燒酒) 옥로주(玉露酒), 옥지주(玉指酒), 와송주(臥松酒), 왜미림주(倭美淋酒), 왜백주(倭白酒), 요주(蓼酒), 용안육주(龍眼肉酒), 우담 소주(牛膽 燒酒), 우방주(牛蒡酒), 우슬주(牛膝酒), 유하주(流霞酒), 유학주(愈虐酒), 의이인주(薏以仁酒), 이강주(梨薑酒), 이강고(梨薑膏), 이명주(耳明酒), 이산주(尼山酒), 이화주(梨花酒), 인동주(忍東酒), 인삼주(人蔘酒), 인진주(茵蔯酒), 일년주(一年酒), 일숙주(一宿酒), 일야주(一夜酒), 일일주(一日酒), 일해주(一亥酒) 등

자주(煮酒), 자근주, 자소주(紫燒酒), 잡곡주(雜穀酒), 장송주(長松酒), 장춘주(長春酒), 저주(楮酒), 절주(節酒), 점주(粘酒), 점감주(粘甘酒), 점감청주(粘甘淸酒), 정향주(程鄕酒), 조하주(糟下酒), 죽간주(竹簡酒), 죽력고(竹瀝膏), 죽엽주(竹葉酒), 죽통주(竹筒酒), 준순주(浚巡酒), 중산주(中山酒), 지주(旨酒), 지주(地酒), 지황주(地黃酒), 진상주(進上酒) 등

찹쌀 술, 창포주(菖蒲酒), 천금주(千金酒), 천문동주(天門冬酒), 천일주(千日酒), 천축주(天竺酒), 청감주(淸甘酒), 청명주(淸明酒), 청서주(淸署酒), 청호주(菁蒿酒), 초백주(椒柏酒), 추모주(秋牟酒), 추성주(秋成酒), 추정주(秋靜酒), 축사주(縮砂酒), 춘주(春酒), 출주(朮酒), 칠일주(七日酒)

통초주(通草酒) 등

포도주(葡萄酒) 등

하목주(夏目酒), 하엽주(荷葉酒), 하엽청(荷葉淸), 하일청주(夏日淸酒), 하향주(荷香酒), 합주(合酒), 향주(香酒), 향설주(香雪酒), 향온주(香溫酒), 해조주(海藻酒), 행실주(杏實酒), 호골주(虎骨酒), 호도주(胡桃酒), 호산춘(壺山春), 혼돈주(混沌酒), 홍주(紅酒), 홍국주(紅麴酒), 홍로주(紅露酒), 화사주(花蛇酒), 황주(黃酒), 황금주(黃金酒), 황연주(黃連酒), 황정주(黃精酒), 황화주(黃花酒), 회향주(茴香酒) 등이 있었다.

3.7 일제시대의 술

일본이 우리나라에 들어와 가장 먼저 실시하였던 일이 토지조사와 주류조사이었다. 식민지 수탈을 위한 가장 효과적인 방법이었기 때문이다. 1907년 이전까지는 우리나라에서 일곱 집에 한 집 꼴로 술을 빚어 마셨다고 한다. 이는 조선시대에는 서민들에 대한 금주정책으로 술에 대한 과세나 전매제도가 없었기 때문이다. 따라서 일제시대 이전까지의 술은 산업적인 양조보다는 각 가정에서 **가양주**(家釀酒)로 빚어 마시는 가양주 문화가 그 특징이었으며, 술의 종류도 매우 다양했을 것으로 보인다.

1907년 일제에 의해 조선 주세령이 발표되면서 가정에서 술을 빚는 것을 금지하는 대신 면허를 내주면서 주세를 부과하기 시작하였다. 이에 따라 가양주 문화는 끊기고, 친일적인 부유한 지주에게 부여된 양조면허를 받은 양조장에서 산업적으로 술을 빚기 시작되었다.

이때부터 양조에 반드시 필요한 누룩제조도 기업화되었다. 조선곡자조합이 생기게 되었고, 식민지 조선에서 손꼽히는 산업으로 발전하였다. 이 시기의 특징은 다양한 술들이 사라지고 일본식 청주(正宗), 맥주, 양주 등 외국 술이 많이 들어왔다. 이에 따라 상류계층에서는 일본식 청주 등 외국 술을 마셨으며, 우리 민속주는 일반 서민들 사이에서 밀주(密酒) 형태로 그 명맥을 유지하였다.

4. 국내 주류산업의 발전

해방 후에 바로 이어진 한국전쟁으로 경제적인 곤란과 더불어 일본식 제도를 그대로 유지함으로써 우리 민속주는 오히려 일제시대 때보다도 못하였다. 탁주가 1975년을 정점으로 하여 한 때 양적인 팽창을 보였고, 희석식 소주가 큰 시장을 유지하였다. 일제와 해방 후에 계속된 정부의 보이지 않는 민속주에 대한 소외정책으로 우리의 참된 민속주는 거의 명맥이 끊어져 버렸다.

1980년대 이후부터 불합리한 규제와 제약이 조금씩 풀리면서 잊어버린 민속주 50여 종이 재현되었다. 그러나 대부분 생산업체가 영세하고 전문 양조기술과 영업능력이 떨어져 전통 가양주(家釀酒) 문화가 복원되기에는 부족한 실정이다. 뒤늦게 1995년부터 술을 개인이 빚어 마시는 것이 허용되어, 90여 년 동안의 가양주 문화의 단절을 극복하는 기회를 맞게 되었다.

1990년대 들어 급변하는 환경 속에 전환기를 맞았으며, 식생활 패턴의 변화에 따라 고급주와 알코올 함량이 낮은 술이 증가하였다. 1993년을 기점으로 국내 주류시장은 춘추 전국시대를 맞았다. 동양맥주가 경월소주를 인수하여 ㈜진로와의 경쟁에 돌입하였으며, 진로는 미국 쿠어스사와 합작하여 '카스'로 맥주시장에 진입함으로써 맥주와 소주시장에서 격돌하였다.

그러나 오히려 나중에는 경영난에 의해 외국자본에 넘어가거나 합병으로 이어졌다. 각 회사마다 고급 신제품의 잇따른 출시, 경기회복, 치열한 마케팅으로 주류 수요가 증가하였다. 1995년부터는 생활수준의 향상에 따라 고급주 선호경향이 전반적인 주류소비 형태로 나타났다. 이때부터 맥주와 소주가 전체 주류의 87% 이상을 차지하게 됨에 따라 대중주의 위치를 차지한 반면에 탁주는 쇠퇴하였고, 양주·와인 등 여러 가지 술이 틈새시장을 차지하였다.

4.1 청 주

청주는 1883년 후쿠다(福田)라는 일본인이 부산에 세운 공장을 시작으로, 1917년 ㈜조선주조의 설립으로 국내에서 청주의 생산이 본격화되었다. 1954년 백화양조에서 청주를 생산하기 시작하였으며, 1963년 특급 청주인 '수복(壽福)'이 시판되었다. 청주의 소비가 증가하였다가 사회변화로 감소하는 시기를 거쳤다. 1986년에는 냉청주 시대를 여는 '청하'가 등장하였다. 또한 여러 가지 약재를 사용한 '백세주'의 등장은 민속주 시장을 새롭게 만드는 계기가 되었다.

청주는 일본을 대표하는 술로 알려져 있고, 일본에서는 일본 술로 유통되고 있다. 그러나 본래 청주의 제조법이 백제를 통하여 일본으로 전해졌기 때문에 그 본질과 근원은 우리나라에 있다. 일본은 술 빚는 방법을 과학화하여 당화력이 높은 한 가지 미생물을 사용하는 흩임누룩인 코지(koji)를 개발하였다. 이 방법이 다시 국내에 들어와 산업적인 생산이 이루어졌다.

그림 1-1. 민속주의 변천

우리의 전통주 중에서 곡류를 주원료로 하는 발효주는 그의 품질과 맛이 뛰어나다. 그러나 제조방법에서 과학적인 근거를 토대로 산업화하기에는 비교적 까다로운 편이다. 특히 손맛이라 하여 경험을 바탕으로 제조하는 일이 대부분이며, 대규모로 생산할 경우 술맛이 일정하지 않는 어려움이 있다. 따라서 민속주의 제조에 알맞은 설비의 개발과 더불어 제조공정의 과학화가 필요하다.

4.2 소 주

소주에는 발효가 끝난 술밑을 단식 증류한 다음 숙성과정을 거쳐 제조하는 증류식 소주, 그리고 알코올 함량 85% 이상인 순도가 높은 발효주정을 희석하여 만든 희석식 소주로 크게 구분된다. 산업화 과정에서 대량 생산을 목표로 재래적인 수작업에서 벗어나 기계화된 희석식 소주공장이 1919년 평양에 설립되었다. 이를 계기로 인천, 부산 등에 규모가 큰 공장이 설립되었다.

1930년대 주정의 발효원료로 곡류대신 당밀을 사용하면서 주정공업은 전환기를 맞았다. 1941년 ㈜북선제지화학공업 등이 주정공장을 설립하여 우리나라에 본격적인 순수 주정공업이 시작되었다. 해방과 한국전쟁을 겪으며 서민의 애환을 달래주는 소주의 수요는 크게 신장하였다. 이와 함께 주정생산 규모도 계속 증가하여 1960년대 20만 드럼, 1970년에 70만 드럼에 이르렀다. 사용되는 원료도 고구마, 타피오카, 보리쌀, 쌀 등으로 다양화되었다. 주정생산은 1979년에는 81만 드럼을, 그리고 1980년대의 성장기를 거쳐 1988년에는 100만 드럼을, 1997년에는 126만 드럼을 넘어섰다.

우리나라는 해방 이후 일정한 원료가 없이 곡류, 서류 등을 사용하여 주정을 생산했으나, 한국전쟁 중 외국산 당밀의 수입이 정책적으로 이루어져 1950년대 전반에는 당밀을 주로 사용했다. 1960년대에 들어와 정부는 주정원료를 대체하려는 정책에 따라 고구마에 크게 의존하기도 하였다.

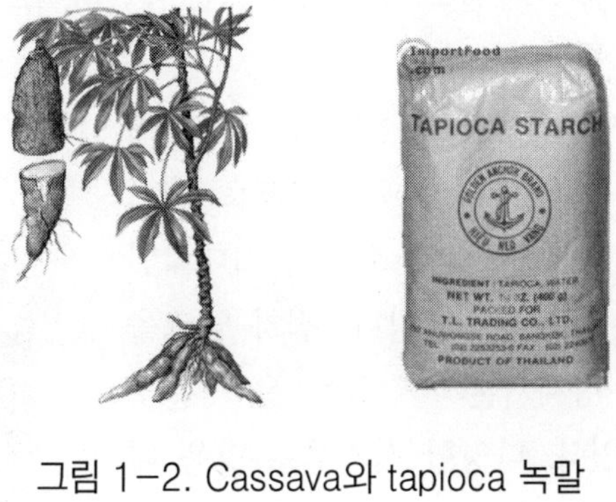

그림 1-2. Cassava와 tapioca 녹말

1960년대 말 이후에는 고구마와 당밀을 병용하였다. 1983년부터 폐당밀의 공해문제로 당밀을 사용하지 않고 타피오카(그림 1-2, tapioca)를 태국 등 동남아에서 수입하여 발효용 원료로 사용하고 있다. 국산 원료로는 생고구마와 절간고구마 외에도 정부 재고미의 소비를 위하여 쌀을 사용하고, 국산 원료의 대체방안에 부응하여 보리(裸麥)를 사용하고 있다. 또한 발효시설의 한계로 늘어나는 주정 수요를 감당하지 못하고, 1980년대부터는 조주정(粗酒精)을 수입하여 원료로 사용하고 있다.

국내의 주정공장으로는 두산주류 BG, 무학주정, 창해에탄올, 서안주정, 서영주정, 일산실업, 진로발효, 풍국주정공업, 하이트주정, 한국알콜산업 등이 있다. 무학주정, 진로발효, 풍국주정공업, 일산실업, 서영주정 5개 주정회사가 유원산업을 공동으로 인수했으며, 보해산업, 보해주정을 합병하여 창해에탄올로 출발하였다. 주정의 생산 및 판매는 정부의 관리를 받고 있으며, 세수 확보를 위해 국내 10개의 주정업체 생산량을 대한주정판매㈜가 일괄 구매하여 소주 제조회사, 제약회사, 식료품 제조회사에 판매하는 독특한 구조를 갖고 있다.

우리나라 희석식 소주의 소비에서 2005년을 기준으로 ㈜진로가 서울과 경인지역에서 시장을 독점하고 있어서, 전국적으로 55.66%의 시장을 차지하고 있다. 이 외로 지역별로 설립된 소주회사인 금복주(9.77%), 대선(8.47%), 무학(7.94%), 보해(5.89%), 두산(5.23%), 선양보해(3.09%), 하이트주조, 한라산, 충북소주 순으로 시장 점유율을 차지하고 있다. 제주지역에는 한라산소주가 원료 주정 구입실적과 출고량을 기준으로 1.3%를 차지하여 지역 규모를 감안할 때 높은 시장 점유율을 나타내고 있다.

국내에 유통되는 희석식 소주 브랜드로는 ㈜진로의 진로, 진로골드, 진로 통소주, 참나무 스페셜, 참진이슬로(참이슬), ㈜금복주의 금복주, 그린, 세계로, ㈜무학의 무학, 화이트 2002, 빅소주, ㈜대선주조의 시원, ㈜두산의 그린, 산(山), 백화 20, 처음처럼, ㈜보해양조의 보해, 잎새주, 맑은 보해, 보해골드, 천년의 아침, ㈜선양주조의 피크닉, 선양, 새찬, ㈜한라산의 한일, 한라산, 한라산골드, 한라산물 순한 소주, 과실주용, ㈜하이트주조의 보배, 보배골드, 보배 20, 연소주, 하이트 21, 그리고 ㈜하이트소주의 하이트 21, 시원 등이다.

각 회사에서는 시대적인 변화에 부응하여 계속하여 새로운 상품을 출시하고 있으며, renewal 형태로 새로운 탈바꿈을 시도하고 있다. 대표적인 소주의 시대적인 변천과정은 그림 1-3에서 보는 바와 같다. 점차 알코올 함량이 낮아지고, 주정의 정제기술의 향상을 통한 순수한 발효주정을 이용하고 있다. 다양한 첨가물로 맛을 내면서 숙취해소제의 첨가로 건강을 생각하며 포장디자인

그림 1-3. 대표적인 희석식 소주의 변천과정

도 단순하고 깨끗한 느낌을 주는 방향을 바뀌고 있다. 증류식 소주를 제조하는 회사로서는 진로에서 '일품진로', '레전드', 선양주조에서 '휘모리', 금복주에서 '제비원'과 '안동소주', 하이트주조에서 '옛향', '천지', '탑' 등이 생산되고 있다.

4.3 맥 주

맥주가 우리나라에 들어온 것은 구한말이었다. 1876년 개항한 이후 서울과 개항지에 일본인 거주자가 늘어나면서 일본맥주들이 흘러 들어왔다. 초기에 들어온 것이 '삿뽀로 맥주'이었다. 1900년을 전후하여 '에비스(Yebisu) 맥주'와 '기린 맥주'가 들어왔다. 당시 맥주를 마실 수 있는 계층은 일부 부유층과 상류층에 한정되어 있었다. 1905년까지 우리나라 맥주의 소비량은 연간 1,570 kL에 불과하였다. 1910년을 고비로 일본 맥주회사들이 서울에 출장소를 내면서 소비량이 크게 늘어나기 시작하였다. 1920년대에는 수입한 주류 가운데서 맥주가 가장 큰 비중을 차지하게 되었다.

우리나라 맥주회사의 설립은 1933년에 대일본맥주주식회사가 조선맥주주식회사를 설립한 것이 그 시초이다. 뒤를 이어 같은 해 12월에는 기린맥주주

식회사가 동양맥주의 전신인 소화기린맥주를 설립하였다. 이들 두 회사는 해방과 함께 적산관리 공장으로 지정되어 미국 군정에 의해 관리되어 왔다. 1951년에 이르러 민간에게 불하되었다. 이것이 현재의 하이트(조선맥주)맥주주식회사와 OB(Oriental Beer, 동양)맥주주식회사이다.

과거 국민소득이 높지 않았을 때, 맥주는 일반 대중이 소비하기에는 경제적으로 부담스러운 술이었다. 1970년대 초반까지만 하더라도 전체 주류 중에 탁주의 비중이 50% 이상을 차지하였다. 이때에 맥주는 겨우 6% 수준에 지나지 않았다. 1980년대에 들어와 국민소득의 증대에 따라 주류에 대한 소비자의 성향이 점차 고급화하는 경향을 보였다. 1989년 5월에 들어서는 맥주의 비중이 전체 주류의 45%를 기록하는 등 맥주 소비는 대폭적인 증가세를 보였다. 특히 1987년을 기점으로 출고량에서도 탁주보다 앞서면서 맥주는 대중주(大衆酒)로서의 위치를 차지하게 되었다.

맥주의 소비가 급속히 늘어난 요인은 경제적인 측면만이 아니라 여성 음주인구의 확대, 식품산업의 발달에 따른 소비자의 생활양식과 음주패턴의 변화 등에서 찾아 볼 수 있다. 즉, 개인의 건강에 대한 관심이 높아지자 소비자의 주류에 대한 소비성향도 양적인 만족보다는 질적인 만족을 추구하는 경향이 뚜렷해졌다. 이러한 요인의 복합적인 작용으로 맥주의 소비는 꾸준히 늘어나, 1993년에는 전체 주류 가운데 55.8%의 비중을 차지하기에 이르렀다. IMF 이후 경제위기는 맥주소비에 영향을 주기도 하였으나, 맥주와 소주가 전체 주류 소비의 92% 정도를 차지하고 있다.

4.4 과실주

과실주는 보통 가정에서 포도나 과실 등에 소주를 부어 우려내어 마시던 리큐르(liqueur) 형태의 과실주와 발효법을 이용한 양조주 형태로 나누어진다. 산업화된 과실주로는 발효에 의한 포도주가 주를 이루고 있다. 발효된 포도주를 이용하여 주정, 감미료로 강화한 포도주도 일부 시장을 형성하고 있다.

국내의 과실주로는 1969년에 '애플와인 파라다이스'라는 발효에 의한 사과주를 생산하기 시작하였다. 1974년에 해태는 포도주인 '노블와인'을 생산하였다. 과실주 생산을 통하여 농가소득의 증대와 국토이용 효율을 높이려는 정부의 시책에 맞추어 민간주도로 양조용 포도 재배와 포도주 제조기술에 대한 연구가 활성화되었다.

1977년에 동양맥주주식회사에 의해 국내에서 재배된 양조용 포도로 제조된 '마주앙'이 생산되어 본격적인 포도주의 산업화를 이루어졌다. 그러나 포도주의 수입개방에 따라 국내 과실주 산업은 어려워지기 시작하였으며, 거의 모든 제품이 외국에 주문자 생산방식(Original Equipment Manufacturing, OEM)에 의해 '마주앙'을 제조하여 수입하고 있다. 최근에는 국산 포도를 이용한 와인생산을 비롯하여 감, 머루, 배, 감귤 등 다양한 원료를 사용하여 과일주를 상품화하고 있으나 수요가 한정되어 생산량은 많지 않다. 포도주로 대표되는 과실주의 시장은 전체 주류와 비교할 때 소비량이 적은 편이다. 앞으로 식생활의 서구화 추세와 대응된 정책적 배려를 통하여 소비증가와 산업규모의 확장도 가능할 것이다.

장래 건강을 염려하는 소비자 인식의 확산과 더불어 사회적 환경의 변화는 음주기회와 음주량이 점차 감소할 것으로 보인다. 그리고 소비되는 술의 종류도 고급화되며, 알코올 함량이 낮은 술을 선호하게 될 것이다. 따라서 출고량에서 맥주의 소비는 현재와 유사한 점유율을 차지하지만, 탁주와 희석식 소주는 감소하는 대신에 과실주를 비롯한 외국산 술로 대체될 것으로 예상할 수 있다. 이에 대처할 수 있는 연구개발과 더불어 한국을 대표할 수 있는 술을 육성하는 일은 중요한 과제라고 여겨진다.

5. 제주의 술

5.1 제주술의 역사

제주술의 역사에 관한 문헌이 매우 적어 구체적인 내용을 알 수 없으나 『동국여지승람』의 기록이 가장 오래 된 것으로 보인다. 기록에 나타난 제주술의 역사를 요약하면 다음과 같다.

15세기 : 동국여지승람에 '봄과 가을에 무리를 지어 술과 고기를 갖추어 제사를 지낸다'는 내용이 있으나 어떤 술을 썼는지는 알 수 없다.

1520년 : 조선 중종 때 김정(金淨)이 쓴 『제주풍토록』에 '쌀은 매우 적어 청주는 귀하고 소주를 쓴다'고 하여 술에 대한 구체적인 기록이 처음으로 나온다.

1602년 : 김상헌(金尙憲)의 『남사록(南槎錄)』에 '벼는 매우 적어 청주가 귀하다'고 하였다.

1623년 : 탐라기년(耽羅紀年)에 연흥부원군 김제남의 부부인(府夫人) 노씨가 대정현에 유배되었을 때 그의 시비(侍婢)가 대비모주(大妃母酒)를 팔아 봉양하였다는 기록이 있다.

1653년 : 탐라지(耽羅誌)에 '소주(多用燒酒)를 많이 마신다'고 하여 증류식 소주가 일반화되었음을 알 수 있다.

1817년 : 탐라지에 '오가피우슬고주(五加皮牛膝高酒)를 마신다'고 하여 약용 주류가 이용되었음을 알 수 있다.

1920년 : 한림읍 옹포리에 명월소주 공장이 설립됨으로써 제주에 처음으로 희석식 소주가 만들어졌다.

1928년 : 제주시 건입동에 제주주조주식회사 설립

1932년 : 한림읍 한림리에 한림탁주공장 설립

1935년 : 성산읍 성산리에 성산주조합명회사 설립

1940년 : 서귀포시 서귀동에 삼공주조합명회사 설립

1944년 : 성산읍 성산리에 제주동주주식회사 설립
애월읍 하귀리에 제주무해주조주식회사 설립

1945년 : 서귀포시 서귀동에 제주남주조주식회사 설립

1987년 : 제주시 탑동 초가장(안정립)에 오메기술의 제조면허와 제주민속촌에 좁쌀약주의 제조면허가 이루어져 민속주의 재현이 처음으로 이루어졌다.

1920년대 들어서 전국적으로 소주회사의 설립과 더불어 제주에서도 지역별로 희석식 소주 제조회사가 설립되기 시작하였다. 초기에는 발효주정에 대한 정제기술의 수준이 낮았고, 숙성과정을 충분히 거치지 않았다. 이러한 이유로 특유한 소주냄새에 익숙하여 술의 품질이나 정취보다는 취하기 위해 마시는 경제적인 술로 인식하게 되었다. 또한 포장 물류비를 줄이기 위하여 30 L들이 토기항아리인 술춘이가 이용되었으며, 1.8 L 됫병이나 720 mL 4홉들이 술병이 많이 쓰였다.

1970년에 지역별로 난립되었던 희석식 소주를 만들던 제조회사가 술의 품질을 높이고, 규모화를 위한 정부의 방침에 따라 통합하는 과정을 거쳤다. 이에 따라 제주도에 지역별로 나누어졌던 귀일(하귀), 명월(한림), 왕자(서귀포), 천일(표선), 남일(성산포) 다섯 개의 양조장이 통합되면서 제주소주합동주식회사로 바뀌었다. 1976년 11월 5일에 ㈜한일로 상호를 변경하고, 현재의 한림읍 옹포리로 이전하게 되었다. 1976년에 2홉들이(360 mL) 한일소주가 처음 출시되었다.

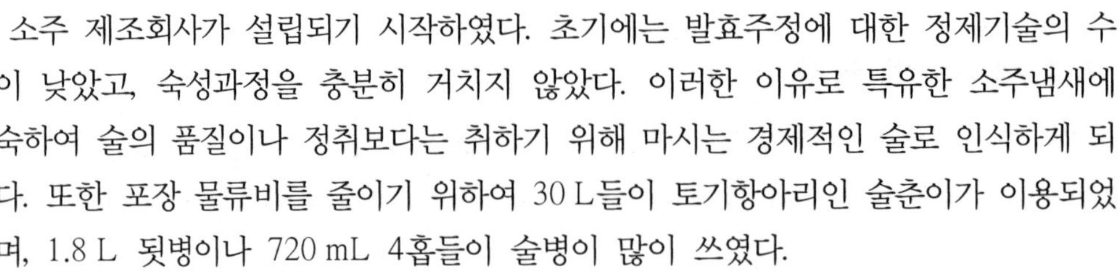

그림 1-4. ㈜한라산과 제주합동양조

1993년에는 상표를 바꾸고 주정을 활성탄으로 정제한 '한라산소주'가 처음 출시되었고, 1997년에는 '한라산물 순한 소주'를 출시하는 등 새로운 상품을 계속하여 출시하면서 오늘에 이르고 있다. 지금은 주정에 대한 정제기술도 발달하여 거의 무색·무취한 순수 주정을 사용하기에 이르렀다. 이제는 희석식 소주가 순하고 마시기 좋은 술로 인식되면서 세계적으로 한국을 대표하는 술로 자리를 잡게 되었다. 그리고 소비자의 취향이 깨끗한 술로 전환됨에 따라 탁주의 소비가 크게 감소하였다. 이에 따라 탁주회사로서는 1988년 11월에 제주지역에 산재해있던 8개의 양조장을 통합하여 제주합동양조(그림 1-4, 애월읍 하귀리)로 출발하여 쌀막걸리와 좁쌀막걸리를 생산하면서 그 명맥을 이어오고 있다.

5.2 제주술의 종류

'민속주 또는 전통주를 언제부터 빚어졌던 술로 할 것인가'라는 정의에 따라 그 범위와 종류가 달라질 수 있다. 여기에서는 일반적으로 조선시대에 가양주 형태로 빚어졌던 술을 포함하여 구전(口傳)에 의해 전해지거나 재현되고 있는 술을 대상으로 하였다. 제주의 민속주에는 양조주, 증류주, 기타 주류(혼성주)로 구분되며, 다음과 같은 술이 있었다. 그러나 대부분 가양주 형태로 빚어져 구전에 의해 내려왔기 때문에 표준이 될 수 있는 제조방법 등에 대한 정확한 내용은 알 수 없다. 시대적으로도 비교적 오래 되지 않은 술이 포함되어 있기 때문에 모두가 전통적인 제주민속주라고 하기에는 다소 무리가 따른다.

1) 양조주

- 양조주: 오메기술, 강술, 고구마술, 감자술, 쉰다리, 허벅술
- 약용 가향곡주: 호박술, 엉겅퀴술, 우슬주, 토사자술, 생지황술, 하학(새박뿌리)술, 당유자술, 송엽주, 굿간달기술, 팔산주, 오합주

2) 증류주

- 증류주: 오메기소주, 고구마소주, 감자소주, 수수소주, 밀소주, 보리소주
- 약용 가향증류주: 엉겅퀴소주, 우슬소주, 하학소주, 당유자소주, 굿간달기술, 토사자술, 생지황소주, 송엽소주, 팔산소주, 참매소주, 돼지고기소주, 닭고기술

3) 기타 주류(약용 가향소주)

선인장열매술, 인동고장술, 토사자술, 생지황술, 굿간달기술, 시로미술, 탈술, 위령

선술, 천마술, 오미자술, 오가피술, 황정술, 밀감술, 상동술, 다래술, 볼래술, 조피(초피)술, 개복숭아술, 송갈쑥술, 당귀술, 벨랑퀴술, 게술, 지네술, 뱀술 등

양조주 중에서 고구마술과 감자술은 곡류 대신에 고구마나 감자를 시루에서 찐 다음 으깨어 양조원료로 사용한 술로서, 일제시대에 생긴 것으로 보인다.

허벅술은 좁쌀 대신에 찹쌀 또는 멥쌀을 사용하여 담근 제사용 고급술로서, 발효가 끝난 다음 위에 맑게 뜬 청주를 허벅에 담아 보관하였다는 데에서 생긴 말로 여겨진다. 약용 가향곡주 중에 호박술은 잘 익은 호박의 씨를 파내고, 그 안에 오메기떡과 누룩가루를 되게 반죽하여 속을 채워 밀봉한 다음 오래 발효시킨 술이다. 나머지 술은 오메기술을 빚는 과정에 약초, 열매, 뿌리를 우려낸 물을 사용하여 술을 빚었다.

팔산주는 우슬초, 백지뿌리, 칡뿌리, 생지황, 모살방푸, 노기초, 순부기열매, 생이족박뿌리인 8가지 약재를 사용하여 빚은 술이다.

오합주는 서민들이 몸을 보신하기 위하여 대부분 오메기술을 빚은 후 청주를 떠내고 난 후 탁배기를 이용하였기 때문에 영양분이 많은 식품소재를 술에 배합(blending)한 형태로서, 양조과정에서 얻어지는 술은 아니다.

증류주는 양조주를 증류한 술로서, 이 중에 참매술, 돼지고기소주, 닭고기술은 조류(鳥類)나 육류를 술에 이용한 점에서 제주지방에 특이한 형태의 술이다. 발효된 술(탁배기)에 손질한 고기를 넣고 일주일 정도 숙성시킨 다음에 증류하여 이용하였다고 한다. 그러나 증류한 술에 유효성분의 이행이 얼마나 일어나는지 검증할 필요가 있을 것 같으며, 일반적인 술로서의 가치는 떨어질 것으로 보인다.

기타 주류에 해당하는 여러 가지 술은 대부분 증류한 소주인 한주(汗酒)에 우려낸 침출주로 이용하였다. 한방에서 몸에 좋다는 소재를 다양하게 이용한 것으로 보인다.

양조주 중에 **쉰다리**를 술로 분류하기에는 애매한 점도 있다. 쉰다리를 만들 때는 찬 보리밥에 누룩가루와 끓여 식힌 물을 잘 섞는다. 밥은 알알이 되도록 잘 풀어 항아리에 넣고 뚜껑을 잘 덮은 후 여름에는 1~2일 정도 발효시키고, 겨울에는 3~4일 정도 발효시킨다. 보리밥이 발효되어 형태가 죽 모양으로 바뀔 때 끓인 다음 먹는다.

쌀은 귀했기 때문에 쌀밥이 쉰다리 원료로 사용하지 않았던 것보다도 쌀밥이 변질되면 쉬 물러져 누룩을 사용하더라도 세균 증식이 빨라 발효조절이 어렵기 때문에 이용하지 않았을 가능성이 더 크다. 더욱이 쉰다리를 만들 목적으로 보리밥을 짓지도 않았으며, 대부분 약간 쉰(변질된) 경우에 버리기가 아까워 누룩가루를 넣어 속성 발효시킨 것으로, 알코올발효와 유산발효가 같이 일어나는 형태로 보인다. 따라서 알코올발효의 목적보다는 녹말을 당화시켜 시고 달콤한 단술(甘酒) 형태로 이용하였다.

5.3 제주민속 양조주

제주지역에는 논이 적어 밭곡식인 좁쌀, 보리 등을 양조원료로 사용하여 탁주와 청주를 빚었고, 고려 말에 이르러 증류기술의 도입됨에 따라 증류식 소주인 한주(汗酒)를 제조하였을 것으로 보인다. 이 외로 약용 주류로서 생지황술, 깅이(게)술, 말마작쿨(우슬)술, 생이족박(새박뿌리)술, 토사자술, 소엥이(엉겅퀴)술, 뱀술, 오미자술, 감귤주 등이 있었던 것으로 보인다.

이들은 계절에 따라 토사자의 열매나 나머지 약재의 뿌리를 채취한 다음 솥에서 우려낸 물로 좁쌀을 주원료로 하여 양조하는 과정에 첨가하거나, 깅이술이나 뱀술과 같이 한주에 우려낸 형태로 만들어졌을 것이다. 과실주로는 산딸기, 상동, 시로미, 머루, 다래, 오미자, 오가피열매 등을 소주에 우려내어 마셨다.

제주민속주인 좁쌀술의 경우 가장 먼저 상품화된 술은 제주시 탑동에 위치한 초가장에서 제조면허를 받아 제조하던 오메기술이다. 그러나 오래지 않아 도심개발과 더불어 제조장이 헐리면서 면허가 취소되었다. 1990년 3월에 면허를 받아 제주민속촌에서 제조하는 좁쌀약주는 하루에 최대 700 L를 생산하여 민속촌 구내에서만 제조판매가 가능한 조건부 면허 때문에 소비의 한계로 중단되었다.

1990년 5월에 오메기술이 제주민속주로서 제주도 무형문화재 제3호로 지정되었다. 이후 오메기술은 1995년에 제주도지사의 추천에 의해 시험제조 면허를 받아 알코올 농도 6° 정도인 탁주 형태로 성읍민속마을에서 빚어지고 있다. 이보다 앞서서 1994년 11월에 설립된 우리농산물영농조합법인에서 생산하는 좁쌀약주인 '오름의 샘'과 증류식 소주인 '고소리술'이 소비자의 취향에 맞게 제조방법을 개선함으로써 제주민속주의 맥을 이었으나 회사사정으로 휴업하게 되었다. 지금은 전래되는 제주의 전통 민속주는 찾아보기 어렵다. 다만 현대적인 감각에 맞게 양조방법을 일부 변형하여 제조되고 있다. 좁쌀로 빚은 오메기술은 제주 전통주에 가장 가까운 형태라고 할 수 있으나, 소비자의 취향과 어떻게 조화시켜야 하는지가 과제이다.

1) 오메기술

제주의 옛 선인들이 즐겨 마셨던 토속주의 대표적인 것으로 '오메기술'을 들 수 있다. 제주의 땅이 벼농사를 짓기에는 어려워 보리・좁쌀 등 잡곡을 주식으로 하였고, 또한 이를 이용하여 오메기떡, 침떡 등 간식을 만들어 먹었다. 오메기술은 차조로 만든 오메기떡을 원료로 하여 빚은 술을 말한다.

차조를 곱게 갈아 가루로 만든 다음, 끓인 물에 반죽을 한 후 도넛 모양의 작은 떡을 만들어 찐다. 떡을 찌는 과정에 서로 달라붙지 않도록 대나무 잎 등을 사용하기도 하였다. 이 떡을 식기 전에 손으로 물과 함께 주물러 으깬 후 끈끈하게 죽을 만들고, 다시 물을 첨가하여 약간 묽은 상태가 되면 누룩가루를 섞어 항아리에 넣어 보온하면서 발효시킨다. 구전(口傳)에 따른 누룩의 혼합비율과 첨가하는 물의 양은 일정하지 않았으며, 대부분 경험적인 술빚기가 이루어졌던 것으로 보인다.

한두 달 지나면 술이 익는데 고형물은 침전이 되고, 위에 맑게 뜬 것을 '청주'라고 하였다. 그러나 지금처럼 여과방법이 발달하지 않아 약간 혼탁한 형태였다. 탁주에는 고형물이 많아 마실 때는 감칠맛과 독특한 향이 있어 순하게 느껴지지만, 마시다 보면 자신도 모르게 취하게 된다.

좁쌀은 알갱이가 작고 껍질이 두꺼워 발효에 이용할 수 있는 녹말 함량이 적기 때문에 보리쌀을 혼용하기도 하였다. 재래식 막누룩의 당화력만으로는 cellulase 활성이 낮기 때문에 쌀과 같이 고두밥 형태로 이용하는 데는 내부에 있는 녹말을 당화시키기 어려워 좁쌀을 가루로 만들어 술을 빚었다. 좁쌀가루로 오메기떡을 만들어 빚은 술은 발효 후에 고형물의 침강효과가 떨어지고 여과하기 어려워 오늘날의 청주와 같은 맑은 술을 얻을 수 없어서 주로 조금 혼탁한 물질이 들어 있는 약주를 얻고, 대부분 침전물이 많은 탁주 형태로 이용할 수밖에 없었다.

전통적인 방법은 확실히 알 수 없으나, 1990년대 초에 현장 조사한 내용으로는 누룩재료는 보리를 주재료로 사용하였으며, 발효온도 30℃에서 20일 동안 띄웠다. 약재로서는 오메기떡을 찌는 과정에 대나무 잎을 사용하였다. 밑술로는 차조를 사용하였고, 덧술로는 찹쌀을 이용하였다. 발효온도 20～30℃에서 15～20일 동안 발효를 시켰으며, 알코올 농도는 11° 정도였다. 원료에 대한 누룩의 혼합비율은 15～20%, 가수량은 200% 정도였을 것으로 보인다.

이는 일부 문헌에서 과거에 오메기술에서 알코올 농도가 17° 가량 되었다는 내용과 다른 점은 발효기간이 짧은 이유도 있지만, 그 당시에는 정확한 주정농도를 알 수 없었기 때문일지 모른다. 보리쌀이나 쌀을 주원료로 사용하지 않고 좁쌀을 주로 하여 발효시키는 경우 가수량에 따라 차이가 있으나, 강술과 같이 첨가하는 물의 양을 매우 적게 하여 제조하는 방법이 아니면 알코올 농도가 높은 술을 빚기가 어려울 것으로 보인다.

쌀을 양조 원료로 사용하기 어려웠을 것이며, 좁쌀에 보리쌀을 혼용하기도 하였다. 그러나 지금처럼 당화력이 강한 미생물을 잘 띄운 누룩을 만드는 일이 쉽지 않았을 것이다. 더욱이 좁쌀만으로 술을 빚으면 발효에 이용할 수 있는 당분이 적어 발효가 끝난 술의 알코올 농도가 낮음으로써 오래 보존하기 어려웠을 것이다. 따라서 첨가하는 물의 양을 크게 늘릴 수 없어서 위에 맑게 뜬 청주 양이 적을 수밖에 없었다. 대부분 약주를 조금 얻고, 술밑을 전부 토고리에서 증류시켜 소주를 만들어 보관하면서 관혼상제, 제례 등에 이용하였을 것으로 보인다.

1995년 4월에 표선면 성읍리 김을정 여사가 제주도무형문화재 제11호로 지정됨에 따라, 옛 민속주에 가까운 형태의 좁쌀주를 재현하고 있다(그림 1-5). 차좁쌀을 갈아서 가루로 만든 다음 뜨거운 물을 부으면서 반죽하여 동그랗고 납작한 모양의 오메기떡을 만든다. 끓는 물에 넣어서 떡이 물 위로 떠오를 때까지 저어주면서 삶는다. 익은 떡이 물 위로 떠오르면 차례로 건져낸다. 익은 오메기떡은 손이나 주걱으로 문질러 으깨야 하는데, 떡이 식어 버리면 잘 안 풀리므로 뜨거운 상태에서 물을 적시며 문질러 골고루 으깬다. 차좁쌀로 만들기 때문에 찰기가 있어서 쉽게 으깨지지 않는 특성으로 으깨는 작업에 힘이 많이 들어간다.

으깬 떡에 누룩가루를 넣으면서 골고루 섞이도록 물을 부으면서 잘 반죽하고 적당량의 물을 붓고 항아리에 옮겨 담는다. 하루에 4~5번씩 저어주면서 발효시키는데, 처음에는 우유빛깔을 띠다가 4~5일 지나면 약간 검은 빛을 띠는 노란색으로 변한다. 일주일쯤 지나면 위에는 맑은 웃국이 뜨고, 밑에는 탁한 찌꺼기가 가라앉는다. 윗부분을 청주라 하여 고급으로 쳐 따로 병에 담았다가 제사 때 사용하였다. 밑에 가라앉은 알국을 떠내어 체로 쳐낸 것이 탁배기라고 하여 평소에 고된 농사일을 끝내고 돌아와서 한 대접씩 들이키면서 피로를 풀곤 했다.

그림 1-5. 김을정 여사에 의한 오메기술의 제조순서

그러나 현재 판매되고 있는 오메기술은 소비자의 기호에 맞도록 술을 빚는 방법을 개선하는 일이 과제로 여겨진다. 표선면 성읍민속마을에서 좁쌀약주와 좁쌀탁주인 오메기술을 판매하고 있으며, 제주토종 돼지고기가 안주로 잘 어울린다.

2) 좁쌀약주

제주대학교 식품생물공학연구실에서 1991년부터 수년간의 연구결과를 토대로 하여 제주의 토속주인 오메기술의 제조방법을 개선함으로써 맑고 독특한 맛과 향을 살린 좁쌀약주가 우리농산물영농조합법인에서 '오름의 샘'으로 생산하였다.

나무의 산삼이라고 하는 탐라오가피를 비롯하여 오미자, 갈근, 당귀, 구기자 등 기능성 물질이 들어 있는 제주산 약재를 첨가하여 발효를 시킨다. 청정제주의 좁쌀과 쌀을 찐 다음 깨끗하고 맑으며 발효성이 좋은 제주의 화산암반수를 이용하여 발효시켜 술의 품질을 개선함으로써 제주인의 지혜로 엮어진 맛, 향, 색깔을 재현하였다. 좁쌀약주는 차좁쌀과 멥쌀을 쪄서 고두밥을 만들고, 당화력이 높은 누룩과 효소제, 그리고 발효력이 강한 효모를 사용하여 술을 빚는다.

발효가 끝나면 우선 가압여과기(filter press)를 사용하여 1차 여과시켜 저온에서 숙성시킨 다음, 출고 전에 2차에 걸친 막여과(micro-filtration)로 투명한 청주를 제조하고 있다. 좁쌀약주는 좁쌀로 빚은 술로서 쌀로만 빚은 청주와는 또 다른 부드럽고 독특한 향과 맛을 느낄 수 있다. 소비자의 취향에 맞도록 술의 품질을 개선한 제주민속주이다.

3) 탁배기

탁배기는 제주지방에서 막걸리(탁주)에 대한 불리는 이름이다. 좁쌀술을 빚기 위하여 담아둔 술독에서 위에 맑게 뜬 청주를 떠낸 후, 밑에 가라앉은 알국을 떠내어 체로 받쳐낸다. 알코올 함량이 낮아 보통 오래 보관하기 어려워 바로 마시지만, 보리밥과 섞어서 질그릇에 담아두면 초산발효가 일어나 식초로 대용할 수도 있다.

제주에 **모주**(母酒)가 전해진 유래는 광해군 5년(1613)에 인목대비는 서궁(西宮)에 유폐되고, 부부인(府夫人) 노씨는 제주의 대정읍에 유배되었는데, 생활이 어려워 그의 시녀가 지금의 탁배기와 같은 술을 팔면서 봉양하였다. 이곳 사람들이 이 이야기를 듣고 찾아와 좋은 모주라고 하면서 다투어 마시고 울지 아니한 자가 없었다고 한다. 후에 노씨는 복권되어 환궁하게 되면서 '국모(國母)의 술'이라는 의미에서 모주라는 이름이 생겨났다고 한다. 그러나 실제로 모주는 탁배기를 떠낸 술지게미를 버리기가 아까워 여기에 물과 당류를 넣어 끓여 마시는 술이기에 술의 종류 중에서는 품질이 가장 떨어진 술이라고 해야 할 것이다.

현재 여기에 해당하는 술로서 성읍민속마을에서 시판하는 좁쌀막걸리, 제주합동양조에서 쌀막걸리와 같은 제조공정에 좁쌀가루를 첨가하여 만든 좁쌀막걸리, 고려양조상사(제주시 도남동)에서의 좁쌀막걸리 등을 생산하고 있다.

4) 강 술

청주를 빚을 때와 같이 오메기떡을 만들어 누룩과 같이 반죽을 하는데, 물을 적게 넣어 물렁물렁한 반죽이 되게 하여 술독에 넣어둔다. 발효되어 익어도 반죽처럼 걸쭉하다. 떠내어도 물처럼 흘러내리지 않을 정도로 오랫동안 술을 독하게 빚는다. 술독에 오래 보관하면서 마시거나, 또 약용으로 그대로 마실 수 있다. 발효온도는 늘 10∼20℃의 온도를 유지한다.

술을 빚기 시작하여 넉 달이 지나면 알코올 농도가 높은 술이 빚어지며, 필요할 때 물에 타면서 마실 수 있다. 들판이나 밭에 나갈 때, 이 걸쭉하게 된 강술을 양하 잎에 싸서 점심 도시락에 넣어 갔다가 물을 타서 마시기도 하였다. 일반적으로 빚어 마시는 술이라기보다는 여름에 온도가 높아 술을 빚기 어려웠기 때문에 과하주(過夏酒) 형태로서 술을 진하게 빚어 보관하면서 약술로 조금씩 마셔왔던 것으로 보인다.

5.4 제주민속 증류주 및 약용주

1) 고소리술

예로부터 제주에서는 쌀이 매우 귀하여 쌀로 빚은 청주는 드물고, 주로 좁쌀로 오메기술이나 소주를 빚었다. 고소리술은 알코올 농도가 약 40%로서 무색이고, 향취는 약간 탄 듯하면서 고소하며, 제주에서는 주로 관혼상제에 많이 사용되었다. 1960년대 후반까지도 제주도 중산간 부락에서 많이 제조하여 주둥이가 좁은 술항아리인 옹기에 담아 판매하기도 했던 술이다. 오메기술에 안주로는 주로 기름기가 많은 돼지고기를 먹어 왔다.

증류식 소주인 고소리술은 우리농산물영농조합법인에서 좁쌀과 쌀을 원료로 빚은 좁쌀술을 1차 여과한 다음, 전통적 증류기법을 토대로 한 현대식 증류공법으로 증류하여 6개월 이상 지하에서 저온으로 숙성한 다음 정밀여과를 거쳐 만들어졌었다. '고소리술'은 원료에서 오는 독특한 맛과 향을 가지고 있다. 더욱이 기호에 알맞게

blending 함으로써 세계의 명주와 비교하여도 손색이 없다.

이 외로 고소리술과 유사한 형태로서 ㈜한라산에서 쌀과 보리에 해저 심층수를 사용하여 빚은 곡주를 증류하여 얻어진 곡물주정을 숙성시킨 후 35°로 희석하여 유채꿀로 맛을 조화시킨 '허벅술'이 희석식 소주로서 1995년부터 생산되고 있다.

2) 우슬주

『동의보감』에 우슬은 혈액순환을 원활히 하여 장기를 튼튼히 하고, 신경기관을 편안하게 해 주는 기능을 갖고 있다고 전해지고 있다. 우슬초 뿌리를 4월이나 11월에 캐어 솥에 넣어 푹 달인 다음, 그 물로 오메기떡을 만들기도 하고, 누룩과 반죽하여 양조를 할 때에도 그 물을 넣어 발효를 시킨다. 제주에서는 말마작쿨술이라고 하며, 주성분은 사포닌이다. 인삼의 효능과 같은 성질이 있다고 하여 한방에서도 귀히 여겨온 약초이다.

3) 오합주

오합주(五合酒)는 제주도 민가에서 몸을 보신(補身)할 목적으로 만들어 마셨던 술이다. 청주도 이용하였으나 보통은 좁쌀탁배기 1되, 참기름 2되, 계란 30개, 꿀 1/2되, 생강 약간을 넣어 혼합한다. 맛은 진하고 색깔은 약주와 비슷하다. 식량이 모자랐던 때에 영양실조로 몸이 허약한 사람이나 빠른 병 후 회복을 위하여 마셨던 일종의 약주이다.

4) 송순주와 송엽주

송순의 잔털을 깨끗이 다듬고 한 번 씻어 그늘에서 물기가 없어질 때까지 말려 둔다. 항아리나 유리병에 넣고 술을 부어 두었다가 3개월 후부터 마시는데 신경통 환자에게 좋다고 한다. 송순은 한식을 전후하여 마련하는 것이 제일 좋다.

양조주로 빚는 경우 가능한 소나무에 물이 차오르는 여름에 솔잎을 따서 깨끗이 씻은 다음 독에 넣고, 끓인 물을 그 위에 부어 2~3일간 두었다 솔잎을 꺼낸다. 이 물을 깨끗한 체로 거른 후에 다시 항아리에 붓는다. 찹쌀을 찧어 누룩가루와 섞어 항아리에 넣고 뚜껑을 닫아 3~6개월 동안 저장하여 두면 좋은 송엽주가 된다. 제주도에 자라는 소나무는 주로 해송으로, 이 소나무 잎으로 담근 송엽주는 제주사람들이 즐겨 만들어 마셔온 약주의 하나이다. 신경통에 효험이 있다.

5) 오가피주

우리나라에 자생하고 있는 *Acanthopanax*속 식물로는 *A. koreanum*을 비롯하여 10종 3품종이 있다. 제주도에 자생하고 있는 섬오가피나무(*A. koreanum*)는 '탐라오가피'라고도 불린다. 우리나라의 다른 어느 지역에서 자라는 어떤 품종의 오가피나무보다도 약효성분 함량이 많다. 낙엽활엽관목으로서 초고는 1～2 m에 이르고, 한 뿌리에서 여러 개의 가지를 내며 발육한다. 지상부를 벌채하더라도 그 이듬해에는 제대로 자라나서 2년에 한 번씩 지상부를 채목하여 이용할 수가 있다.

잎은 길고 복엽이고, 작은 잎은 흔히 5개이며, 토란형 또는 넓은 토란형으로 길이 3～5 cm이다. 잎 끝은 뾰족하며, 밑은 쐐기모양이고, 끝은 뾰족한 작은 톱니가 있다. 표면은 녹색으로 윤기가 나고, 뒷면은 연한 녹색으로 주맥의 분지점에 밑모가 있다. 엽병은 길이 7～8 cm로 기부에 백색 밑모가 있다. 잎에는 짧은 가시가 있고, 줄기에도 많은 구상(鉤狀)의 큰 가시가 있으며, 이와 같은 가시의 모양은 지리오가피, 가시오가피와 좋은 대조를 이루고 있다.

꽃의 색깔은 녹색으로 빠르면 5월에 피지만 대부분 7～8월에 핀다. 꽃은 가시 끝에 산형화서로 달리며, 화경은 2～5 cm이고, 소화경이 길다. 꽃받침에 뚜렷하지 않은 5개의 톱니가 있고, 꽃잎은 5개이다. 과실은 핵과로 편구상이고 10월에 익으며, 열매의 크기는 7 mm 내외로 흑색이다. 밑이 넓은 삼각형의 가시가 있고, 잎의 기부에 백색 밑모가 있다. 오가피속 식물은 고산지대나 아한대 지방에 분포하는 저온성 식물로서 우리나라에서는 여름철에 고온으로 종자 발아가 나빠 실생으로는 번식이 까다롭다. 그러나 탐라오가피는 해발 500m 아래의 제주도 전역에 분포하고 있고, 실생 또는 삽목으로 번식이 쉬운 식물이다.

*Acanthopanax*속 식물의 근피(根皮)와 수피(樹皮)를 오가피(五加皮)라고 하여 한약재로 사용되어 왔다. 우리나라에서 한약재로 사용되고 있는 오가피는 *A. chiisanensis*, *A. sessiliflorum*, 섬오가피 등이다. 오가피류의 약리성분에 대해서는 Ovodov 등이 소련산 *Acanthopanax senticosus*에서 lignan 배당체인 eleutheroside A, B, C, D, E, F, G를 분리하고, 이들 물질의 성분이 eleutheroside A는 daukosterol, eleutheroside B는 isoflaxidine-7-α-glycoside, eleutheroside C는 ethyl-α-D-galactoside, eleutheroside D와 eleutheroside E는 (-)syringaresinol diglucoside로 밝혀지면서부터 연구가 많아졌다.

오가피를 깨끗이 씻어 마른 수건으로 물기를 닦아낸 다음 잘게 썰어 유리병에 넣고 술을 부어 밀봉해 둔다. 가지와 잎은 3배가량의 술을 붓고, 생가지로 담글 때는 2배가량의 술을 붓는다. 약 3개월 후 노란 빛깔이 돌면 숙성이 되며, 이때 걸러내어 다른 병에 보관하면서 마신다. 오가피는 여름에 잎이 달린 가지를 잘라서 깨끗이 씻은 다음 그늘에 말려둔 것을 이용하고, 겨울에는 가지만 잘라서 생것을 그대로 쓴다.

6) 게술(깅이술)

바닷게를 제주사투리로 '깅이'라고 한다. 음력 3월 보름날 바다에서 게를 잡아 찬물에 담가서 바다냄새를 없앤 후 물기를 빼고, 병에 게를 먼저 넣은 후 술을 부어 일주일 정도 지나면 마실 수 있다. 다리뼈가 아픈데 좋다고 한다. 게에서 우러나는 여러 가지 성분이 많아 안주는 거의 필요로 하지 않는다. 첨가하는 술에 비하여 게를 너무 많이 넣으면 알코올 농도가 낮아져 변질될 우려가 있다.

7) 마늘술

마늘의 껍질을 벗기고 씻어 물기를 닦아내어 주둥이가 넓은 병에 넣은 뒤, 술을 붓고 밀봉하여 2~3개월간 숙성시킨다. 여과를 할 필요 없이 마늘을 넣은 채 마시면 되는데, 오래 둘수록 적갈색이 되며, 냄새가 다소 엷어진다. 그대로 마시는 것이 독하면 꿀을 약간 타거나 물에 희석하여 마시기도 한다. 빈혈이나 위장장애가 있는 사람은 마시지 않는 게 좋다.

이 외로 상동, 손바닥선인장열매, 인동꽃, 토사자, 생지황, 긋간달기, 시로미, 산딸기, 위령선, 천마, 오미자, 황정, 감귤, 다래, 볼래, 초피, 개복숭아, 쑥, 당귀 등 다양한 소재가 약용주의 재료로 이용하였다.

현재 제주에서 생산되고 있는 술로는 ㈜한라산에서 희석식 소주, ㈜한백당에서 복분자술, ㈜합동양조에서 막걸리, 제주민속좁쌀주에서 오메기술, 제주사슴영농조합법인에서 녹용과 몇 가지 약재 추출물을 발효주정에 첨가하여 만든 녹용주, 제주와이너리에서 귤로와인과 감귤탁주, 모던타임에서 제주맥주 등이 생산되고 있다. 그러나 일부 공장에서는 합리적인 제조공정이 도입되지 않았을 뿐만 아니라 품질관리가 제대

로 이루어지지 않을 경우에는 1회성 상품에 그치는 경우가 많아 제주의 이미지를 흐리기도 한다.

제주양조산업의 발전은 지역경제에 차지하는 비중으로 볼 때 매우 중요한 일이다. 지금과 같은 맥주, 소주, 위스키의 시장 점유율은 당분간 지속될 것으로 예측할 수 있다. 이에 따라 지속적인 한라산소주의 품질개선과 더불어 지역농업과 연계한 지역맥주의 기술개발에 따른 생산기반 조성이 요구된다. 저자 등에 의해 제주대학교에서 제주산 보리를 이용한 맥주 생산기술 개발이 진행되어, 2006년에는 '모던타임'에서 하우스맥주로 실용화함으로써 제주맥주 생산기반을 조성하였다. 그리고 제주민속주의 품질 향상에 대한 연구개발로 지역성을 탈피하여 세계적인 술로서 가치를 얻을 수 있는 노력이 필요하다.

제주의 전통 민속주로서 지금까지 내려오는 술은 좁쌀주라고 할 수 있다. 예전에는 좁쌀주를 증류한 소주인 고소리술을 사용하여 여러 가지 농축산물을 우려낸 리큐르였으나, 지금은 발효주정을 주로 이용한다. 제주를 상징할 수 있는 민속주를 전승하여 상품화하기 위해서는 우선 발효원료에서 좁쌀을 일부라도 사용해야 하는 점과 소비자의 기호에 알맞게 마시기에 부드럽고 순하며, 누룩향이 적은 술이 필요할 것으로 여겨진다. 이를 위하여 항상 일정한 술의 품질을 유지하기 위한 발효공정, 여과 및 혼합(blending) 공정에서의 엄격한 품질관리가 요구되며, 브랜드화와 홍보가 필요할 것이다.

참고문헌

1. 고정삼, 2005, 술 알고 마시면 건강이 보인다, 유한문화사.
2. 고정삼, 2003, 제주의 술, 제주문화.
3. 현동준, 김영돈, 현길언, 1983, 전국민속주 조사, p. 176～184, 문화재관리국.
4. 제주도의 식생활, 1995, 전통 민속주, 359～411, 제주도 민속자연사박물관.
5. 양영택, 1992, 제주토속 좁쌀약주의 양조특성, 제주대학교 대학원 석사학위논문.
6. 현용준, 고광민, 1983, 제주도 토속주 조사보고, 제주대학교 민속박물관.
7. 배중호, 1995, 전통민속주의 개발현황과 전망, 생물산업, 8(2), 17～25, 한국산업미생물학회.

8. 윤숙자, 박덕훈, 1994, 한국의 민속주에 관한 고찰, -전라도, 경상도, 제주도를 중심으로, 9(4), 355～367, 한국식생활문화학회지.

9. 고정삼, 양영택, 박재권, 이영재, 2007, 나무인삼 탐라오가피, 제주문화.

10. Yook, C.S., Shin, M.C., Park, S.Y., Nam, J.Y., Lee, K.S., Han, D.R., Seong, B.W. and Lee, W.T., 1994, Studies on morphological and chemotoxonomy and secotriterpene glycoside component of Korean Acanthopanax spp, *Bull. D. S. Pharm. Sci. Inst.* 11, 1～66.

11. Lee, W.T., 1979, Distribution of *Acanthopanax* plant in Korea, *Korean J. Pharmacog*, 10, 103～107.

12. Ovodov, Y.S., Ovodova, R.G., Solov'eva, T.F., Elyakov, G.B. and Kochetkov, N.K., 1965, The glycosides of *Eleutherococcus senticosus* Max., I. Isolation and some properties of eleutheroside B and E, *Khim. Prirodn. Soedin.* 1, 1.

13. Jwa, C.S., Yang, Y.T. and Koh, J.S., 2000, Changes in free sugars, free amino acids and minerals by harvest time and parts of *Acanthopanax koreanum, J. Korean Soc. Agri. Chem. Biotechnol.*, 43, 106～109.

14. 고정삼, 고영환, 강영주, 2005, 제주지역 양조산업의 기술혁신을 통한 산업화 기술개발, 과학기술부.

15. 고정삼, 2000, 술의 세계, 광일문화사.

16. Naver, Google internet sites.

17. 주류산업, 2006, 26(2), 28～32.

18. 주류산업, 2007, 27(2), 31～36.

제 2 장

술의 종류

술은 그 제조방법에 따라 ① 양조주(釀造酒, fermented) 또는 발효주, ② 증류주(蒸溜酒, distilled), ③ 혼성주(混成酒, compounded) 또는 재제주로 나누어진다. 보통 가정에서 담그는 과실주 또는 약용주는 원료 성분을 알코올 용액에 우려내어 만든 혼성주에 속한다.

1. 양조주

양조주는 과일이나 곡류, 기타 원료에 들어 있는 당분이나 녹말을 곰팡이와 효모의 작용에 의해 당화, 발효시켜 만든 술이다. 알코올 함량이 3~18%로 비교적 낮아 변질되기 쉬운 단점이 있으나, 원료성분에서 나오는 특유의 향기와 부드러운 맛이 있다. 여기에는 포도주, 맥주, 막걸리(탁주), 약주, 청주 등이 있다.

1.1 맥 주

맥주는 맥아(麥芽) 또는 맥아와 녹말질 원료, 호프 등을 주원료로 하여 발효시켜 여과, 제성한 것을 말한다. 맥아로 당화한 액을 발효시킨 다음에 호프로 독특한 향을 내며, 탄산가스가 들어 있는 알코올 함량이 낮은 술이다.

일반 맥주회사에서 생산되는 맥주의 종류도 다양하게 불어났다. 독일에서는 세계 맥주 종류의 ⅓인 4,000여 종이 생산된다. 독일에 못지않게 맥주로 유명한 나라가 체코이다. 미국의 버드와이저(Budweiser)는 원래 체코의 지명에서 유래한다. 이 외에 덴마크의 칼스버그, 네덜란드의 하이네켄, 일본의 기린, 뉴질랜드의 스타인라거, 미국의 쿠어스와 밀러, 올드 밀워키 등이 세계적으로 명성을 얻고 있는 맥주이다. 미국 맥주시장의 80% 정도를 Anheuser-Busch, 밀러(Miller), 쿠어스(Coors)의 3대 회사

일본의 지역맥주인 오리온맥주에서 생산하는 맥주 종류

왼쪽부터 스탠다드 4.5% 드래프트, Saaz호프로 만드는 필스, 블랙 드래프트, 마로마톤 맥주, 라거 필스 병맥주

Budweiser Miller Coors Busch Michelob

대표적인 미국맥주

Carlsberg Heineken Steinlager 청도(Tsingtao)맥주

세계적인 유명 맥주

기린 아사히 삿포로 산토리

일본맥주

독일맥주

그림 2-1. 맥주제품

그림 2-2. 국내 맥주제품(OEM 생산제품 포함)

가 차지하고 있으며, 그의 대표적인 맥주는 2005년을 기준으로 Bud light와 Budweiser가 47.8%, Miller lite가 13.0%, Coors light가 11.2%, Busch와 Busch light가 9.1% 순이다(그림 2-1).

우리나라의 맥주시장은 1992년에 진로쿠어스 맥주주식회사가 설립되면서 기존의 HITE맥주, OB맥주와 3사 체제를 이루었으나, 서로 지나친 경쟁에 따른 경영난으로 외국자본에 넘어가는 과정을 겪었다. 현재는 하이트맥주와 OB맥주로 나누어져 있으며(그림 2-2), 일부 하우스맥주 생산이 이루어지고 있다. 2006년을 기준으로 시장 점유율은 하이트맥주가 59.8%와 OB맥주가 40.2%를 차지하고 있다. 맥주의 종류는 다음과 같이 나눈다.

1) 사용 효모에 따른 분류

맥주는 발효의 형태, 효모의 종류 및 특성, 숙성기간 등에 따라 상면발효(上面醱酵) 맥주와 하면발효(下面醱酵) 맥주로 구분한다. 또한 맥주의 색깔과 알코올 함량에 따라 구분하기도 한다.

(1) 상면발효 맥주

발효하는 도중에 생기는 거품과 함께 상면으로 떠오르는 성질을 가진 효모를 사용하여 만드는 맥주이다. 상면발효 맥주는 18~25℃의 비교적 고온에서 2주일 정도 발효시킨 후에 15℃ 정도에서 약 1주일 동안의 숙성을 거쳐 만들어진다. 냉각설비가

에일 스타우트 포터

그림 2-3. 상면발효 맥주

개발되지 않았던 15세기 이전까지 주로 사용되던 양조방법으로, 현재에도 영국 등지에서는 이 방법으로 맥주를 만들고 있다. 각종 에스테르(ester)와 고급 알코올의 생성량이 많아 향미가 있는 맥주가 된다. 영국의 에일(Ale)맥주, 스타우트(Stout)맥주, 포터(Porter)맥주가 이에 해당된다(그림 2-3).

(2) 하면발효 맥주

발효가 끝나면서 가라앉는 성질의 효모를 사용하여 만드는 맥주이다. 이 맥주는 비교적 저온에서 발효시키는데, 일반적으로 라거맥주(Lager beer)라고 부른다. 라거맥주는 7~15℃에서 7~12일 정도 발효를 시킨 후, 다시 0℃ 이하에서 1~2개월 동안의 숙성기간을 거쳐 만들어진다.

라거맥주의 양조방법은 맥주의 품질을 안정시키기 위하여 개발된 보다 우수한 맥주를 양조하는 방법으로서, 영국을 제외한 세계 맥주시장을 주도하고 있다. 체코의 필센(Pilsner)맥주, 독일의 도르트문트(Dortmund)맥주와 뮌헨(Munchen)맥주, 미국의 맥주, 오스트리아의 빈(Wien)맥주가 이에 속한다(그림 2-4). 우리나라의 맥주도 거의 이 방법에 의해 만들어진다.

필센 도르트문트 뮌헨 빈

그림 2-4. 하면발효 맥주

2) 색깔에 의한 분류

맥주 색깔의 진한 정도에 따라서 맥주의 종류를 나눈다. 맥주의 색깔은 대부분 사용하는 맥아의 색깔에 의하여 나타난다. 고온에서 오랜 시간 동안 건조시킨 맥아를 사용하면 색깔이 진해진다.

(1) 담색 맥주

옅은 색깔의 맥아를 사용하여 양조한 맥주로서, 짙은 색깔의 맥주에 비하여 깨끗한 맛이 난다. 세계적으로 담색 맥주의 소비량이 농색(濃色) 맥주에 비하여 많다.

(2) 농색 맥주

짙은 색깔의 맥아 또는 특수한 맥아, 그리고 옅은 색깔의 맥아를 섞어 양조한 맥주이다. 담색 맥주에 비하여 색깔이 진하고, 깊고 풍부한 맛이 있고 진한 풍미를 갖는다.

3) 알코올 농도에 의한 분류

(1) 드라이 맥주

드라이(Dry)란 '단맛이 적어 담백하다'라는 의미이다. 특히 맥주에서 드라이하다는 말은 잔류 당 성분을 적게 하고 상대적으로 알코올 농도를 높임으로써 마실 때 단맛이 덜하고 부드러우며, 목에 잘 넘어갈 뿐만 아니라 끝 맛이 깨끗이 끊어지는 느낌을 갖는 것을 말한다. 최근 소비자의 욕구가 다양해져 음식도 단맛보다는 담백한 맛, 자극적인 맛보다는 가볍고 부드러운 맛을 선호하는 경향이 많아졌으므로, 이에 따라 국내에서도 드라이 맥주를 개발 시판하게 되었다. 일본에 아사히맥주에서 슈퍼드라이 맥주에 성공함으로써 일반화되었다. 카스맥주에서 알코올 함량 6.9%인 카스 레드를 출시하였다(그림 2-5).

그림 2-5. 알코올 함량이 높은 맥주

(2) 라이트 맥주

일반 맥주의 알코올 함량은 4∼5%인데 비하여, 칼로리가 적고 알코올 함량이 낮은 맥주를 라이트(light) 맥주라고 부르며, 맛이 담백하다.

(3) 비알코올성 맥아음료

맛과 향, 겉보기는 맥주와 같지만 알코올이 1% 미만인 맥주이다. 이는 맥아, 호프 등의 맥주 원료를 그대로 사용한다. 알코올 형성을 발효과정에서 억제하거나, 발효시킨 후 역삼투압법에 의해 알코올을 제거하는 과정을 거쳐 생산한다. 비알코올성 맥아음료는 술을 마시지 못하는 소비자나 운전자 등 맥주를 마실 수 없는 상황에서 혹은 사회적으로 음주를 허락하지 않는 이슬람권 등 일부 국가에서 마신다(그림 2-6).

그림 2-6. 비알코올성 맥아음료

1.2 포도주

과실주(wine)는 과실즙을 포함한 과실 또는 과실을 주원료로 한 당질을 원료로 하여 발효시킨 술덧을 여과, 제성한 술이다. 과즙을 원료로 하여 *Saccharomyces*속에 해당하는 효모에 의해 발효시킨 다음 여과하여 얻어지는 과실주에는 포도주가 대부분이다. 일반적으로 포도주는 다음과 같이 분류한다.

1) 색깔에 의한 분류

적포도주(red wine), 백포도주(white wine), 핑크색 포도주(rose wine), 황색 포도주(yellow wine)

2) 맛에 의한 분류

단맛의 포도주(sweet wine), 신맛의 포도주(dry wine)

3) 알코올 함량에 의한 분류

(1) 강화 포도주(fortified wine)

브랜디를 첨가한 알코올 16~20°의 포도주

(2) 비강화 포도주(unfortified wine)

일반적인 테이블 와인(table wine)으로서 알코올 15° 이하의 포도주

4) 탄산가스 함량에 따른 분류

(1) 발포성 포도주(sparkling wine)

포도주에 탄산가스가 들어 있는 종류로서 샴페인(champagne)이 대표적인 예이다(그림 2-7).

(2) 비발포성 포도주(still wine)

가스가 제거된 일반적인 테이블 와인

그림 2-7. Sparkling wine과 국내산 샴페인

5) 식사와 관련된 분류

(1) 식사 전 포도주(aperitif wine)

애피타이즈(appetizer)나 수프코스(soup course)에서 곁들일 수 있는 포도주

(2) 식사 중 포도주(table wine)

식사와 함께 곁들일 수 있는 포도주를 말하며, 육류 안주에 어울리는 적포도주와 생선요리에 어울리는 백포도주가 있다.

(3) 식후 포도주(dessert wine)

식후 후식과 함께 곁들이는 포도주로서 단맛이 나는 와인이나 발포성 포도주

6) 생산국에 의한 분류

포도주의 생산국에 따라 다음과 같이 분류하기도 한다(그림 2-8).

독일 와인

스페인 와인

이태리 와인

포르투갈 와인

미국 와인

Sherry wine

Vermouth

Chianti

Douro

그림 2-8. 포도주 제품

(1) 프랑스산 와인(French wine)

포도주의 본고장으로서 포도주의 생산과 판매가 법률에 의해 엄격히 규제됨으로써 품질이 세계적으로 우수하다.

(2) 독일산 와인(German wine)

세계 생산량의 대부분을 차지하며, 수확시기에 따라 맛이 서로 다르다.

(3) 스페인 와인(Spain wine)

대표적으로 백포도주의 일종인 셰리(Sherry wine)가 있으며, 스페인 포도주는 양적인 면에서 세계 3위의 생산국이다.

(4) 이태리 와인(Italy wine)

가격이 저렴한 것이 특징이며, 소비자를 보호하기 위하여 품질 향상을 위한 통제법이 시행되고 있다. 버무스(Vermouth)와 칸티(Chianti)는 세계적으로 유명하다.

(5) 포르투갈 와인(Portugal wine)

도우로(Douro)가 대표적인 와인이다. 지방에서 생산되는 포트와인(Portwine)이 있으며, 이는 주정이 16.5～18.0° 정도로 브랜디(Brandy)를 첨가하여 변질을 방지한다.

(6) 미국 와인(American wine)

1840～1860년 캘리포니아 대학에서 품종을 개량하여 많은 품질의 향상을 보았으며, 미국 포도주는 캘리포니아와 오하이오에서 미국 생산량의 80%를 차지한다. 국내에 유통되는 와인은 대부분 수입산으로, 프랑스산이나 이태리산이었다. 그러나 최근에는 미국 캘리포니아, 호주, 칠레 등의 와인의 수요가 크게 증가하였다. 국내 브랜드로 잘 알려진 마주앙 와인 중에도 '마주앙 모젤' '마주앙 메독' 같은 품목은 포도주 원액을 수입해 국내에선 병에 넣기만 하거나 외국 현지에서 한국 상표로 제작하여 수입한 것이다.

'마주앙 스페셜 화이트'나 '마주앙 레드'는 국산 포도로 만든 와인 원액과 외국에서 들여온 와인 원액을 섞은 것이고, 국산 원액만 쓴 것은 '마주앙 미사주' 뿐이다. 마주앙을 중심으로 한 포도주의 종류는 그림 2-9와 같다. 이 외로 지역 특성에 따라 주로 생산되는 과실을 이용한 발효주가 생산되고 있다. 사과, 딸기, 버찌(cherry), 자두(plum), 참다래, 감귤, 배 등을 이용한다. 충북 영동군 와인코리아㈜에서 생산하는 국산 포도주 샤토마니(Chateau Mani) 등은 그림 2-10과 같다.

멜로 쇼비뇽블랑 모젤 레드 스페셜화이트 보르도레드 보르도화이트

델리카블랑 델리카루즈 라 세느 라인 보졸레 마고 메독 리오하

끼안티클라시코 카버네쇼비뇽 샤도네 화이트진판델 샤블리 스페셜 네츄럴스위트

그림 2-9. 마주앙의 종류

샤토마니

그랑꼬또(Grand Coteau)

국산 포도주

그림 2-10. 국산 포도주 제품

1.3 복분자술

세계적으로 흔한 과일주는 아니지만 전북 고창군을 중심으로 복분자 재배가 늘어나면서 과실주의 생산이 많아졌다. 착즙한 복분자주스에 배양한 효모를 첨가하여 발효시키거나, 여기에 설탕을 첨가하여 가당한 원료를 발효시키기도 한다. 대표적인 생산업체로는 ㈜선운산(전북 고창군)과 (영)고창명산품 복분자, ㈜연수당 복분자주(광주시), ㈜보해양조(전남 목포시), ㈜국순당 등이 있으며, 제주지역에는 ㈜한백당(제주시 한경면)에서 복분자술을 생산하고 있다(그림 2-11).

1.4 기타 과실주

이 외로 국내에서 소량 생산되는 과실주로는 감와인을 비롯하여 머루주, 배술 등을 들 수 있다(그림 2-12).

1.5 한국의 민속주

우리나라에서 전통적으로 빚어지는 술을 민속주라고 할 수 있다. 민속주는 다음과 같은 규정 중 하나에 의하여 면허한 주류를 말한다.

① 전통문화의 전수, 보존에 필요하다고 인정하여 문화재청장 또는 특별시장, 광역시장, 도지사가 추천한 주류로서 특별시, 광역시, 도지정 문화재에 한한다.

선운산 복분자주 고창명산품 복분자 국순당

㈜한백당 ㈜연수당 복본자주 ㈜보해양조

그림 2-11. 대표적인 복본자술

제조

터널에서 숙성

제품

감와인

홍지원 머루주(강원도 평창군)

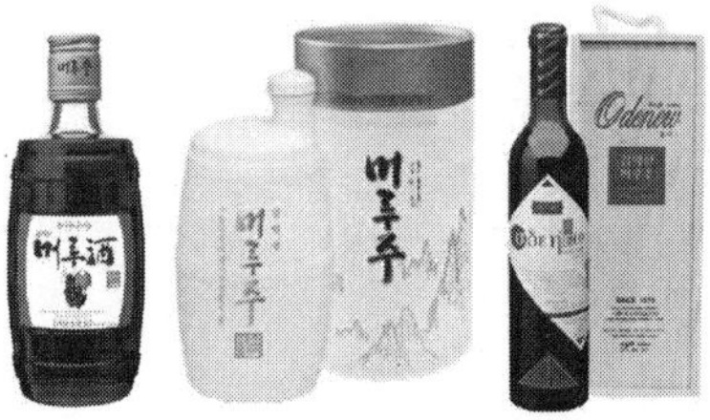

산머루농원(경기도 파주시)

금화양조 머루주

덕유양조 머루주

봉황농협 배로와인(전남 나주시)

그림 2-12. 기타 과실주

② 농수산물가공산업육성법 제6조의 규정에 의하여 농림부 장관이 주류부문의 전통식품으로 지정하고, 국세청장에게 추천한 주류
③ '제주도개발특별법'에 의해 1999년 2월 5일 이전에 제주도지사가 국세청장과 협의하여 제조허가를 한 주류
④ 관광 진흥을 위하여 1991년 6월 30일 이전에 건설교통부장관이 추천하여 주류심의회 심의를 거친 주류

우리나라의 술은 대부분 쌀을 사용한 술로서, 쌀과 누룩으로 발효시킨 술밑을 증류한 것을 소주, 발효가 끝나 위에 맑게 뜬 청주를 거르고 난 찌꺼기에 물을 섞어 거른 것을 '탁주(濁酒)'라고 한다. 지금은 탁주를 제조할 때 밀가루, 쌀가루, 옥수수가루 등을 원료로 사용한다. 인구 증가로 식량이 부족했던 조선시대에 거의 대부분은 금주령

이 시행되었다. 다만 질병을 치유하는 데 사용하는 약용주는 예외로 허용했으므로 술을 만들어 마시기 위한 편법으로 청주를 '약주(藥酒)'라고 하였다. 이때부터 전통 청주 또는 모든 술을 약주라고 부르기 시작하였다.

일본의 청주는 우리나라에서 흔히 정종(正宗)이라고도 불린다. 일본청주는 쌀을 많이 도정하여 만든 쌀누룩인 입국으로 저온에서 발효시킨 후 여과한 알코올 함량 16% 정도의 곡주(穀酒)이다. 일본에서 가장 널리 마시는 청주는 95% 발효주정을 희석한 알코올과 청주 원액을 혼합한 형태이다. 국내에서 제조되고 있는 몇 가지 대표적인 민속주의 내용을 살펴보면 다음과 같다. 그러나 여기에 소개된 내용도 소비형태의 변화에 따라 양조업체에도 부침이 있기 때문에 그 실태를 정확히 파악하는 일이 힘들 것으로 여겨진다.

1) 탁주류

(1) 소백산 동동주

대강양조장(충북 단양군 대강면 장림리)에서 제조하는 소백산 동동주, 쌀막걸리는 석회암층 깊은 곳에서 우러나오는 탄산과 각종 미네랄이 풍부한 물로 양조한다. 이 술은 톡 쏘면서 알싸한 맛이 올라오며, 물 자체가 미끄러운 감촉을 준다. 막걸리는 4~5일 발효시키지만, 10일 이상은 자연 발효시킨 후에 상징액을 취하고, 여기에 사과즙을 첨가하여 달콤한 맛을 내는 것이 특징이다. 혀로 느낄 수 있는 맛의 조화를 이루고 있으며, 술맛이 매끄러우며 달작지근하고 알싸하다. 쌀막걸리는 주정도수가 6~7° 정도이고, 동동주는 8~9° 정도이다.

(2) 이동막걸리

한일탁주합동주조장(경기도 포천군 이동면 도평리)에서 1957년부터 백운계곡의 맑은 광천수로 술을 빚어 신맛, 쓴맛, 씁쌀한 맛이 잘 배합되어 깊고 텁텁한 맛이 나고, 상쾌한 뒷맛까지 더해진다. 특수 제국기를 사용하며, 우리나라 고유의 옹기를 사용한다.

(3) 좁쌀막걸리

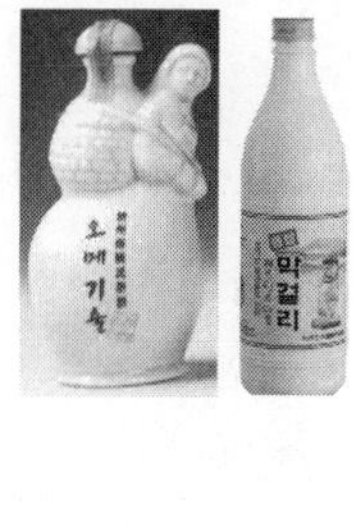

제주지역의 토속 막걸리로서 좁쌀가루를 사용하며, 남제주군 표선면 성읍리 제주민속좁쌀주에서 제조되는 좁쌀막걸리와 ㈜제주합동양조장에서 제조되는 좁쌀막걸리가 시판되고 있다.

(4) 청(靑) 동동주

서울탁주제조협회(서울시 종로구 낙원동)에서 제조하는 탁주로서, 백미 100%를 사용하여 주정 도수는 7°로서 코지균 외에 황국균을 접종하여 단맛을 강화시키기도 한다. 황국균의 사용은 향기가 좋지 않아 사용을 줄이고 있다. 순한 맛과 향이 있으며, 유색의 PET병으로 유통되고 있다. 이 외에도 각 지역별로 탁주(막걸리) 생산이 이루어지고 있다. 그러나 탁주는 시대 변화에 따라 소비가 점차 감소함으로써 양조업체는 경영난으로 어려움을 겪고 있다.

깨끗하고 순한 술을 선호하는 소비 변화에 따라 맥주와 와인의 소비가 증가하는 추세이며, 희석식 소주는 알코올 함량을 낮추어 순한 소주로 바뀌고 있다. 백세주를 중심으로 증가하였던 민속주 시장도 점차 소비가 감소함에 따라 어려움을 겪고 있다. 이에 따라 탁주회사는 구조조정이 불가피할 것으로 보이며, 이를 대체할 수 있는 지역 특성을 살린 약주의 생산에 관심을 기울이고 있다.

2) 청주 및 약주

(1) 경주법주

금복주에서 생산하는 경주법주는 찹쌀과 한약재를 넣어 4단 사입을 거친 후 오랜 기간 동안 저온에서 발효시키며, 압착하여 여과한 후 숙성을 거쳐 만든 술로 깊은 맛과 그윽한 향이 일품이다.

(2) 경주 황금주(黃金酒)

국화주와 같은 술이나 황금빛이 난다 하여 '황금주'라 불려진다. 교동법주를 왕가나 명문가문에 비주(秘酒)라고 한다면, 황금주는 중산층에 파급된 서민용 술이다. 밑술을 담가 3일 후에 덧술로 하며, 이때에 건조한 국화를 넣어 사입한다. 덧술을 하여 3일 후에 숙성시킨 다음 자루에 넣어 압착하고, 5~10일 지나면 황금주가 된다.

(3) 계룡 백일주(百日酒)

충남 공주시 봉정동에서 빚는 술로 '신선주'라고도 하는 계룡 백일주는 색깔, 향미가 독특하다. 주원료인 찹쌀 외에 솔잎, 국화꽃, 오미자, 홍화, 진달래꽃 등을 일 년

내내 채취해야 하므로 대중화되지 못한 채 가문의 제사 때 상에 올리는 귀한 술이 되었다. 고유한 비법으로 제조한 누룩은 계룡 백일주만의 독특한 향취를 내게 한다. 알코올 함량은 16%이다.

(4) 계명주(鷄鳴酒)

경기도 수원시 팔달구 인계동에서 '이당주' 또는 '엿탁주'로 불렸던 계명주는 평안남도 지방에서는 제사나 명절 때 담아 애용해 왔다고 한다. 이 계명주는 중국의 문헌에도 등장하며, 한국의 고문헌에도 자주 나오는 역사가 오래된 민속주이다. 계명주 제조의 특징은 멥쌀이나 찹쌀을 쓰지 않는 대신 옥수수와 수수, 조청, 엿기름을 쓴다. 계명주는 알코올 함량 11% 정도의 비교적 낮은 도수로 마시기에 부담이 없고 부드러워서 어느 사이 취하는 줄 모르고 자꾸 마시게 된다.

(5) 국향(菊香)

두산백화양조(전북 군산시 소룡동)에서 100% 쌀을 이용하여 오랫동안 저온에서 숙성을 거친 고급술로서 부드러우며 끝맛이 깨끗하다. 전통적인 제법으로 만든 술이 아니라 코지를 이용하여 발효시킨 술이며, 백화수복도 생산되고 있다.

(6) 국화주(菊花酒)

경남 함양군 함양읍 삼산리에서 빚는 계절주로서 대표적인 술이다. 국화주를 마시면 장수를 누리고 병에 걸리지 않는다는 말이 있다. 국화주는 2단 사입할 때에 국화꽃을 첨가하며, 이 외에도 생지황, 구기자를 같이 첨가한다. 국화주의 색깔은 보통 담황색을 띠고, 새콤하면서 달콤한 맛을 내는 특유의 맛과 국화와 다른 약재의 어우러진 향기를 가지고 있다.

(7) 김천 과하주(過夏酒)

경북 금릉군 대항면 향천동에서 빚으며, 김천에는 다른 과하주와는 달리 소주를 넣지 않고 색다른 양조법으로 빚었다. 임진왜란 당시 명나라 장수 이여송이 김천에 '금천' 또는 '주천'으로 불렸던 샘물의 물맛이 '중국 과하천과 같다'고 하여

이때부터 과하천이라 하였다. 이 물로 빚은 술을 금천 과하주라 하였다. 담금 과정에 찹쌀 고두밥을 완전히 떡처럼 쳐서 누룩물로 반죽하여 독에 옮겨 담근다. 점도가 있어 끈적끈적하고 숙취가 없다고 한다. 독특한 단맛과 약간의 신맛을 갖는 부드러운 술이며, 주정도수는 16°이다.

(8) 남해 유자주

경남 남해에서 생산된 유자를 사용하여 만든 독특한 술이다. 찹쌀과 멥쌀을 같은 비율로 증자하여 곡자, 솔잎, 물을 함께 사입하여 7일간 발효시킨다. 발효 후에 다시 찹쌀과 멥쌀 고두밥을 가한 뒤 곡자와 유자를 섞어 발효시켜 2개월 동안 숙성시킨 뒤 여과하여 이용한다.

(9) 면천 두견주

충남 당진군 면천면 성상리에서 빚는 술로서 찹쌀을 원료로 면천에 있는 우물물인 안샘물을 용수로 사용하며, 진달래꽃을 살짝 말린 뒤 찹쌀과 함께 빚는다. 담황갈색의 점성이 있는 주정도수 19°의 술로 두견화의 향미와 단맛, 기타 약용 성분은 알코올이 생성되면서 용해되어 빛깔은 담황색이 되고, 녹말이 분해되면서 점성이 생기고 향취와 풍미가 있다.

(10) 사삼주(沙蔘酒)

전남 승주군에서 말로 전해 오던 향토 민속주를 재현한 술이다. 재료는 찹쌀, 곡자, 더덕, 물이며 찹쌀 등을 사용하여 밑술과 덧술의 과정을 거쳐 제조한 술이다. 더덕의 사용 비율은 25% 정도로서 알코올 함량은 15%, 맛은 쌉쌀하고 달콤한 느낌을 준다.

(11) 삼해주(三亥酒)

서울시 노원구 하계2동에서 정월 첫 해일(亥日, 십이지간의 돼지날)부터 다음 돼지날, 즉 12일 후 그리고 다시 12일 후 돼지날만을 골라 3번 덧술을 하여 삼해주란 이름이 생겼다. 그리고 마시기까지 100일이 걸린다 하여 '백일주'라고도 한다. 저온에서 오랫동안 발효시켜 만들어지는 청주이다. 주정도수가 12°로서 보존기간이 6개월이 경과하여도 변질되지 않는다고 한다.

(12) 송죽 오곡주(松竹 五穀酒)

전북 전주시 교동에서 빚는 술로서 찹쌀, 누룩, 각종 한약재(산수유, 구기자, 오미자, 국화), 오곡(콩, 팥, 조, 수수, 보리), 솔잎, 대의를 원료로 한다. 발효원료를 모악산의 약수에 혼합하여 밀봉한 후 20℃ 정도의 온돌방에서 7일간 재웠다가 8일째 되는 날 땅 속에 묻어 숙성시킨다. 이 술의 특징은 약재의 효능과 향기가 어우러지고, 맛 역시 조화롭고, 보신 효과가 좋아 300년 동안 곡차라고 하였다.

(13) 연엽주(蓮葉酒)

충남 아산군 송악면 외암리에서 빚는 연엽주는 『산림경제』와 『규합총서』에서 그 기록이 있는 오래 된 역사를 가진 술이다. 연엽주의 재료는 찹쌀을 기본으로 하여, 여기에 연근이나 연잎을 넣고 솔잎과 감초를 첨가한다. 이 술의 특징은 연근과 솔잎이라 할 수 있으며, 알코올 함량 18% 정도로 마신 뒤에도 숙취가 없는 술이라고 한다.

(14) 오름의 샘

1991년부터 수년간 저자 등의 연구결과를 토대로 하여 제주의 토속주인 오메기술의 제조방법을 개선함으로써 맑고 독특한 맛과 향을 살린 좁쌀약주가 우리농산물영농조합법인에서 '오름의 샘'으로 생산하였다. 나무의 산삼이라고 하는 탐라오가피를 비롯하여 오미자, 갈근, 당귀, 구기자 등 기능성 물질이 들어 있는 제주산 약재를 첨가하여 발효를 시킨다. 청정제주의 좁쌀과 쌀을 찐 다음 깨끗하고 맑으며 발효성이 좋은 제주의 화산암반수를 이용하여 발효시켜 술의 품질을 개선하였다.

좁쌀약주는 차좁쌀과 멥쌀을 쪄서 고두밥을 만들고, 당화력이 높은 누룩과 효소제, 그리고 발효력이 강한 효모를 사용하여 술을 빚는다. 발효가 끝나면 우선 가압여과기(filter press)를 사용하여 1차 여과시켜 저온에서 숙성시킨 다음, 출고 전에 2차에 걸친 막여과(micro-filtration)로 투명한 청주를 제조하고 있다. 좁쌀약주는 좁쌀로 빚은 술로서 쌀로만 빚은 청주와는 또 다른 부드럽고 독특한 향과 맛을 느낄 수 있다. 소비자의 취향에 맞도록 술의 품질을 개선한 제주 민속주이다.

(15) 청주 대추술

청주시 동쪽에 있는 상당산성은 삼국시대 토성으로 축조되었다가 조선 숙종 42년(1716년)에 석성으로 개조된 성으로 이곳 사람들이 대대로 빚어온 토속 향토주이다. 대추술은 누룩, 대추, 솔잎을 넣고 찐 쌀밥을 버무려 만든다. 누룩을 빻아 맑은 청주를 섞어 넣는데, 지금은 청주대신 효모를 섞는다. 술독에 물을 넣을 때에는 붓지 않고 독을 헹구는 정도의 물을 쓰도록 한다. 다 익은 술은 동동주처럼 색깔이 누러면서도 붉은 빛이 돈다. 술맛은 조금 씁쌀하며 상큼하다.

(16) 칠선주(七仙酒)

인천시 북구 십정2동에서 빚는 술로서, 옛 문헌인 『규합총서』와 『임원십육지』, 『양주방』 등에서 그 기록을 찾을 수 있다. 칠선주는 밑술에 인삼, 더덕, 칡, 구기자, 당귀, 모과, 감초 등 여러 가지 약재가 들어가는 까닭에 칠선주라 부르며, 보주(補酒)로서 마시는 약주이다.

2단 사입하여 72시간 후에 약재 2 kg을 물 18 L에 넣고 100℃에 3시간 정도를 달인다. 여기에서 얻은 추출액을 주 발효가 끝난 주요에 혼합하여 3단 사입하고 여과하여 알코올 함량 16%의 칠선주를 얻는다. 칠선주는 주체, 숙취 등이 적게 일어나며, 속 쓰림과 갈증이 없고 뒤끝이 깨끗하다.

(17) 한산 소곡주(素麯酒)

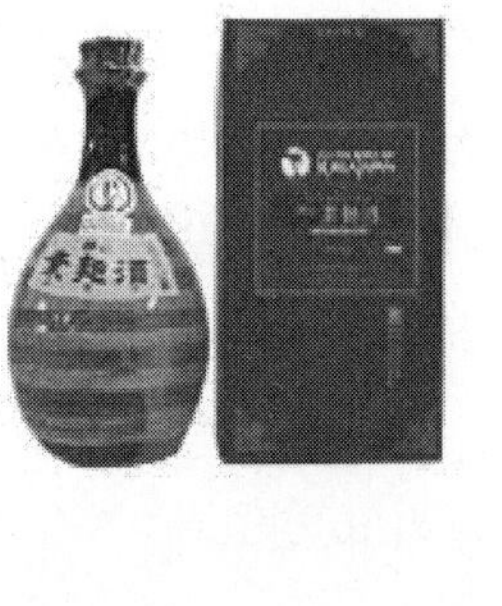

충남 서천군 한산면 호암리에서 빚어지는 술이다. 우리나라의 전통 향토주 중에 문헌으로는 가장 오래된 술로서 백제 때부터 빚어진 듯하다. 도둑이 남의 집에 들어갔다가 술독을 발견하고, 이 술을 퍼마시다가 술맛에 취해 주저앉았다는 이야기가 있다. 이와 같이 술맛이 좋고 주정도수가 높아 한번 마시고 취하면 일어설 줄 모른다 하여 '앉은뱅이 술'이라고도 하였다.

소곡주는 조선 초기부터 가장 많이 알려져 있으며, 제조과정의 특징으로 누룩을 다른 술에 비하여 조금만 쓰기 때문에 '소곡주'라 한다. 부드러운 맛과 향기가 일품이며,

대나무 잎과 같은 빛깔이 좋다. 마시면 식욕이 증진되며, 혈액순환을 촉진시켜 피로 회복에 효과 좋은 술로 알려져 있다.

(18) 흑주, 흑주순, 백세주(百歲酒)

국순당 술도가(경기도 화성군 봉담면 수영리)에서 빚은 술이다. 백세주는 찹쌀과 구기자, 백하수오, 음양곽 등 10가지의 한약재를 넣어 진하게 빚은 약용주이다. 주정도수는 13%이다. 흑주는 조선시대의 대표적인 전통약주 백하주를 되살린 술이다. 코지균(*Aspergillus oryzae*)을 사용하지 않고 *Rhizopus* 균을 이용하여 무증자 제법으로 만든 독창적인 술이라 할 수 있다. 이를 '생술 빚기법'이라 하며, 주정도수는 13°로서 두통과 숙취가 없다.

흑주순은 물 대신에 다 익은 술로 2번 이상 덧 담그는 덧술법을 쓴 고급 청주로서 전통 민속주를 재현한 술이다. 원료로는 찹쌀, 감초를 사용하며 주정도수는 13°이다. 삼겹살 전용 기능성 약주로 '삼겹살에 메밀한잔'이 출시되었다. 이와 더불어 배상면주가에서는 백하주, 할인18품, 산사춘, 천대홍주, 흑미주 등 다양한 민속주를 출시함으로써 민속주 시장의 활성화를 꾀하고 있다(그림 2-13).

그림 2-13. 국순당과 배상면주가의 민속주 제품

2. 증류주

증류주는 발효된 술, 또는 술덧을 증류하여 얻는 술이다. 알코올 함량이 35~60%로 비교적 높으며, 증류방법에 따라 불순물의 일부 또는 대부분을 제거하는 일이 가능하다. 특히 우리나라에서 많이 마시는 희석식 소주는 활성탄 처리로 불순물을 거의 제거한 발효주정을 원료로 하여 희석하여 만든다.

이밖에도 증류식 소주를 비롯하여 브랜디(Brandy), 위스키(Whisky), 진(Gin), 보드카(Vodka), 럼(Rum), 데킬라(Tequila), 고량주 등이 여기에 속한다. 증류주는 인류가 만든 술 가운데에서 가장 늦게 나온 술로서 스코틀랜드나 아일랜드의 위스키, 북유럽 각지의 화주(火酒)는 16세기경부터 만들어졌다.

증류주를 오지항아리, 초자용기 또는 스테인리스 스틸용기 등에 저장하는 화이트 리큐르(white liqueur)와 위스키, 브랜디, 럼 등과 같이 참나무통에 저장하여 숙성시킨 브라운 리큐르(brown liqueur)로 구분된다.

2.1 민속소주

일부 소주회사에서 생산하는 증류식 소주도 있으나, 여기에서는 전통적인 방식에 가까운 단식 증류하여 숙성한 민속주 중에 대표적인 술의 몇 가지 예만을 들었다.

1) 고소리술

우리농산물영농조합법인에서 차좁쌀과 쌀을 원료로 빚은 좁쌀약주(오메기술)를 단식 증류하여 저온에서 장기간 숙성하여 만든 주정도수 30～40°의 제주 민속주이다. 저자와 공동으로 개발하여 만든 제주특산 민속주로서 독한 느낌이 전혀 없어 마시기 쉽고 부드러운 느낌을 준다. 한번 마셔본 후에는 고소리술만을 고집할 정도로 품질이 우수한 증류식 소주이다.

2) 문배주

서울시 서대문구 연희동에서 제조하는 술로서, 문배주의 원래 고향은 평양지방이다. 배로 담근 술 이름과 같으나 배와는 관계가 없는 재래식 소주의 일종이다. 술이 익으면 배꽃이 활짝 피었을 때 술 향기가 난다고 하여 붙여진 이름으로, 좁쌀과 수수 누룩을 사용하여 만든다.

메조, 찰수수, 누룩으로 발효시킨 후 이를 가마솥에 넣고 불을 지피면 증류되어 흘러나오게 된다. 주정도가 높은 소주를 내리어 오랜 기간 동안 숙성시키는 것이 특징이다.

3) 안동소주(安東燒酒)

경북 안동시 신안동에서 제조하는 안동소주는 누룩에 고두밥을 만들어 섞어 15일 동안 발효시킨 다음 소주고리에서 소주를 내린다. 안동의 맑고 깨끗한 물과 좋은 쌀을 원료로 빚으

며, 45°의 높은 주정도수에도 그윽한 향취와 특유의 감칠맛이 있다. 뒤끝이 깨끗한 술로서 오랜 기간 동안 보존이 가능하며, 오래 지날수록 풍미가 더욱 좋아진다.

4) 안동소주 제비원

금복주에서 생산하는 안동소주 제비원은 '제비원'의 상표로 더욱 알려져 있으며, 1975년 '소주제조업 1도 1사'의 조치에 따라 안동지역에 산재된 전통적인 소주 제조회사를 합병하며 안동소주 제비원의 이름으로 판매하기 시작하였다.

도라지술 진주 금복주 화랑 지리산 솔송주 충북 청명주 진로 천국

소백산 오정주 송이주 비슬산 하향주 추성주 무학 가을국화 두산

충북 괴산 21허브 두산 군주 구기자 약주 들국화주 송순주 보해 서편제

그림 2-14. 기타 민속주

5) 향온주(香溫酒)

서울시 관악구 신림본동에서 제조하는 향온주는 조선시대에는 정통 궁중 술로서 법으로 제정하여 제조한 술이었다. 녹두로 만든 누룩을 사용하여 밑술을 제조할 때 용수를 석회수로 사용하는 것이 특징이다. 술의 도수가 높아도 입안에서는 부드럽고 독한 느낌이 없다. 뒤끝이 깨끗하고 빨리 취하고 빨리 깬다. 술맛은 화한 느낌이며 단맛이 난다. 빛깔은 은은한 녹두 색깔이 나며, 향기는 순하고 은은하다.

6) 홍주(紅酒)

홍주는 전남 진주에서 내려오는 전통주로서 보리쌀을 쪄서 누룩과 버무려 밑술(1차 담금)을 만든 다음에 쌀을 쪄서 밑술과 혼합해 덧술(2차 담금)을 만들고 발효시킨 후 이를 증류해 소주를 얻는다. 증류과정에 고소리에서 흘러내리는 소주가 지초(芝草) 뿌리를 통과하도록 하면 진홍색이 배어나고 향도 녹아난다.

이 외로도 국내에서 생산되는 민속주로서는 그림 2-14에서 보는 바와 같은 종류가 있다.

2.2 위스키

위스키는 원래 보리로 만든 맥아로 당화한 원액을 발효시킨 다음 발효액을 증류한 후 참나무(oak) 통 속에서 숙성시킨 증류주이다. 위스키는 세계 여러 나라에서 생산되고 있으나 원료, 제조방법, 풍토의 차이 등 생산지에 따라 각각 다른 특징을 가지고 있다. 이를 크게 나누어 스카치 위스키, 아이리시 위스키, 아메리칸 위스키, 캐나디안 위스키로 분류하며, 이를 세계 4대 위스키라고 한다.

위스키의 원료가 보리에서 곡류로 바꾸어짐에 따라 영국의 스카치 위스키(Scotch whisky)는 맥아를 원료로 하며, 아이리시 위스키(Irish whisky)와 캐나디언 위스키(Canadian whisky)는 호밀을 원료로, 그리고 미국 켄터키 지방에서 처음으로 만든 버어본 위스키(Bourbon whisky)는 옥수수를 주원료로 하여 제조한다. 각각 독특한 향미를 지닌 술로 유명하다. 이 외로 일본의 산토리(Suntory), 니카(Nikka) 회사 등에서 생산하는 일본 위스키(Japanese whisky)가 있다.

스카치 위스키는 원료의 생산지가 어디든 반드시 스코틀랜드 지방에서 증류한 것이어야 한다. 스카치 위스키를 종류별로 나누면 맥아를 원료로 한 몰트 위스키(malt whisky), 곡류를 원료로 한 그레인 위스키(grain whisky), 이를 조합한 혼합위스키(blended whisky)가 있다.

몰트 위스키는 발아시킨 대맥아(大麥芽)만으로 제조한 위스키로 향미가 농후하다. 그레인 위스키는 발아시키지 않은 보리, 호맥, 밀, 옥수수 등에 맥아를 첨가하여 당화시켜 만든 위스키이다. 따라서 곡물 외의 녹말 원료나 당질 원료의 사용이 허용되지 않으며, 몰트 위스키와 달리 알코올 외의 휘발성분이 미량 들어 있어 향미가 약하고 가볍다. 혼합위스키는 단식 증류기로 증류한 위스키와 연속 증류기로 증류한 위스키를 혼합하여 제품화한 것을 말한다. 일반적으로는 몰트 위스키와 그레인 위스키를 혼합하여 만든 제품이다. 아메리칸 위스키는 위스키 원주에 곡류를 원료로 한 중성 알코올을 혼합한 제품이다.

증류기 또는 증류방법에 의한 분류로는 단식증류 위스키(pot still whisky)와 연속식증류 위스키로 구분된다. 단식증류 위스키는 증류식 소주의 증류와 마찬가지로 단식증류기에 의하여 제조되는 위스키로서, 알코올 외의 휘발성 성분인 알데히드, 퓨젤유, 에스테르를 함유하는 것이 특징이다.

주로 아일랜드와 스코틀랜드의 몰트 위스키가 여기에 해당된다. 연속식 증류 위스키는 연속식 증류방식에 의하여 제조되는 위스키로서, 스카치 위스키 중에 그레인 위스키, 아메리칸 위스키, 캐나디언 위스키에서 사용하는 증류방식으로 단식 증류방식에 의한 위스키보다 향미가 엷은 것이 특징이다.

유명한 제품은 거의 몰트 위스키에 많은 양의 그레인 위스키를 혼합한 혼합위스키(blended whisky)이다. 스카치 위스키의 특징은 배조(焙燥) 공정에서 피트(peat)라는 니탄(泥炭)을 태워 발생하는 연기로 훈연시킴으로써 독특한 향을 갖도록 한 것이다. 세계적으로 유명한 몰트 위스키에는 Glen Grant, Glenfiddich 등이 있다. 그리고 혼합위스키(blended whisky)에서는 J&B, Cutty Sark, Johnnie Walker, Ballantine, Chivas Regal 등이 유명하다(그림 2-15).

이 외로 외국에서 원주를 수입하여 국내에서 blending한 제품의 예는 그림 2-16에서 보는 바와 같다.

Glen Grant

Glenfiddich

J&B

Cutty Sark

Johnnie Walker

Ballentine

Chivas Regal

Chivas Royal Salute

Jack Daniel

Black&White

White Horse

Suntory

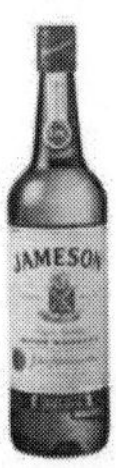

Jameson Irish

McConville

Crown royal Canadian

Pike Creek

그림 2-15. 세계의 대표적인 위스키 제품

그림 2-16. 국내에서 blending한 위스키 제품

2.3 브랜디

브랜디는 과실 또는 과실에 당질을 첨가한 후 발효시킨 술덧을 증류한 것이나 또는 과실주를 증류한 것을 나무통에 넣어 저장한 것을 말한다. 엑스분(extracts)이 2% 이상인 것을 제외한다. 과일을 원료로 한 증류주(brandy)에는 포도를 주로 사용하며, 프랑스에서 생산하는 코냑(Cognac), 아르마냑(Armagnac), 프렌치 브랜디(French brandy) 등이 세계적으로 유명하다(그림 2-17).

이 외의 과일을 원료로 한 브랜디에는 사과를 원료로 한 프랑스의 칼바도스(Calvados), 버찌(cherry)를 원료로 하여 독일, 스위스에서 제조한 키르시벗서(Kirsh-wasser), 그리고 자두브랜디(plum brandy)가 알려져 있다.

Cognac

Armagnac

Calvados

Kirshwasser

Plum brandy

그림 2-17. 브랜디 제품

코냑이란 프랑스의 코냑 지방에서 생산되는 포도주를 '백조의 목'이라고 부르는 단식 증류기로 2번 증류한 것을 말한다. 브랜디의 상표는 제조회사에 따라 조금 차이가 있다. 코냑과 같이 원료품종, 양조법, 증류법, 숙성법 등이 일정한 규격으로 만든 것에 한하여 허용하는 경우도 있으나, 제조회사에 따라서는 숙성한 연수를 표시하기도 한다. 그의 대표적인 예로서 ★★★(three star)는 3~5년, VSOP(very superior old pale)로 10~20년, 나폴레옹(Napoleon)은 30~40년, 엑스트라(Extra)는 40~50년을 각각 숙성한 것으로서 주류공업의 역사를 알 수 있듯이 오랜 기간을 통하여 꾸준한 기술 개발을 필요로 한다.

2.4 일반 증류주

일반 증류주에는 다음과 같은 술이 있다.

① 수수 또는 옥수수, 기타 녹말이 들어 있는 물료(物料)와 국을 원료로 하여 물을 뿌려 섞은 것을 밀봉하여 발효시켜 증류한 술
② 사탕수수, 사탕무, 설탕 또는 당밀 중 하나 또는 그 이상의 것을 주원료로 하여 물과 함께 발효시킨 술덧을 증류한 술
③ 술덧, 기타 알코올 함유물을 증류한 주류에 노간주나무 열매 및 향미식물 원료를 첨가하여 증류한 것을 말하며, 엑스분(extracts) 2% 이상인 것을 제외한다.

일반 증류주는 스피리츠(spirits)에 해당하는 증류주 중에서 위스키, 브랜디, 소주 등을 제외한 증류주를 말한다. 고량주, 럼(Rum), 진(Gin), 보드카(Vodka), 데킬라(Tequila) 등이 이에 해당되며, 각각의 성질이나 제조방법이 다르다.

1) 고량주

고량주는 수수를 원료로 한 중국 전통의 증류주로서 만주지방의 중요한 술이다. 예로부터 산동, 천진 등 중국의 동북지방에서 제조되었으며, 알코올 함량이 높은 것이 특징이다. 제조법은 잘게 분쇄한 수수를 증자하고, 분쇄한 곡자와 혼합한 다음 알맞은 물을 넣어 반고형 상태로 만든다. 이를 반지하에 설치된 발효조에서 담금한 다음, 그 위를 왕겨와 진흙으로 발라 밀봉하고 외부와의 공기를 차단하여 9~12일간 발효시켜 증류한다. 제조는 연중 계속할 수 있으나 원료 확보가 쉽고 발효가 순조로운 겨울에 많이 제조하며, 여름철에는 제조를 중단할 때가 많다.

우리나라에서는 1960년대 동해, 수성, 동생, 복천, 풍년, 만수, 덕흥 등에서 생산하였으나, 현재는 그 수요가 많이 줄어들어 진로, 수성에서 원액을 중국으로부터 수입하여 생산하고 있다(그림 2-18).

그림 2-18. 고량주

2) 럼

럼(Rum)의 기원에 대하여 2가지 설이 있다. 하나는 16세기에 서인도제도 푸에르토리코에 건너간 스페인의 '포세이 레온' 탐험대 대원 중 증류기술을 가진 사람이 사탕수수로 증류주를 만든 것이 최초라는 설이다. 다른 하나는 17세기 초에 카리브해의 발바도스 섬에 이주한 증류기술을 가진 영국인이 최초로 만들기 시작했다는 설이다.

럼은 사탕수수 착즙액 또는 당밀을 높은 온도에서 발효시켜 증류한다. 주로 서인도제도의 자메이카, 쿠바, 푸에르토리코, 미국 등지에서 만들어지고 있으며, 마다가스카르의 퀸스랜드에서도 생산된다. 럼주는 세계적으로 80프루프[4](proof)가 가장 보편적이지만, 어떤 것은 75°나 되는 것도 있고, 35°인 것도 있는 등 다양하다. 자메이카, 쿠바 등이 유명한 생산지이다. 헤비(heavy) 럼, 라이트(light) 럼, 메디(medium) 럼으로 구분한다. 자메이카의 헤비 럼, 도미니카의 미디엄 럼, 라이트 럼 등이 유명하다(그림 2-19).

그림 2-19. 럼주

4) 2 proof는 알코올 함량 약 1%에 해당된다. 예를 들어 80프루프의 술은 주정도수 40°라고 할 수 있다.

3) 진

1650년 네덜란드 라이덴대학의 프란시스쿠스(Franclscus de La Boe) 교수가 맥주 양조용으로 발효된 술덧을 증류하는 실험을 하다가 특수한 증류액을 얻게 되었다. 증류액에 노간주나무 열매(juniper berry)인 두송실을 가미하여 새로운 술을 만들기 시작하였다. 이것이 영국으로 전파되면서 '진'이라고 불리게 되었다.

진은 두송실과 기타 약초, 한약재를 주정과 함께 증류하여 만든다. 이뇨, 건위에 효과가 있어 오랫동안 약방에서 판매되었다. 진은 스트레이트(straight)로 마시면 너무 강하기 때문에 영국에서 한때는 법으로 판매를 금지시킬 정도이었다. 그러나 값이 저렴하여 저소득층의 사랑을 받아 계속 음주인구가 확대되었다. 칵테일로 마시는 방법이 미국에서 개발된 다음에 진을 스트레이트로 마시는 일은 매우 드물다. 그 독특한 약효 때문에 마신 뒤 뒤끝이 깨끗한 것이 특징이다.

스위트진은 드라이진에 2~4%의 설탕과 0.2~1%의 글리세린을 첨가하여 만든다. 런던드라이진이 유명하며, 진을 사용한 유명한 칵테일로 마티니가 있다. 우리나라에서는 진로, 오비씨그램, 금복주, 보해, 백화, 해태에서 생산하고 있다(그림 2-20).

진-토닉 칵테일 조제기 Juniper berry

그림 2-20. 진

4) 보드카

보드카는 러시아의 술로서 12세기경부터 농민들이 마셨다고 한다. 이 당시에는 러시아어로 '지즈너야 워다(생명의 물)'라고 하였으며, 그 후에 '워다'라고 불렸다. 16세

그림 2-21. 보드카

기경부터는 그 애칭으로 '워드카'라 불리게 되었으며, 영어식 발음으로 보드카가 되었다. 18세기 말에는 발효 후 증류한 다음 자작나무 활성탄으로 여과하는 제조방법이 생겼다. 무색·무미·무취의 특성은 이때부터 보드카의 특징으로 굳어졌다. 18세기까지는 호밀을 원료로 만들어졌으나 이후에 보리, 옥수수 등도 원료로 사용하였으며, 추운 지방에서는 감자도 사용하였다. 보드카는 칵테일용으로 많이 이용하며, 보드카와 어울리는 음식으로 캐비아(철갑상어알)가 유명하다.

세계적으로 유명한 보드카로는 미국산인 Glacier, Smirnoff, Fleischman's, Hiram Walker 등이 있다. 영국산으로 Gilbney's Borzoi, 스웨덴산으로 Absolute, 핀란드산으로 Finlandia, 러시아산으로 Stolichnaya, Kremlyovskaya, Luksusowa 등이 알려져 있다(그림 2-21).

5) 데킬라

멕시코의 토속주인 막걸리 같은 푸케를 증류한 술로 용설란을 원료로 한 것이다. 스페인이 멕시코를 정복한 후 아풀케를 증류하여 '메즈칸'이라고 하였으며, 이 중에 데킬라 마을에서 생산된 것을 '데킬라'라고 불렀다고 한다. 레몬즙이나 소금을 혀로 핥은 후 마시는 음주방법이 독특하다(그림 2-22).

그림 2-22. 데킬라

이 외로 위스키형 일반 증류주가 있다. 일반 증류주로서의 위스키는 주세법에 일반 증류주에 분류된 위스키로서 원액 함량 19.9% 이하이다.

3. 혼성주

혼성주는 양조주나 증류주에 과실, 향료, 약초, 감미료 등을 첨가하고 당분을 더하여 침출하거나 증류하여 만든 술로서 '리큐르(liqueur)'라고도 불린다. 알코올 함유량은 20～68%로 다양하며, 주로 강장이나 약용으로 즐겨 마시며 칵테일에 많이 쓰인다. 여기에는 인삼주, 매실주, 오가피주, 진, 각종 칵테일주 등으로 그 종류가 매우 다양하다.

세계적으로 널리 애용되는 술로는 가장 대중화된 맥주를 비롯하여 포도주, 청주, 위스키, 브랜디, 럼, 보드카, 진, 데킬라, 바이지우(白酒) 등을 들 수 있다. 이 가운데에서 맥주는 탄산가스가 함유된 거품이 있는 알코올음료로서 청량감을 느끼게 해준다. 포도주는 프랑스를 연상하게 되며, 이 포도주를 증류한 술이 브랜디이다.

위스키는 12세기경에 만들어진 술로 세계 여러 나라에서 생산되고 있으나, 스코틀랜드산과 아일랜드산이 유명하다. 럼주는 중남미 특산의 증류주로서 특유한 향기가 일품이다. 알코올 함량이 40～60%인 보드카는 원래 12～13세기에 러시아에서 만들어진 술이지만, 지금은 미국에서 더 많이 생산되고 있다. 송진 향이 연상되는 진은 영국산과 네덜란드산이 유명하다. 또 다른 증류주로는 데킬라가 있다. 멕시코 용설란의 일종인 어가베테킬라나의 수액을 끓인 즙을 발효시켜 만든다.

이러한 술들이 서양의 술이라면 바이지우와 황주, 미림 등은 동양의 술이다. 중국의 술인 바이지우는 무색투명한 술이다. 또 다른 중국술인 황주는 노랑 또는 주황 색깔의 양조주이다. 일본술인 미림은 당분이 40%나 되는 단맛이 강한 술로서 주로 조미료용으로 사용된다.

주세법에 리큐르(liqueur)는 다음과 같이 규정된 것에 엑스분(extract) 2% 이상인 것으로 정의하고 있다.

① 녹말원료 또는 당분이 들어 있는 물료를 주원료로 하여 발효시켜 증류한 주류에 인삼을 담가서 우려내거나 발효, 증류, 제성 과정에 인삼의 추출물을 첨가한 것이다.

② 녹말원료 또는 당분이 들어 있는 물료를 주원료로 하여 발효시켜 증류한 주류에 포도, 사과, 배, 딸기, 머루 등 발효시킬 수 있는 과실을 제외한 과실을 담가서 우려내거나 그 발효, 증류, 제성 과정에 과실추출액을 첨가한 것을 말한다.

3.1 민속주

1) 오가피주(五加皮酒)

대선주조(부산시 동래구 사직동)에서 생산하는 술로서 오가피, 구기자, 미삼, 감초, 진피, 전초근, 육계, 황정, 당귀 등 약리 효과가 탁월한 9가지의 한약재 성분을 첨가한 제제주이다. 이 술은 95%의 주정을 희석하여 약재와 원료 고량주(60% 주정)를 섞고 30일 동안 침출한 후 여과하고, 이 여과 원액에 첨가물과 희석주정을 혼합하고 다시 여과하여 만드는 리큐르이다.

2) 이강주(梨薑酒)

전주시 덕진구 원동에서 제조하는 이강주는 조선 중엽부터 전라도와 황해도에서 제조되었던 우리나라 5대 명주의 하나로 선조 때 즐겨 마셨던 고급 약소주(藥燒酒)이다. 이 술은 토종 소주에 배와 생강을 사용하기 때문에 '이강주'라고 한다. 종래의 토종 누룩을 만들어 백미를 원료로 하여 약주를 만든 후 이 술로 소주를 내리고, 여기에 배, 생강, 울금, 계피, 꿀을 넣어 오랜 기간 동안 숙성시켜 만든다.

호남의 술로 이강주, 죽력고, 호산춘은 조선시대 전국적으로 유명하였으며, 특히 이강주의 맛은 매콤하면서 건위(健胃)와 피로회복에 효험이 있다. 울금의 약효가 좋아 취해도 정신이 맑아지는 장점이 있으며, 알코올 함량은 25%이다.

3.2 리큐르

외국에서 생산되는 리큐르는 사용하는 원료에 따라 다음과 같이 분류된다.

1) 약초 · 향초

리큐르는 증류주를 만드는 과정에서 약초나 향초를 첨가하여 증류한 데에서 시작되었다. 초기에는 단맛이 적어 약에 가까운 술이었다. 이는 설탕이 매우 귀하여 사용하기 어려웠기 때문이었으며, 또한 증류방법도 지금과 많은 차이가 있었을 것으로 여겨진다. 여러 가지의 향초와 더불어 종자, 초근, 꽃 등을 주정에 우려낸 다음 섞어 만든다. 여기에는 압상(Absinthe), 아니제뜨(Anisette), 베네딕틴(Benedictine), 샤르뜨르즈(Chartreuse), 갈리아노(Galliano), 캄파리(Campari) 등이 있다(그림 2-23).

그림 2-23. 약초 · 향초를 사용한 리큐르

2) 과실류

과실 계통의 리큐르는 보통 식후에 마시는 종류로서 근대의 미식적(美食的) 요구에 따라 생겨난 술이다. 오렌지를 이용한 큐라소가 유명하며, 이밖에도 여러 가지 과실이 원료로 쓰인다. 한 종류의 원료보다는 각종 식물을 보조로 이용함으로써 단조로운 맛을 균형 있는 조화미로 변화시킨다.

제품으로 큐라소(Curacao), 코앙트로(Cointreau), 트리플섹(Triplesec), 피터 하링(Peter heering), 코디알 메독(Cordial medoc), 마라스키노(Maraschino), 슬로진(Sloe gin) 등이 있다(그림 2-24).

3) 종자류

과실의 씨에 들어 있는 방향성분이나 커피, 카카오, 바닐라 등의 두류(豆類)를 이용하여 만든 향기를 높인 리큐르로 주로 식후에 마신다. 단순히 씨만 이용하는 경우는 드물고 몇 가지 향료를 혼합하는 것이 보통이다. 여기에는 크렘 드 카카오(Creme de cacao), 크렘 드 모카(Creme de moka), 티아 마리아(Tia maria) 등이 있다(그림 2-25).

Curacao Cointreau Triplesec Peter heering

Cordial medoc Maraschino Sloe gin

그림 2-24. 과실류를 사용한 리큐르

Creme de cacao Creme de moka Tia maria

그림 2-25. 종자류를 사용한 리큐르

4) 특수 종류

지금까지 리큐르에는 초근목피(草根木皮)나 과실류가 주를 이루어 왔으나, 식물계 외의 원료를 사용한 특이한 제품들의 인기가 높아지고 있다. 여기에는 아드보카트(Advocaat), 드람비(Drambuie), 아이리시 미스트(Irish mist), 록 앤 라이(Rock & Rye) 등이 있다(그림 2-26).

국내에서 시판하고 있는 혼성주(제제주)에는 매실주(그림 2-27), 오가피주(그림 2-28), 인삼주(그림 2-29) 등이 있다. 매실주로서 매취, 매화, 매심, 매향, 설중매 등이 있다.

Advocaat Drambuie Irish mist Rock & rye

그림 2-26. 특수원료를 사용한 리큐르

그림 2-27. 매실주

봉화선주 중국산 오가피주

그림 2-28. 오가피주

그림 2-29. 인삼주

4. 기타 주류

4.1 소 주

우리나라에서는 고구마, 타피오카, 보리쌀 등을 원료로 만든 알코올 함량이 85% 이상인 주정(酒精)을 희석하여 만든 희석식 소주를 널리 마신다(그림 2-30). 북한에서도 주로 희석식 소주를 마시는 것으로 알려져 있다(그림 2-31). 예전에 비하여 점차 알코올 함량이 낮은 순한 소주시대로 변모하고 있다. 그리고 증류식 소주에는 선양주조에서 '휘모리'와 '청담', 금복주에서 '운해'와 '안동소주', 진로에서 '레전드', 하이트주조에서 '옛향', '천지', '탑' 등이 생산되고 있다(그림 2-32).

4.2 아라크

야자술(toddy)을 증류한 아라크(arrack, 그림 2-33)가 동남아시아에서 생산된다.

그림 2-30. 희석식 소주

그림 2-31. 북한 소주

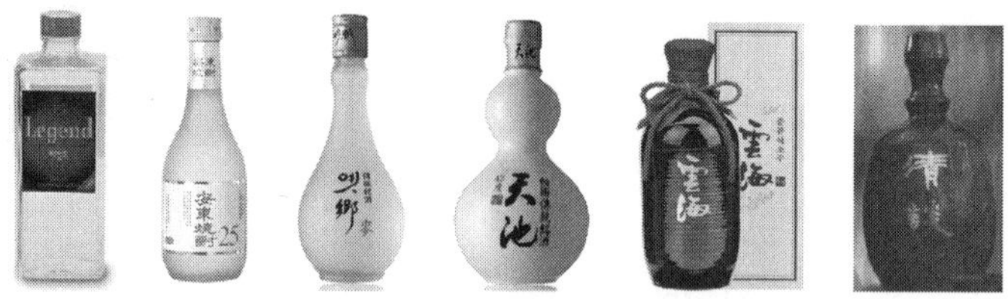

그림 2-32. 증류식 소주

그림 2-33. 아라크

4.3 중국술

중국술은 대략 4,500종에 이르며, 크게 백주(白酒), 황주(黃酒), 포도주, 과일주, 노주(露酒), 맥주, 약주 등으로 구분한다. 중국에서는 청주와 유사한 소흥주(紹興酒) 등이 유명하다. 그러나 가장 대표적인 술이 백주와 황주다. 고량주로 부르는 백주는 고량, 조, 수수 등의 원료를 누룩으로 발효시킨 후 증류한 술이다. 알코올 농도가 50~60%인 백주는 날씨가 추운 북방에서 많이 마셔 왔다.

고량주는 술의 주원료인 고량을 말하며, 배갈은 백주를 뜻하는 백건아(白乾兒)의 중국식 발음이다. 곡류 발효주인 황주는 찹쌀이나 수수 등을 원료로 누룩을 띄워 발효시켜 지게미를 걸러내는 술이다. 주로 따뜻한 남방에서 즐겨 마신다. 대표적인 중국술에는 다음과 같은 종류가 있다(그림 2-34).

죽엽청주(竹葉靑酒)는 분주(汾酒)에 열 가지 한약재를 넣어 담근 술이다. 약재가 우러나 황록색을 띠며, 분주 맛은 옅어지고 약재 향이 감돈다. 양조 명인들이 공산정권 수립할 당시에 대거 대만으로 이주함으로써 중국 본토산보다 대만산을 더 높게 친다.

귀주마오타이주(貴州茅台酒)는 백주 중에 가장 많이 알려진 술이다. 주은래가 이 술의 품질관리에 많은 관심을 가졌고, 북한의 김일성이 응접실에 비치했다는 명주이다. 무려 8차례의 반복 증류와 3년의 저장을 거쳐 출고된다. 스카치 위스키, 코냑과 함께 세계 3대 명주로 꼽힌다.

오량액(五粮液)의 역사는 당대(唐代)까지 거슬러 올라간다. 사천성 의빈시(宜賓市)에서 생산되는 것을 제일로 친다. 술이 매우 투명하고 향기가 오래 간다. 65% 알코올 함량에도 불구하고 맛이 부드러우며 감미롭다. 진품 오량액은 병뚜껑의 봉인한 종이에 새겨진 국화문양으로 알아본다.

백년고독(百年孤獨)은 강한 중국인의 소화력으로 중국술이 되어버린 일본 술이다. 이름만큼이나 깊고 그윽한 맛은 다양한 계층과 기호를 만족시켜 폭넓은 인기를 누리고 있다. 알코올 농도 38%의 비교적 순한 백주이다.

장수장락주(長壽長樂酒)는 등소평이 애용하던 귀주성의 보약주이다. 녹용, 동충하초, 대항정 등이 주요 성분이며, 비타민이 다량 함유되었고 약리, 병리실험을 거쳐 독성과 부작용이 없다는 것이 증명된 보주이다.

주귀주(酒鬼酒)는 1970년대 중국 호남성 마왕퇴에서 2천여 년 전 서한나라 옛 무덤을 발굴하면서 세상에 알려진 술이다. 당시 1천여 점의 진기한 유물과 함께 출토된 고대 양조 처방에 따라 현대인들이 탄생시킨 술이다. 몸을 보양하는 중국의 전통 명주이다.

그림 2-34. 기타 주류

소흥가반주(紹興加飯酒)는 중국에서도 술 생산지로 유명한 절강성, 소흥현의 지명에 따라 명명된 것으로 8대 명주의 하나이다. 황색 또는 암홍색의 황주로 4천년 역사를 자랑한다. 오래 숙성할수록 향기가 좋다. 14~16% 정도의 알코올 농도가 낮은 술이다.

4.4 아와모리소주

증류식 소주에 해당하는 소주류(燒酎類)는 녹말이 들어 있는 물료, 국과 물을 원료로 하여 발효시켜 연속식 증류 외의 방법에 의하여 증류한 것을 말한다. 일본 오키나와에서는 쌀을 원료로 흑국균(*Aspergillus awamori*)에 의해 당화시킨 후 발효시킨 다음 단식 증류방식에 의한 아와모리(awamori) 소주가 일본 오키나와에서 생산된다(그림 2-35).

그림 2-35. 아와모리소주

산삼주 삼마니 알로애주 칵테일술

그림 2-36. 기타 주류

4.5 기타 주류

혼성주 또는 약주제조 중에 첨가하는 형태로 빚은 술이 시판되고 있다(그림 2-36). 일부 주류회사에서 칵테일 한 캔음료도 시판하고 있다.

4.6 조미용 술

마시는 술은 아니지만 조미용으로 일본에서 개발된 미림 또는 미린(みりん)을 들 수 있다. 단맛이 있는 일본 고유의 술로 누룩이나 찐쌀에 소주를 가하여 20% 정도의 알코올 농도로 조절하고, 효소작용을 이용하여 30~50일간 숙성시켜 만든다. 고기와 생선의 냄새를 없애주고, 육질을 부드럽게 해주는 등의 용도는 청주와 비슷하지만 단맛이 있고, 음식의 윤기를 살려준다(그림 2-37).

그림 2-37. 조미용 술

참고문헌

1. 고정삼, 2000, 술의 세계, 광일문화사.
2. 고정삼, 2003, 제주의 술, 제주문화.
3. 고정삼, 2005, 술 알고 마시면 건강이 보인다, 유한문화사.
4. 고정삼, 고영환, 오남순, 김진현, 인만진, 채희정, 2003, 생물공학, 유한문화사.
5. 고정삼, 2004, 식품생물산업, 유한문화사.
6. Naver, Google, Yahoo internet sites.
7. 고정삼, 양영택, 박재권, 이영재, 2007, 나무인삼 탐라오가피, 제주문화.

제 3 장

미생물의 특성

양조산업의 핵심은 미생물에 의한 발효공정이라고 볼 수 있으며, 유용한 미생물 균주의 확보는 물론 균주의 보존관리가 매우 중요하다. 또한 발효공정의 최적화를 위하여 미생물의 특성을 알아야 한다. 여기에서는 미생물에 관련한 최소한의 기초지식을 알기 쉽게 정리함으로써 양조공학을 이해하는 데 도움이 되도록 하였다.

1. 미생물의 분류와 명명법

1.1 미생물의 분류법

미생물은 '사람의 육안으로 직접 인식되지 않을 정도로 작으나, 생명을 유지하며 증식하는 생물'이라고 할 수 있다. 미생물은 크게 원생동물과 같은 동물계(動物界)의 미생물과 식물계(植物界)의 미생물로 나눌 수 있다. 일반적으로 미생물 반응공정에 이용되는 유용한 미생물은 식물계에 속한다.

미생물 분류의 기본단위는 종(種, species ; sp.)이며, 유사한 종이 모여 속(屬, genus)을 이룬다. 또한 속보다 큰 단위로서 과(科, family), 목(目, order), 강(綱, class), 문(門, phylum 또는 division), 계(界, kingdom)로 구분된다. 이와 같은 6단계 사이에 아문(亞門), 아강(亞綱), 아목(亞目), 아과(亞科), 아속(亞屬)을 사용하여 작게 구분하기도 하며, 종(種) 이하에서는 아종(亞種) 외로 변종(變種, variety, var.), 품종(品種), 형(型) 등으로 나누기도 한다. 또한 형태학적인 차이에 따라 일반적으로 세균, 방선균, 곰팡이(사상균), 효모, 조류(藻類)로 구분된다.

1.2 미생물의 명명법

미생물의 명명(命名)은 일반적으로 Linne의 이명법(二名法, binominal nomenclature)에 따른다. 대문자로 시작되는 속명(屬名)과 소문자로 시작되는 종명(種名)으로 구성되어 있으며, 이탤릭체로 표기한다. 변종 또는 아종(亞種)은 삼명법(三名法, trinominal nomenclature)을 사용한다. 균주가 미생물 보존기관에 보존되어 있는 표준균주(type culture)인 경우는 균주명 다음에 기관의 약자(略字)와 등록번호를 붙인다. 예를 들어 다음과 같이 표시한다.

속명	종명	기관의 등록번호
Saccharomyces	*cerevisiae* IFO 2347	(Institute of Fermentation, Osaka)
Escherichia	*coli* ATCC 14948	(The American Type Culture Collection)

이 외로 많이 이용되는 균종에 대해서는 학명 외에 상용명 또는 속명(俗名)이 이용되기도 한다. 예를 들면 *Aspergillus oryzae*을 '코지균'으로, *Saccharomyces cerevisiae*을 '빵효모'로, *Penicillium*속의 곰팡이를 '푸른곰팡이'로, *Escherichia coli*을 '대장균'으로, *Bacillus subtilis*를 '고초균'으로, *Lactobacillus*속의 세균을 '유산균'으로, *Acetobacter*속의 세균을 '초산균' 등으로도 각각 부른다.

1.3 미생물의 분류

생물산업에서 주로 이용되는 미생물은 분류학상 식물계에 속한다. 식물계(plant kingdom)는 다시 엽상식물(Thallophyta), 선태식물(Bryophyta), 양치식물(Pteridophyta)과 종자식물(Spermatophyta)로 나눈다. 그리고 엽상식물은 균류(Fungi), 조류(Algae), 지의류(Lichens)로 구분된다. 이 중에서 생물산업에서 이용되는 대표적인 미생물에 대한 분류방식은 주로 형태에 따라 표 3-1과 같이 크게 균류(fungi)와 조류(algae)로 구분된다.

이 외에 세포와 조직의 분화 정도에 따라 표 3-2와 같이 구분하기도 한다. 즉, 생물계를 동물, 식물, 원생생물로 나누고, 미생물은 원생생물에 포함시킬 수 있다. 미생물은 다시 동물이나 식물과 같이 분화된 핵을 갖는 진핵생물(眞核生物, eucaryote ; true nucleus)과 원시상태의 핵을 갖는 원핵생물(原核生物, procaryote ; before nucleus)로 나누어진다. 원핵생물은 진정세균(eubacteria)과 고세균(古細菌, archaebacteria)으로 세분된다.

대표적인 진핵세포(eucaryotic cell)와 원핵세포(procaryotic cell)의 구조는 각각 그림 3-1과 그림 3-2에서 보는 바와 같다. 고세균에는 메탄균, 호염균(halophiles), 호열호산성균(thermoacidophiles) 등이 알려져 있으며, 이들은 일반적인 세균과 다르다는 사실이 밝혀졌다. 원핵세포는 막(membrane)이 제대로 발달되지 않아 세포 내부가 소기관(organelle)이 뚜렷이 구분되지 않는 특징을 가지고 있다. 세포의 기능분

화면에서는 진핵세포와 원핵세포가 매우 다르다.

유전정보 발현기구는 기본적으로 같은 공통의 유전암호(genetic code)를 가지고 있으나, 진핵생물에 널리 분포하는 것으로 알려진 인트론(intron)[5)]은 원핵생물 유전자

표 3-1. 미생물의 분류

- 엽상식물 (Thallophyta)
  - 균류 (Fungi)
    - 분열균(Shizomycetes)
      - 세균(Bacteria)
      - 방선균(Actinomycetes)
    - 변형균(Myxomycetes)
    - 진균(Eumycetes)
      - 조상균(Phycomycetes) — 사상균(Mold)
      - 자낭균(Ascomycetes)
        - 사상균(Mold)
        - 효모(Yeast)
      - 담자균(Basidiomycetes)
      - 불완전균류(Deuteromycetes)
        - 사상균(Mold)
        - 효모(Yeast)
  - 조류 (Algae)
    - 남조(Blue-green algae)
    - 녹조(Green algae)
    - 홍조(Red algae)
    - 갈조(Brown algae)
    - 규조(硅藻, Diatom)
  - 지의류(Lichens)

표 3-2. 미생물의 분류방식

- 생물
  - 동물
  - 식물
  - 원생생물 (Protista)
    - 진핵생물(Eucaryotes)
      - 균류(Fungi)
        - 사상균(Mold)
        - 효모(Yeast)
      - 조류(Algae)
      - 원생동물(Protozoa)
    - 진정세균(Eubacteria)
      - 세균(Bacteria)
      - 남조류(Blue-green algae) — 원핵생물(Procaryotes)
    - 고세균(Archaebacteria) — 메탄세균 등

5) 진핵생물 유전자에 DNA에서는 단백질의 아미노산 배열을 지정하는 유전정보가 DNA에 띄엄띄엄 나누어져 존재하는 경우가 많다. 유전정보를 지정하는 부분(exon)에 대하여 그 사이에 유전정보를 갖지 않는 부분을 인트론(intron)이라고 한다.

에는 발견되지 않는다. 생명공학에서 주로 다루는 미생물은 세균, 방선균, 효모 및 곰팡이다. 이와 같은 미생물의 분류학적인 위치, 이들의 성상(性狀)에 대한 일반적인 특징 중에서 알아두어야 할 필요한 내용만을 간단히 정리하면 다음과 같다.

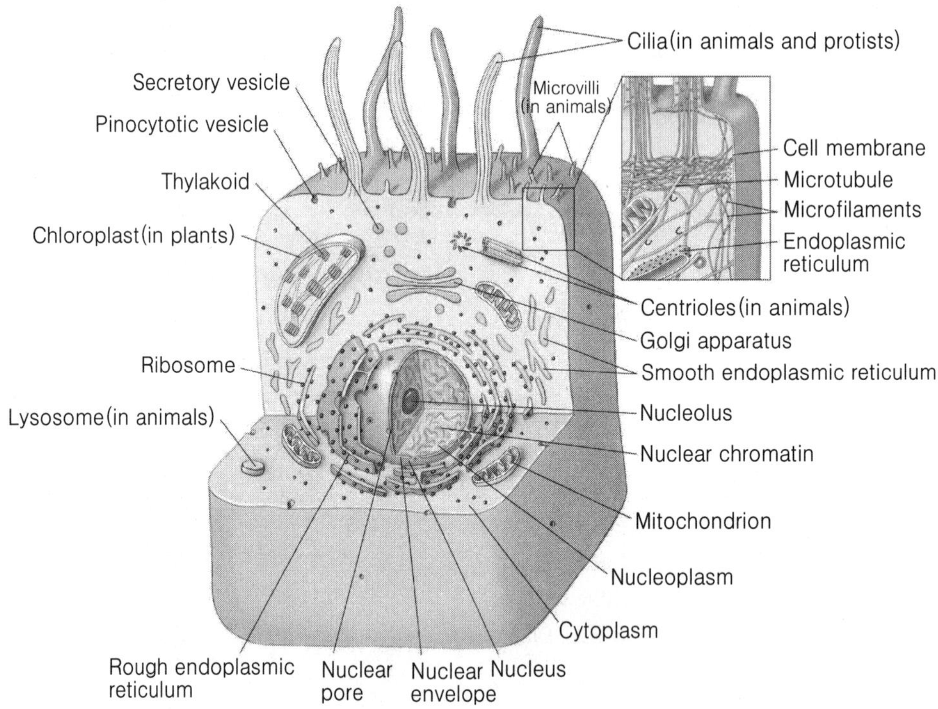

그림 3-1. 진핵세포의 구조

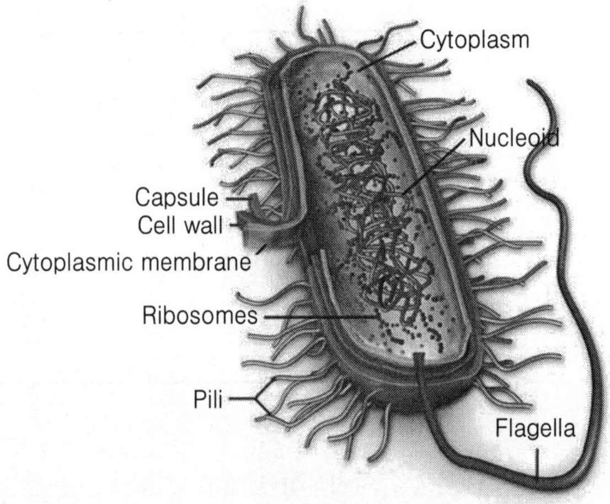

그림 3-2. 원핵세포의 구조

2. 미생물의 종류

2.1 세 균

세균(細菌, bacteria)은 일반적으로 크기가 2.0~1.5 ㎛ × 1.0~0.5 ㎛이며, 한 개의 세포는 10~12 g 정도의 무게를 갖는다. 세균을 사람 정도로 확대시키면 사람은 같은 비율로 확대하였을 경우 지구 정도의 크기가 되며, 약 10억 개의 세균세포가 모여서 그의 중량이 약 1 mg이 되므로 세균의 크기를 짐작할 수 있다. 세균은 단세포로

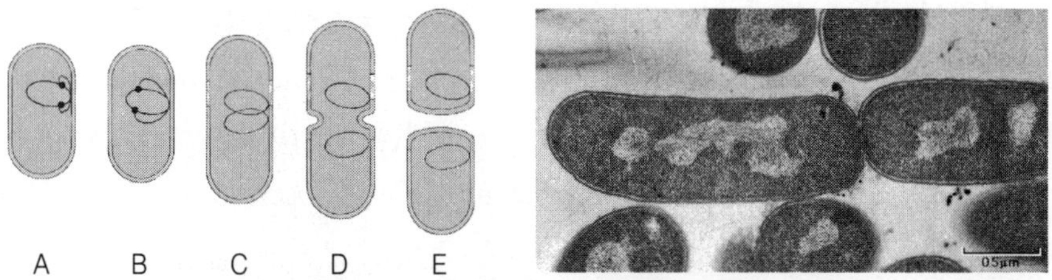

그림 3-3. 세균이 분열하는 모양

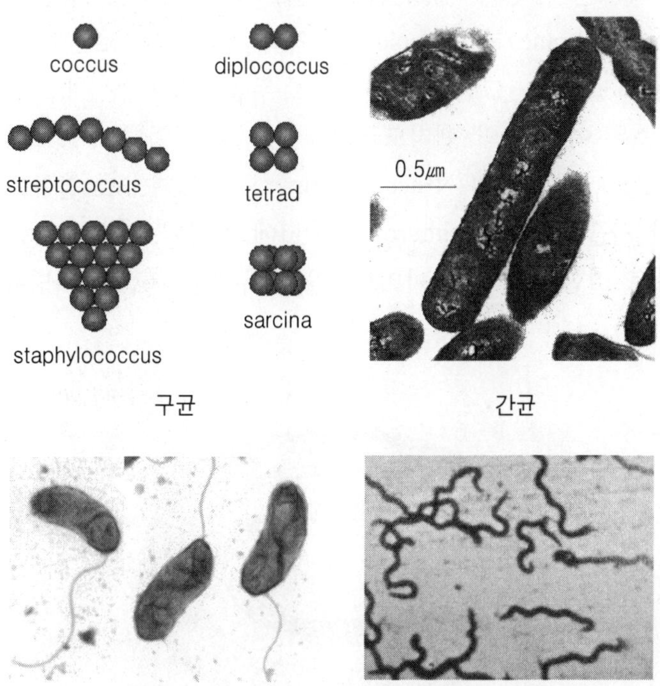

그림 3-4. 세균의 종류

되어 있으며, 그림 3-3에서 보는 바와 같이 보통 분열에 의해 증식한다. 세균의 외형적인 형태에 따라 구분하면 구형의 구균(球菌, coccus)과 원통형의 간균(桿菌, bacillus), vibrio, 나선균(螺旋菌, spirillum) 등으로 나눈다(그림 3-4).

세균은 증식속도가 매우 빠르며, 생육환경이 좋으면 30분에 2배로 증식한다. 세균의 생육 특성에 따라 생육에 산소를 필요로 하는 호기성균과 산소가 있을 경우 생육저해를 받는 혐기성균으로 나누며, 호기성의 *Bacillus*속(屬)과 혐기성의 *Clostridium* 속의 세균은 생육환경이 나빠질 경우 생식세포인 포자(胞子, endospore, 그림 3-5)를 형성한다. 이 포자는 휴면상태에 있어 열, 방사선, 화학약품에 대한 저항성이 강하여 살균하기가 어려운 문제가 생길 수 있다.

포자에 대하여 생육단계에 있는 일반세포를 **영양세포**(vegetative cell)라고 한다. 포자를 형성하지 않는 대표적인 세균 종류로는 유산균(*Lactobacillus*, *Streptococcus*, *Leuconostoc*), *Pseudomonas*, *Rhizobium*, 초산세균(*Acetobacter*, *Gluconobacter*), Enteric세균 또는 Coliform세균(*Rhodospirillium*, *Corynebacterium*) 등이 있다.

세균은 세포벽 구조의 차이에 따라 구분하는 방법으로서 그람염색법(Gram staining)에 의해 염색되는 그람양성균(Gram positive)과 염색되지 않은 그람음성균(Gram negative)으로 구분된다. 대표적인 그람양성 세포는 고초균(Bacillus subtilis)이다. 그람양성 세균의 세포는 단백질, 지질, 탄수화물로 구성된 지질 2중층의 내막인 세포질막(cytoplasmic membrane)과 teichoic acid와의 공유결합으로 연결된 여러 층의 펩티도글리칸(peptidoglycan, 그림 3-6) 층으로 두껍고 단단한 세포벽을 지니고 있다. 펩티도글리칸 층은 여러 개의 펩티도글리칸 사슬로 구성되어 있으며, 펩티도글리칸 사슬은 N-acetylglucosamine과 N-acetyl-muramic acid가 교호결합을 하고 있다.

펩티도글리칸 사슬의 N-acetylmuramic acid에 결합된 tetrapeptide 사이에 pentapeptide를 매개로 결합되고 있어 아미노산을 함유하는 복잡한 다당류로 교차결합된

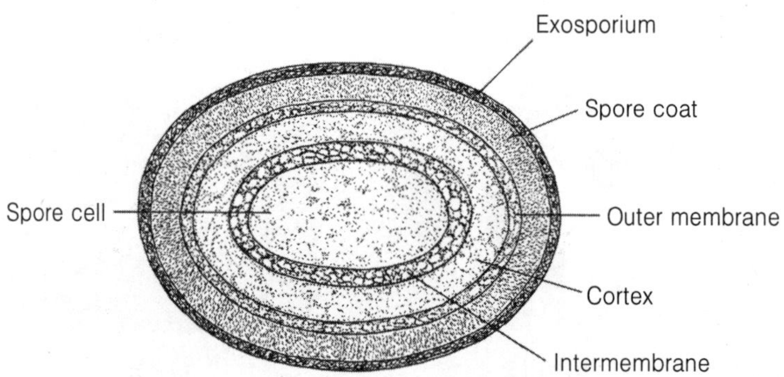

그림 3-5. 세균의 endospore

망상구조를 하고 있다. 그람양성 세포는 내막인 세포질막만을 가지고 있어서 단백질의 세포 외로 분비가 쉽다. 그러나 대장균(*E. coli*) 등의 그람음성 세포는 내막과 얇은 펩티도글리칸층에 의해 지지되는 외막(outer membrane)을 가지고 있다. 외막은

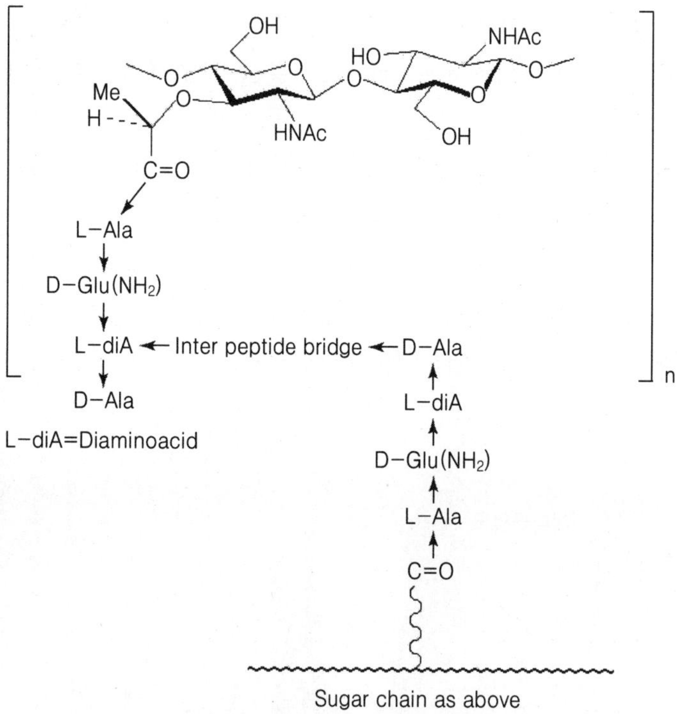

그림 3-6. Peptidoglycan

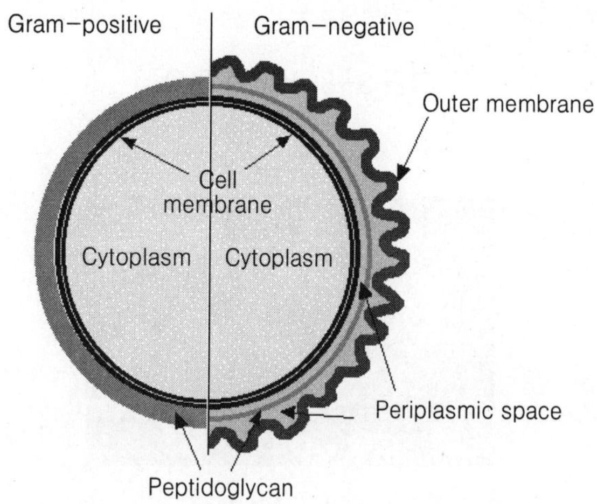

그림 3-7. 그람염색에 의한 세균의 분류

lipopolysaccharide, lipoprotein, lipid 등으로 구성되어 있다(그림 3-7).

세균에는 운동성이 있는 것(motile)과 운동성이 없는 것(non-motile)이 있다. 세균의 운동성은 편모(flagellum)에 의한다(그림 3-8). 그의 수와 위치에 따라서 단극모(單極毛), 양극모(兩極毛), 극속모(極束毛), 주편모(周鞭毛)로 구분한다. 각각의 세균에 대한 형태적 및 생리적 여러 가지의 성질은 세균을 동정할 때 많이 활용되는 'Bergey's Manual of Systematic Bacteriology' 등을 참조하면 일반적인 특징을 알 수 있다.

방선균은 분류학상 세 균류 중 방선균목(放線菌目, Actinomycetes)에 속하며, Actinomyceteceae과와 Streptomycetaceae과로 나눈다. 형태적으로 세균과 곰팡이의 중간적인 모양으로 세포가 긴 실모양(vegetative mycelium)으로 분기(分岐)하는 점과 분생포자를 만드는 점에서 곰팡이와 비슷하다. 그러나 크기가 곰팡이에 비해 매우 작고 균사(菌絲)의 폭이 1 ㎛ 이하이다(그림 3-9).

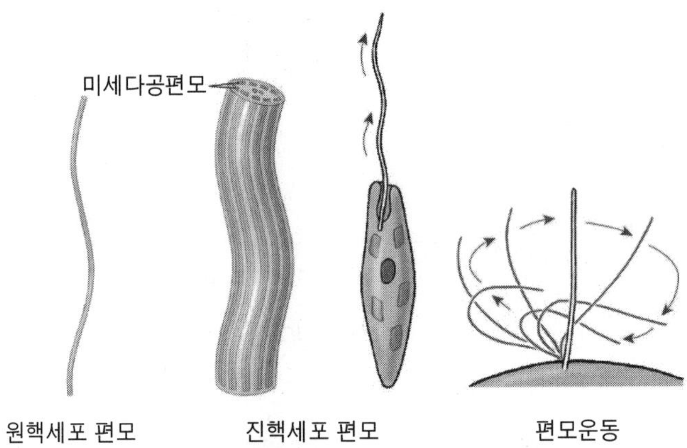

그림 3-8. 세균의 편모

그림 3-9. 항생제를 생산하는 방선균

2.2 효 모

효모(酵母, yeast)는 단세포이지만, 때로는 사상(絲狀) 또는 위균사(pseudomycelium, 그림 3-10)를 나타내는 것도 있다. 보통 크기는 1～5 ㎛, 길이가 5～30 ㎛이나 환경조건에 의해 변동이 심하고, 계란형, 구형, 서양배형, 사상형, 소세지형 등 균주에 따라 각각 다르다.

효모의 증식은 그림 3-11에서와 같이 대부분 출아(budding)에 의해 이루어지며, 일부는 분열에 의해 이루어지는 종류도 있다. 모세포(mother cell)에서 출아한 것을 **낭세포**(娘細胞, daughter cell)라고 한다. 출아한 다음에는 출아가 이루어진 부위에 출아흔이 남게 된다. 환경조건이 나빴을 경우에는 세포 중에 자낭(ascus)을 형성하며, 그의 내부에는 1～6개의 자낭포자(ascospore)를 만든다. 그러나 균주에 따라서는 포자를 형성하지 않는 종류도 있다.

효모의 포자는 알맞은 영양과 온도에서 발아(germination)하며, 대부분 출아에 의해 번식하게 된다. 효모는 세균보다 산에 강하므로 낮은 pH에서 배양하여 오염의 기회를 줄인다. 배양온도는 균종에 따라 차이가 있으나, 대부분의 경우 20～28℃에서 잘 자란다. 세균의 생육억제 등의 필요에 따라 항생제를 첨가하기도 하는데, 이 경우

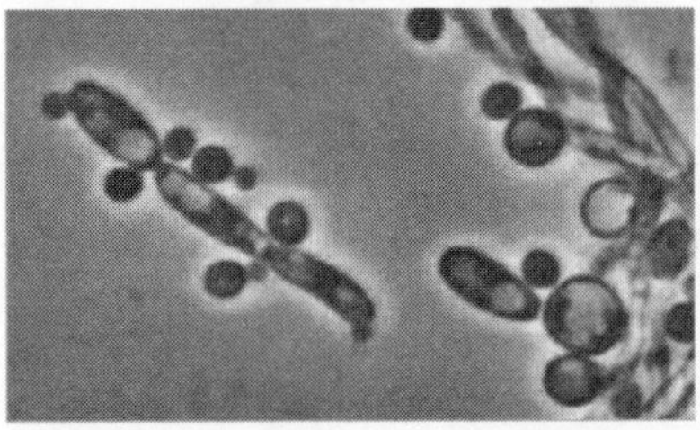

그림 3-10. *Candida albicans*의 Pseudomycelium

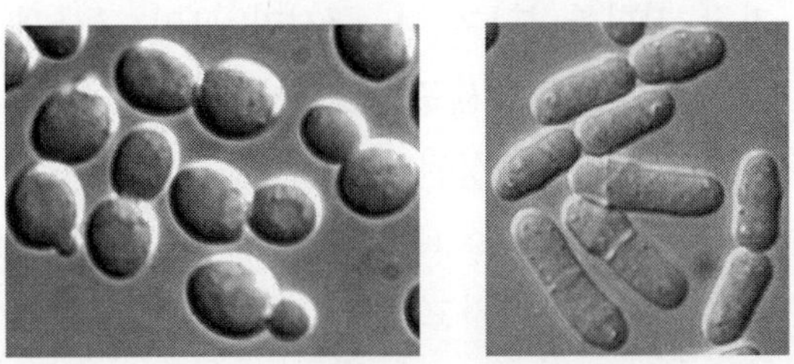

Saccharomyces cerevisiae *Schizosaccharomyces*속

그림 3-11. 효모의 증식형태

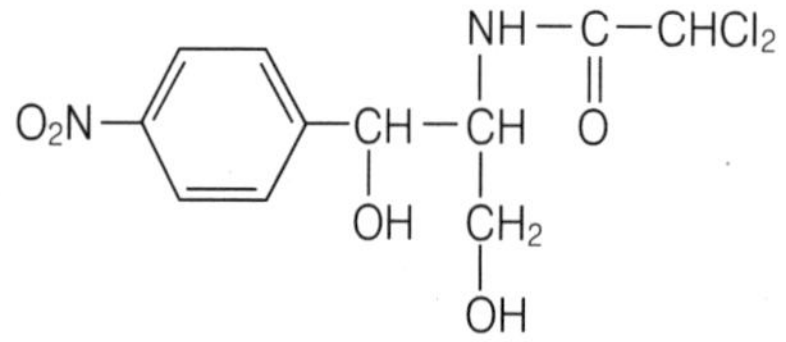

Chloramphenicol

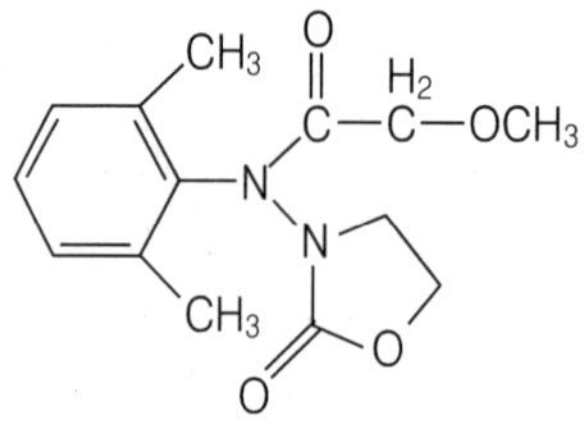

Oxytetracycline

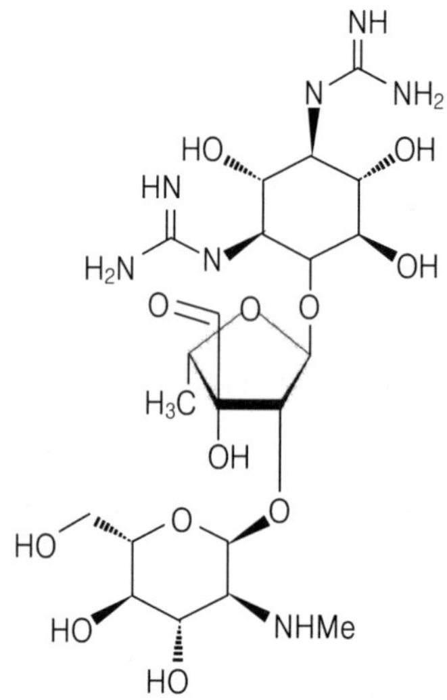

Streptomycin

그림 3-12. 항생물질

chloramphenicol이 산과 열에 안정성이 높아 주로 사용된다. Streptomycin이나 oxytetracycline(그림 3-12) 등은 몇몇 효모의 성장을 억제하므로 피하는 것이 좋다. 곰팡이의 생육을 억제시키기 위하여 0.1% 정도의 propionic acid를 첨가하여 배양하는 것이 좋다. 각각의 효모에 대한 형태적 및 생리적인 특성에 대해서는 효모의 동정(同定)에 많이 활용되는 Lodder의 'The Yeast, A Taxonomic Study' 또는 Barnett 등의 'Yeasts, Characteristics and Identification' 등을 참고하기 바란다.

2.3 사상균

사상균(絲狀菌, mold)은 일반적으로 폭 10~30 ㎛의 실모양의 가지로 된 균사(菌絲, hyphae)로 이루어진다. 광합성을 하지 않고 포자를 만들어 증식하는 미생물을 총칭하며, 미생물 중에 가장 진화한 부류이다. 균사가 모인 균사체(菌絲體, mycelium)를 형성하며 곰팡이라고도 한다. 영양세포인 균사체에 대하여 생식세포는 자실체(子實體)가 있으며, 여기에서 포자가 형성된다.

많은 종류의 곰팡이는 유성(有性, sexual) 또는 무성포자(無性胞子, asexual)를 형성하는 생활 사이클(life cycle)을 가지고 있다. 증식의 형태는 심부배양(submerged culture), 표면배양(surface culture) 등 배양조건에 따라 다르다. 액체배양에 있어서 증식형태는 그림 3-13과 같이 균사가 분기되면서 증식이 이루어진다. 배양액의 교반상태의 강약에 따라 섬유상(filamentous), 플록(floc)상, 펠리트(pellet)상 등의 다른 형태를 나타낸다.

표면배양에서는 균주에 따라 외형적인 특징을 구분할 수 있으나, 액체배양에서는 보통 pellet를 형성하며 배양액의 점성이 커진다. 생명공학에서 많이 이용되는 곰팡이

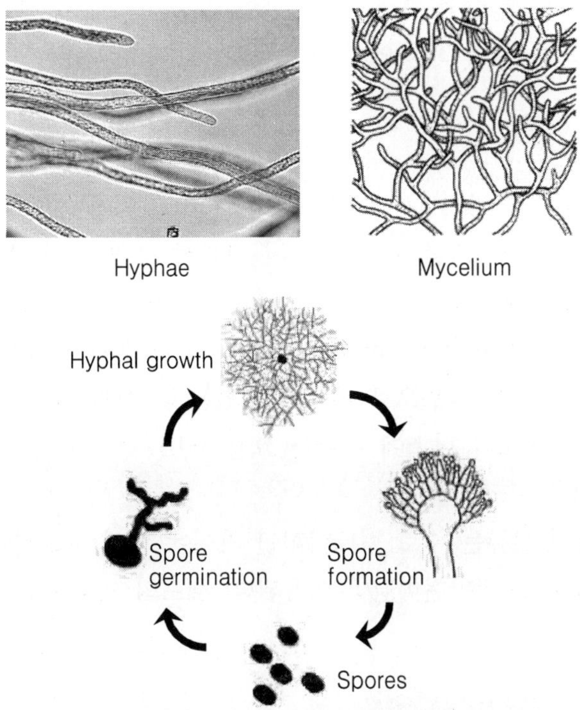

그림 3-13. 사상균의 증식형태

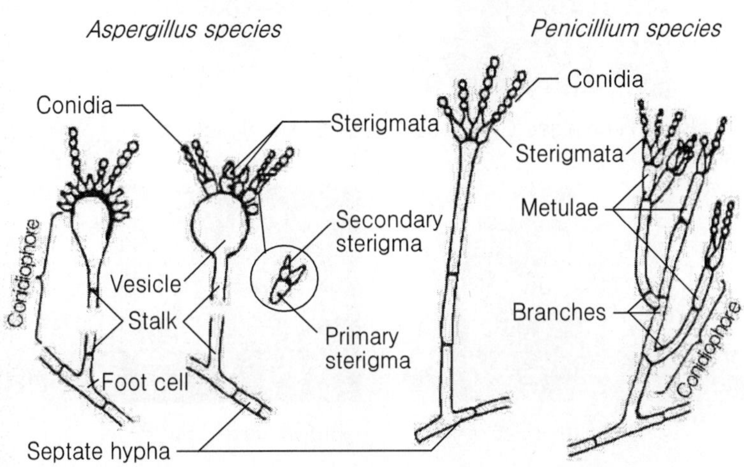

그림 3-14. *Aspergillus*속과 *Penicillium*속의 구조

는 산업적으로 유용한 이차대사산물을 체외로 많이 분비하는 이점이 있어 장류, 주류 등의 발효식품의 제조나 식품공업용 효소생산, 유기산의 생산, 그리고 항생제나 효소제제 등의 의약품 생산에 중요한 위치를 차지하고 있다. 특히 곰팡이는 분해효소를 중심으로 많은 종류의 효소가 균체 밖으로 분비되기 때문에 공업용 효소 생산에 주요하게 이용되고 있다. 이들 중 산업적으로 유용한 곰팡이로 잘 알려진 *Aspergillus*속과 *Penicillium*속의 구조는 그림 3-14에서 보는 것과 같다.

2.4 조 류

조류(藻類, algae)는 단세포에서 다세포까지 여러 가지가 있으며, 일부는 복잡한 생활 사이클을 갖는다. 엽록소를 가지고 있어 광합성 능력이 있으며, 증식을 위하여 빛을 필요로 한다. 조류에는 남조(藍藻, blue-green algae), 녹조(綠藻, green algae), 홍조(紅藻, red algae), 갈조(褐藻, brown algae), 규조(硅藻, diatoms) 등이 있다(그림 3-15). 조류 중에는 식량자원으로 주목되고 있는 클로렐라(*Chlorella*)와 스피룰리나(*Spirulina*)는 각각 녹조와 남조에 속한다(그림 3-16). 이 중에서 남조류는 세균으로 분류되기도 한다.

이와 같은 미생물의 분류는 주로 형태학적인 차이에 의해 구분된다. 미생물의 형태학적 연구에 있어서 주로 광학현미경이 이용된다. 세포의 외부구조는 주사전자현미경

Blue-green algae(Cyanobacteria) Green algae(파래)

Red algae(우뭇가사리) Brown algae(모자반)

그림 3-15. 조류(algae)

(scanning electron microscope, SEM)에 의하여, 그리고 내부구조는 투과전자현미경(transmission electron microscope, TEM) 이용기술의 발달에 따라 상세히 밝혀지고 있다(그림 3-17). 세포 내부에는 미세한 소기관(organella)이 있어 생명체로서 그 기능을 분담하고 있다.

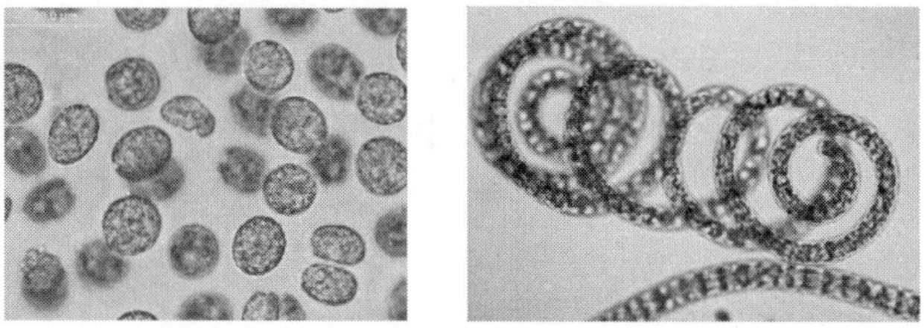

그림 3-16. *Chlorella*와 *Spirulina*

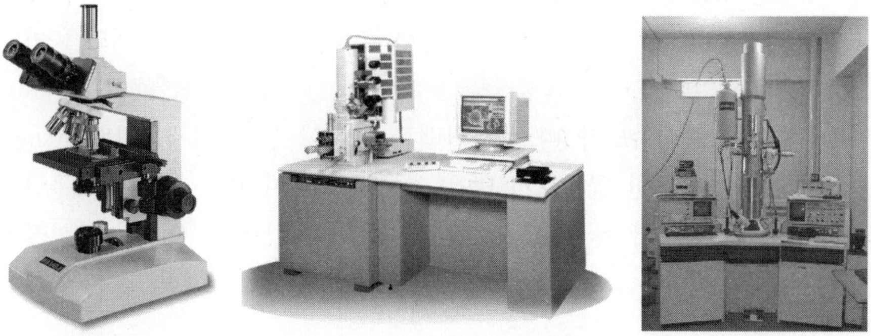

광학현미경 SEM TEM

그림 3-17. 현미경의 종류

3. 미생물의 특성

3.1 균체 성분

미생물의 균체는 화학적으로 볼 때 약 80%의 수분을 함유하고 있다. 이 외로 단백질, 탄수화물, 지질, 핵산, 비타민 및 무기물로 구성되어 있다. 균체의 화학성분은 미생물의 종류에 따라 다르다. 같은 균주라고 할지라도 배지조성, 배양시간, 증식속도 등에 의해 변동된다. 미생물 종류에 따른 균체성분의 범위는 표 3-3에서 보는 바와 같다.

1) 수 분

미생물을 액체배지에서 배양한 다음 여과하거나 원심분리 시켜 얻어진 습윤균체(wet cell mass)를 건조기에서 항량이 되도록 건조하면 건조균체(dry cell mass)가 된다. 습윤균체에 있어서 수분은 세포와 세포의 공극 사이에도 존재한다. 따라서 미생물의 수분함량은 습윤균체를 얻을 때 배양액을 원심분리하거나 여과를 하여 얻게 되므로 이러한 조작과정에 따라서도 다소 차이가 있다. 일반적으로 대부분의 세균은 80%, 효모는 75%, 곰팡이는 85% 정도의 수분을 갖는다.

2) 단백질

건조균체는 단백질, 탄수화물, 지질, 핵산, 회분 등으로 구성되어 있다. 일반적으로 세균, 효모, 단세포로 된 조류(藻類)의 단백질 함량은 건물량의 약 50%로 비슷하며, 단백질은 대부분 효소성분으로 알려져 있다. 예를 들어 대장균의 경우 약 2,000개의 다른 효소를 가지고 있어서 환경조건에 적응할 수 있는 유전적인 잠재력을 가지고 있는 것으로 알려져 있다.

세균이나 효모는 증식속도가 빠르고 단백질 함량이 높아 미생물단백질(single cell protein, SCP) 생산을 위한 균주로서 많은 연구가 이루어졌다. 그러나 표 3-3에서 보는 바와 같이 핵산 함량이 높아 실용화에 걸림돌이 되었으며, 생리적인 성질이 비교적 잘 알려진 *Saccharomyces cerevisiae*와 같은 효모와 *Chlorella*와 같은 조류가 일부 이용되고 있다.

3) 탄수화물

다당류는 건조 균체량의 약 5%를 차지하고 있으며, 저분자 단당류는 약 2%를 함

표 3-3. 미생물 종류에 따른 균체성분

미생물	화학적 조성(건물 %)			균체수 (No/mL)	건물량 (g/100 mL)
	단백질	핵산	지질		
바이러스	50~90	5~50	<1	$10^8 \sim 10^9$	0.0005
세 균	40~70	13~34	10~15	$2\times10^8 \sim 2\times10^{11}$	0.02~2.9
사 상 균	10~25	1~3	2~7	$1 \sim 4\times10^8$	3~5
효 모	40~50	4~10	1~6	〃	1~5
조 류	10~60	1~5	4~80	$4 \sim 8\times10^7$	0.4~0.9

유한다. 다당류는 단백질 및 지질과 결합한 복합체로 세포벽의 주성분으로 존재한다. 구조적으로 복잡한 사상균이나 해조류는 대사과정에 관여하는 생리활성을 갖는 단백질이나 핵산 함량이 적은데 비하여, 세포벽을 구성하는 다당류 성분이 건물량의 대부분을 차지하고 있다. 세포벽을 이루는 다당류 성분은 미생물의 종류에 따라 다르다. 효모는 chitin, mannan 등으로 구성되어 있으며, 곰팡이는 β-glucan, chitin 등의 다당류로 구성되어 있다. 세균은 murein(poly-N-acetyl-glucosamine-N-acetyl muramic acid), teichoic acid 또는 lipopolysaccharide로 되어 있다(그림 3-18).

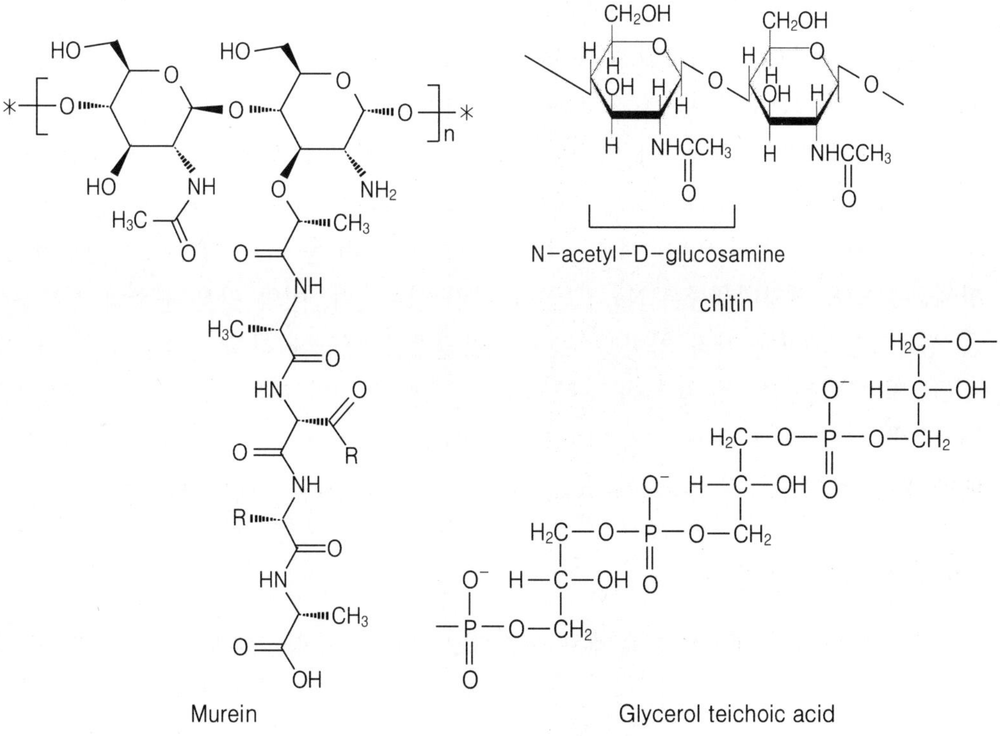

그림 3-18. 미생물의 세포벽 성분

4) 지 질

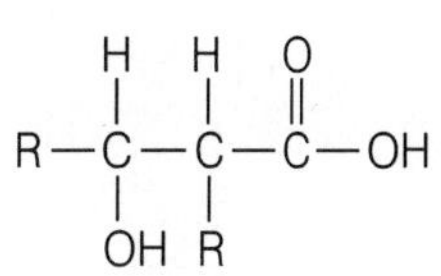

Mycolic acid

세균 중에는 예외적으로 지질을 많이 함유하는 균주도 있다. 예를 들어 *Mycobacterium*균은 30%의 mycolic acid를 함유하며, *Rhodospirillum rubrum*은 초산을 기질로 하였을 때 건물량의 20% 정도가 β-hydroxybutylic acid의 중합물을 합성한다. 어떤 종류의 *Aspergillus*, *Penicillium*, *Rhodotorula*, *Candida*균

은 특별한 조건에서는 건물량의 약 50%의 지질을 합성함으로써 미생물유지(single cell oil, SCO) 생산에 이용하기도 한다. 대부분의 미생물은 지질 성분으로서 C_{16}과 C_{18} 지방산인 팔미트산(palmitic acid), 올레산(oleic acid), 스테아린산(stearic acid)을 많이 함유하고 있다. 따라서 세계적으로 식용유지로서 이용하는 데 있어서 유량작물(油糧作物) 생산량이 많아 실용화되지는 않았다. 그러나 자연계에 널리 분포하지 않는 특수 지방산의 생산을 위한 SCO 생산에 대한 잠재력을 가지고 있다.

5) 구성원소와 무기물

균체성분은 미생물의 종류, 배지조성, 생육조건 등에 따라 차이가 있다. 미생물실험에서 많이 이용되는 대표적인 미생물인 대장균의 원소분석에 의한 건조균체 성분은 표 3-4와 같다. 탄소가 건물량의 50%를 차지하며, 질소가 14%, 무기질이 16%이다.

표 3-5에서 보는 바와 같이 미생물 종류에 따른 무기물 성분 중에는 P, K가 가장 많고, Ca, Mg, S, Na, Cl, Fe, Zn, Si 순으로 구성되어 있다. 이 외의 미량원소로는 Al, Cu, Mn, Co 등이 있다. 철세균(鐵細菌)은 Fe, Mn을 다량 함유하고 있으며, 유황세균은 S를, 해양미생물은 Na, Cl, I를 다량 함유한다. 이와 같은 균주의 성분조성은 생육환경 조건에 따라 차이가 나며, 사용균주를 배양한 다음 원소분석(C, H, N, S, O) 및 무기물 분석을 통하여 구할 수 있다. 배양하고자 하는 미생물의 균체성분을 분석하여 그 결과에 따라서 최소배지 및 최적 배지조성을 구하는 자료로 활용되며, 배양 중에 일어나는 물질수지(material balance)를 계산하는 데도 이용한다.

3.2 물리적 성질

미생물의 크기에 대해서는 앞에서 설명하였지만 이는 평균값에 불과하며, 각각의

표 3-4. 미생물 세포의 원소분석(*E. coli*)

원 소	건물량의 %	원 소	건물량의 %
탄 소	50	Na	1
산 소	20	Ca	0.5
질 소	14	Mg	0.5
수 소	8	Cl	0.5
P	3	Fe	0.2
S	1	기타	>0.3
K	1		

세포도 성장단계에 따라 크기가 달라진다. 세균의 체적분포에 대한 실측치의 예는 그림 3-19와 같으며, 균주에 따라서 차이가 있음을 알 수 있다.

많은 종류의 미생물은 단세포의 형태로 존재하지만, 경우에 따라서는 세균과 효모는 단일 세포보다 매우 큰 형태인 플록(floc) 상태의 집단을 형성한다. 그러나 사상균의 액체배양에서는 구형의 펠릿(pellet)을 형성하여 크기가 수 cm에 이르기도 한다.

표 3-5. 미생물 종류에 따른 무기물 함량(g/100 g 건조균체)

원 소	세 균	곰팡이	효 모
P	2.0～3.0	0.4～4.5	0.8～2.6
S	0.2～1.0	0.1～0.5	0.01～0.24
K	1.0～4.5	0.2～2.5	1.0～4.0
Mg	0.1～0.5	0.1～0.3	0.1～0.5
Na	0.5～1.0	0.02～0.5	0.01～0.1
Ca	0.01～1.1	0.1～1.4	0.01～0.5
Fe	0.02～0.2	0.1～0.2	0.01～0.5
Cu	0.01～0.02		0.002～0.01
Mn	0.001～0.01		0.0005～0.007
Mo			0.0001～0.0002
회 분	7～12	2～8	5～10

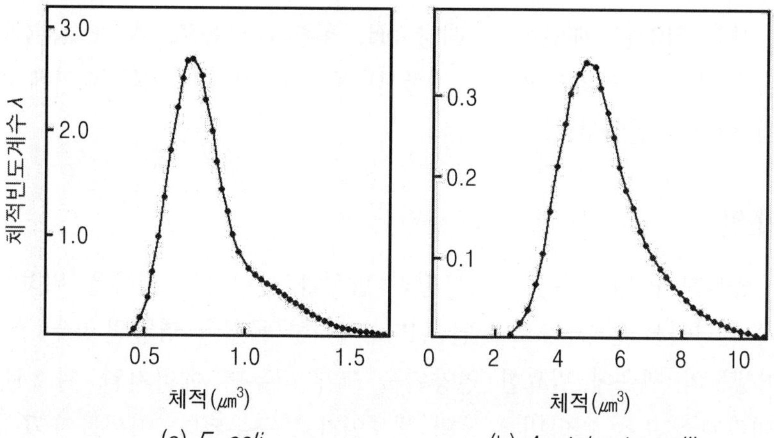

(a) *E. coli* (b) *Azotobacter agili*

그림 3-19. 세균의 체적분포

표 3-6. 미생물 습윤균체의 밀도(g/cm^3)

효 모(*Saccharomyces cerevisiae*)	1.09 ± 0.008
세 균(*Serratia marcenscens*)	1.03 ± 0.008
방선균(*Streptomyces griseus*)	1.003 ± 0.0003

미생물 세포의 형태는 세포 자체가 가지고 있는 유전적 성질, 배지조성에 따른 영양상태, 배양일수 또는 균령(cell age) 등의 생물학적 요인뿐만 아니라 배양온도, 배양액의 유체역학적인 성질과 물리적인 요인에 의존한다. 미생물이 나타내는 각각의 활성 또는 어떤 균주에 대한 미생물 반응기에서의 연속조작은 플록 또는 펠릿 크기에 의해 제약을 받게 되므로 균체의 크기를 제어하는 일이 중요한 것으로 알려져 있다.

배양조건에 따라 다소 차이가 있으나 습윤균체의 밀도는 표 3-6에서 보는 바와 같이 효모, 세균, 방선균 순으로 밀도가 크다. 미생물 균체의 밀도가 용액의 밀도와 매우 비슷하므로 배양 중에 현탁 상태를 기계적인 교반, 생화학적 생성물인 가스의 발생, 발효조에 주입하는 공기에 의해 쉽게 유지할 수 있다.

4. 미생물과 환경

미생물의 생육, 증식 및 대사 등의 생리적인 성질은 여러 가지 환경요인에 의해 크게 촉진되거나 저해된다. 미생물 배양공학에서 중요한 문제는 미생물 반응이 최대가 되도록 환경요인을 제어하는 일이라고 할 수 있다. 미생물 증식에 영향을 주는 환경요인으로는 각종 영양원, 배양온도, 배양 pH, 용존산소 농도, 습도(수분함량), 염류 농도 또는 당류 농도(삼투압), 압력, 빛(광선) 등이다. 따라서 이들 요인에 따른 미생물의 특성에 대하여 알아보자.

4.1 영양원

미생물이 증식하기 위해서는 세포물질의 합성과 에너지의 획득을 위하여 필요한 물질을 그의 환경에서 얻지 않으면 안 된다. 이러한 물질을 **영양원** 또는 **영양분**이라고 한다. 미생물의 생육에 필요한 영양원을 크게 나누면 에너지원, 탄소원, 질소원, 무기염류, 미량원소 또는 비타민류 등의 생육인자로 구분된다. 미생물의 종류에 따라 에너지원, 질소원 등으로 이용되는 물질의 종류는 다르다.

일반적으로 미생물의 영양요구성과 에너지원의 차이에 따라 미생물을 분류하면 표

3-7과 같다. 이는 모든 생물의 분류기준과 같다. 미생물을 구분할 때 에너지원으로서 광을 이용하는 광합성 미생물과 화학적 에너지원에 의존하는 화학합성 미생물로 크게 나눈다.

주요 탄소원으로 CO_2를 이용할 수 있는 미생물을 **독립영양균**이라고 하며, 유기탄소원에 의존하는 종속영양균으로 구분한다. 둘 다 이용할 수 있는 미생물을 **혼합영양균**이라고 한다. 이와 같은 분류는 엄밀한 것은 아니며, 영양적인 다양성의 유무에 따라 편성(編性, obligate) 또는 통성(通性, facultative)의 용어를 사용한다. 즉, 에너지원으로서 광을 이용하며, 주요 탄소원으로서 CO_2에 의존하는 미생물은 편성광합성 독립영양생물이라고 한다. 통성광합성 독립영양생물의 영양요구성은 이와 같이 엄밀한 것은 아니다.

주요 탄소원, 질소원, 무기염류 등 기본적인 영양분만으로 생육이 충분할 경우는 **독립영양균**(prototroph)이라고 하며, 기본적인 영양분 외에 한 가지 이상의 유기영양분을 생육에 필요로 하는 생물을 **영양요구균**(auxotroph)이라고 한다. 영양요구균은 특정 성분을 합성할 수 있는 능력이 결여되었기 때문에 이를 외부에서 공급해 주지 않으면 생육할 수가 없다.

표 3-7. 영양요구에 의한 미생물의 분류

1. 광합성 독립영양미생물(photoautotroph)

   에너지원으로 광(光)을 이용하며, 특히 탄소원으로 CO_2를 이용하는 미생물로서 조류(藻類), 홍색 유황세균, 녹색 유황세균, 광합성세균 등이 여기에 속한다.

2. 광합성 종속영양미생물(photoheterotroph)

   에너지원으로 광을 이용하며, 탄소원으로 유기화합물을 이용하는 미생물로서 녹색 비유황미생물, 홍색 비유황미생물 등이 여기에 속한다.

3. 화학합성 독립영양미생물(chemoautotroph)

   에너지원으로 화학물질을 이용하며, CO_2를 주요 탄소원으로 이용하는 미생물로서 환원형 무기화합물인 NH_3, NO_2^-, H_2, H_2S, S, $S_2O_3^{2-}$, Fe^{2+}의 산화에 의해 에너지를 얻는다. 이러한 특성으로 암소(暗所)에서 완전한 무기배지에서도 증식이 가능하다. 질산화세균, 유황산화세균, 철산화세균, 수소세균, 일산화탄소세균 등이 여기에 속한다.

4. 화학합성 종속영양미생물(chemoheterotroph)

   화학물질을 에너지원으로 이용하며, 유기화합물을 주요 탄소원으로 하는 미생물로서 보통 한 가지 유기화합물의 대사에 의해 탄소와 에너지를 얻는다. 대부분의 효모, 곰팡이, 세균 등이 여기에 속한다.

4.2 온도의 영향

미생물의 증식은 온도에 매우 민감하며, 균주에 따라서 증식이 인정되는 최고온도와 최저온도 사이의 온도 범위를 기본적 온도(cardinal temperature)라고 한다. 그리고 미생물의 종류에 따라 각각 다르지만, 증식이 이루어지는 **최저온도**, 비증식속도가 최고에 달하는 **최적온도**, 증식이 가능한 **최고온도** 등으로 구분한다.

미생물 증식이 고온에서 급속히 떨어지는 것은 단백질의 변성에 따른 세포구조의 열변성에 기인한다. 보통 최고온도는 최적온도보다 3～5℃ 정도가 높다. 지금까지 알려져 있는 고온미생물 중에는 생육이 가능한 온도가 95℃ 정도이며, 최저온도는 -5℃ 정도이다. 일반적으로 미생물 증식의 온도 의존성에 따라 표 3-8과 같이 저온균, 중온균, 고온균으로 분류한다.

해양미생물은 대부분 저온균에 속하며, 식품을 저온에서 저장할 때 문제가 되는 부패세균에는 저온균이 많다. 고온균은 대부분 내열성 포자를 형성하는 균으로서, 예를 들어 *Bacillus stearothermophilus*는 통조림식품을 살균할 경우 통조림의 살균 정도를 결정하는 데 지표가 되는 미생물로 이용된다. 일반적으로 발효공업 등에 산업적으로 사용되는 균주는 대부분 중온균이며, 생육적온에 해당되는 20～40℃ 범위에서 발효를 시킨다.

표 3-8. 미생물 증식의 온도 의존성

종 류	최저온도	최적온도	최고온도	예
저온균(psychrophile)	0～10℃	5～10℃	25～30℃	발광세균
중온균(mesophile)	0～7℃	23～40℃	40～45℃	곰팡이, 효모, 방선균, 일반세균
고온균(thermophile)	25～45℃	55～70℃	70～80℃	고초균, *L. delbrickii*, 온천세균, *B. stearothermophilus*

4.3 pH의 영향

미생물의 증식은 pH에 의해 크게 영향을 받으며, 미생물의 종류에 따라 각각의 최적 pH(optimum pH)가 있다. 대표적인 미생물 증식에 대한 pH 의존성은 그림 3-20에서 보는 바와 같다. 미생물 증식속도는 최적 pH를 중심으로 하여 종(bell) 모양으로서 좌우 대칭형을 이룬다. 최대 증식속도를 나타내는 범위는 1～2 pH 단위로 좁은 구간이며, 좌우로 2～5 pH 단위에서 증식이 이루어진다.

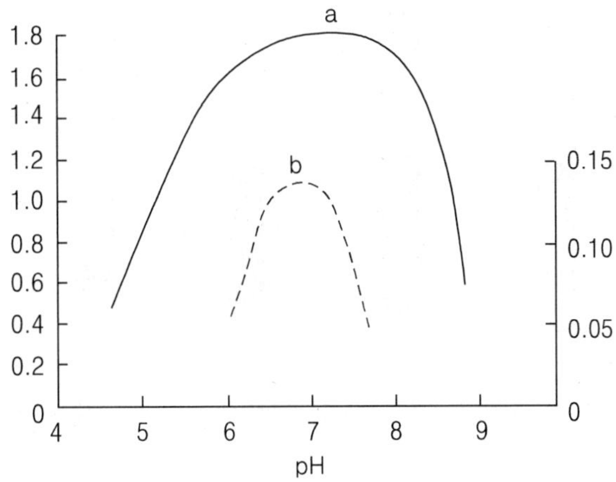

그림 3-20. 미생물의 증식에 미치는 pH 영향

(a) *Escherichia coli* (혐기배양)

(b) *Methylococcus capsulatus* (메탄자화성균)

일반적으로 세균은 pH 6.5~8.0 범위인 중성 또는 약알칼리에서 잘 자라고, 효모와 곰팡이는 pH 4.0~6.0 범위인 약산성에서 잘 자란다. 그러나 미생물의 종류 및 균주에 따라서 최적 pH는 각각 다르다. 예를 들어 젖산균이나 초산균과 같이 유기산을 생산하는 내산성(耐酸性) 세균은 낮은 pH 범위에서도 산에 대한 저항성을 가지고 있어서 증식이 이루어진다. 또한 미생물 정련에 이용되는 세균은 pH 1.0~4.0 범위에서 잘 자라지만, 중성 pH에서는 증식하지 않는다.

4.4 산소의 영향

보통 미생물 증식에 필요한 산소 요구성의 유무와 강약에 따라 표 3-9와 같이 분류한다. 미생물이 산소를 이용하는 형태는 대부분 물에 용해되어 있는 상태인 **용존산소**(dissolved oxygen)를 이용한다. 시험관에 고체배양하였을 경우 미생물 증식상태를 보면 그림 3-21에서 보는 바와 같다. 산소의 존재 여부에 따라 증식이 이루어지는 배양기 중의 위치가 미생물의 종류에 따라 차이가 있음을 알 수 있다.

4.5 기 타

미생물이 증식하는 데는 앞에서 설명한 각종 영양원, 배양온도, 배양 pH, 산소 외에도 수분, 삼투압, 광선 등 환경적인 요인에 의해 영향을 받는다. 미생물은 물이 있어야 생육이 가능하며, 배지 중에 들어 있는 수분함량의 경우 대부분의 세균은 평형상대습도(equilibrium relative humidity, ERH)가 95% 이상, 곰팡이는 75~95% 이

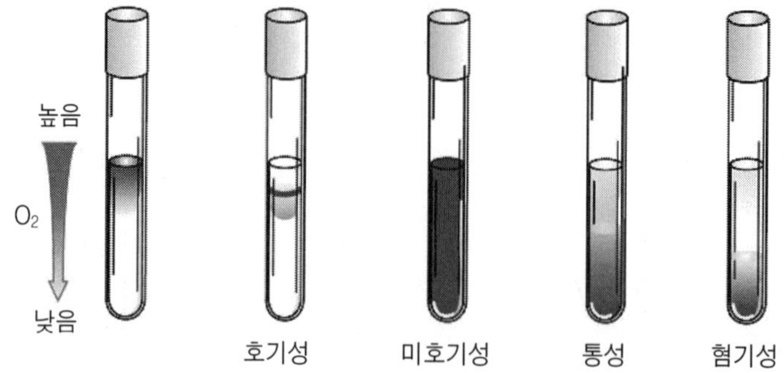

그림 3-21. 산소 농도에 따른 미생물의 생육상태

표 3-9. 미생물과 산소와의 관계

- 편성 혐기성균(obligate anaerobe)

  절대 혐기성균이라고도 하며, 산소를 이용하지 못할 뿐만 아니라 증식에 유독하다. *Clostrium*속, *Methanobacterium*속 등이 여기에 속한다.

- 내성 혐기성균(aerotolerant anaerobe)

  산소를 이용하지 못하지만 산소가 있어도 죽지는 않는다. *Butyribacterium*속, *Strepto-coccus*속 등이 있다.

- 통성 혐기성균(facultative anaerobe)

  산소를 이용하기도 하며, 산소가 없이도 증식한다. 대장균, 효모 등이 있다.

- 미호기성균(microaerobe)

  대기(大氣) 산소농도 보다 낮은 농도(2～10%)의 산소를 필요로 하며, 이보다 높은 산소농도에서는 증식하지 않는다. 수소산화균 등이 있다.

- 편성 호기성균(obligate aerobe)

  증식에 산소를 필요로 하는 미생물로 곰팡이 등이 여기에 속한다.

상에서만 생육이 가능하다.

보통 식품의 수분함량을 나타낼 때는 **수분활성도**(water activity, A_w)로 표시하며, 이는 식품 중의 수증기압(P)을 같은 온도에서의 순수한 물의 증기압(P_o)으로 나눈 값(P/P_o)이다. 내염성 또는 호삼투압성 미생물을 제외한 일반적인 미생물의 생육에 필요한 최저 수분활성도는 세균이 0.90, 효모가 0.88, 곰팡이가 0.80로서 이보다 많은 수분이 있어야만 미생물은 증식할 수 있다.

삼투압도 미생물의 생육에 영향을 준다. 균주에 따라서는 30% 이상의 식염 농도에도 자라는 곰팡이와 70%의 설탕 농도에 자라는 효모가 존재한다. 그러나 고농도의 당(糖) 또는 염류가 존재하는 환경에서 잘 자라는 호삼투압성균, 호염균, 호당성균이 있으나 일반적인 미생물은 생육저해를 받는다. 이는 배지에 들어 있는 염류 또는 당류가 수분활성도를 떨어뜨려 미생물의 증식을 억제하는 것으로 알려져 있다. 적색 또는 녹색세균 및 녹조류의 증식에는 광합성을 위하여 광선이 필요하나 일반적인 미생물은 밝은 곳보다는 어두운 곳에서 생육이 잘 이루어지고 햇빛은 유해하다.

4.6 미생물반응에 미치는 환경인자의 영향

앞에서 설명한 미생물의 생육 및 증식에 미치는 환경인자 외에도 생산물의 생성속도에 미치는 환경인자를 고려해야 한다. 배양의 목적은 생성물을 최대로 하는 조건을 설정하는 것이며, 미생물 증식의 최적 환경조건이 반드시 미생물 반응에 대한 최적조건이라고 할 수는 없다.

예를 들어 *Aspergillus niger*를 사용한 구연산 생산에 있어서는 질소원, 인산, 미량 금속원소를 적게 하여 반기아(半飢餓) 상태를 유지하고, 당류는 과잉으로 첨가함으로써 수율을 높이는 방법을 이용한다. 특히 배지 중에 들어 있는 미량 금속원소인 Cu, Zn, Fe 이온 양을 조절하지 않을 경우는 생산수율이 떨어짐을 알 수 있다. 배양온도 및 pH에 있어서도 생육 최적조건과 대사산물의 최적 생산조건과는 반드시 일치하는 것은 아니다. 예를 들어 *Clostridium acetobutylicum*에 의한 acetonebutanol 발효에 있어서 증식에는 pH 7에서 가장 잘 자라지만 생성물인 아세톤 및 부탄올의 생산수율은 매우 떨어진다.

보통 통성 혐기성균은 혐기적 조건보다는 호기적 조건에서 균체수율이 훨씬 크다. 통성 혐기성균을 사용하여 회분배양을 할 경우 대부분 발효 초기에는 호기적 조건에서 균체를 대량 배양한 다음에 혐기적인 조건을 조성함으로써 처음부터 혐기적 조건에서 배양하는 것 보다 많은 생성물을 얻을 수 있어서 유리하다. 따라서 생성물을 최대로 하기 위해서는 미생물의 종류에 따라 배양 중에 환경조건을 변화시키는 방법을 이용하기도 한다.

5. 미생물의 배양 특징

5.1 미생물 배지

미생물 배양에 사용하는 배지에는 에너지 획득, 균체물질의 합성과 대사산물의 합성에 필요한 모든 원소가 들어 있어야 한다. 실험실에서 이루어지는 연구용은 대부분 순수하고 미리 내용을 알 수 있는 화합물로 구성된 배지를 이용할 수 있으나, 산업적인 발효공정에서는 경제적인 이유로 성분 구성이 복잡하고 내용 성분을 확실히 알 수 없는 천연물을 배지로 사용하는 경우가 많다.

모든 미생물은 생육하는데 있어서 물, 탄소원, 질소원, 무기물을 필요로 하며, 균주에 따라서는 특정의 아미노산, 핵산 또는 비타민이 요구된다. 그리고 호기성 미생물의 경우는 산소를 필요로 한다. 각종 기본적인 원소의 생리적 기능은 표 3-10에서 보는 바와 같다. 따라서 균주에 따라 생장에 필요한 생리적 현상은 다소 차이가 날 수 있다. 이들 원소의 결핍이 없도록 배지조성에 유의할 필요가 있다.

배지조성을 결정할 때는 같은 균주를 사용하여 얻은 기존의 연구결과가 있다면 그의 배지조성을 이용할 수도 있다. 최적의 배지조성을 구하기 위해서는 일반적으로 순차적인 scale-up 단계에서 각각의 최적조건에서 미생물을 배양한 다음 발효원료(배지조성)와 발효 생성물의 원소분석을 하고, 이들 사이의 물질수지를 분석함으로써 결정할 수 있다. 즉, 발효에 의해 이루어지는 물질수지는 다음과 같이 나타낼 수 있다.

$$\text{탄소원 + 질소원 + 기타 성분} \longrightarrow \text{균체 + 유용생성물} + CO_2 + H_2O + \text{발효열}$$

따라서 부산물(폐기물)을 최소화하여 경제적인 공정설계를 하려면 유용물질 생성

표 3-10. 각종 원소의 생리적 기능

원 소	생리적 기능
수 소	세포수분, 세포 구성원소
산 소	세포수분, 세포 구성원소, 호기성균의 전자수용체
탄 소	세포 구성원소
질 소	단백질, 핵산, 조효소의 구성원소
유 황	단백질 구성원소(함유황 아미노산의 구성원소)
인	핵산, 인지질, 조효소의 구성원소
K	세포, 몇 가지 효소의 cofactor
Mg	세포의 주요 양이온, ATP를 포함한 대부분 효소반응의 무기 cofactor, 클로로필의 구성원소
Ca	몇 가지 효소의 무기 cofactor, Mg을 대체할 수 있음
Fe	cytochrome, heme, 그 외 단백질 등의 구성원소, 많은 효소의 cofactor
Co	비타민 B_{12}, 조효소 등의 구성원소
Cu, Zn, Ni, Mo	특별한 효소의 무기원소

에 필요한 최소의 영양원의 양을 계산하여 최적 배지조성을 결정하는 것이 바람직하다. 그러나 실제 발효 중에 일어나는 모든 요인을 정확히 분석하기가 어려워 이를 정량적인 관계로 나타내기가 곤란한 경우가 많다.

표 3-4에서 보는 바와 같이 건조균체에 대한 원소분석으로 주요 성분인 C, H, O, N, S, P, Mg, K 등의 함량을 구하면 배지조성 중에 최소로 필요로 하는 N, S, P, Mg, K의 양을 알 수 있다. 따라서 여기에 필요한 Fe, Co, Cu, Zn, Ni, Mo, Mn, B 등과 같은 미량원소를 추가하면 된다.

일반적으로 진탕배양의 경우에는 미생물이 필요로 하는 최소량보다 P와 K를 많이 첨가해 주는 경우가 많다. 이는 P가 많은 배지조성에서 완충능력을 높여 주기 때문이다. 그러나 발효조에 의한 미생물 배양일 경우는 pH 조절이 항상 이루어지기 때문에 문제되지 않는다. 또한 어떤 미생물은 아미노산, 비타민, 핵산물질 등의 합성능력이 없으므로 알맞은 양의 생육인자를 첨가해 줄 필요가 있다.

위와 같은 방법으로 배양 전후의 물질수지식을 구하고, 수율(yield)을 계산해 보면 대부분의 경우 이론적인 값이 실제 측정치에 비해 높은 값을 나타낸다. 이는 발효 중에 일어나는 CO_2 발생량이나 대사산물 양을 정확히 측정할 수 없기 때문이며, 이를 고려하여 배지조성을 구할 때 유의할 필요가 있다.

5.2. 배지의 종류와 성분

미생물 배지는 배지에 들어 있는 성분, 배지의 성상, 사용목적에 따라 분류할 수 있다. 배지에 들어 있는 모든 성분들을 화학적으로 명확히 규정할 수 있느냐에 따라 합성 또는 천연배지로 나눈다. 배지의 성상에 따라서 액체배지는 미생물의 일반적인 생육과 물질의 생산을 목적으로 사용하며, 고체배지는 액체배지에 한천 또는 gelatin을 첨가하여 굳힌 배지를 말하며, 미생물의 순수분리, 보존, 활성화 목적으로 사용된다.

배양실험에 사용되는 미생물은 보존배지, 활성배지, 종균배지, 발효배지 또는 생산배지의 순으로 특정 배지에 이식하고, 배양하여 미생물을 이용한 생산공정이 수행된다. 활성배지는 특정의 조건에서 생육을 억제시켜 보관하였던 보존균주를 최적의 생육조건에서 배양하여 활성화시키며, 종균배지는 증식력이 뛰어난 균체를 다량 확보하는데 그 목적이 있다. 발효배지는 종균을 접종하여 목적하는 생산물을 얻기 위한 배지를 말한다.

자연계의 다양한 미생물로부터 특정 물질을 생산하는 미생물을 검색할 경우 사용되는 검색배지, 특정 미생물의 생육이 잘 되는 선택배지, bioassay에 사용되는 정량용 배지, 기타 여러 종류의 시험 및 검정용 배지가 있다.

1) 탄소원

생물산업에서 이용하는 미생물은 대부분 화학합성 종속영양미생물로서 탄소원 또는 에너지원으로 탄수화물을 이용한다. 일반적으로 탄소원은 미생물 배지에서 가장 중요한 요소로서 연구목적으로 정확한 발효공정을 조절해야 할 경우는 포도당을 비롯한 단당류를 주로 사용한다. 그러나 산업적인 용도에는 경제적인 이유로 포도당 또는 설탕을 사용하지 않고 값싼 녹말 또는 당밀을 이용하는 경우가 많다.

화학합성 종속영양세균에 의한 기질 중에 탄소원의 대사경로(metabolic pathway)는 탄소원이 세포물질로 전환되는 양을 결정하는 데 중요하다. 예를 들어 통성혐기성 미생물이 혐기상태에서는 기질 중에 탄소의 약 10%가 세포물질로 전환되는데 비하여 충분한 호기적 상태에서는 50~55%가 이용되는 것으로 알려져 있다. 따라서 표 3-4에서 보는 바와 같이 세포 건물량의 50%가 탄소이므로 균체증식을 위해 배지에 첨가해야 할 탄소량을 계산하는 일이 가능하다. 예를 들어 40 g의 균체를 호기적 배양에서 얻고자 할 때 첨가해야 할 포도당 양은 탄소를 기준하여 계산하면 40×180/(12×6) = 100 g/l가 필요함을 알 수 있다.

탄소원으로 많이 이용되는 것으로는 주정공업에서는 옥수수녹말, 타피오카녹말, 고구마, 감자, 보리쌀, 쌀, 밀가루, 잡곡류 등 녹말을 원료로 이용한다. 그리고 발효공업에서는 값싼 원료로서 제당공업의 부산물인 당밀(糖蜜, molasses)을 이용하며, 여기에는 당분 외로 질소 성분과 비타민, 미량원소가 들어 있다. 이 외로 이용하는 탄소원으로는 lactose(milk whey powder), 건조한 malt extract, 덱스트린, 아황산 펄프액, 농산폐기물인 섬유질, 식물기름, 메탄올, 에탄올, 탄화수소(C_{12}~C_{15}) 등이 있다. Malt extract에는 90~92%의 당을 함유하고 있으며, 곰팡이, 효모, 방선균의 배지로서 연구용으로도 많이 이용된다(표 3-11).

표 3-11. Malt extract의 성분조성

성 분	건물량(%)	성 분	건물량(%)
맥아당	52.2	질소질	4.6
육탄당(포도당, 과당)	19.1	회 분	1.5
설탕(sucrose)	1.8	수 분	2.0
덱스트린	15.0		
기타 탄수화물	3.8	pH(10% 용액) = 5.5	

2) 질소원

질소원은 단백질 합성의 소재로서 각종 아미노산 합성에 필요하다. **무기질소원**으로서는 암모늄염, 질산염, 아질산염 등이 이용된다. 그리고 유기질소원으로 요소(urea), 아미노산류, 아마이드(amide), 펩톤, 단백질 등이 이용되며, 그의 이용성은 미생물의 종류에 따라 다르다. 일부 미생물은 아미노산 요구성에 있어서 한 가지 이상의 특정한 아미노산이 없이는 생육하지 않거나, 생육속도가 매우 늦어지는 경우가 있다. 이 경우에는 필요로 하는 특정의 아미노산을 첨가하여 주어야 한다. 그러나 실제로 대부분 값싼 대두박, 침지옥수수 농축액(corn steep liquor, CSL), 어분, 유장(whey), 카세인(casein) 등 천연물을 사용함으로써 문제가 되지 않는다. 또한 경우에 따라서는 이와 같은 미생물의 생리적인 성질을 이용하여 배지조성을 조절함으로써 균주의 분리 또는 육종에 이용하기도 한다.

유기질소원으로는 아미노산, 단백질, 요소 등이 이용된다. 미생물의 종류에 따라서는 특정한 아미노산을 필요로 하는 경우가 있다. 이 경우에는 사용균주의 특성에 따라 필요로 하는 아미노산 등을 배지에 첨가해 주어야 한다. 일반적으로 공업적 발효공정에서는 대부분 천연물을 이용하기 때문에 생육인자의 결핍 현상은 잘 일어나지 않는다. 아미노산 또는 펩티드를 함유하여 유기 질소원으로 사용하는 것으로는 CSL, yeast extract, peptone, soy meal, peanut meal, cotton seed meal, fish meal 등이 이용된다.

3) 무기질

미생물의 생육에는 탄소원, 질소원 외에 무기질과 비타민 등이 필요하다. 비교적 다량으로 필요한 무기질로서는 Mg, P, S, Ca, Cl 등이 필수원소로 알려져 있다. 이들은 배양액의 pH 및 삼투압 조절에 중요한 역할을 한다. 이 외로 미량금속원소로서 Co, Cu, Fe, Mn, Mo, Zn 등이 있다. 대부분 배지조제에 사용하는 지하수 또는 수돗물, 그리고 다른 원료의 미량성분으로 함유되어 있는 것으로 여겨지고 있다. 이러한 미량원소는 일반적으로 생리활성 구성성분인 cofactor로서 중요한 역할을 한다.

예를 들어 합성배지에는 KH_2PO_4, K_2HPO_4, $MgSO_4 \cdot 7H_2O$, $CaCl_2 \cdot 2H_2O$, $FeSO_4$ 등의 무기염을 첨가한다. 특히 미량원소 중에 Fe과 Zn은 매우 중요한 것으로 알려져 있다. 실제 공정에 있어서는 사용균주의 특성에 따라 무기물의 함량을 결정하며, 대사조절에 의한 2차 대사산물의 유도(誘導)를 위하여 유가식(fed batch) 방식을 많이 이용한다.

4) 기타 성분

(1) 용 수

미생물 배지에 사용하는 물은 깨끗해야 하며, 특히 양조공업에 있어서 물 속에 들어 있는 무기질은 주질(酒質)에 많은 영향을 주는 것으로 알려져 있다. 예를 들어 $CaSO_4$가 다량 함유되어 있는 경수(hard water)는 영국에서 생산되는 Burton bitter beer 및 Pilsen type lager beer 등에 영향을 주어 독특한 맥주를 생산하게 되었다. 일반적인 경우 경수는 미생물 배양에 나쁜 영향을 주므로 사용에 유의해야 한다. 보통 산업적으로는 탈이온수를 사용함에 따라 예전에 비해 미생물 증식에 큰 영향이 없는 것으로 알려져 있다.

(2) 대사조절 물질

탄소원, 질소원 및 무기질 외에 일부 미생물은 특정의 아미노산 또는 비타민 등을 첨가하였을 때 생장속도가 빠르거나 대사산물의 생성이 촉진될 경우가 있다. 이와 같은 물질을 **생육인자**(growth factor)라고 한다. 생육인자는 주로 비타민, purine, pyrimidine 염기류이다.

예를 들어 효모의 증식에는 경우에 따라서는 pantothenic acid, inositol, biotin 등이 필요한 경우가 있다. 또한 젖산균은 생육에 비타민 B군이 요구된다. 미량 생육인자는 미생물의 증식촉진 효과뿐만 아니라 생리활성의 발현에 큰 영향을 준다. 따라서 대사제어인자로 작용하는 경우가 있으므로 목적하는 생산물의 수율에 영향을 주는 경우가 많아 첨가하는 농도를 제어해야 한다.

탄소원 또는 질소원으로서 공업적으로 이용되는 천연물 중에는 대부분 미생물 생육에 필요로 하는 비타민이 들어 있으나 경우에 따라서 별도로 비타민의 첨가가 요구될 때도 있다. 예로서 초산발효에 있어서는 calcium pantothenate가 필요하며, glutamic acid 발효에는 biotin을 필요로 한다.

미생물의 대사에 영향을 주는 요소로서 경우에 따라서는 전구물질(precursor, 표 3-12)을 사용하여 생산성을 높이는 방법을 이용하기도 한다. 균주에 따라서는 대사과정의 일부를 저해함으로써 생성물의 수율을 높이는 데 이용되는 대사저해물질(inhibitor, 표 3-13), 그리고 경우에 따라서는 각종 효소생산에 있어서 대부분 그 기질에 해당하는 유도물질(inducer, 표 3-14)을 첨가함으로써 효소의 생산성을 높이는 경우가 있다.

표 3-12. 발효공정에 이용되는 전구물질

전구물질(precusor)	생성물(product)	생산균주
Phenylacetic acid	Penicillin G	*Penicillium chrysogenum*
	Penicillin V	〃
Phenoxy acetic acid chloride	Chlortetracycline	*Streptomyces aureofaciens*
	Griseofulvin	*Penicillium griseofulvin*
Propionate	Riboflavin	*Lactobacillus bulgaricus*
Cyanides	Vitamin B_{12}	*Propionobacterium, Streptomyces* sp.
β-Iononones	Carotenoides	*Phycomyces blakesleeanus*
α-Amino butyric acid	L-Isoleucine	*Bacillus subtilis*
D-Threonine	〃	*Serratia marcescens*
Anthranilic acid	L-Tryptophan	*Hansenula anomala*
Glycine	L-Serine	*Corynebacterium glycinophilum*

표 3-13. 발효에 이용되는 대사저해물질

생성물	저해물질(inhibitor)	중요한 효과	생산균주
Gylcerol	Sodium bisulphite	Acetaldehyde 생성억제	*Saccharomy cerevisiae*
Tetracycline	Bromide	Chlortetracycline 생성억제	*Streptomyces aureofaciens*
Glutamic acid	Penicillin	세포막 투과성	*Micrococcus glutamicus*
Citric acid	알칼리금속(pH 2.0 이하)	Oxalic acid 생성억제	*Aspergillus niger*
Rifamycin B	Diethylbarbiturate	다른 rifamycins 생성저해	*Nocardia mediterranei*

표 3-14. 중요한 효소생산에서의 유도물질

효 소	유도물질	생산균주
α-Amylase	전 분	*Aspergillus* sp.
	맥아당	*Bacillus subtilis*
Pullulanase	맥아당	*Aerobacter aerogenes*
α-Mannosidase	효모 mannan	*Streptomyces griseus*
Penicillin acylase	Phenylacetic acid	*Escherichia coli*
Protease	여러 가지 단백질	*Bacillus* sp., *Streptococcus* sp., *Mucor* sp., *Streptomyces* sp., *Aspergillus* sp.
Cellulase	Cellulose	*Trichoderma viride*
Pectinase	Pectin	*Aspergillus* sp.

5.3 미생물의 배양 특성

미생물의 배양은 인위적인 환경에서 미생물을 증식시키는 일이다. 많은 종류의 미생물반응에 있어서 기질의 소모와 대사산물의 생성은 보통 미생물의 증식 정도와 균주에 따른 대사과정에 따라 각각 특유한 패턴을 나타낸다. 기질은 일단 미생물 세포 속으로 들어가 정도의 차이는 있으나 일부는 새로운 세포를 구성하는 데 이용되어 균체 증식이 이루어진다.

실제 미생물 반응에 있어서는 $1cm^3$에 1억 개 이상의 수많은 미생물이 존재한다. 하나하나의 미생물 세포는 반드시 생리학적, 형태학적 또는 유전학적 성질이 같은 것은 아니다. 따라서 우리는 미생물이 나타내는 활성의 평균치를 관찰하는 것이다. 즉, 일반적으로 세균은 분열에 의해, 효모는 출아에 의해, 방선균은 균사의 성장에 의해 각각 증식이 이루어진다. 한 개의 세포가 증식을 위해 분열이나 출아를 끝내는 데까지 걸리는 시간을 세포주기시간(cell cycle time) 또는 세대시간(generation time ; t_g)이라고 하며, 살아있는 동안의 경과시간을 **균령**(菌齡, cell age)이라고 한다.

미생물 배양방법은 분류기준에 따라 액체배양과 고체배양, 그리고 회분배양과 연속배양으로 나눌 수 있다. 액체배양은 표면배양과 심부배양으로 세분된다. 고체배양은 주로 액체배양이 어려운 곰팡이 배양에 이용된다. 고체배양은 통기가 쉽고 생성물 회수에 소요되는 용매량이 적은 이점이 있으나, 자동제어가 어려운 결점이 있다. 여기에서는 액체배양에서 일어나는 회분배양과 유가배양에 대하여 살펴보자.

1) 회분배양

미생물의 배양은 일반적으로 회분배양(回分培養, batch culture)에 의한다. 보통 미생물의 회분배양은 폐쇄계로 간주되며, 살균된 배지가 들어 있는 발효조 내에 미생물을 접종하여 생리적인 최적조건에서 배양한다. 경우에 따라서 대사산물 생산의 최적화를 위하여 배양 중에 무균적으로 산소를 공급하거나, 소포제의 첨가, pH 조절을 위한 산 또는 알칼리 용액이 주입된다. 회분배양에서는 기질과 대사산물의 양적 변화를 동반하여 그림 3-22에서 보는 바와 같이 배양시간에 따른 전형적인 균체수의 변화가 생긴다.

생물산업에서 관심의 대상이 되는 것은 일반적으로 균체생산이 아니라 생리활성물질일 경우가 대부분이다. 균체증식에 필요한 최적조건과 대사산물 생산을 위한 최적조건과는 반드시 일치하지 않기 때문에 사용균주의 생리적 특성을 파악하여 배양조건을 조절해야 한다. 배양액 중의 세포농도의 정량은 직접적인 방법과 간접적인 방법으로 나눌 수 있다. 미생물의 종류와 배양액의 점도, 성분조성, 요구되는 정확성에 따

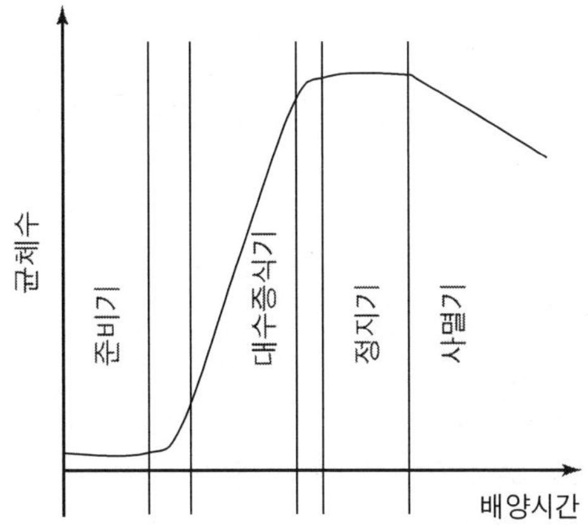

그림 3-22. 배양시간에 따른 균체수의 변화

라 여러 가지 측정방법을 사용할 수 있다. 균체수나 균체량을 측정하는 직접적인 방법은 가장 정확한 방법이나, 배양액 중 고형분과 현탁물 등의 방해 인자가 많으며, 측정하는 데 시간이 많이 소요된다.

가장 일반적으로 쓰이는 직접법은 건조 균체량, 충전세포 부피, 분광계를 사용하여 측정된 흡광도에 의한 세포농도 측정법이다. 간접법은 단백질, DNA, RNA, ATP, NADH 등 세포내 성분을 측정하거나 탄소원, 질소원, 산소, 아미노산, 무기원소 등 영양원의 소비량 측정, 이산화탄소 등의 발효생산물의 생성량 측정, 산·염기의 공급 및 소모속도, 발효열, 배양액의 점도변화를 측정함으로써 세포농도를 추정할 수 있다.

회분배양에 있어서 미생물의 증식은 배양시간에 따라 다음과 같은 몇 가지 단계로 나눌 수 있다. 균주에 따라서 정도의 차이는 있으나, 일반적인 균체생육의 형태는 그림 3-21과 같다. 새로운 환경에 대한 적응기를 거쳐 대수적으로 균체량은 증가하다가 정지기와 사멸기를 거친다. 배양기간에 따라 생육기를 각각 분류하여 그 특징을 살펴보면 다음과 같다.

(1) 준비기

새로운 배지에 접종된 미생물은 이 기간 동안 증식을 위한 준비단계로 세포의 크기와 무게가 증가한다. 이는 새로운 환경에 적응하는 기간으로서 미생물의 종류, 생육환경, 생리적인 조건에 따라 대수기로 이행하는 데까지의 시간 차이가 생긴다. 보통 이 기간은 **전배양**(前培養, preculture)이라고 하며, 배양조건에 따라 결정되므로 이 기간을 줄이기 위하여 전배양 단계에서부터 주의할 필요가 있다. 이 기간은 다음과 같은 요인에 의해 영향을 받는다.

① 배지 영양성분의 농도변화
② 탄소원과 에너지원의 함량비 차이
③ 세포막을 통하여 이루어지는 확산작용에 의하여 발생되는 접종균체 내부 성분의 희석 여부
④ 접종균체의 균령
⑤ 접종량의 크기

(2) 대수증식기

준비기가 지나면 새로운 환경에 적응한 미생물이 가장 빠른 속도로 증식한다. 배양액 중에는 영양분이 충분할 뿐만 아니라 독성물질은 없거나 매우 적어서 증식에 거의 영향을 주지 않는다. 세포질의 합성속도와 세포수의 증가가 비례한다.

세포의 생리적 활성이 가장 강한 시기이며, 세포에 대한 물리·화학적 처리에 감수성이 높은 시기이다. 이 기간에 있어서 미생물 증식은 대부분 기질농도에 관계없이 대수적으로 이루어진다. 균체수와 배양기간과의 관계를 반대수 그래프에 작성하면 직선관계가 얻어지므로 보통 이 기간을 대수증식기라고 하며, 이를 식으로 나타내면 다음과 같다.

$$\frac{dX}{dt} = \mu X \text{ 또는 } \frac{dN}{dt} = \mu N \qquad (3\text{-}1)$$

(3-1)식을 적분하면 다음 식이 된다.

$$\ln (X/X_0) = \mu t \text{ 또는 } X = X_0 E^{\mu t} \qquad (3\text{-}2)$$

여기에서

X, X_0는 각각 시간 t와 t=0에서의 균체농도(g/l)
N은 균체수(N/l)
μ는 비증식속도(time^{-1})이다.

또한, μ의 표시방법은 다음과 같이 나타낼 수 있다.

$$t_d = \frac{\ln 2}{\mu} \qquad (3\text{-}3)$$

$$\mu = \frac{0.693}{t_d} \qquad (3\text{-}4)$$

비증식속도 μ는 비례상수로서 미생물 종류에 따른 증식속도의 크기를 나타내며, 대수증식기에서 미생물은 최대 증식속도(μ_{max})를 나타낸다. 1회 분열로 2개의 세포가 생기는 세균, 효모 등 보통 미생물의 t_d는 t_g(세대시간 ; generation time)와 같지만 녹조류의 *Chlorella*와 같이 4분열하거나 *Clamydomonas*와 같이 8분열하는 경우는 다르다. 따라서 이들 사이의 관계는 다음과 같이 나타낼 수 있다.

$$t_d = t_g \frac{\ln 2}{\ln n} \qquad n: \text{분열수} \tag{3-5}$$

대수증식기에 있어서 미생물의 증식속도에 대하여 여러 연구자에 의해 많은 수학적 모델이 제안되었다. 이를 크게 나누면 경험적 모델과 이론적인 모델로 구분할 수 있다. 공학적 입장에서 본다면 미생물 증식에 관한 모델을 설정하는 데는 다음과 같은 조건을 구비해야 한다.

① 우선 모델의 목적을 명확히 인식할 필요가 있다. 미생물 증식과 같은 복잡한 현상을 보다 통일적으로 이해함으로써 이 모델을 이용하여 미생물 반응기를 설계하거나 최적 조작조건을 예측하며, 반응공정의 합리적 관리에 기여한다.

② 모델을 세우기 위한 가정을 명확히 하며, 적용 범위를 분명히 한다.

③ 모델에 포함되는 여러 가지 인자(parameter)는 실험적으로 각각 구할 수 있는 것이 좋다.

④ 가능한 간단해야 한다.

이와 같은 점에서 미생물 증식에 관한 모델을 설정하는 데는 일반적으로 결정론적, 균일화, 비구조 모델이 이용된다. 즉, 결정론적 모델에서는 각 세포의 나이나 크기 등에서 서로 다른 성질을 가진 비균일 세포를 평균세포 개념의 도입으로 동일한 균일세포로 가정한다. 미생물세포는 세포질량, 세포 수 또는 단백질, DNA, RNA의 농도와 같은 단일 성분으로 내부의 복잡성을 단순화시킨다.

그의 대표적인 것이 **모노드 모델**(Monod model)이다. 이 모델은 균체성분 중에 균체농도를 사용하며, 배지성분 중에 한 종류의 성분을 증식 제한기질로 착안하여 다른 성분의 영향은 무시할 수 있는 것으로 간주한다. 또한 증식은 단일 반응으로서 균체수율은 일정하다고 본다면 비증식속도에 대한 기질농도의 영향은 그림 3-23과 같이 나타낼 수 있다.

$$\mu = \frac{\mu_{max}\, S}{K_s + S} \tag{3-6}$$

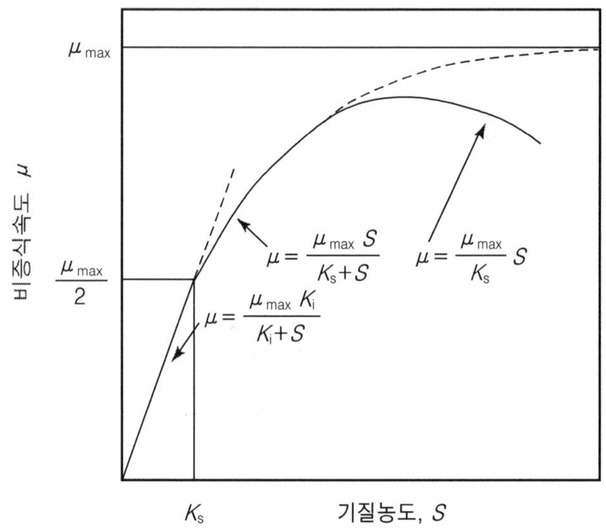

그림 3-23. 비증식속도에 대한 기질농도의 영향

여기에서

μ_{max} : 최대 비증식속도(maximum specific growth rate)

S : 기질농도(substrate concentration)

K_s : 포화정수(saturation constant)이다.

(3-6)식은 효소반응 속도론에서 자주 이용되는 Michaelis-Menten식과 매우 유사한 형태이다. 미생물의 증식은 세포활동의 종합적인 발현으로 보기 때문에 효소반응에서처럼 K_s가 단일효소로 이루어지는 Michaelis 정수의 의미로 표시하는 것은 곤란하다. 따라서 K_s는 어떤 증식제한기질의 농도의존성을 나타내는 정수로서, 이를 **기질 자화상수** 또는 **포화정수**라고 한다. 그리고 비증식속도는 기질의 농도에 따라 달라지며, K_s 값은 비증식속도가 $\mu_{max}/2$인 기질농도일 때 얻어진다.

대수기에서 정지기에 들어서기 전에 일반적으로 균체 증식이 감소하는 시기를 거치게 된다. 연구자에 따라서는 이 기간을 균형기, 저장기, 유지기로 세분하여 나누기도 한다. 보통 2차 대사산물의 생성은 주로 대수증식기의 마지막 단계인 유지기에서부터 정지기에 생성되는 경우가 많은 것으로 알려져 있다.

(3) 정지기

균체 증식이 많이 이루어지면 배지 중에 들어 있던 기질이 소모되고, 대사산물의 생성과 더불어 독성물질의 생성 등으로 생육속도가 늦어지거나 정지된다. 이 기간 중에 세포의 수는 최대가 되며, 증식되는 세포수와 사멸되는 세포수가 같아져서 전체적으로 생균수가 일정하게 된다. 이 기간 중에는 균체 조성의 변화가 일어나며, 균체를 구성하고 있는 탄수화물, 단백질 등이 빠져 나와 새로운 영양원으로 작용하기도 한다. 또한 여러 가지 대사산물이 고농도로 생성되는 경우가 많다. 2차 대사산물을 목적으로 하는 발효에 있어서는 어느 정도 균체 증식을 유도한 다음 인위적으로 이런 조건이 되도록 조절하기도 한다.

(4) 사멸기

이 기간 중에는 배지 중의 영양원뿐만 아니라 균체에 축적된 에너지원의 소모, 2차 대사산물의 축적, 생육 저해물질의 생성 등으로 사멸되는 세포 수가 증식되는 세포 수보다 많아서 전체적으로 생균수가 감소한다.

5.4 균주 보존

여러 가지 실험을 통하여 분리선발한 미생물은 그의 활성을 지속적으로 유지하며, 이용할 수 있도록 알맞은 보존방법을 선택하게 된다. 여기에는 다음과 같은 방법이 이용되고 있다.

1) 동결건조 보존법

동결건조시킨 미생물 포자는 장기간 보존하더라도 직접 발아하는 일이 없다. 균주의 형태적, 생리적인 성질이 변화가 없고, 잡균의 오염이 없으며, 저장이 간편한 장점이 있어 미생물의 장기 보존에 가장 보편적이고 널리 이용되는 방법이다. 동결건조 보존법은 감압에서 배양한 균체를 액체질소 등에 의해 급속 동결건조시킨 다음 밀봉함으로써 장기간 보존하는 방법이다. 반영구적으로 보존할 수 있어서 균주 보존기관에서는 대부분 이 방법을 이용한다. Vial에 동결건조 된 균주는 보관이나 분양이 편한 대신 제작할 때 전처리 시간이 길고 번거로운 단점이 있다.

2) 동결보존법

미생물 중에는 건조한 조건에서 생존율이 현저히 떨어지는 균주가 있으며, 이 경우에는 냉동 보존하면 장기간 보존이 가능하다. 동결보존법은 -20∼-196℃의 온도 범위에서 동결시켜 보존하는 방법으로 동해 방지제로 glycerine 또는 dimethylsulfoxide (DMSO) 등을 혼합하여 사용한다. 미생물의 대사활동을 정지시킴으로써 그의 활성을 유지시킬 수 있다.

3) 실온보존법

실온보존법은 **계대보존법**이라고도 한다. 미생물 균주를 한천배지에 충분히 자라도록 고체배양한 다음 2～4℃에서 저온에서 저장하는 방법이다. 호기성균은 사면배양, 혐기성균은 천자배양을 이용한다. 이 방법으로 보존할 경우 균주의 생리적 활성을 유지하기 위하여 효모는 3～6개월, 곰팡이와 세균은 6개월에 한 번씩 새로운 배지에 계대배양 해야 한다. 계속해서 실험을 하거나 생산이 이루어질 경우에 사용하는 방법으로서 단기간 보존할 때에 이용된다. 그러나 이 방법은 오염될 우려가 많고, 계대배양 하는 데 일손이 많이 드는 결점이 있다.

4) 유동중층 보존법

유동중층 보존법은 실온보존법과 같이 살균한 사면배지에서 충분히 자란 미생물 위에 살균한 파라핀 오일(paraffin oil)을 중층한 후 냉장하여 장기 보존하는 것이다. 배지보다 1cm 정도 높게 덮어 씌워 산소공급을 차단함으로써 보존균주의 대사작용 및 수분증발을 억제하여 보존하는 방법이다. 3～4년간 보존이 가능하며, 기름이 마르지 않는지를 보존기간 중에 확인할 필요가 있다.

5) 토양보존법

장기보존 방법으로 세균, 효모, 곰팡이 등의 보존에 이용되며, 실온에서 보존이 가능하다. 수분을 20% 정도 함유한 풍건토양을 시험관에 넣고, 120℃에서 3시간 동안 살균한 후 여기에 미생물 포자 또는 균사 현탁액 1 mL를 가하여 잘 혼합한 다음 저장한다. 주로 곰팡이, 방선균의 포자를 이용하여 보존하는 데 이용된다.

이 외에도 acetone-butanol 균이나 곰팡이 보존에 이용되는 토양보존법과 비슷한 모래배양법이 있다. *Streptomyces* 등을 20% glycerin 용액에 포자를 현탁시킨 다음 -20～-70℃에서 보관하는 방법 등 여러 가지 방법이 있다. 균주에 따라 알맞은 보존 방법을 선택할 필요가 있다.

참고문헌

1. Stanier, R.Y., J.L. Ingraham, M.L. Wheelis and P.R. Painter, 1986, The Microbial World, 5th ed., p. 73, Prentice-HallStanier.
2. Krieg, N.R. and J.G. Holt ed., 1984, Bergey's Mannual of Systematic Bacteriology, Williams & Wilkins.
3. Lodder, J. ed., 1971, The yeast, a Taxonomic Study, North-Holland Pub.
4. Barnett, J.A., R.W. Payne and D. 1983, Yarrow, Yeasts : Characteristics and Identification, Cambridge Univ. Press.
5. Aiba, S., A.E. Humphrey and N.F. 1973, Millis, Biochemical Engineering, The University of Tokyo.
6. Bailey, J.E. and D.F. 1977, Ollis, Biochemical Engineering Fundamentals, McGraw-Hill.
7. Crueger, W. and A. 1984, Crueger, Biotechnology, A Textbook of Industrial Microbiology, Science Tech. Inc.
8. Stanbury, P.E. and A. 1984, Whitaker, Principles of Fermentation Technology, Pergamon press.
9. 山根恒夫, 1980, 生物反應工學, 產業圖書.
10. 미생물과 산업, 1989, 15(1), 한국미생물학회.
11. 고정삼, 고영환, 오남순, 김진현, 인만진, 채희정, 2003, 생물공학, 유한문화사.
12. 고정삼, 2004, 식품생물산업, 유한문화사.
13. Naver, Google, Yahoo internet sites.

제 4 장

맥주

1. 맥주의 유래

맥주는 BC 4,000년경 현재 이라크에 해당하는 중동지역인 메소포타미아 지방의 수메르 민족이 최초로 만들었던 것으로 보인다. 그들이 만든 맥주는 보리를 건조하여 분쇄하고 빵을 구워 낸 후 이 빵을 부수고 물을 넣어 자연 발효시킨 것으로 원시적인 제조방법이었다.

BC 3,000년경에는 이집트에서도 나일 강변에서 수확한 대맥으로 맥주를 제조하였다. 이러한 제조기술이 그리스와 로마에까지 전파되었다. 그리스, 로마시대의 맥주에 대한 평가는 와인에 비하여 품질이 낮은 것이었다. 그러나 중세에 들어서면서 수도원을 중심으로 우수한 품질의 맥주를 만들게 되었다. 당시 지식층이었던 승려들은 양조지식에도 뛰어났으며, 여러 가지의 향료와 약초를 조합하여 구르트 맥주를 만들었다.

15세기 이후 맥주에 호프를 사용하는 것이 일반화되었다. 도시의 발전과 길드 제도의 정착과 더불어 폭넓게 대중화되어 갔다. 맥주의 품질 향상을 위하여 원료 등을 규제하는 법령이 제정되었다. 그 대표적인 예가 독일에서 1516년 빌헬름 4세가 공포한 「맥주 순수령」이다. 3가지 원료인 대맥, 호프, 물만을 사용하도록 하는 내용으로서, 당시 맥주의 품질을 유지하거나 향상하는 데 기여하였다.

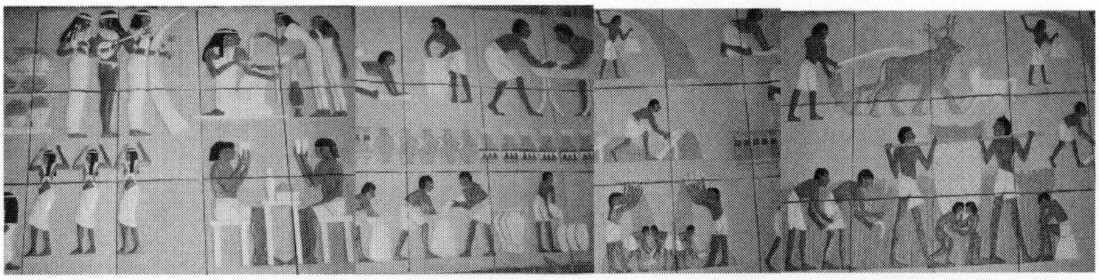

그림 4-1. 일본 오리온맥주회사에 걸려 있는 고대 맥주 제조공정의 그림

맥주의 대량 생산과 소비가 본격적으로 이루어진 것은 산업혁명 이후라고 할 수 있다. 19세기 프랑스의 파스퇴르에 의해 열처리 살균법이 발견됨으로써 맥주를 오랫동안 보존하는 일이 가능하게 되었다. 이후 덴마크의 한센은 효모의 순수배양법을 발견함으로써 맥주의 품질을 더 높였다. 또한 폰린네가 발명한 냉동기에 의하여 처음으로 연중 산업적인 맥주양조를 가능하게 하였다. 그리고 현재에는 맥주 고유의 신선함을 유지하면서 오랜 기간 동안 유통할 수 있는 비열처리 공법이 개발되어 소비자들은 더욱 신선한 맥주를 즐길 수 있게 되었다.

국내에서 500 mL 병을 기준으로 연간 35억 병 정도가 팔리는 맥주는 가장 대중적인 술로 자리를 잡았다. 수입맥주도 계속 증가하고 있으며, 하우스맥주와 더불어 앞으로는 품질 위주의 다양한 맥주의 소비가 늘어날 것으로 예상된다.

2. 맥주의 원료

맥주는 곡류로부터 얻어지는 당액을 알코올 발효에 의하여 제조한 음료로서 맥아, 또는 맥아와 녹말질 원료, 호프(hop, *Humulus lupulus* L.) 등을 주원료로 하여 발효시켜 여과 제성한 것이다(그림 4-2).

2.1 맥주의 원료

1) 보 리

맥주를 만드는 가장 기본적인 원료는 보리를 싹 틔워 건조시킨 '맥아'이다. 보리는 지금으로부터 6,000년 전 인간이 처음으로 맥주를 만들던 때부터 주원료로 사용되었

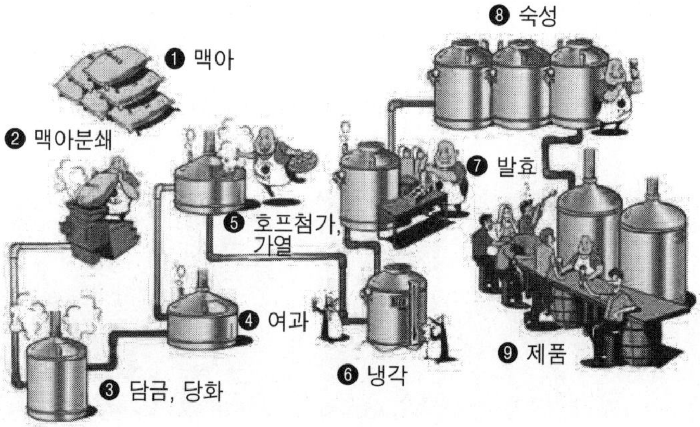

그림 4-2. 맥주의 제조공정

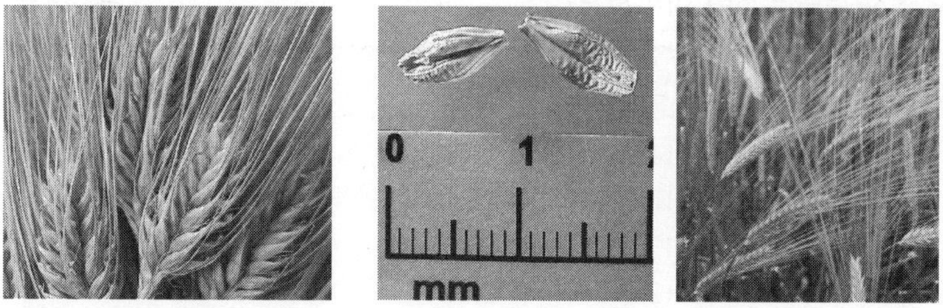

쌀보리　　　　　　　　　　맥주보리

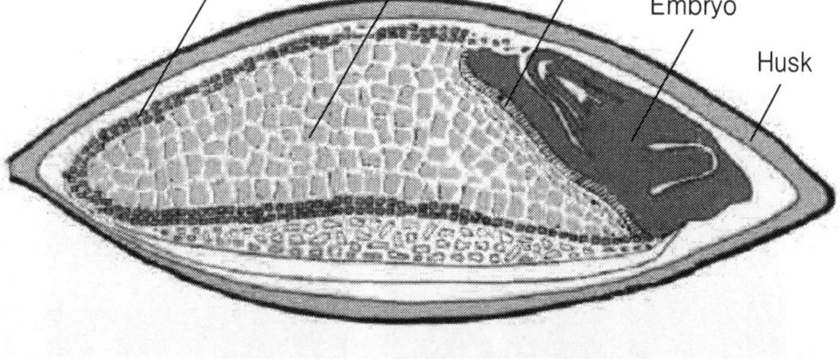

그림 4-3. 보리의 종류와 구조

다. 보리에는 쌀보리(6조맥)와 맥주보리(2조맥)가 있으며, 맥주양조에 사용되는 맥주보리는 두줄보리이다(그림 4-3). 쌀보리는 보리이삭에 보리알이 6열로 달린 보리로 단백질 함량이 높고, 주로 식용으로 사용한다. 이에 비하여 두줄보리는 보리 이삭에 보리알이 두 줄로 나란히 달린다. 낟알의 크기가 쌀보리에 비하여 크며, 단백질 함량이 적고 녹말 함량이 높아 맥주 양조에 알맞다. 쌀보리로도 맥주를 만들 수는 있지만 발효가 순조롭지 않거나 맛이 좋지 않다.

두줄보리는 봄보리와 겨울보리가 있고, 우리나라에서는 주로 겨울보리를 재배하며, 가을에 씨를 뿌려 초여름에 수확한다. 월동기인 1월의 최저 평균기온이 -3℃ 이상이 되어야 재배가 가능하다. 국내에서는 경상남도, 전라남도, 제주도 등지에서 재배된다. 세계적으로는 유럽, 호주, 캐나다, 남미에서 많이 재배된다. 제주에서는 두산8호가 85% 정도로 가장 많이 재배되며, 이 외로 호품, 제주, 대영, 삼도, 대아 등의 순으로 재배되고 있다. 품종별 일반성분은 표 4-1에서 보는 바와 같다. 녹말 함량이 높을수록 좋으며, 수분함량을 12～14%로 유지한 보리의 저장은 12℃에서 이루어진다.

2) 호 프

맥주가 가지고 있는 독특한 특징으로, 상쾌함을 느끼게 하는 씁쌀한 맛과 향이 있

표 4-1. 제주산 보리품종별 일반성분(%)

품 종	수분	조단백질	조지방	전분	환원당	회분
두산8호	14.03	11.73	2.96	63.34	0.22	1.90
제 주	14.04	12.04	2.80	62.23	0.21	1.43
삼 도	14.15	13.83	2.75	60.46	0.25	1.72
대 영	14.14	12.07	2.81	62.37	0.23	1.91
대 아	13.97	14.38	2.23	61.70	0.22	2.13
호 품	14.85	11.13	2.48	63.12	0.21	2.20

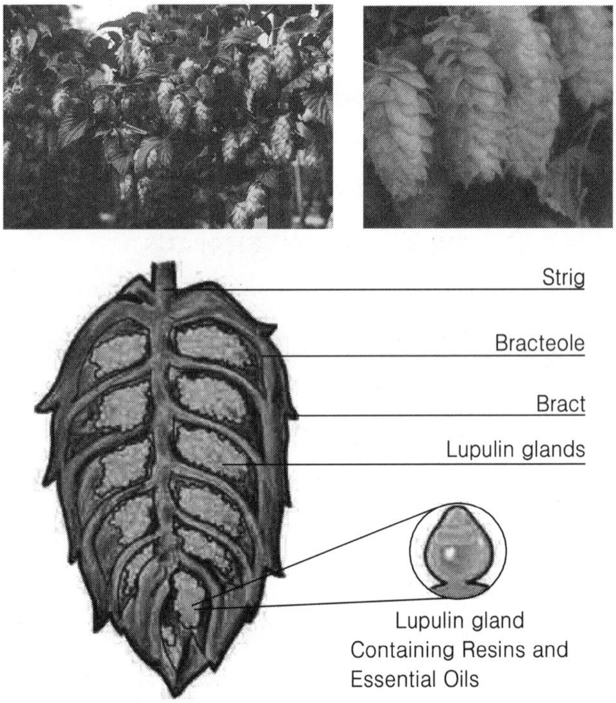

그림 4-4. 호프

다. 이것은 맥주 원료의 하나인 호프(hop)에서 유래한다. 호프는 6～12 m까지 자라는 뽕나무과의 다년생 넝쿨식물로, 암수가 각기 다른 자웅이주(雌雄異株) 식물이다(그림 4-4). 호프는 위도 35～55°의 서늘한 지역에서 잘 자라며, 국내에서도 일부 재배하였으나 경제성이 적어 수입에 의존하고 있다. 유명한 산지로는 체코의 자쯔(Saaz) 지방, 독일 남부의 할레타워(Hallertau, 그림 4-5), 테트낭(Tettnang) 지방, 미

그림 4-5. 독일 남부의 호프재배

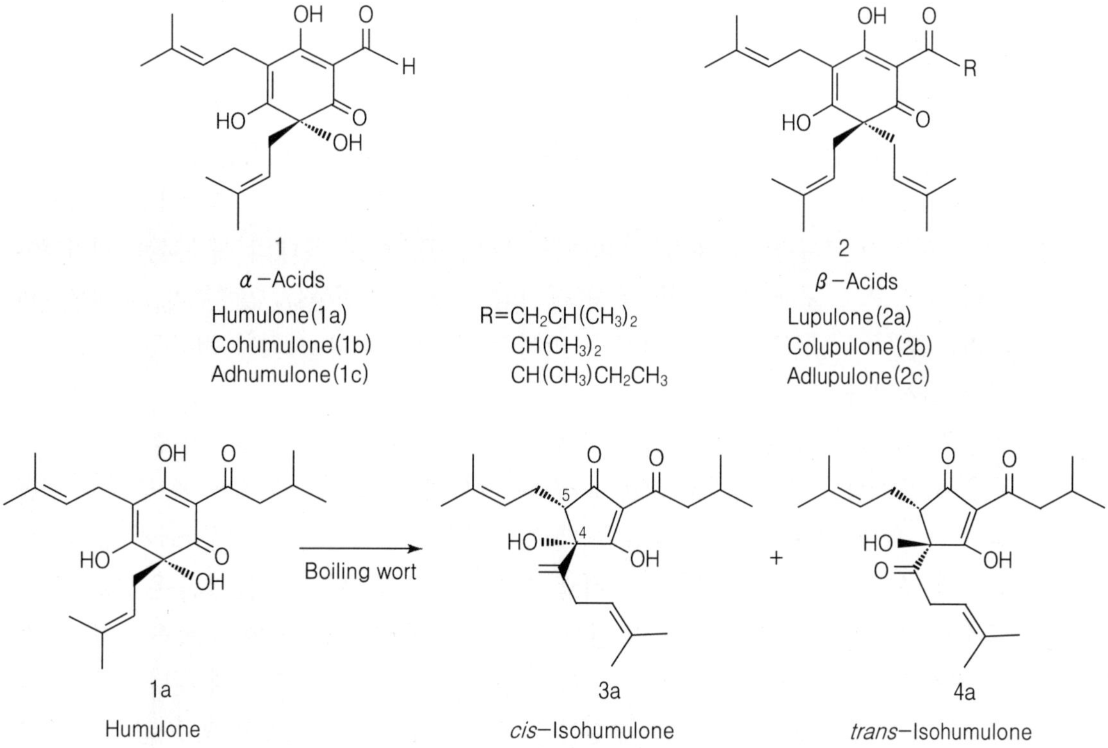

그림 4-6. 호프의 주요 성분

국 북서부의 오리곤(Oregon), 워싱턴(Washington), 아이다호(Idaho) 지방, 캐나다의 브리티시 콜롬비아(British Columbia) 지방이다.

맥주의 원료로 사용되는 호프 부분은 작은 솔방울 모양의 연두색 암꽃이다. 꽃의 수확기는 8월이며, 수확한 호프는 바로 말려서 압축하거나 가공하여 맥주공장으로 보내지게 된다. 호프는 맥주의 향과 씁쌀한 맛을 낼 뿐 아니라 맥주에서의 거품을 함유하도록 하며, 맥주를 맑고 깨끗하게 해준다.

맥주의 향기와 맛에 관여하는 호프의 주요 성분인 humulone과 lupulone의 구조는 그림 4-6과 같다. Humulone은 호프를 첨가한 후 맥아즙의 가열과정에서 이성체가 생긴다. 독일산 호프에서의 총 수지 함량은 14.2～18.6%이다. 이 중에서 α-acid가 3.5～6.0%, β-acid가 2.4～5.7%를 차지한다.

3) 양조용수

맥주 양조는 원료인 맥아를 빻아 물과 혼합하여 알맞은 온도에서 당화시켜 끓이는 일로부터 시작된다. 물은 바로 이 과정에서 필요한 원료이다. 물은 맥주의 품질을 결정하는 중요한 요소로서 맥주 양조에 사용되는 물은 색깔이 없고 투명하며, 냄새와 맛이 없는 오염되지 않은 깨끗한 물로서 칼슘 등의 무기염류가 알맞게 들어 있는 것을 사용한다.

특히 양조용수는 미생물학적으로 청결하여야 한다. 지하수는 직접 양조용수로 사용할 수 없으며, 알맞은 물 처리과정을 거쳐야 한다. 지하수는 1차 정수과정으로 원수에 들어 있는 진흙입자, 유기물, 미생물, 색소, 콜로이드 상태의 불순물을 제거해야 한다. 다음으로 모래 여과기를 통해 제거되지 않은 침전물을 없애주며, 냄새물질의 제거를 위하여 활성탄여과를 거친다. 마지막으로 오존이나 자외선 처리를 통해 살균과정을 거친다.

양조용수 중의 염류 구성이 중요하며, 알맞은 양이온이 필요하다. 이 중에 Ca^{2+} 이온은 효소활성을 촉진시키고, 전발효 후의 효모의 응집(flocculation)에 중요한 역할을 한다. 일반적으로 pH가 낮을수록 맥주 생산과정에 이점이 있으며, pH가 높을수록 공정에 문제를 일으킬 수 있다. 그리고 양조용수에 함유된 무기물 함량은 효모의 생육에도 영향을 준다. 따라서 물의 질에 따라 양조조건에 알맞도록 양조용수 처리과정을 거치게 된다. 현재는 발달된 기술을 이용하여 어디서든지 양조에 알맞은 물을 얻을 수 있게 되었다. 일반적으로 수질이 나쁘다고 알려진 독일에서 맥주 양조가 발달된 것이나, 유럽에서 하이네켄 등 세계적으로 유명한 맥주들이 생산되는 것을 들 수 있다.

4) 효 모

효모는 맥아즙 속의 당분을 발효시켜 알코올과 탄산가스로 만든다. 양조효모의 종류는 매우 다양하여 풍부한 향을 만들어 내는 효모, 맛을 조화롭게 하는 효모, 깨끗한 끝맛(後感)을 특징으로 하는 효모 등 여러 가지이다. 맥주효모는 다양한 특성을 갖는 여러 종류가 있다. 효모는 살아 있는 생명체로 특성이 변하지 않고, 건강한 상태를 유지하기 위하여 세심한 주의가 필요하다. 효모의 특성을 잘 살리기 위하여 순수 배양한 효모만을 사용하며, 엄격한 관리가 필요하다.

효모의 구조는 그림 4-7과 같다. 효모는 관습적으로 사용하는 용도에 따라 맥주효모(brewer's yeast), 청주효모(sake yeast), 포도주효모(wine yeast), 주정발효에 이용하는 알코올효모(alcohol yeast), 빵효모(baker's yeast), 장류효모(soy-sauce yeast), 석유효모(petroleum yeast) 등으로 구분된다(그림 4-8).

전통누룩에서 분리된 효모로서 다음과 같은 균주들이 알려져 있다. *Saccharomyces coreanus saito, S. coreanus forma, S. tomentosus, S. sake, S. thermantita-*

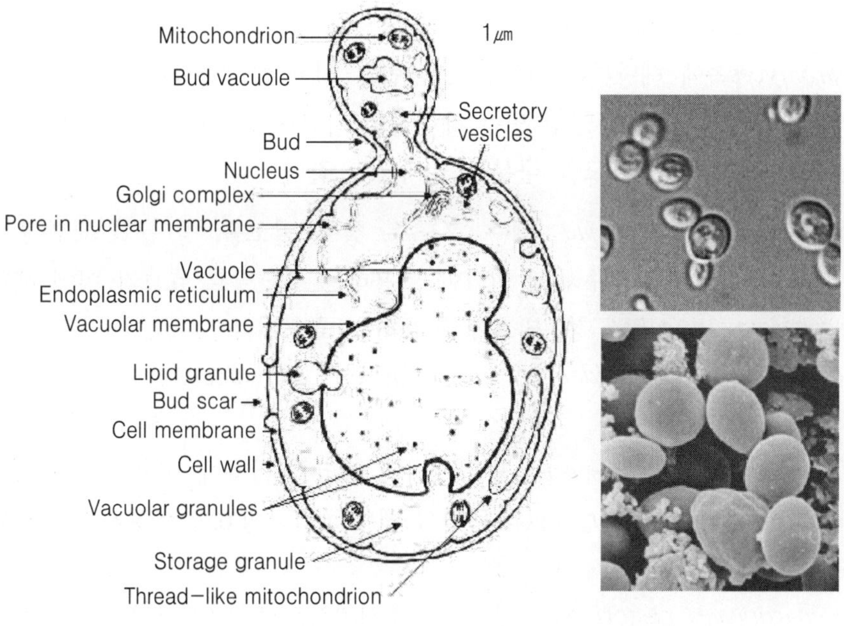

그림 4-7. 효모의 구조

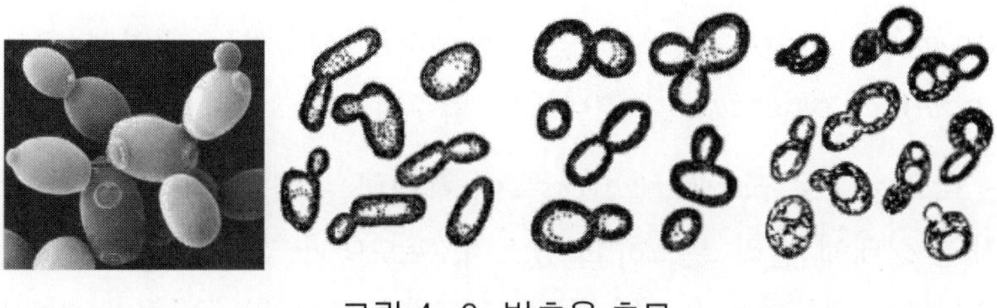

그림 4-8. 발효용 효모

왼쪽부터 *Sacchromyces cerevisiae, S. ellipsoideus, S. carlsbergensis, S. coreanus*

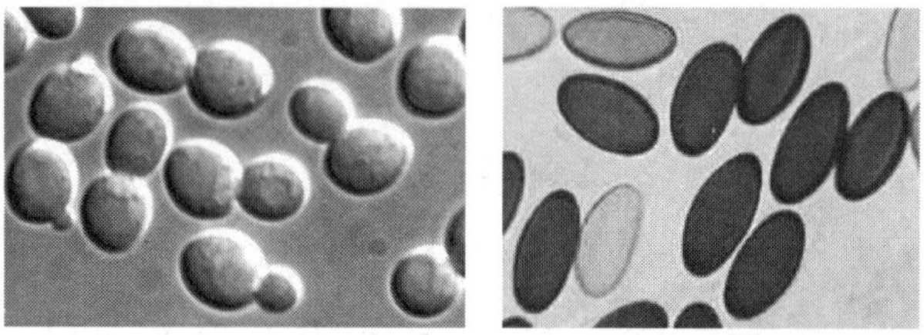

출아법에 의한 증식　　　　자낭포자

그림 4-9. 발효용 효모

num, S. mandshuricus, S. cerevisiae, S. bayanus, S. jorgensikk, S. major, S. capensis, S. globosus, S. chevalieri, S. pretoriensis, Mycoderma sp., *Torula* sp., *Hansenula subpelliculosa, Pichia* sp., *Schizosaccharomyces* sp., *Candida* sp. 등이다.

*Saccharomyces*속에 해당하는 효모는 출아법에 의한 다극출아로 생육하며, 단위생식으로 자낭 안에 1~4개의 구형 또는 계란형의 자낭포자를 형성한다(그림 4-9). 양조에 관여하는 대표적인 효모를 구분하면 다음과 같다.

① *Saccharomyces cerevisiae*: 맥주, 포도주, 청주, 알코올, 빵 등의 제조에 이용되는 효모로서 영국식 맥주(ale) 발효에 이용하는 상면발효 효모가 이에 해당한다.

② *Saccharomyces sake*: 청주발효에 이용하는 효모이다.

③ *Saccharomyces ellipsoideus* (*S. cerevisiae* var. *ellipsoideus*): 포도주 발효에 이용하는 효모이다.

④ *Saccharomyces formosensis*: 당밀에서의 알코올 발효에 이용하는 효모이다.

⑤ *Saccharomyces carlsbergensis*: 독일식 맥주(beer) 발효에 이용하는 하면발효효모이다.

⑥ *Saccharomyces pastorianus*: 계란형~소시지형으로, 맥주에 불쾌한 향기를 부여하는 유해한 효모이다.

⑦ *Saccharomyces diastaticus*: Dextrin과 녹말을 분해, 발효하는 효모로서 맥주 양조 중에 혼입되면 맥주 중에 고형분을 떨어뜨리는 유해한 균이다.

⑧ *Saccharomyces rouxii*: 높은 식염 농도에서도 생육하는 내염성 효모이다.

⑨ *Saccharomyces coreanus*: 우리나라의 탁주발효에 이용하는 효모이다.

술을 빚는 효모는 주로 *Saccharomyces*속에 해당하는 미생물이다. 이러한 효모들은 포도원 등 자연 상태에 널리 분포하고 있으며, 포도당과 같은 단당류를 발효시켜 에틸알코올을 만든다. 맥주발효에 이용되는 대표적인 효모에는 발효가 진행되는 동안 기포와 함께 발효액 표면으로 부상하는 상면효모(*S. cerevisiae*)와 발효 말기에 응집하여 바닥으로 침강하는 하면효모(*S. carlsbergensis*)로 구분한다. 하면효모는 다시 응집성 효모와 비응집성 효모로 나눈다. 효모는 알코올발효 외로 다양한 대사 생성물을 만들어 맥주의 맛과 향기에 결정적인 영향을 준다.

포도주, 맥주, 민속주 등 술의 종류에 따라 사용하는 효모가 다르지만, 일반적인 발효과정에서는 큰 차이를 나타내지는 않는다. 주정발효에서는 발효 효율만을 중요하게 여기지만, 양조주에서는 이보다 제품의 향과 맛에 좋은 영향을 주는 효모를 선발하여 이용하고 있다.

5) 녹말 부원료

주원료인 맥아 외에도 맥주의 안정성을 향상시키기 위하여 녹말, 옥수수가루, 쌀가루 등의 부원료를 사용한다. 이들 부원료는 맥아즙을 만드는 공정에서 맥아와 함께 당화시킨다. 부원료의 사용이 많아질수록 맥아에서 우러나는 진하고 고소한 맛이 떨어지고 담백하게 된다. 일반맥주와 차별화하기 위하여 맥아만으로 빚은 프리미엄 맥주를 출시하고 있다. 우리나라에서는 주세법으로 부원료의 함량이 맥아 사용량의 절반을 넘지 않도록 규정하고 있다.

2.2 맥아의 제조

수확하여 건조한 맥주보리는 맥아공장으로 수송되면 운송장치(그림 4-10)를 이용하여 사일로에 쌓아 놓거나 정선기(精選機)로 옮겨진다. 보통 정선기에 의하여 먼지,

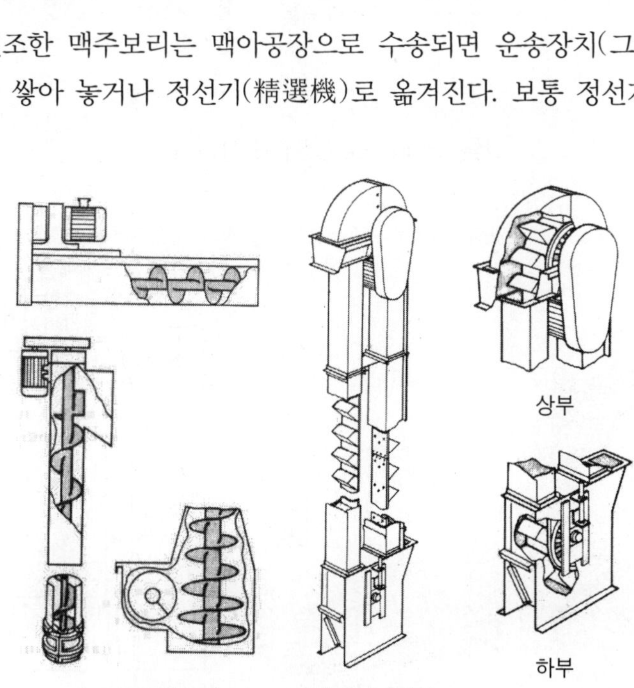

그림 4-10. 식품원료의 운송장치

지푸라기, 등겨 등을 제거하고 눈이 거친 체로 큰 협잡물을 제거한다. 그 다음에 제진기(除塵機)에 의하여 먼지를 제거하고, 트리에로(trieur)로 잡곡, 껍질 등 크기가 다른 협잡물을 회전형 체로 선별하여 정립조작을 마친다(그림 4-11). 다시 정립기로 걸러내어 맥립(麥粒)이 같은 것끼리 모은다. 제1번맥, 제2번맥, 제3번맥으로 나누고 제1번맥, 제2번맥을 합하여 맥아제조용으로 사용한다.

보리를 수확한 후 가능한 낮은 온도에서 단기간에 건조하여 맥아를 제조하면 발아

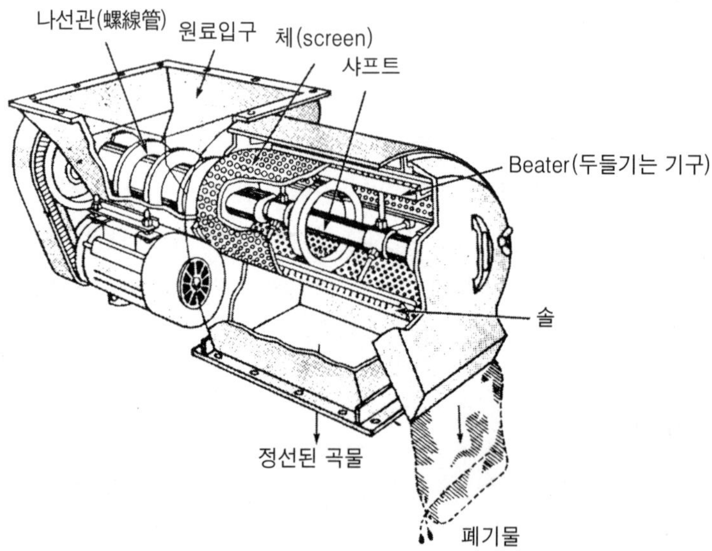

그림 4-11. Le Coq 체 정선기

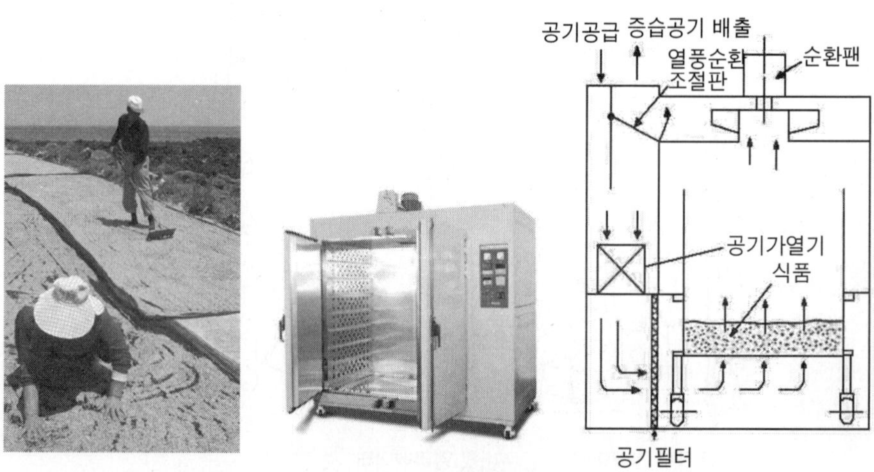

그림 4-12. 보리의 노상건조, 열풍순환식 가열건조기와 구조

율이나 효소활성이 높다. 그러나 국내의 생산농가에는 건조시설이 없어 대부분 아스팔트도로 위에서 말리는 경우가 많다(그림 4-12). 건조과정에 비를 맞거나 습기가 많은 경우에는 높은 온도에 오래 노출될 위험이 있고, 미생물이 증식하게 되어 맥아원료로서 문제가 되기도 한다. 맥아제조용으로는 건조조건을 조절할 수 있는 건조기를 사용하는 편이 바람직하다. 또한 생산농가에서 보리를 수매한 후 저장조건에도 맥아의 품질에 많은 영향을 준다.

건조효율을 높이기 위하여 주로 가열공기를 순환시키는 방법이 이용된다(그림 4-12). 원료의 건조 중에 수분증발로 인한 식물조직의 수축효과, 가밀도(bulk density)의 감소, 수용성 성분의 이동으로 인한 표면경화, 갈변반응이나 열에 의한 손상, 휘발성 성분의 손실, 복원성의 상실 등이 일어나기 때문에 성분의 변화를 최소화하기 위하여 건조방법이나 건조조건의 선택에 유의해야 한다.

건조하여 공장에 입하한 보리는 사일로에 쌓아 두며, 필요에 따라 맥아제조에 이용한다. 정선한 보리의 수분함량은 11～13%이며, 이를 2～3일간 물에 담가 발아에 필요한 수분함량이 45% 수준이 되도록 흡수시킨다. 12～17℃의 깨끗한 물에 보통 30～40시간 동안 침지하였다가 4시간 동안 물을 뺀다(그림 4-13). 이렇게 되풀이하여 물의 흡수량이 41～45%에 이르고, 용적이 25% 정도 커지면 외피가 쉽게 분리되며, 절단하여도 그 절단면이 고무처럼 노글노글하게 된다.

침지가 끝난 맥아를 발아상자로 옮겨져 알맞은 습기와 온도를 맞추어 주고, 공기를 공급하여 12～16℃에서 5일 정도를 발아시킨다. 맥아에는 단맥아와 장맥아가 있다. 어린 싹의 길이가 보리입자 길이의 ⅔ 정도인 것을 단맥아라고 하고, 1.5～2배 정도로 발아한 것을 장맥아라고 한다. 보통 맥주제품에 호정분(dextrin)이 남아 있도록 단맥아를 사용한다. 독일 바이에른 지역의 Weyermann 공장의 맥아 제조시설은 그림 4-14와 그림 4-15에서와 같다.

보리의 세척 및 침지

세척기의 하부 구조

그림 4-13. 보리의 세척 및 침지

그림 4-14. 보리의 발아공정

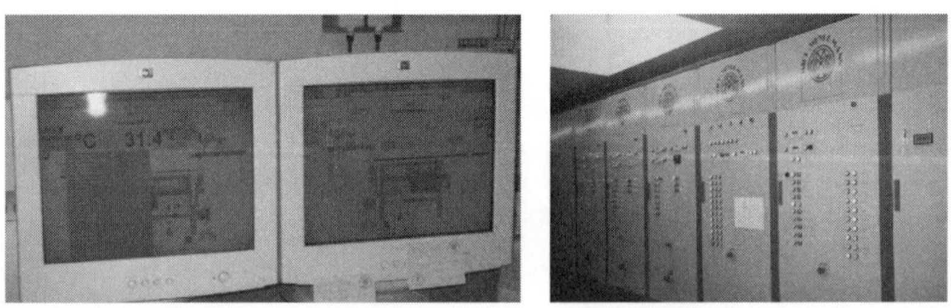

그림 4-15. 맥아 제조공정의 자동제어 시스템

맥아 건조기 조절장치

그림 4-16. 맥아의 건조장치

발아가 끝난 맥아의 건조(그림 4-16)는 45%의 수분함량을 5% 이하가 되도록 제어된 조건에서 85℃ 이상에서 18～29시간 정도에 이루어진다. 맥아의 건조는 발아와 효소작용을 정지시킴으로써 보존성을 높이는 데 있다. 지나치게 고온에서 건조하는 경우 맥아 중의 효소가 불활성화 될 수 있으며, 건조조건에 따라 맥아 중에 들어 있는 효소의 당화력에 영향을 준다. 맥아의 건조로 풋냄새를 없애고 맥아 특유의 향기와 색깔을 나타낸다. 흑맥주를 제조하기 위한 맥아건조에서는 온도를 높여 갈변반응을 유도함으로써 짙은 색깔이 나도록 한다.

건조를 마친 맥아는 어린뿌리와 협잡물을 제거해야 한다. 맥아뿌리에는 단백질 함량이 많고 쓴맛이 있기 때문에 맥주에 불쾌한 맛을 준다. 탈근기(脫根機)에 넣어 어린뿌리를 제거하고 먼지를 제거하여 정제한 맥아는 20℃ 이하에서 습기가 차지 않도록 silo에서 저장한다. 보통 6∼8주 지난 다음 사용한다. 맥아에는 일반맥아와 약간 태워서 만든 흑맥주용 특수맥아로 구분된다(그림 4-17). 독일의 대표적인 맥아공장은 그림 4-18에서 보는 바와 같다.

일반맥아

특수맥아 맥아 농축액 맥아 추출액

그림 4-17. 맥아의 종류

Bamberger Maelzerei 맥아공장 Weyermann 특수 맥아공장

그림 4-18. 독일의 맥아공장

표 4-2. 맥아의 일반성분 (%)

품 종	수분	조단백질	조지방	녹말	환원당	회분
두 산	8.36	10.56	2.90	47.41	25.89	1.85
제 주	9.24	10.80	2.70	58.00	11.61	1.35
삼 도	8.99	12.03	2.40	40.20	28.92	1.65
대 영	7.75	10.80	2.70	47.47	26.71	1.70
대 아	7.67	13.06	2.10	45.39	26.73	2.00
호 품	8.25	9.28	2.40	45.13	27.81	2.05
미국산 맥아	13.15	13.21	2.26	64.79	0.25	2.09
독일산 맥아	13.02	9.48	2.10	64.38	0.30	1.98

건조하여 뿌리를 제거한 맥아는 효소활성의 저하를 방지하기 위하여 온도와 습도가 조절된 저장고에서 보관한다. 맥아의 품질은 맥주의 품질과 밀접한 관계가 있으며, 제조하여 오래된 맥아는 좋지 않다. 맥아의 종류나 품질에 따라 같은 방법으로 맥주를 만들었을 경우 맥주의 맛이 달라지기 때문에 맥아의 성질을 먼저 파악하고 제조방법을 조금씩 조정할 필요가 있다. 가용성 물질의 침출과 불용성 물질의 효소분해를 쉽게 하고, 물과 맥아의 접촉이 잘 되도록 맥아를 파쇄한다.

맥아 파쇄기에는 세크(Seck)식, 미아그(Miag)식 등이 있다. 제주산 맥주보리를 이용한 맥아의 일반 성분은 표 4-2에서와 같다. 맥아의 제조공정에 따라 각각 다른 색깔과 맛을 나타내며, 독일 남부에 위치한 Weyermann-Malzerei 회사에서는 42종의 다양한 특수 맥아를 생산하여 세계적으로 70여 개국에 수출하고 있다. 특히 흑맥주의 색깔조정에 caramel extract(Sinamad)를 사용하기도 한다.

2.3 호프의 가공

국내에서 생산되는 호프가 거의 없어서 호프가공은 생산지에서 이루어진다. 국내 맥주회사에서는 전량 수입하고 있으나 호프의 품종, 생산지, 가공방법 등 제품의 품질에 따라 맥주의 맛에 많은 영향을 준다.

대표적인 독일 Hopfenveredlung St. Johann에서 이루어지고 있는 호프 가공의 예는 그림 4-19에서와 같으며, 호프 가공제품은 그림 4-20과 같다. 예를 들어 호프 가공품에는 Hop pellets(type 90), Enriched hop pellets(Type 45), CO_2 hops extract, Isomerized kettle extract(IKE), Iso-pellets, Aromahop® OE 등이 있다. 이들 호프 가공품의 종류에 따라 쓴맛의 정도, 향기, 맥주거품을 유지할 수 있는 정도 등이 각각 다르기 때문에 사용하는 용도에 맞추어 호프 가공제품을 선택해야 한다.

농장에서 입하된 호프 건조품

호프 가공설비

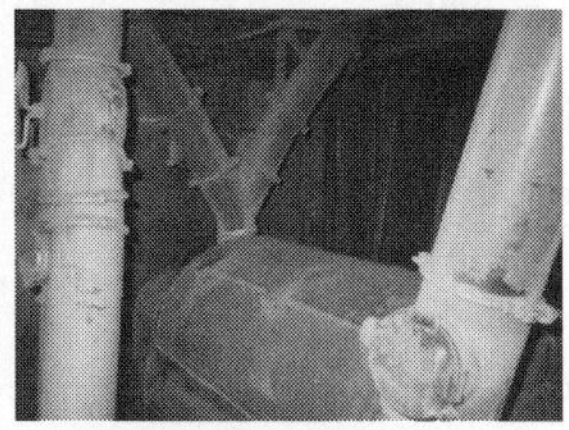

동결분리장치

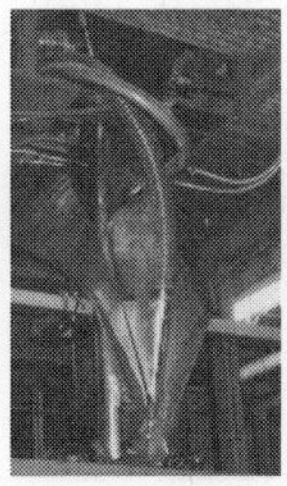

호프 건조기

호프 포장기

호프 저온저장고

저장고 내의 호프가공품

그림 4-19. 호프의 가공

그림 4-20. 호프 가공제품

3. 맥주의 제조

3.1 맥아의 효소

잘게 부순 맥아에 녹말 등 부원료를 첨가하여 따뜻한 물과 섞어 알맞은 시간과 온도를 유지하면 맥아 속에 있는 효소의 작용으로 녹말은 효모가 이용할 수 있는 당분 형태로 전환된다. 맥아는 제어된 조건에서 보리가 발아된 형태이며, 발아과정에서 많은 효소가 생성된다.

맥아는 보리에 들어 있는 녹말, 단백질 등의 고분자물질을 효모가 이용할 수 있는 형태로 전환시킬 수 있는 가수분해효소를 생산함으로써 맥주의 품질에 영향을 주는 중요한 재료이다. 이 외에도 알코올 함량이 많은 맥주를 생산하거나 여과효율을 높이고, 청징화, 산화방지 등을 위하여 여러 종류의 효소를 사용하기도 한다. 맥주 양조에 관여하는 대표적인 효소는 표 4-3에서 보는 바와 같다.

맥아나 효모로부터 유래된 효소 외에 냉장 청징용 효소 등을 첨가한다. 맥주는 냉장상태에서 후발효와 숙성이 이루어진다. 맥주의 투명성을 얻기 위하여 여과를 거치

표 4-3. 맥주 양조관련 효소

효 소		작용 형태	역 할
기원	효소명		
맥아	α-Amylase	녹말의 α-1,4 결합을 endo 형태로 가수분해	녹말을 분해하여 발효가 가능한 당으로 만듦
	β-Amylase	녹말의 α-1,4 결합을 exo 형태로 가수분해	녹말을 분해하여 발효가 가능한 당으로 만듦
	Hemicellulase	β-Glucan을 분해	불용성 다당류를 분해
	Protease	단백질 가수분해	불용성 단백질로부터 수용성 peptide 생산
	Phytase	Phytin 분해	효모 생장을 위하여 인산과 금속이온을 제공
효모	Glycolytic enzyme	포도당으로부터 pyruvate 생산	해당작용 효소
	Pyruvate Decarboxylate	Pyruvate 탈탄산	에탄올과 탄산가스 생산
	Pyruvate decarbo-xylate complex	Acetyl-CoA 생산	향미성분을 생성
	Aminotransferase	아미노산 대사	향미성분을 생성

표 4-4. 맥주 양조관련 외부 첨가효소

효 소	작용형태	역 할
α-Amylase	Dextrin의 α-(1,4)결합을 endo 형태로 가수분해	높은 알코올의 맥주제조
β-Amylase	Dextrin의 α-(1,4)결합을 exo 형태로 가수분해	높은 알코올의 맥주제조
Acid protease	산성 pH에서 단백질 가수분해	거품생성, 효모 응집 방지
Bromelin	단백질 가수분해	냉장 청징
Catalase	과산화수소를 물과 산소로 분해	산화방지
Debranching enzyme	Dextrin의 α-(1,6) 결합을 분해	높은 알코올의 맥주제조
Ficin	단백질 가수분해	냉장 청징
β-Glucanase	β-Glucan을 분해	여과 향상
Glucoamylase	Dextrin의 α-(1,4)결합, α-(1,6) 결합을 분해	낮은 열량의 맥주제조
Glucose oxidase	포도당을 산화	산화방지
Papain	단백질 가수분해	냉장 청징
Pepsin	단백질 가수분해	냉장 청징

지만 유통과정에서 혼탁물질의 생성으로 상품성에 문제가 제기된다. 혼탁물질은 polyphenolic procyandian과 peptide의 상호작용으로 유발되며, 탄수화물이나 금속이 온도 영향을 준다. 외부 첨가효소로서 단백질분해효소에 덱스트린을 분해시킬 수 있는 amylase를 첨가한다. 이 외에도 알코올 농도를 높이기 위한 효소, 저열량 맥주 제조를 위한 효소, 여과보조용 효소, 산화방지용 효소 등이 이용된다(표 4-4).

앞으로 양조용 효소는 돌연변이 방법을 이용한 새로운 효소나 특이한 활성만을 갖는 효소가 응용될 것으로 보인다.

3.2 맥아즙의 제조

맥아와 부원료 중의 성분을 침출하고, 맥아 중의 효소에 의하여 그 성분을 분리시킬 목적으로 **당화탱크**(그림 4-21)에서 당화를 시킨다. 당화는 약 65℃, 2~4시간 동안 이루어지며, 녹말 원료는 맥아 중량의 50% 이하, 맥주 지게미는 27~33%이어야 한다. 당화가 끝난 맥아즙을 여과한 다음 가공한 호프 0.2~0.3%를 넣고 끓인다.

호프는 맥주 특유의 쌉쌀한 맛과 향을 만들어 내며, 맥아즙 속에 포함된 단백질을 응고시켜 맑게 하는 중요한 작용을 한다. 호프를 첨가한 맥아즙은 탱크로 옮겨 응고

그림 4-21. 당화조와 내부 구조(일본 오리온맥주)

성 단백질과 기타 불순물을 침전시키는 동시에 잡균이 침입하지 못하도록 무균공기를 보내면서 60℃ 정도까지 예비 냉각한다. 이것을 다시 여과하고, 냉각기 등을 이용하여 무균실에서 5~6℃ 정도로 냉각하여 발효탱크로 이송한다.

3.3 발 효

일반적으로 알코올 발효와 같은 호기적 발효는 주로 포도당이 효모가 분비하는 여러 가지 효소작용에 의해 해당과정(glycolysis)을 거쳐 피루브산(pyruvic acid)이 생성되며, acetaldehyde를 거쳐 에탄올과 CO_2가 발생하는 과정을 말한다(그림 4-22).

맥주의 발효는 주발효와 후발효로 구분된다. 보리에 들어 있던 녹말은 당화과정에서 맥아 중의 여러 가지 효소작용에 의해 포도당으로 변하고, 포도당은 에탄올과 탄산가스로 바뀌게 된다. 주발효는 전발효라고도 하고, 대부분의 포도당이 에탄올로 전환된다. 미처 발효가 되지 않고 남아 있던 당분은 후발효과정을 거쳐 서서히 에탄올로 바뀌게 되며, 이 과정을 저장(숙성)이라고도 한다. 60~90℃로 끓인 뜨거운 맥아즙을 냉각시킨 후 발효탱크(그림 4-23)로 이송되며, 여기에 활성화된 효모를 첨가하여 7~12일간 발효를 시키면 당분이 알코올과 탄산가스로 바뀐다.

일반 맥주회사에서는 발효탱크가 점차 대형화되었고, 발효공정을 중앙제어 방식에 의해 자동화함으로써 균일한 맥주를 대량으로 생산하게 되었다. 하우스맥주와 같이 소규모 생산이나 특별한 경우에 개방식 발효장치(그림 4-23)를 이용하기도 한다. 그러나 개방식 발효는 발효조절이 어렵기 때문에 제한된다.

맥주회사에서 사용하는 효모는 각각 순수 분리하여 선발한 발효력이 우수한 균주를 사용한다. 발효효모는 에탄올 수율뿐만 아니라 향기와 맛에 차이가 있다. 회사에 따라 사용하는 효모가 다르고 발효과정의 조절에 차이가 있으며, 이에 따라 최종 제품의 품질이 각각 다르다.

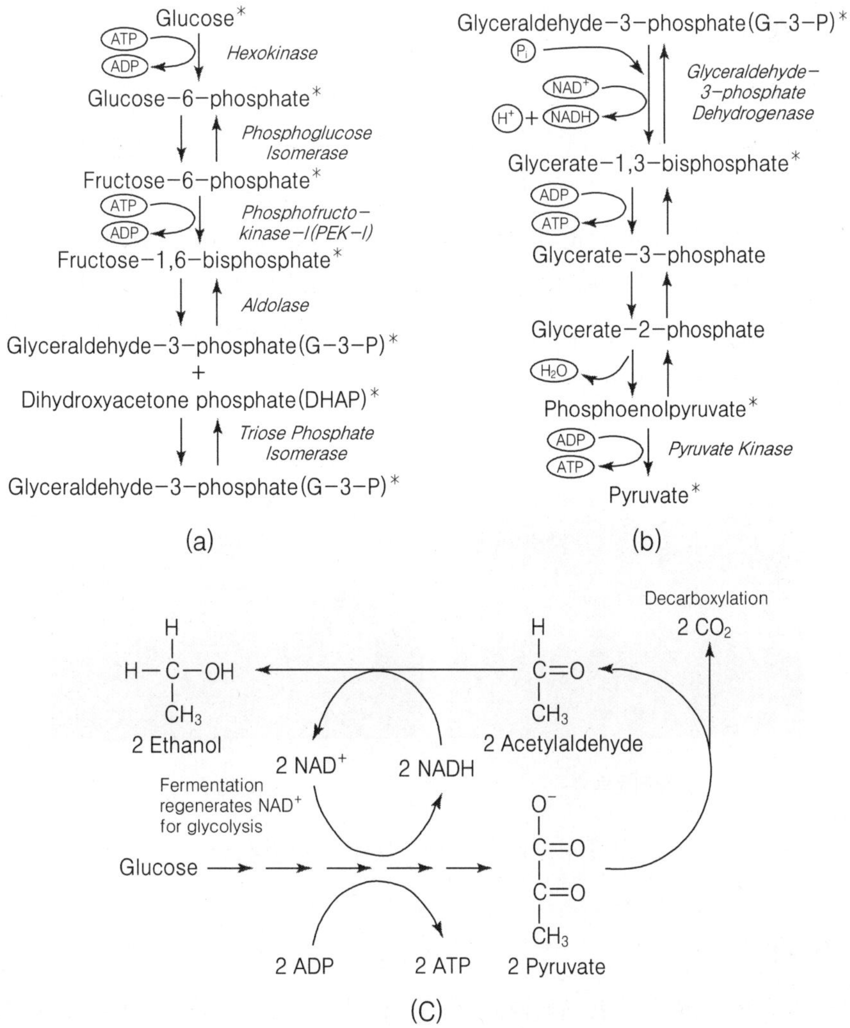

$$C_2H_{12}O_6(\text{포도당}) + O_2 \xrightarrow{\text{효모}} 2C_2H_5OH(\text{에탄올}) + 2CO_2$$

그림 4-22. 발효과정

그림 4-23. 발효탱크와 개방식 발효과정

3.4 숙 성

전발효가 끝난 여과액은 미숙성 맥주(young beer)로 아직 맥주 본래의 맛과 향기가 충분하지 않다. 미숙성 맥주는 후발효 탱크에 옮겨져 0℃ 이하의 저온에서 1~3개월간 서서히 숙성시키면 발효과정이 계속하여 진행됨에 따라 미세한 탄산가스가 용액 중에 녹아들고 맥주의 맛과 향기가 조화를 이루게 된다(그림 4-24).

맥주를 혼탁하게 하는 단백질 성분도 침전되어 여과공정에서 쉽게 제거할 수 있게 된다. 숙성탱크는 용량이 크기 때문에 보통 건물 밖에 설치하며, 냉각수를 순환시키면서 일정한 온도를 유지한다.

오리온맥주 기린맥주

그림 4-24. 일본맥주회사의 숙성탱크

3.5 여 과

맥주가 충분히 숙성한 다음 탄산가스가 날라 가지 않도록 0℃ 저온에서 여과를 하면 맑고 투명한 황금색의 맥주가 되며, 여과탱크에 일시 저장한다. 여과방법은 대개 **압착여과기**(filter press)를 사용하며, 효모를 제거한 후 스파크라 필터를 사용하여 완전히 여과시킨다(그림 4-25). 그러나 1차 여과에서는 미세한 입자가 제거되지 않아 처음에 맑게 보였던 술이 시간이 경과함에 따라 계속하여 침전물이 생긴다. 주로 단백질이 응고되어 침전되는 현상으로 여과 후에 저온처리를 하여 고분자물질을 침전시키거나, 탄닌과 같은 침강보조제를 사용하여 단백질의 침강을 유도한다.

여과된 맥주를 숙성탱크에서 저온으로 유지하는 이유는 후발효를 진행시키는 외로 단백질 성분의 침전을 유도하여 맑은 맥주를 얻는 데 있다. 후발효 탱크에 남아 있는 효모는 회수한 다음 물로 씻어 정제하여 식용효모로 사용한다. 그러나 micro-brewery 맥주제조에서는 숙성과정에서 효모를 침전시킨 후 여과과정을 생략하여 제품화하기도 한다.

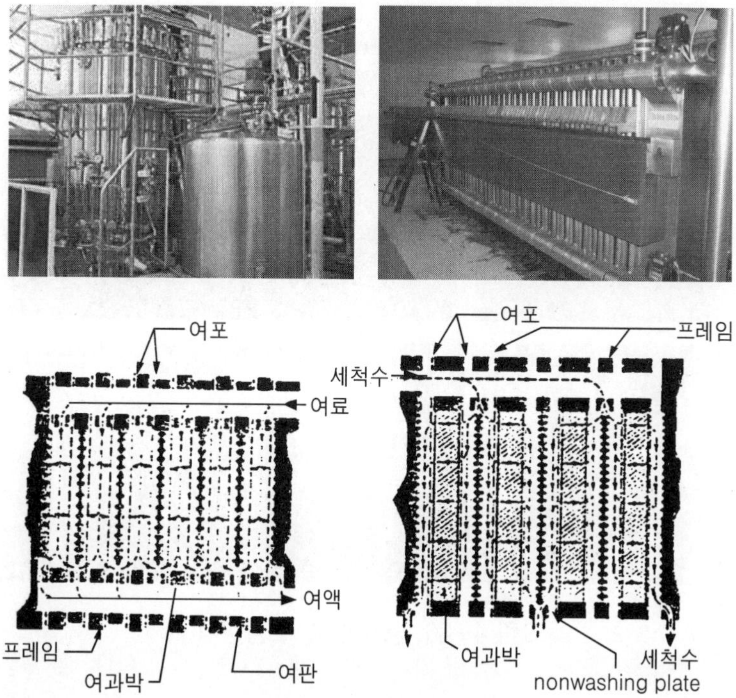

그림 4-25. 맥주 여과장치

3.6 제품화

숙성하여 여과된 맥주는 통에 넣어 생맥주로 출고하거나 병에 주입한다(그림 4-26). 여과한 맥주를 살균하기 전에는 생맥주(Live beer)라고 부른다. 생맥주에는 효모가 일부 남아 있는 경우도 있으며, 각종 효소가 들어 있어 분해작용이 계속되므로 오랜 기간 동안 저장이 곤란하다. 따라서 생맥주는 1주일도 안 되어 단백질의 분해를 일으키거나, 효모가 다시 발효를 일으켜 혼탁을 일으키고 맛이 변한다. 그러나 살균한 맥주에 비하여 신선미가 있고 상쾌하기 때문에 즉시 소비할 목적으로 생맥주를 제조하게 된다. 병입한 맥주는 60℃에서 30분간 가온하여 살균하거나, 빙점에서 효모를 제거하기도 한다. 그러나 가열살균으로 맥주의 향미가 떨어지는 결점 때문에 막여과로 대부분 대체되었다.

미생물과 같은 미세한 입자를 여과하여 분리할 수 있는 여제를 micro-porous filter라고 한다. 이와 같은 여과를 micropore filtration이라고 한다. 즉, 배양액으로부터 균체를 분리하는 데 polyacrylnitrile, polysulfone과 같은 고분자물질로 만들어진 막을 이용한 막여과(membrane filtration, MF)를 많이 이용한다. 이 방법을 'cross-flow filtration' 또는 'tangential flow filtration'이라고도 한다.

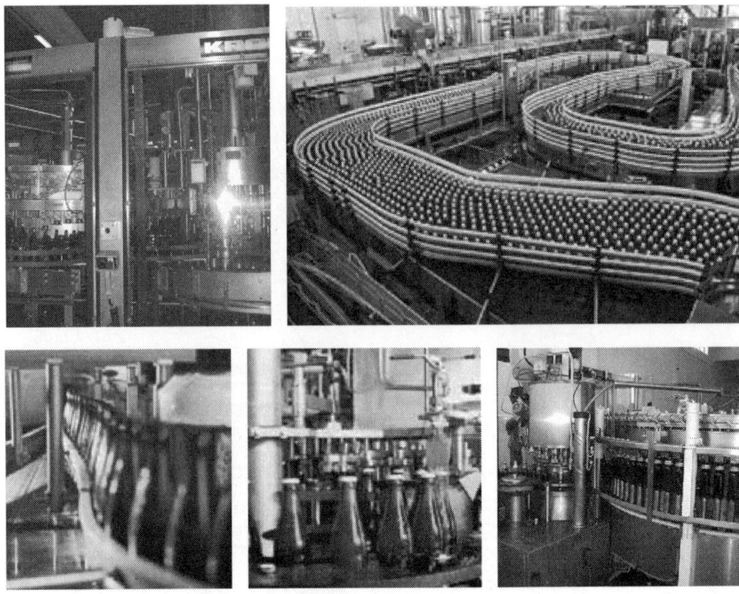

그림 4-26. 병세척 및 포장장치

마이크로 여과막은 분자량에 따라 물질의 크기가 다르기 때문에 pore size에 따라서 단백질은 통과하지만, 균체나 콜로이드 등 고분자물질은 통과하지 않는 성질을 이용한 것이다. 또한 고분자화학과 그의 장치 등의 개발에 힘입어 한외여과막(ultrafiltration membrane, UF)은 균체의 분리는 물론 분자량의 차이에 의한 분리도 가능하다. **막여과의 장점**을 요약하면 다음과 같다.

① 균체의 크기에 크게 의존하지 않는다.
② 균체와 부유물질 사이의 밀도 차이에 크게 의존하지 않는다.
③ 여과조제 또는 응집제(floculating agent)를 필요로 하지 않는다.
④ 오랜 기간 동안 높은 여과속도를 유지하도록 여제(filter medium)에 균체의 축적을 최소로 한다.
⑤ 원심분리 방법에 비해 공기에 노출이 적어 병원균의 오염을 줄일 수 있다.

막여과에 있어서는 배양액을 막 표면에 접선(tangential) 방향으로 흘려보낸다. 여괴(fliter cake)는 다시 균체 현탁액에 분산시켜 여제에 균체의 축적을 방지할 수 있다. 보통 여과조작에 있어서 조작시간이 경과함에 따라 현탁액 중에 고형물의 농도가 계속 높아져서 여과속도가 점차 늦어진다. 이때에는 여과조작 중에 압력을 서서히 높여 주거나, 또는 여괴를 제거하고 세척한 다음 여과를 시킨다.

식품산업에서는 단백질의 농축, 녹말 또는 다당류의 분리, 과즙의 농축, 맥주의 여과 등 많은 분야에 막여과의 응용이 이루어지고 있다. 막여과(membrane filtration)를 통하여 효모를 제거한 비열처리 맥주는 보통 6개월~1년 정도 보존할 수 있다. 살균한 맥주는 효모가 사멸되었으므로 보존하는 동안 위생적으로 안전하다. 그러나 생맥주는 살균을 하지 않으므로 여과과정은 매우 위생적으로 완벽하게 처리되도록 세심한 주의를 해야 한다.

맥주의 소비는 살균한 병맥주에서부터 점차 향미를 중요하게 여기는 경향이다. 막여과를 거쳐 제균(除菌)한 비열처리 맥주 또는 생맥주의 유통이 늘어나고 있다. 일본의 경우 기린맥주와 같은 일반 맥주회사의 생산라인은 세척 후 검병에서부터 제품검사까지 전체 공정이 자동화가 이루어졌다.

예전에 가열살균한 병맥주 생산에서부터 현재는 비열처리한 생맥주 형태로 모두 전환되었다. 특히 환경에 대한 관심이 높아짐에 따라 100% 폐기물의 재처리를 지향하고 있으며, 생태공원의 조성 등 청정 이미지를 추구하고 있다. 일반 소비자는 편이성 때문에 캔맥주를 중심으로, 그리고 음식점에서도 병맥주의 소비가 계속 감소하여 통맥주 중심으로 전환되었다. 그리고 물류비용을 줄이기 위하여 지역별로 수요에 알맞은 규모의 맥주공장을 각각 설치 운용하고 있다.

막여과(그림 4-27)를 통하여 효모를 제거한 비열처리 맥주는 보통 6개월~1년 정도 보존할 수 있다. 비열처리 맥주에는 미생물은 제거되었으나 효소가 남아 있어서

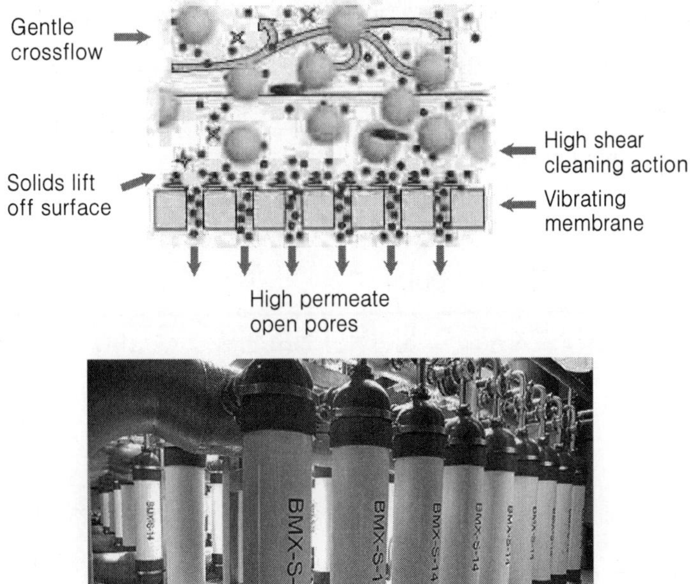

그림 4-27. Membrane filtration

저장과 유통 중에 생화학적 반응이 계속되기 때문에 저온유통이 필요하고 보존기간에 제한을 받는다. 살균한 맥주는 효모가 사멸되었으므로 보존하는 동안 위생적으로 안전하다. 맥주 소비는 살균한 병맥주에서부터 점차 향미를 중요하게 여기는 경향이며, 막여과를 거쳐 제균한 비열처리맥주 또는 생맥주의 유통이 늘어나고 있다.

국내 맥주시장은 출고량을 기준으로 전체 주류의 58%를 차지하고 있다. 포장형태에서는 아직까지 병맥주의 시장 규모가 크며, 점차 캔맥주의 시장이 커지고 있으며 PET(Polyethylene Terephtalate) 병맥주가 병맥주 시장을 잠식하여 15%를 차지한다.

3.7 맥주의 성분

1) 향기 성분

품질이 좋은 맥주를 선호하는 소비자의 요구에 따라 발효과정이나 숙성과정에서 가능한 이취가 발생하지 않도록 해야 하며, 병입 후에 유통과정에서도 이취가 발생하지 않도록 해야 한다. 맥주의 향은 매우 복잡한 성분으로 낮은 농도에서 매우 섬세하게 느껴진다. 여러 단계의 맥주의 제조공정에서 발생할 수 있는 좋은 향 성분과 동시에 존재하는 이취성분이 맥주의 품질에 매우 큰 영향을 미친다.

시료에 들어 있는 각각의 향 성분의 농도를 최소 감지농도(flavor threshold)로 나눈 값을 flavor unit(FU)로 하였다. FU가 2.0 이상일 경우 '느낄 수 있는 정도가 매우 크다' 라고 할 수 있으며, 1.0에서 2.0 사이에는 '느낄 수 있는 정도'이며, 0.5에서 1.0 사이에서는 개인에 따라 예민한 사람은 느낄 수 있어도 예민하지 않은 사람은 느낄 수 없는 농도의 범위이다. FU가 0.2에서 0.5일 경우에는 대부분의 사람이 느끼지 못할 정도의 낮은 농도이며, 0.2 이하일 경우는 거의 대부분의 사람이 향기를 느낄 수 없는 범위의 농도라고 할 수 있다.

표 4-5. 맥주의 알코올 성분(농도 : ppm)

화합물	최소감지농도	일반적인 농도 범위	FU	향기 특성
탄산가스	1,000	3,000~5,500	3.0~5.5	Carbonation
Acetic acid	175	30~280	0.2~1.6	초산, 식초
Butyric acid	2.2	0.5~3.3	0.2~1.5	버터, 치즈
iso-valeric acid	1.5	0.1~3.4	0.1~2.3	치즈, 호프
Caproic acid	8	1~6	0.1~1.8	기름, 땀냄새
Caprylic acid	15	2~15	0.1~1.0	Caprylic
Capric acid	10	0.1~4	0.1~0.4	소기름

맥주의 알코올 중에서 에탄올이 가장 많이 차지하며, 고급 알코올로 불리는 성분도 모든 맥주에 비교적 높은 농도로 존재한다(표 4-5). 산 성분은 탄산가스, caprylic, capric, isovaleric acid 등은 영향을 미친다(표 4-6). 맥주에서 발견된 ester 화합물은 향에 매우 중요하며, 발효과정에서 효모에 의해 만들어진다. 사슬이 중간 정도의 chain을 갖는 ester 화합물은 약간의 열대과일 향기가 있고, 긴 chain을 갖는 ester 화합물은 열대과일 향기가 강한 특성이 있다(표 4-7).

표 4-6. 맥주의 산 성분(농도 : ppm)

화합물	최소감지농도	일반적인 농도 범위	FU	향기 특성
Ethyl acetate	30	8～48	0.3～1.6	용매, 과일, 단냄새
iso-butyl acetate	1.6	0.01～0.25	0.01～0.15	바나나, 용매
iso-amyl acetate	1.2	0.6～7	0.5～5.8	바나나, 용매
Ethyl caproate	0.21	0.1～0.5	0.5～2.4	사과, 과일, 단냄새
Ethyl caprylate	0.9	0.1～1.5	0.1～1.7	사과, 과일, 단냄새
Ethyl caprate	1.5	0.01～1	0.01～0.7	Caprylic, 과일
2-phenyl acetate	3.8	0.05～2	0.01～0.5	장미, 꿀, 단냄새

표 4-7. 맥주의 ester 성분(농도 : ppm)

화합물	최소감지농도	일반적인 농도 범위	FU	향기 특성
Acetaldehyde	10 ppm	1.2～24 ppm	0.1～2.4	사과껍질, 풀잎
Nonanal	18 ppb	1～14 ppb	0.06～0.8	곤충, 오렌지
trans-2-nonenal	0.11 ppb	0.0～2 ppb	0.0～18	골판지, 산패
Diacetyl	0.1 ppm	0.01～0.4 ppm	0.1～4	버터

표 4-8. 맥주의 aldehyde와 ketone 성분

화합물	최소감지농도	일반적인 농도 범위	FU	향기 특성
Ethanol	13,000	25,000～50,000	1.8～3.6	알코올
iso-butanol	200	4～57	0.0～0.3	알코올
iso-amyl alcohol	70	25～123	0.4～1.8	알코올, 와인
Active amyl alcohol	65	7～34	0.1～0.5	알코올, 와인
2-phenethanol	125	5～102	0.0～0.8	장미

그러나 맥주에서 ketone계 화합물은 향에 미치는 영향이 크지 않다. Diacetyl은 낮은 최소 감지농도를 가지고 있으며, 매우 불쾌한 냄새가 난다. Aldehyde의 경우에도 낮은 최소 감지농도를 가지고 있으며, 때로는 맥주에 좋지 않은 냄새를 갖게 한다. trans-2-Nonenal은 높은 온도에서 장기간 보관한 맥주에서 자주 발견되며, 산패한 냄새나 골판지 냄새가 난다(표 4-8).

2) 이취 성분

휘발성 황화합물은 매우 낮은 농도에서도 강한 자극적인 냄새를 갖는다(표 4-9). 분석하는 데 어려움이 많으며, 관능적으로 냄새를 맡아 보고 평가하는 경우가 대부분이다. H_2S는 썩은 계란냄새를 나게 하는 화합물로 8 ppb 정도에서도 느낄 수 있다. 하면효모(라거맥주)가 상면효모(에일맥주)보다 상당히 많은 양의 황화수소, methanethiol, methyl thioacetate를 발생하였다.

이 외에도 dimethyl sulfide(DMS)는 주로 맥아를 가열하여 건조할 때, 맥아를 끓이거나 냉각시킬 때에 S-methyl methionine의 분해되면서 생성된다. 유산균에 의해 생성되는 diacetyl, 그리고 오래 저장한 맥주에서 나오는 trans-2-nonenal은 맥주 품질을 심각하게 떨어뜨리는 물질로 알려져 있다.

표 4-9. 맥주의 황화합물 성분(농도 : ppm)

화합물	최소감지농도	일반적인 농도 범위	FU	향기 특성
Hydrogen sulfide	8	0~20	0.0~2.5	썩은 계란
Ethyl mercaptan	1.7	0~1	0~0.6	썩은 파, 김치용기
tert. buthyl mercaptan	0.8	0~1	0.0~1.2	썩은 양파
Dimethyl sulfide	33	10~200	0.6~12	삶은 양배추, 캔옥수수

4. 지역맥주의 제조

소규모 맥주양조장이란 일반적으로 대규모 맥주회사에 상반되는 용어로서, 맥주양조 역사가 짧은 우리나라에서는 알맞은 용어가 아직은 없는 것 같다. 독일, 미국 등에서 사용되어지는 mini-brewery 또는 home brewery(House Beer)를 우리말로 붙여진 용어로 '하우스맥주'라고도 한다.

2002년 2월 1일부터 제조·판매 면허가 우리나라에서도 이루어졌다. 지역맥주 제조시설의 업체 수는 독일의 경우 1,400개, 미국 1,100개, 일본 400개 등에 이른다.

이들 나라는 수많은 업체에서 각 지방의 특색과 소비자의 취향에 맞는 맥주를 생산하여 판매하고 있다.

국내에서는 처음으로 강남 코엑스 컨벤션센터에 문을 연 '오킴스 브로이하우스(O' Kim's Bruhaus)'에서 만든 독특한 맛의 맥주를 선보였다. 조선호텔에서 운영하는 이곳에는 소규모 맥주제조 시설을 갖춘 팝(pub)으로 영업장에서 직접 제조한 신선한 맥주를 제공한다. 이밖에 강남역에 옥토버 페스트(October Fest)가 2002년 7월에 문을 열었다. 2002년 6월 초에는 전남 광주에서 '코리아부르하우스', 그리고 경남 양산의 '늘함께' 등이 소규모 맥주제조 면허를 받았다.

제주도에서는 제주대학교에서 연구개발한 기술을 토대로 2006년 10월에 '모던타임'에서 하우스맥주가 시작되었다. 소규모 맥주제조 시설이 국내 기술진에 의해 개발하여 소규모 맥주시장의 흐름에 편승하고 있다. 그러나 소규모 맥주제조에는 양조 전문가에 의한 지속적인 품질관리가 가장 중요한 요인이기 때문에 이들이 앞으로의 맥주 산업에 많은 영향을 줄 것으로 보인다.

4.1 지역맥주의 특성

지역 특성에 맞는 소규모 양조설비를 갖추고 다양한 원료인 맥아, 호모, 호프, 부원료 등과 양질의 양조용수를 사용하여 제조됨으로써 제조장마다 고유의 맥주 맛을 가지고 있는 것이 지역맥주의 특징이다. 숙성이 끝난 후 맥주를 혼탁하게 하는 효모나 고형물질 등을 여과과정을 통하여 완전히 제거시켜 저장성을 높이고 품질을 향상시킨 일반 맥주와는 다르다.

기존에 대형화된 맥주설비를 최소화하여 담금조, 여과조, 침전조만으로 맥아, 호프, 물 등의 원료를 교반하고 끓이면서 당화 및 여과를 시켜 맥아즙을 제조한다. 이렇게 제조된 맥아즙을 냉각하여 발효탱크에서 효모를 첨가하여 1차 발효하고, 저장탱크에서 숙성하여 맥주가 완성된다. 특히 지역맥주는 숙성 후 일반맥주와는 달리 대체적으로 정밀한 여과과정을 거치지 않고 저온에서 자연적으로 효모를 침전시켜 분리함으로써 맥주 중의 일부 효모나 비타민 및 mineral 성분이 들어 있다. 제조장에서 직접 음용함으로써 신선도가 아주 높으며, 일반맥주와 같이 정밀여과를 하지 않았기 때문에 막걸리와 같이 다소 걸쭉한 맛을 풍기는 것이 독특하다.

지역의 특성과 고객의 욕구에 따라 다양하게 인간 공간을 연출하고, 이에 조화를 이루는 맥주를 만들어 그 특성을 즐길 수 있는 음식을 통해 우리의 삶을 풍요롭게 하는 새로운 문화공간을 창조할 수 있다. 개성이 있고 새로운 고품격의 분위기를 찾는 고객들이 즐겨 찾는 공간이 될 것이다. 국내 맥주전문점으로서 역사가 깊은 독일

그림 4-28. 지역맥주의 종류

맥주인 '브로이하우스'와 함께 체코식 '캐슬프라하', 영국, 벨기에 등의 '플레티넘' 등 각국의 하우스맥주를 선보이고 있다. 주요한 지역 맥주의 종류는 다음과 같다(그림 4-28).

1) 아이리시 크림 스타우드(Irish cream stout)

흑맥주의 본고장인 아일랜드의 풍취가 그대로 담긴 정통 흑맥주로서, 크림과 같은 부드러운 거품과 은은한 초콜릿 및 커피 향이 풍기는 진한 맥주이다.

2) 바이젠(Weizen)

독일 바바리아 지방의 전통맥주 스타일로서 밀맥아가 주원료로서, 특수 효모를 사용한 구수한 향과 과일향이 특징이다. 알코올 농도는 4%로 낮은 편으로 여성의 입맛에 맞는 맥주이다.

3) 에일(Ale)

옅은 황금색의 영국식 맥주로서 아로마(aroma) 향이 첨가된 호프를 알맞게 섞어 만든다. 유기산과 알코올에 의해 생긴 에스테르가 많아 와인과 같은 향기가 좋기로 유명하다.

4) 필스(Pilsner)

체코의 플제니(필젠) 지방에서 유래한 독일식 맥주로서, 유럽 전체에 급속히 퍼져 나간 황금 빛깔의 라거(lager)맥주이다. 호프 향이 상큼하고, 톡 쏘는 강한 맛과 시원하고 깔끔한 청량감이 일품이다.

5) 벨지안화이트(Belgian white)

벨기에 사과, 복숭아, 딸기 등을 혼합한 과일맥주가 유명한 벨기에 맥주로서, 거의 백색에 가깝고 순하며, 신선하고 진한 오렌지 향을 느낄 수 있다.

6) 둥켈(Dunkles)

중후함과 캐러멜 향기의 부드러움을 지닌 독특한 타입의 흑맥주이다. 독일의 흑맥주와 비슷하지만 마신 후의 단맛과 어우러지는 고소함은 체코맥주 애호가들에게 대단한 인기를 끌고 있다.

4.2 지역맥주의 생산설비 및 제조공정

지역맥주의 생산설비는 일반맥주와는 달리 규모가 작은 편이며, 이에 필요한 최소한의 설비 내용은 다음과 같다.

1) 맥아 분쇄기

곡류를 분쇄하는데 이용하는 압축전단형 분쇄기인 로울 분쇄기는 로울(roll)이 1~2개로 되어 있으며, 보통 2로울 분쇄기가 주로 이용된다. 대표적인 롤러 분쇄기는 그림 4-29와 같이 강철로 만든 수평원통형 2개의 로울이 평행하게 일정한 간격으로 떨어져 설치되어 있다. 서로 반대 방향으로 회전하면서 맥아에 압축력을 작용하여 분쇄된다. 로울의 간격은 간격조절 나사에 의해 입도(粒度)에 따라 조절한다.

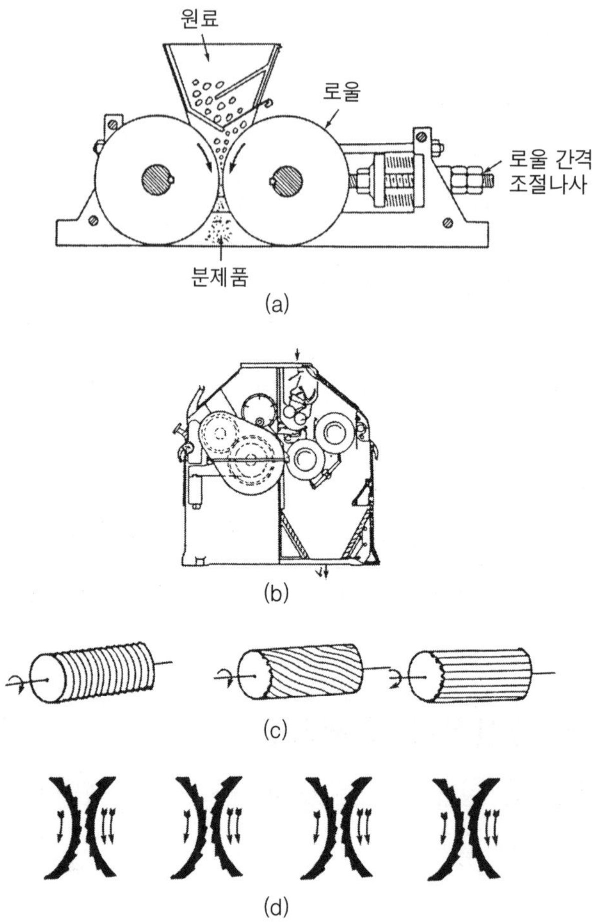

그림 4-29. 로울 분쇄기의 구조

(a) 로울 분쇄기(smooth roller)의 기본구조, (b) 로울 분쇄기의 구조, (c) 여러 가지 로울의 모양(홈이 파인 로울), (d) 각종 치형의 조합

일본 하우스맥주　　독일 궁정양조장

그림 4-30. 소형 맥아분쇄기

로울의 직경과 회전수를 각각 달리 하여 압축력 외에도 전단력을 작용하여 분쇄력을 높이기도 한다. 또한 홈이 파져 있는 로울(그림에서 c)을 사용하는 경우는 치형(齒形) 로울 분쇄기라고 한다.

맥주제조에는 주로 맥주보리를 사용하지만, 가끔 밀을 원료로 혼합하여 사용하거나 옥수수 녹말을 혼합하여 사용한다. 두 개의 롤러 분쇄기가 맥아를 요구되는 굵기의 고운 가루로 간다(grain mill + transport auger, 그림 4-30). 맥주제조장에 소형 분쇄기를 설치하여 필요한 양만큼 맥아를 분쇄하여 바로 사용한다.

2) 호퍼(깔때기)

호퍼는 맥아가루를 당화조로 이송하는 데 사용된다(그림 4-31). 일반적으로 맥아를 분쇄하여 필요한 양을 계량하여 호퍼로 옮기면 한 층 아래에 설치된 당화조로 바로 떨어지도록 설치되어 있다.

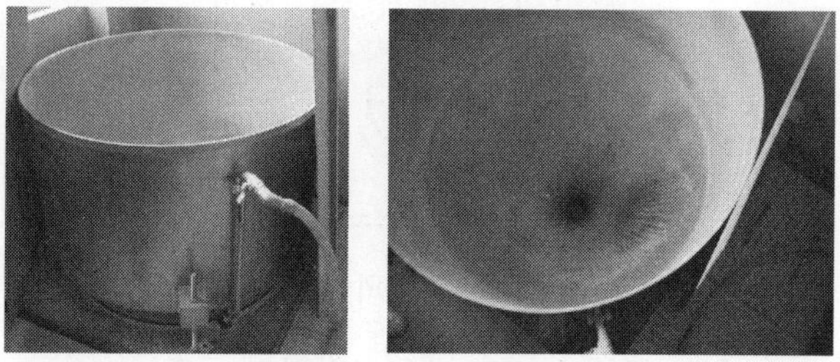

그림 4-31. 호 퍼

3) 열탕 탱크

보일러는 녹말을 당분으로 변환시키는 당화조에 쓰이는 순환수와 살포수에 필요한 물을 가열하는 데 사용한다(mash + steam boiler, 그림 4-32). 보일러는 연료를 연소시켜 얻은 화염과 물이 관 벽을 사이에 두고 열을 교환하는 장치이다. 보일러에는 연관(fire tube)식 보일러와 수관 또는 관류(water tube)식 보일러가 있다. 소규모 공장에서 소량의 스팀과 압력이 낮은 스팀을 생산하는 데 이용된다. 수관보일러는 관 속에 물이 담겨져 있고, 화염은 관 밖에서 가열한다. 관 속에 스팀이 발생하면 경사진 관을 타고 상승하여 증기실에 도달하여 배출된다.

이에 비하여 연관보일러는 관 속으로 화염을 통하도록 하여 물을 가열하는 것이다. 소규모 공장에서 소량의 스팀과 압력이 낮은 스팀을 생산하는 데 이용된다. 수관보일러는 관 속에 물이 담겨져 있고, 화염은 관 밖에서 가열한다. 관 속에 스팀이 발생하면 경사진 관을 타고 상승하여 증기실에 도달하여 배출된다.

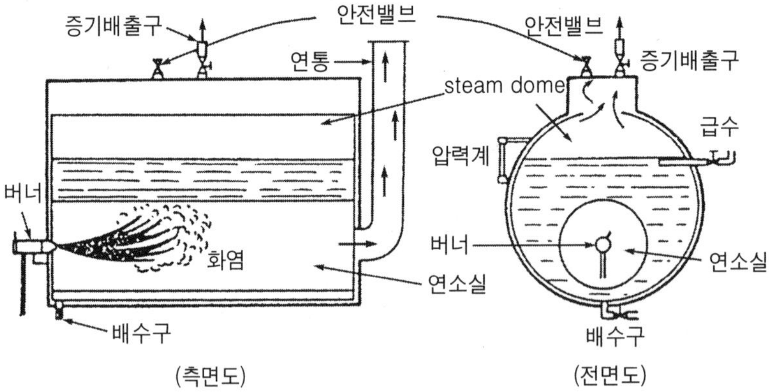

(a) 연관 보일러

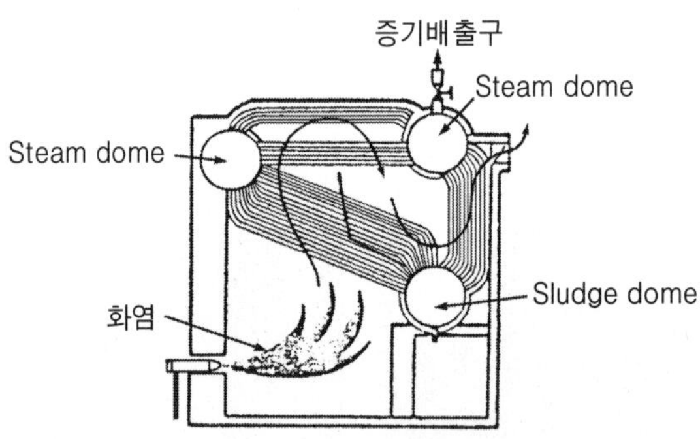

(b) 수관 보일러의 내부구조

그림 4-32. 스팀보일러의 구조

4) 맥아가루/맥아즙 여과기

맥아가루와 뜨거운 물을 섞는데 쓰인다. 맥아로부터 깨끗한 맥아즙을 추출하기 위

그림 4-33. Whirlpool

하여 망사가 사용된다. 맥아즙을 분리하여 체로 거른 찌꺼기는 가축사료로 사용된다(whirlpool, 그림 4-33).

5) 전환판넬과 이송펌프

맥아가루/맥아즙 여과기로부터 액체를 끓임솥과 그리고 발효기로 이송하는 데 사용된다. 사용과 청소에 편하도록 설계되었다.

6) 양조끓임솥/월풀(침전조)

맥아즙은 정해진 비중까지 끓여진다. 그리고 호프는 향기와 쓴맛을 위해 첨가된다(hop injection). 맥아즙은 끓여진 후 침전되어 끓임솥 중앙에 가용성 단백질로 모아진다. 깨끗한 맥아즙은 열교환기를 통과하여 발효기로 이송된다(그림 4-34).

그림 4-34. 당화조의 구조와 당화액

7) 열교환기(heat exchanger)

수돗물 또는 차가운 프로필렌 글리콜(propylene glycol)을 냉매로 사용하여, 맥아즙은 발효탱크로 가기 전에 약 10~17℃로 알맞은 발효온도까지 냉각된다(그림 4-35). 일반적으로 열교환장치로 가장 많이 이용되는 판상식 열교환기(plate heat exchanger)는 그림 4-36 (a)와 같이 장방형의 얇은 금속판들을 (c)와 같이 조립한 열교환기이다. 금속판은 홈이 파여져 있으며, 가장자리는 실리콘수지 재킷이 붙어 있다. 두께 1~1.2 mm, 너비 0.3 m, 높이 0.9 mm의 스테인리스 강판들을 여러 장 겹쳐

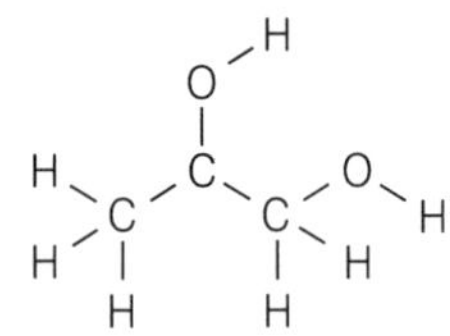

Propylene glycol

그림 4-35. 열교환기

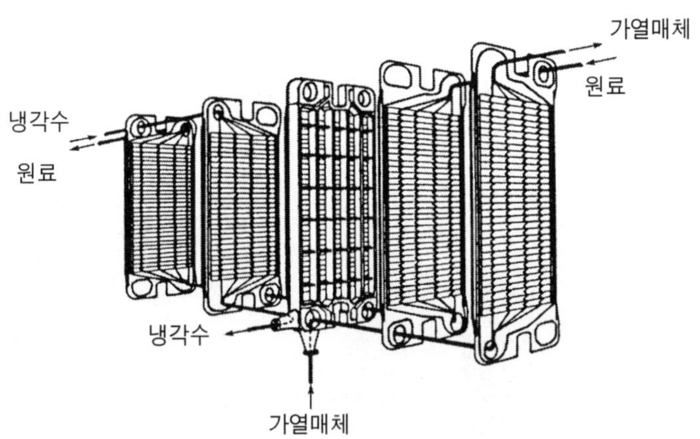

(a) 열교환상태

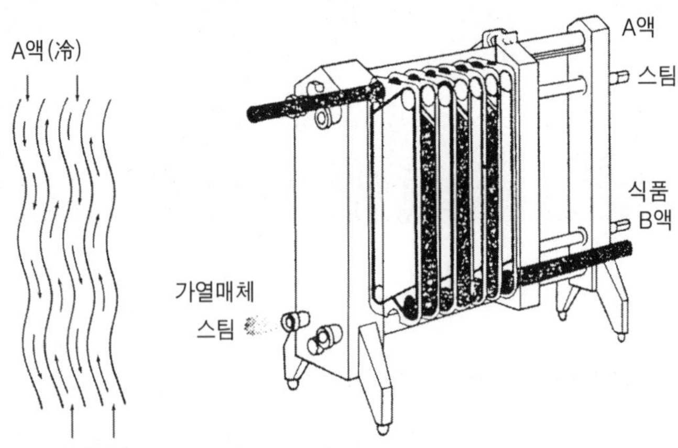

(b) (c)

그림 4-36. 판상식 열교환기의 구조

(a) 판상식 열교환기 내에서의 액체식품의 열교환상태(향류식)

(b) 플레이트의 단면에 두 액의 흐름

(c) 조립된 상태의 판상식 열교환장치(식품을 스팀으로 가열하는 경우 : 병류식)

서 조이면 판과 판 사이에는 3～6 mm 정도의 갭(gap)이 생기게 된다. 이 속으로 유체를 빨리 흐르게 한다.

판을 사이에 두고 양쪽에 두 유체를 난류상태에서 흐르게 하면(b) 열교환이 신속히 일어나 효과적으로 식품을 가열할 수 있다. 총괄 전열계수가 매우 커서 짧은 시간에 가열 또는 냉각할 수 있다. 작은 장치로도 큰 전열면적을 얻을 수 있다. 그리고 청소하기 쉽고, 유지보수가 간단하다. 판의 수를 가감함으로써 용량을 쉽게 조절할 수 있다.

8) 발효/숙성 탱크(개방형, 폐쇄형 또는 유니탱크형)

맥아즙은 이 탱크로 이송되어 이미 있던 효모와 합쳐지고 발효된다. 대개 발효는 3일에서 7일 정도 걸린다. 발효탱크는 숙성탱크로 사용되거나, 별도의 용기로 맥주를

Micro-brewery 발효장치

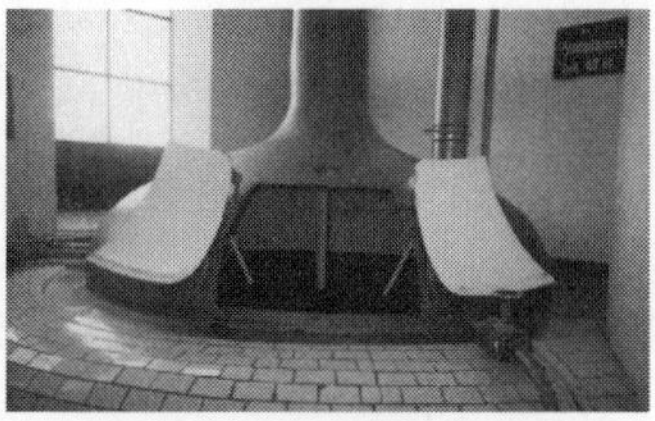
개방식 발효조(궁정양조장)

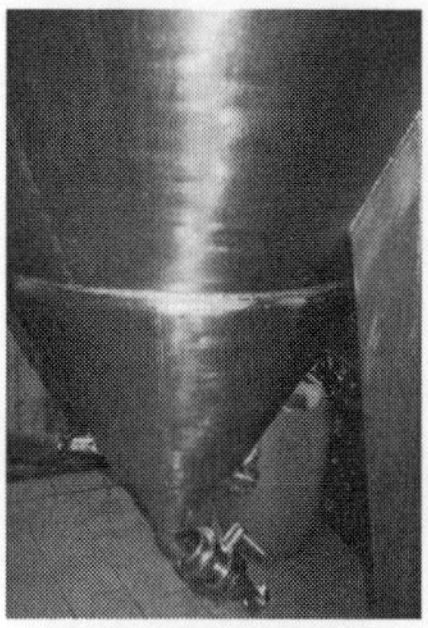
발효조 하부

Schlossbrauerrei Scherneke 수도원의 개방식 발효

그림 4-37. 발효장치

보내어 숙성시킨다. 대개 10일에서 20일이 소요된다. 맥아즙을 발효조로 옮겨지면 상면 또는 하면발효용 효모를 투입한다(ferment tank + yeast).

맥주의 종류에 따라 상면발효(ale 맥주 등) 또는 하면발효(lager 맥주 등)의 온도를 결정한다. 글리콜 냉각시설로 발효조의 온도를 유지한다. 하면발효의 경우 10℃ 이하에서, 그리고 상면발효는 15℃ 이상에서 발효를 시킨다(그림 4-37). 발효조 하부는 cone 형태로 되어 있어서 효모 균체가 쉽게 모이도록 하여 분리하기 쉽도록 되어 있다.

맥주발효에서 초기 당 농도가 15° Brix 이하인 일정한 범위에서 발효액에 대하여 가용성 고형물과 증류법에 의하여 증류한 액의 비중을 측정한 후 15℃에서의 주정도수로 환산한 값과는 유의성을 가지고 있어서 당도계에 의한 가용성 고형물로 나타낼 수 있다. 이는 당화된 환원당이 이론적으로 전부 알코올 발효에 이용되었을 경우 51%($2C_2H_5OH/C_6H_{12}O_6$ = 92/180)이지만, 실제 소비된 당에 대하여 균체 생성을 고려하면 일반적으로 46%를 적용하게 된다.

당화된 환원당 함량이 에탄올로 전환되는 비율은 일정하게 이론치의 87%가 되어, 이를 적용한다면 증류액의 비중에 의하여 주정농도를 측정하는 번거로움을 피할 수 있다. 그러나 이와 같은 간이 측정방법은 현장적용에 유리하지만 사용효모의 종류, 발효조건 등에 따라 달라질 수 있는 여지가 많다. 맥주발효 중의 가용성 고형물의 변화는 그림 4-38에서 보는 바와 같다.

$$1\text{ g } C_6H_{12}O_6 \longrightarrow 0.46\text{ g } C_2H_5OH + 0.44\text{ g } CO_2 + 0.1\text{ g 균체}$$

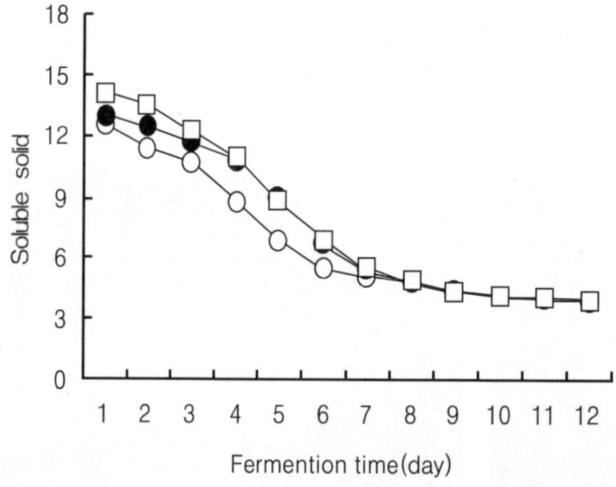

그림 4-38. 발효 중에 가용성 고형물의 변화

최종 에탄올 농도 ○-○ 5.0%, ●-● 5.2%, □-□ 5.6%

소규모 맥주 제조업체에서 생산된 맥주의 이화학적, 미생물학적 분석이 현실적으로 어려워 효모관리에 문제점을 가지고 있다. 효모의 활성 저하나 변성에 의해 맥주의 품질변화에 주의하여야 한다. 소규모 맥주제조장의 구조적인 단점은 레스토랑이 제조장과 인접한 경우가 많아 미생물 오염사고에 노출되어 있어 특히 제조장의 위생 청결에 유의해야 한다. 여러 미생물을 통해 맥주 부패의 원인이 될 수 있다. 세균 중에서 무해균은 맥주 안에서 증식을 하지 못하고 자연 사멸된다. 유해 가능성이 있는 미생물의 경우는 일정한 생육조건이 형성되면 증식하여 불쾌한 맛을 낸다.

대부분의 경우 호기적인 조건에서 일어나며, 심한 경우에는 맥주를 부패시킨다. 맥주 유해균은 혐기적인 조건에서도 증식할 수 있으며, 완제품에서도 증식이 일어나는 경우가 있다. 효모에 의한 맥주부패로는 맥주발효에 유사한 특징을 가지고 있으나 맥주의 혼탁과 침전을 유발한다. 맥주발효에 관련된 미생물은 표 4-10에서와 같다.

효모의 변성으로 발효가 잘 일어나지 않은 경우도 발생하며, 발효온도가 높으면 효

표 4-10. 맥주발효에 유해미생물

구 분		관련 미생물
세 균	부패균	곰팡이 세 균 일부 효모
	유해 가능성균	*Lactobacillus casei* *Streptococcus lactis* *Pectinatus serevisiiphilus* *Megaphaera cerevisiae* *Enterobacteriacean*
	유해균	*Lactobacillus brevis* *Lactobacillus lindneri* *Lactobacillus frigidus* *Pediococcus damnosus* *Sarcinen*
효 모	*Saccharomyces* foreign yeast	*S. diastaticus* *S. pastorianus* *S. ellipsodeus*
	Non *Saccharomyces* foreign yeast	*Brettanomyces* yeast *Torulopsis* *Hansenula* *Candida*

그림 4-39. Micro-brewery 숙성탱크(독일)

모의 발효력이 떨어져 정상발효에 지장을 준다. 그리고 발효온도, 발효조 내의 압력, 맥아즙의 농도변화 등은 효모의 침전을 지연시킨다. 세균 감염으로 맥주 맛이 거칠어지기 때문에 항상 효모의 활성을 유지하기 위한 보관관리에 주의해야 한다. 발효가 끝나면 숙성탱크로 옮겨져 0℃에서 숙성시킨다(그림 4-39).

9) 여 과

서빙(serving) 탱크로 이동하는 맥주에 남아 있는 효모와 침전물을 여과하는 데 사용된다(그림 4-40). 여과과정은 저장기간을 늘리고 보다 맑은 맥주를 만들 수 있다.

그림 4-40. 여과장치

그러나 맥주는 반드시 여과해야만 하는 것은 아니며, 대부분 소규모 맥주제조장에서는 저온숙성을 통하여 효모를 침전 제거하여 그대로 마신다.

10) 글리콜 저장소/냉각기

차가운 글리콜은 여기에서부터 이송되어, 각각의 냉각된 용기로 이동되어 맥주의 온도를 유지하고 조절한다. 글리콜은 열교환기 내의 맥아즙을 냉각시키는 데도 사용된다.

11) 이송펌프

맥주를 발효기로부터 서빙탱크로 이송하는 데 사용된다. 또한 세척액(가성소다)을 이송하는 데도 사용된다(그림 4-41).

그림 4-41. 이송장치

12) 서빙 탱크

맥주의 이산화탄소 함량 수준을 조절하기 위하여 맥주를 카보나이트에 통과시키면서 이산화탄소를 첨가함으로써 맥주 스타일에 영향을 준다. 이 탱크로부터 맥주는 맥주 분배기를 통해서 생맥주로 제공될 수 있다.

13) 이산화탄소 탱크

이 탱크는 맥주에 거품을 가하고(carbonation. 그림 4-42), 생맥주로 서비스될 때 탱크의 압력을 유지시킨다(keg). 일반적으로 지역맥주는 후발효(숙성) 과정에서 발생하는 미세한 탄산가스가 녹아 있는 상태이기 때문에 인위적으로 탄산가스를 주입하지는 않는다.

그림 4-42. 맥주의 탄산가스 주입장치

14) 충진 및 제품포장

숙성이 끝난 맥주는 충진기로 옮겨져 병(그림 4-43)이나 통(그림 4-44)에 충진하여 제품화한다. 국내에서는 아직까지 병에 포장하여 판매하는 일을 규제하기 때문에 제조설비와 연결된 파이프라인을 통하여 직접 판매하고 있다.

세병 충진 및 포장

그림 4-43. 일본 지역맥주의 병포장

그림 4-44. 맥주의 통포장

4.3 지역맥주의 생산기술

국내에서 지역맥주의 생산기술 개발에 대한 연구는 매우 부족한 편이다. 맥아의 제조에서부터 숙성과정에 이르기까지 세심한 주의가 필요할 뿐만 아니라 회사에 따라 거의 모든 제조기술이 know-how로서 유지되어 일반화하기가 어렵다. 맥아를 제조하는 조건은 원료에 따라 다소 차이가 있으며, dextrin이 남아 있는 단맥아로서 건조조건이 매우 중요하다. 특히 흑맥주를 제조하는 경우 맥아의 caramel화는 건조조건에 따라 품질을 결정한다.

맥아즙의 제조는 당화조에 맥아와 물을 가하여 62℃에서 당화시킨 다음 발효조로 보내어 보통 하면효모에 의해 발효시키거나, 또는 맥아즙을 농축한 다음 농축액으로 유통되고 있다. 일반맥주의 경우 Bamberger Maelzerei 회사와 같은 대형 맥아공장에서 제조한 일반맥아를 공급하고 있으나, 지역맥주는 맥주의 특성에 따라 Weyermann-Maelzerei 회사와 같은 특수 맥아공장에서 제조한 특수맥아를 이용하여 차별화시키기도 한다.

효모는 영국에서 제조하는 건조효모에 물을 가하여 일주일 동안 활성화시킨 다음 사용하면 500～1,000 L를 생산할 수 있으나, 순수 분리한 효모를 전배양하여 사용하는 방법을 이용할 수도 있다. 일본에서는 일반 맥주회사와 연계하여 효모를 공급받을 수 있으나, 국내에서는 상업적으로 이용되고 있는 효모를 구입하여 사용한다. 장기적으로는 우수균주를 선발하여 활성을 유지할 수 있는 방법을 찾아야 한다. 효모의 종

그림 4-45. 독일의 지역맥주 연구시설

하우스맥주 생산설비

혼합탱크

당화탱크

발효탱크와 숙성탱크

제어장치

그림 4-46. 지역맥주 생산설비(제주대학교)

류에 따라 발효력 뿐만 아니라 맥주의 향기와 맛에도 영향을 준다. 지역맥주는 살균하지 않고 발효 후에 micro-filtration으로 여과하여 숙성탱크로 보내지며, 0～1℃에서 4개월까지 숙성시킨 맥주를 직접 공급한다.

독일에서는 지역맥주 생산기술 개발을 위한 많은 연구가 이루어지고 있으며, 대표적인 소규모 연구시설은 그림 4-45에서 보는 바와 같다. 그러나 국내에서는 연구가 거의 이루어지지 않은 상태에서 독일 등지에서 기술도입을 통하여 지역맥주가 시작되었다. 2005년에 제주대학교 식품생물공학연구실에서는 pilot 규모의 맥주 생산설비를 갖추어 하우스맥주 생산기술 개발을 최초로 시도하였다(그림 4-46).

5. 지역맥주 문화

5.1 독일의 지역맥주

북부 독일인들은 맥주의 떫은맛을 좋아한다. 이들은 대개 맥주를 필센(Pilsen) 공법으로 매우 담백하게 제조한다. 보다 남쪽으로 내려오면 필센 맥주 외에 알트(Alt) 또는 퀠쉬(Koelsch) 맥주를 마신다. 어두운 색을 띤 알트맥주는 호프가 많이 들어간 상면발효 방식의 전통맥주로, 주로 뒤셀도르프를 중심으로 인기가 높다. 역시 호프를 많이 함유한 밝은 색인 퀠쉬맥주도 유명하다. 퀠쉬맥주는 대개 퀼른과 인근지역에서 제조되는 맥주이다.

남부지역의 경우 북부보다 맥주잔도 훨씬 크고 맛도 상당히 다르다. 남부 독일인들이 즐기는 맥주의 종류는 다양하다. 남서지역에서는 감칠맛이 나고 충실감이 있는 알코올 농도 3.5~4%의 장기저장이 가능한 엑스포트맥주(Exportbier)가 잘 팔린다. 이에 비하여 바이에른 지방에서는 부드럽고 밝은 빛깔의 라거맥주(Lager bier)나 청량감이 있는 바이첸맥주(Weizen bier)처럼 빛깔은 투명하면서 맥주효모는 혼탁한 종류를 선호한다. 특히 상면효모와 밀을 원료로 양조한 밀맥주도 많이 마신다.

독일에서만도 1,200종 이상의 맥주 양조법이 있을 정도로 지역마다 그 지방을 대표하는 고유한 맥주가 있다. 예를 들어 밤베르크 라우흐맥주(Bamberger Rauchbier)는 훈증기법으로 유명하다. 이는 맥아를 훈증(smoking)시켜 만든 흑맥주로서 특이한 향과 맛이 있다. 이보다 훨씬 동쪽에 위치한 라이프치히의 경우 전통적인 고제(Gose)맥주, 즉 상면발효로 신맛이 나는 약간 혼탁한 맥주를 즐긴다. 이밖에도 베를린 바이세(Berliner Weisse), 농색 또는 담색을 띤 독한 복크 맥주(Bockbier), 3월에 양조된 강한 저장맥주인 메르츠 맥주(Maerzenbier) 등 각 지방의 특산 맥주가 있다.

맥주의 색깔을 좌우하는 것은 무엇보다도 맥아이다. 높은 온도에서 맥아를 건조할수록 갈변반응에 의해 맥아 색깔이 더욱 짙어진다. 맥아 색깔이 짙을수록 그만큼 맥주 색깔이 짙고 어두워진다. 맥아 색깔의 등급은 밝은 '필센 맥아'에서부터 어두운 '뮌헨 맥아'에 이르기까지 매우 다양하다(그림 4-47).

맥주의 종류에는 발효방식에 따라 상면발효맥주와 하면발효맥주로 크게 2가지로 구분하고 있으나, 현재 대부분의 독일맥주는 하면발효방식에 의해 이루어진다. 발효

그림 4-47. 맥아의 종류에 따른 맥주의 색깔

중에는 발효조를 밀폐하는 경우가 대부분이고, 개방식 시설 중에서 오래된 설비인 Schlossbrauerrei Scherneke 수도원 양조장은 지하에 개방 형태로 발효조를 운영하고 있다.

숙성이 끝난 후 맥주 중에 혼탁한 효모나 고형물질 등을 여과과정을 통하여 완전히 제거시켜 저장성을 높이고 품질을 향상시키는 것이 현대적인 방법이다. 그러나 전통적인 방법으로는 숙성 후 대부분 여과과정을 거치지 않고 저온에서 침전시켜 맥주 중에 효모나 비타민, 미네랄 성분이 들어 있다. 제조장에서 직접 음용하기 때문에 신선도가 아주 높다. 일반맥주와 같이 정밀여과를 하지 않았기 때문에 우리나라 막걸리와 같이 다소 걸쭉한 맛을 풍기는 것이 독특하다고 할 수 있다.

그림 4-48. 남부 독일의 지역맥주 양조장

1) 독일의 지역맥주 양조장

대부분의 독일 양조장은 소규모이지만, 다양한 제품이 만들어질 수 있도록 맥아공장과 호프공장이 별도로 전문화되어 있다. 양조장에 따라 전통적으로 빚어 왔던 방식에 의해 맥아회사로부터 맥주특성에 알맞은 맥아를 구입하여, 혼합비율 등을 고려하여 다양한 맥주제품을 만들고 있다. 또한 전문 양조전문가(brewmaster)에 의한 철저한 품질관리에 의하여 항상 맛이 일정한 제품이 만들어지고 있다. 독일 남부지역의 대표적인 지역맥주 양조장의 예는 그림 4-48에서 보는 바와 같다.

2) 제품화

숙성하여 여과된 맥주는 통에 넣어 생맥주로 출고하거나 병에 주입한다(그림 4-49). 여과한 맥주를 살균하기 전에는 생맥주(Live Beer)라고 부른다. 생맥주에는 효모가 일부 남아 있는 경우도 있으며, 각종 효소가 들어 있어 분해작용이 계속되므로 오랜 기간 동안 저장이 곤란하다.

따라서 생맥주는 1주일도 안 되어 단백질의 분해를 일으키거나, 효모가 다시 발효를 일으켜 혼탁을 일으키고 맛이 변한다. 그러나 살균한 맥주에 비하여 신선미가 있고 상쾌하기 때문에 즉시 소비할 목적으로 생맥주를 제조하게 된다. 병입한 맥주는 60℃에서 30분간 가온하여 살균하거나, 빙점에서 효모를 제거하기도 한다. 생맥주는 살균을 하지 않으므로 여과과정은 매우 위생적으로 완벽하게 처리되도록 세심한 주의를 해야 한다.

그림 4-49. 병포장장치(독일)

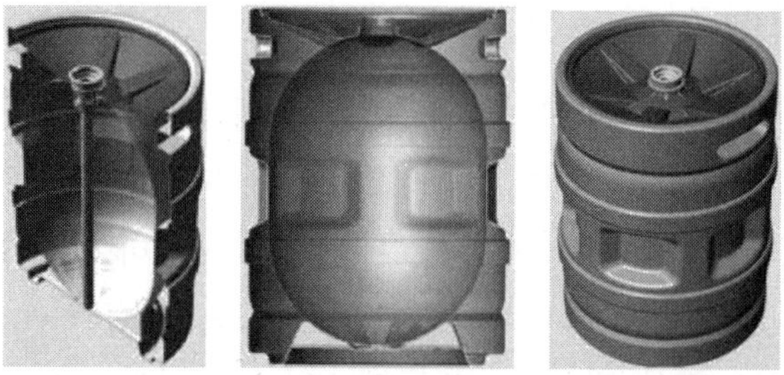

그림 4-50. 맥주통의 구조

맥주통의 구조는 그림 4-50에서 보는 바와 같다. 국내 하우스맥주의 판매구역 제한 조치가 완화된다면 업소용 통맥주의 수요가 크게 증가할 것으로 예상된다.

5.2 일본의 지역맥주

일본은 기린, 아사히, 삿보로, 산토리의 4대 맥주회사가 일반 맥주를 생산하여 대부분의 맥주시장을 점유하고 있다. 지역맥주의 제조판매가 개방되어 있어서 지역마다 많은 종류의 맥주가 생산되고 있으나, 오키나와의 오리온맥주를 제외하고는 그 규모는 작은 편이다. 북해도에 1995년 설립된 오타루 맥주를 비롯하여 Minami Aizu 맥주 등이 일반 맥주와 차별화를 위하여 독일식 또는 미국식 맥주를 제조하여 전국적으로 판매하고 있다.

1) 오키나와 맥주

오리온 맥주는 일본에서 4대 맥주회사 다음으로 유명한 오키나와 섬의 맥주이다. 오리온 맥주회사의 연간 생산규모는 72,000 kL로, 일본에서 일반 맥주회사의 최소 생산규모 100,000 kL에 근접할 정도이다. 원료인 맥아, 부원료(corn grit, corn starch), 호프 등을 전량 외국으로부터 수입에 의존하고 있으며, 포장재는 본토에서 들여오고 있었다. 2005년을 기준으로 포장별로는 캔맥주가 64%, 병맥주 9%, 그리고 통맥주 27%로 생산되고 있다. 생산제품의 99%가 생맥주이고, 살균 맥주는 1%에 불과하였다. 오키나와의 전체 맥주시장의 55%를 점유하며, 생산량의 97%를 오키나와 지역에서 판매되고 있었다.

맥주제조의 주원료인 맥아는 호주 또는 캐나다에서, Saaz 호프는 체코나 독일 Hallertaurer 호프를 수입하여 사용하고 있고, 부원료 등도 전부 수입에 의존하고 있었다. 제조공정은 보통 대형 맥주 제조공정과 같으며, 사입은 3시간 단위로 1일 8회 연속적으로 5일 동안 이루어지고, 나머지 2일 동안은 보수관리가 이루어지고 있다.

다른 맥주회사에 비하여 경쟁력을 갖출 수 있었던 것은 지방정부에서 지역기업에 대하여 세금감면에 의해 보호를 받아왔던 점과 지역주민이 지역맥주에 대한 애착이 있기 때문으로 보인다. 즉, 상온에서 유통이 가능한 살균 맥주보다는 생맥주를 선호하는 일본인의 맥주 맛에 대한 까다로움을 들 수 있다. 2007년부터는 세제 혜택이 없어짐에 따라 기린맥주에 대응하여 아사히 맥주회사와의 공존을 위한 협력이 이루어지고 있다.

오키나와 지역은 본토와 상당히 멀리 떨어져 있어서 생맥주의 저온 수송비용이 높을 것으로 추정된다. 또한 설립 시기가 1956년으로 오키나와 지역주민의 필요성보다 설립 시기에 주둔하는 미군의 필요성에 따른 것으로 보인다. 이는 증류소주 회사인 Helios 아와모리 소주회사도 처음에는 미군용 럼주 생산용으로 설립되었다가 럼주 소비가 감소함에 따라 국내용인 소주회사로 변모한 것으로도 알 수 있다.

2) 동경지역 맥주

동경지역의 지역맥주 양조장은 레스토랑에 생산설비를 부설하거나 또는 인근에 레스토랑을 설치하여 판매를 겸하고 있다. 3~5종류의 맥주를 생산하여 제품의 다양화를 추구하고 있었다. 맥주의 형태는 한국맥주와 독일맥주의 중간 정도로서, 맛이 약간 진하고 거품이 미세하고 오래 지속되는 경향이었다. 일반 맥주의 품질이 우수하기 때문에 지역맥주의 경우 일반맥주와 차별화를 위하여 주로 상면발효효모를 사용하고 있었다.

일반 맥주회사는 대부분 레스토랑에서 자사의 맥주판매를 촉진하기 위하여 지역맥주 양조장과 연계하여 기술지원을 하고 있었다. 연계된 일반 맥주회사에서 발효효모를 분양받아 사용하기도 하지만, 몇 개의 컨설팅회사를 통하여 산업적으로 이용할 수 있는 육종된 효모를 이용하고 있었다. 맥아와 호프는 주로 독일에서 수입하여 사용하고 있었다.

초기에 설립한 지역맥주공장의 경우 독일로부터 생산설비를 수입하여 설치하였으나, 점차 일본에서 제작하는 생산설비로 바뀌고 있었다. 1994년에 설립한 비어클럽(ビア倶樂部)의 경우 1억 엔을 들여 독일에서 설비를 직접 수입하여 설치하였고, 맥아와 호프를 독일에서 수입하여 전통 독일식에 가까운 맥주를 제조하고 있었다. 발효 및 숙성시설의 제어시스템은 일본기술로 이루어졌으며, 특히 지역맥주의 경우 냉각설비를 숙성탱크 내에 코일형으로 설치하여 에너지 비용을 줄이고 있는 점은 국내에서 시도할 가치가 있는 것으로 판단되었다.

5.3 한국의 지역맥주

맥주의 본 고장인 독일에서는 일찍부터 맥주제조 전문가를 양성하는 과정을 두어 브로우마스터(Brewmaster)를 양성하고, 이들을 통하여 지역맥주의 품질관리를 하여 왔다. 우리나라에서는 일반 맥주회사의 독점적인 시장지배가 오랫동안 이루어져 맥주의 생산기술 개발에 대한 연구가 대학이나 연구기관에서 거의 이루어지지 못하였다.

2002년에 지역맥주의 생산 허가가 이루어졌지만, 맥주를 제조할 수 있는 전문가가 없어서 독일 기술자를 일시 초빙하거나 또는 단기 연수과정을 거친 사람들에 의해 시작되었다. 전문 기술자의 부재로 맥주의 품질관리가 제대로 이루어지지 않아 소비자에 외면당하고 나서 자체적인 기술개발을 통하여 맥주산업을 육성할 필요가 생겼다. 이와 같이 맥주의 생산기술을 확보하지 않은 상태에서 시작한 지역맥주는 품질관리에 문제점이 드러나 많은 시행착오를 겪게 되었고, 많은 업체가 도산하기도 하였다.

2003년부터 과학기술부 KISTEP에서 연구지원을 받아 본격적인 지역맥주 생산기술 개발이 제주대학교 식품생물공학연구실에서 이루어지기 시작하였다. 그러나 기반기술이 전혀 없는 상태에서의 맥아제조에서부터 발효, 숙성, 제품화 과정에 대한 연구가 진행되어, 2006년 10월에는 '모던타임'을 통하여 신선하고 독특한 지역맥주 생산을 상업화함으로써 하우스맥주를 선보여 좋은 평판을 받고 있다.

5.4 지역맥주 제품

독일 등에서는 micro-brewery를 통하여 다양한 종류의 맥주생산이 이루어지고 있으며, 신선한 맛과 독특한 맛으로 소비자들이 선호하고 있다. 포장방법으로는 병입(bottled) 제품과 통입(draught) 제품이 한 공장에서 만들어지고 있다. 맥주의 향에서는 훈연 향을 가지는 Rauchbier, 바나나 또는 여러 가지 약초 향기를 가지는 맥주 등 여러 종류가 있다. 색깔로는 진한 흑색에서부터 담황색까지 있었고, 알코올 함량에서는 0～8%까지이었다.

남부독일의 맥주 중에서 특징이 있는 것은 보리에 50%까지 혼용하여 만들어진 밀맥주로서, 대부분 불투명하고 옅은 우유 빛을 띠고 있었다. 연한 황색과 맛이 온화한 밀맥주가 특히 여성들에게 고급제품으로 인식되어 보리맥주보다 약 25% 정도 더 비싸게 팔리고 있다(그림 4-51). 이는 밀맥주가 보리맥주에 비하여 양조법이 어려워 생산비가 비싸기 때문으로 보인다. 옛날부터 밀맥주는 주로 궁정에서 소비용으로 만들어졌으나, 현재에는 혼탁한 밀맥주 외에 여과된 맑은 밀맥주(crystal beer)도 만들어져 판매되고 있다.

일본의 지역맥주는 일반맥주와 경쟁하기 어려워 사업성이 크지는 않았으나, 일부 특색이 있는 제품을 생산하고 있다(그림 4-52). 제주대학교 식품생물공학연구실에서 시험 생산한 맥주는 그림 4-53에서 보는 바와 같다. 이를 토대로 하여 2006년에 제주지역에서는 처음으로 생산설비를 갖추고 하우스맥주를 생산하게 되었다.

독일 흑맥주 밀맥주와 크리스탈맥주

그림 4-51. 독일의 micro-brewery 맥주제품

그림 4-52. 일본의 micro-brewery 맥주제품

Pilsener 맥주 Ale 맥주 시제품

그림 4-53. 제주대학교의 micro-brewery 맥주제품

5.5 외국의 지역맥주 문화

양조장에는 대부분 인근에 판매장 겸 식당을 가지고 있다(그림 4-54). 장기 간 또는 장거리 소비형태가 아니라 인근 지역 및 생산 후 짧은 기간에 소비하는 구조가 대부분이다. 소비량에 따라 생산량을 조절하기 쉬운 형태로 유지되고 있으며, 맥주 외에 맥주용 음식에 의한 영업 이익도 크다. 독일에서 지역맥주를 생산하는 양조업체에서는 음식점과 시음장을 겸하고 있어 신선하고 맛이 있는 독특한 맥주를 맛볼 수 있도록 하고 있다.

그림 4-54. 독일의 지역맥주 시음장(Bier Garten)

독일에서는 식당에 들어가 음식을 주문할 때 마실 음료를 주문해야 한다. 생수가격이나 맥주가격이 큰 차이가 없어 보통은 맥주를 주문하여 마신다. 진하면서도 부드러운 독일맥주에 입맛을 들이고 나면 음식을 먹을 때면 으레 맥주 한잔을 생각하게 한다. 때로는 유명한 맥주 한잔을 맛보기 위하여 먼 길을 마다하지 않는다. 독일 남부의 바이에른 지방은 맥주로 유명한 곳이다. 몇 집 걸러 양조장이 있을 정도로 많다. 맥주를 주문하면 창업한 연도가 표시된 상표가 그려진 받침이 따른다(그림 4-55).

그림 4-55. 독일 바이에른 지방의 지역맥주 상표

지역맥주

오리온맥주

그림 4-56. 일본의 지역맥주 시음장

양조장마다 오랜 역사와 더불어 특징을 살려 최고의 맥주를 만들기 위해 노력한다. 일본은 외곽지역에 식당을 겸한 판매장을 마련하여 판매가 되고 있어 수익성이 큰 것으로 보이지 않았다(그림 4-56).

6. 맥주효모

맥주를 발효시키는 맥주효모(*Saccharomyces cerevisiae*)는 크기가 약 10 ㎛이고, 형태는 반구형 또는 계란형이다. 효모 세포벽의 구성성분인 다당류는 식이섬유로서의 기능을 가지고 있고, 세포벽의 안쪽에 있는 세포질에는 각종 영양성분이 들어 있다. 맥주의 양조과정은 맥주보리를 먼저 발아시켜 맥아로 만들어 이를 당화시킨 후 호프를 첨가하여 발효시키면 생맥주가 만들어진다. 여기에서 맥주효모가 부산물로 얻어진다. 이 맥주효모로부터 쓴맛을 제거하고 세정(洗淨)하여 정제된 생효모를 만든 후 가열, 건조, 분쇄한 다음 체로 쳐서 건조효모를 얻는다(그림 4-57).

건조된 맥주효모의 특성은 건조과정에서 세포벽이 파괴되기 때문에 세포질에 들어 있는 각종 영양성분이 소화, 흡수되기 쉬운 상태로 된다. 또한 가열과 건조에 의하여 각종 효소활성도 없어지게 되며 취급하기도 쉽다.

건조된 맥주효모는 50% 이상의 단백질로 이루어져 있고, 단백질의 아미노산 조성도 동물성 단백질과 비슷하다. 건조중량의 4%를 차지하는 미네랄 성분에는 칼륨, 인,

맥주효모의 회수

세척

건조

건조효모 제품

그림 4-57. 식품용 건조효모의 제조

황, 마그네슘, 칼슘, 나트륨, 아연이 다량 들어 있어 영양학적인 측면에서 좋은 미네랄 공급원이라고 할 수 있다.

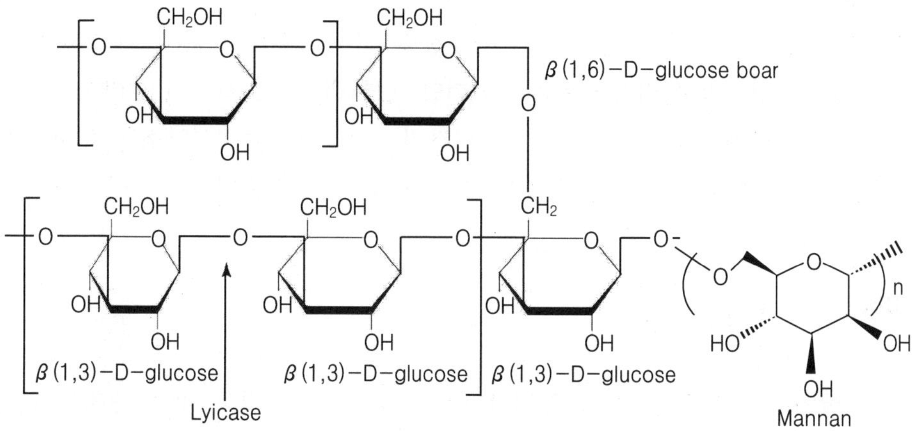

그림 4-58. Glucan과 mannan

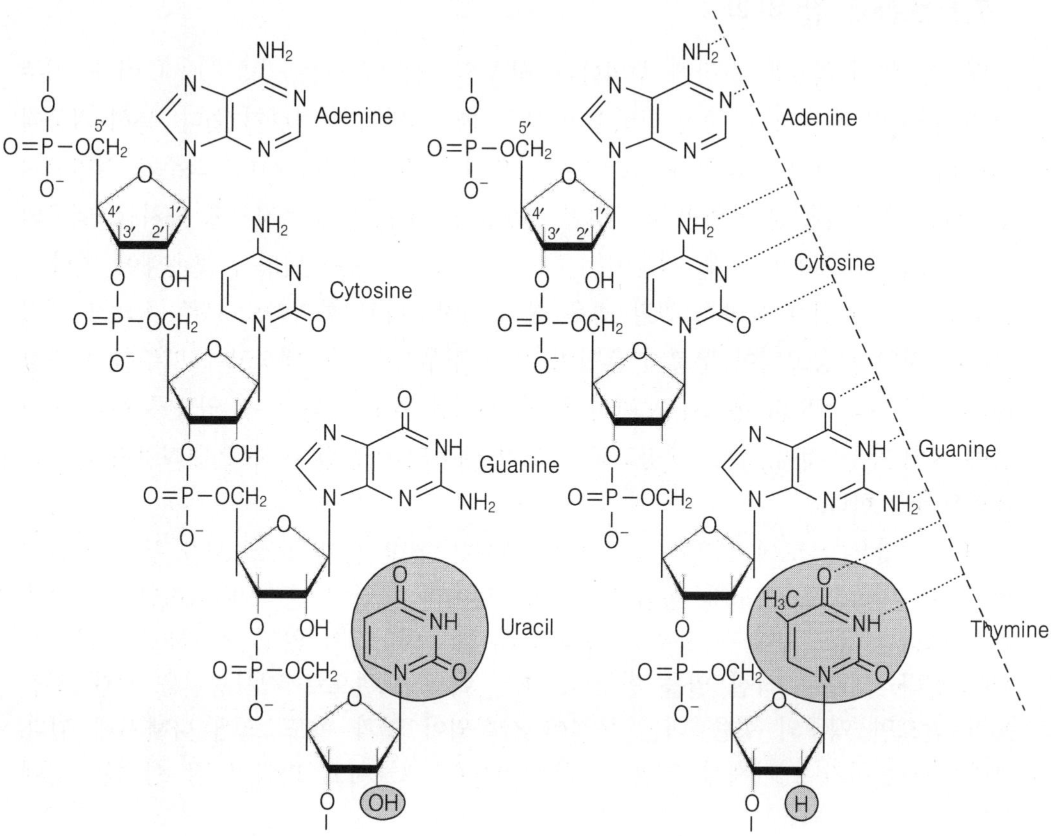

그림 4-59. RNA와 DNA

건조효모의 세포벽은 글루칸(glucan)과 만난(mannan)으로 구성되어 있다(그림 4-58). 식이섬유의 성질을 가진 이러한 성분이 전체의 약 28%를 차지하고 있어서 혈당의 조절작용, 콜레스테롤의 억제작용, 고혈압의 예방효과 등이 이루어질 수 있을 것으로 기대된다.

RNA와 DNA(그림 4-59)의 경우는 건조중량 의 3%와 0.1%가 들어 있어서 핵산 공급원이 된다. 핵산의 생리작용으로는 고혈압, 빈혈의 개선, 피부와 모발의 노화방지 등을 들 수 있다. 맥주효모에 들어 있는 비타민 B군을 비롯한 영양소는 유산균의 증식을 촉진시켜 정장작용, 항궤양 RNA작용에도 효과가 입증되고 있다.

7. 맥주를 마시는 법

갈증을 풀어주는 시원한 맥주, 그러나 맥주라고 무조건 같은 맛을 내지는 않는다. 맥주를 맛있게 마시려면 어떻게 하는 것이 좋을까.

7.1 보관을 잘 하라

맥주는 얼지 않도록 보관에 주의한다. 맥주의 어는 온도는 -2.5～1.8℃이다. 맥주가 얼게 되면 맥주 성분 중에 단백질이 응고되어 혼탁이 일어나기 쉽다. 특히 겨울철에 맥주를 운송하거나 옥외에 보관하는 경우에는 주의하여야 한다. 맥주가 얼리면서 일어나는 혼탁 현상은 맥주를 정상적인 온도로 높여 주면 없어지기도 하지만, 맥주의 제 맛을 잃을 우려가 있다. 겨울에는 5～10℃ 정도가 유지되도록 보온해야 한다.

맥주를 오랜 기간 동안 보관할 경우 잘 보관하였다고 하더라도 맥주 속의 단백질 성분이 자연히 응고되어 뿌옇게 혼탁이 오는 경우가 있다. 냉장고에 맥주를 보관할 때는 4～10℃ 정도의 온도에 보관하며, 찬 공기를 골고루 받을 수 있도록 항상 아래 칸에 넣어 두는 것이 좋다. 냉장고의 온도가 맥주의 어는점 이하로 내려가지 않도록 주의하여야 한다.

맥주를 낮은 온도에 보관하고 있다가 갑자기 햇볕 등에 오랜 시간 동안 노출시켜 15℃ 이상으로 온도가 올라가면 하얀 덩어리 모양의 혼탁이 일어날 수 있다. 특히 이러한 온도 변화가 자주 계속되면 혼탁이 없어지지 않고 지속되므로 주의하여야 한다. 맥주는 직접 열을 받거나, 또는 옥외 보관으로 직사광선을 오랜 시간 동안 받으면 맥주의 향을 내는 물질이 산화되어 맛과 향도 크게 나빠지게 된다. 맥주를 보관하거나 가게에 진열할 때는 가능한 그늘지고 바람이 잘 통하는 곳에 놓아두는 것이 좋다.

7.2 신선할 때 마셔라

맥주가 공장의 숙성탱크 안에서 숙성되고 있는 동안은 시간이 맛을 내게 하는 중요한 요소이다. 그러나 병에 충진하여 출하되고 난 후부터 시간은 맥주에게 적이 된다. 시간이 경과함에 따라 맥주의 신선한 맛이 없어지기 때문이다. 오랫동안 보관된 맥주는 금방 만들어졌을 때와 같은 상쾌한 맛과 신선한 향이 없고 색깔도 진해진다. 갈색으로 짙어지는 것은 맥주 안에 들어 있는 성분이 서로 반응하여 갈색물질인 melanoidine이 생기거나, 색소성분이 공기와 접촉하여 산화를 일으켜 색이 진해지기 때문이다. 따라서 제조한 다음 1년이 넘지 않은 새 맥주가 좋다. 맥주를 구입할 때는 제조일자 표시를 확인할 필요가 있다.

7.3 시원하게 하여 마셔라

맥주는 시원하게 마셔야 제 맛을 즐길 수 있다. 미지근하면 거품이 많이 생기고 쓴맛이 강하고 청량감이 없어진다. 그렇다고 지나치게 차게 하면 거품도 잘 일어나지 않고, 미각을 마비시켜 싱겁게 느껴진다. 맥주의 제 맛을 내는 온도가 일정하게 정해져 있는 것은 아니다. 일반적으로 상쾌한 맛을 내는 맥주의 알맞은 온도는 여름에는 4~8℃, 겨울에는 10~14℃, 봄과 가을에는 6~10℃이다. 대부분의 애주가들은 시원한 맥주를 좋아한다. 그러나 너무 온도가 낮으면 맥주 고유의 맛과 향을 제대로 느낄 수 없다.

시원하고 상쾌한 맥주를 마시기 위하여 적어도 마시기 3~4시간 전에 4~10℃의 냉장실에 넣어 두는 것이 좋다. 그러나 급히 시원한 맥주가 필요할 때는 커다란 통에 물과 얼음을 채우고 맥주를 담가 냉각시키는 것이 요령이다.

7.4 깨끗한 글라스에 마셔라

맥주를 맛있게 마시려면 맥주잔(글라스)에도 조건이 있다. 중요한 것은 글라스가 깨끗해야 한다. 맥주의 맛은 글라스가 깨끗한 정도에 비례한다. 글라스에 기름기와 더러움이 남아 있으면 거품이 잘 생기지 않는다. 거품의 표면장력을 떨어뜨리기 때문이다. 따라서 글라스를 세제로 씻고 나서 수도꼭지에서 나오는 물에 잘 헹구는 것이 좋다. 미량이라도 세제가 남아 있으면 '맥주의 꽃'이라 일컫는 거품이 꺼져 버린다.

글라스를 씻은 후 기름기 없는 곳에 엎어 놓아 물기가 자연히 마르도록 하는 것이 좋다. 또한 글라스는 차게 해 두는 것이 좋다. 따라 놓은 맥주의 온도가 올라가는 것을 막아 주기 때문이다. 글라스를 냉장고에 넣어 두면 꺼낼 때 서리가 생긴다. 이것을 프로스트 글라스(frost glass)라고 하는데, 여기에 맥주를 따라 마시면 그 맛은 더욱 시원하다.

7.5 거품과 함께 마신다

맥주의 황금색과 순백의 거품과의 대비는 맛뿐 아니라 시각의 즐거움을 더해 준다. 거품은 탄산가스가 날아가는 것을 방지하는 뚜껑 역할을 하고 있을 뿐 아니라 맥주가 공기에 닿아 산화하여 맛이 떨어지는 것을 막아 주는 역할도 한다. 맥주의 시원하고 상쾌한 맛과 쌉쌀하고 짜릿한 맛을 즐기기 위하여 가능한 거품이 꺼지기 전에 거품과 함께 마시는 것이 좋다. 땀을 흘리며 운동을 하고 난 다음 갈증을 느낄 때 홀짝홀짝 마시기보다는 목으로 시원스럽게 마셔 보라. 얼마나 상쾌한 맛인가.

마시던 잔을 다 비운 다음에 다시 따라 마시는 것이 좋다. 첨잔은 이미 탄산가스가 날라 가버린 김빠진 맥주에 신선한 맥주를 섞는 것이므로 피하는 것이 좋다. 그리고 소량씩 남은 여러 병의 맥주를 한 병에 몰아서 마시는 방법도 김빠진 맥주를 마시게 되는 것이다. 거품은 맥주가 공기에 노출되어 산화하는 것을 막아 주는 보호막이다. 잔을 살짝 기울였다가 바로 세우면서 따르면 2～3 cm 정도의 거품이 보기 좋게 만들어진다. 'Two fingers'라는 말이 있듯이 손가락 2개 넓이 정도의 거품이 있어서 거품과 함께 마시는 것이 제 맛이다.

독일맥주와는 달리 우리나라 맥주는 거품이 잘 일어나지도 않지만, 또한 거품이 쉬 꺼져 버린다. 제조과정에서 생산비를 줄이기 위하여 부원료로 녹말을 많이 사용하고, 호프의 첨가량을 줄이는 차이뿐만 아니라 발효와 숙성과정에서 오는 제조방법의 차이 때문이다. 맥주거품이 꺼지지 않고 오래 남아 있는 것은 호프의 첨가량이 많고, 오래 숙성함으로써 후발효로 생기는 탄산가스가 미세한 입자로 변하기 때문이다. 독일에서 만드는 지역맥주 중에서 독특한 생맥주에 한번 입맛을 들이고 나면 국내에서 생산하는 일반맥주는 마치 비싼 돈을 주고 맹물을 마시는 느낌이 든다.

거품이 없이 컵에 가득 채워 마시는 우리의 음주습관은 맥주의 참맛을 모르고 있기 때문이기도 하다. 아마도 이는 맥주가 고급술로 인식되었던 과거의 습관으로, 맥주잔에 거품이 없이 가득 채우는 것을 예의로 알고 있다. 국내에서는 이러한 맥주에 대한 인식이 남아 있어서 외국과는 달리 거품이 적으면서 쉽게 사라지는 형태의 맥주가 제조되었다. 그리고 미국에서 병 채로 마시는 음주방식이 들어와 마치 맥주의 멋을 아는 것처럼 착각하고 있다. 이는 모두 맥주의 제 맛을 느낄 수 없는 음주방법이다.

참고문헌

1. 고정삼, 2000, 술의 세계, 광일문화사.
2. 고정삼, 2003, 제주의 술, 제주문화
3. 고정삼, 2005, 술 알고 마시면 건강이 보인다, 유한문화사.
4. 고정삼, 고영환, 오남순, 김진현, 인만진, 채희정, 2003, 생물공학, 유한문화사.
5. 고정삼, 2004, 식품생물산업, 유한문화사.
6. 宮地秀夫, 1999, ビル釀造技術, 食品產業新聞社.
7. Naver, Google, Yahoo internet sites.
8. 고정삼, 최종욱, 2004, 식품공학, 유한문화사.
9. 정철, 강순아, 2006, 소규모 맥주시장의 현황 및 전망, 식품과학과 산업, 39(2), 56~66.
10. 박승국, 2002, 맥주의 향과 이취 성분에 대하여, 주류산업, 22(4), 63~70.
11. 이승철, 1997, 맥주 양조에서의 효소의 이용, 주류산업, 17(2), 58~70.

제 5 장

양조주

양조주에는 앞에서 설명한 맥주를 제외하고 과일을 발효시킨 과일주, 곡류를 발효시킨 민속주 등이 있다. 포도, 사과, 자두 등 모든 과실이 과일주(wine)의 원료가 될 수 있으나 포도주를 제외하고는 실제 생산량이 많지 않다. 맥주와 민속주는 효소작용에 의해 녹말을 당화시키는 과정이 필요하지만, 과일주는 이 과정이 생략된다. 여기에서는 포도주를 중심으로 한 제조방법과 더불어 누룩 또는 효소제에 의해 곡류를 당화하여 발효시킨 민속주의 제조방법에 대하여 알아보자.

1. 포도주

포도주 제조의 기원은 기원전 4,000～6,000년으로 거슬러 올라간다. 그 당시 의사들은 포도주를 여러 가지 병을 치료할 목적으로 이용하였다고 한다. 포도주는 피부병, 귀나 위의 통증, 천식, 심장병, 황달, 발작성 졸도, 우울증, 분만할 때의 통증 등을 치료하는 목적으로 사용하였다. 알맞은 음주는 심장병 예방에 도움을 준다. 포도주는 프랑스, 독일, 스페인, 이탈리아, 미국 등지에서 많이 만들어지고 있는 대표적인 과일주이다. 포도과즙에 들어 있는 당분을 *Saccharomyces ellipsoideus* 등의 효모에 의하여 알코올로 발효시킨 음료이다.

1.1 포도주의 역사

인류가 언제부터 포도주를 마셔왔는지 정확히 알 수는 없다. 야생의 포도나무는 1억 3천여 년 전부터 지구에 존재해 왔다. 이 열매들을 원료로 하여 자연적으로 만들어진 포도주를 발견하고 마셔왔을 것이다. 인류가 포도주를 만들어 마시기 시작한 것은 약 8,000년 전이며, 포도주에 관한 기록은 BC 4,500년경의 것이 남아 있다.

그림 5-1. 고대 이집트의 포도주 제조

처음 포도나무를 재배하기 시작한 것은 BC 3,000~4,000년경 고대 그리스로, 이들은 인근 국가와 로마에 포도나무의 재배기술을 전파하였다. BC 1,500년경 레바논, 시리아, 이집트 등 중동지역에서는 포도주의 교역이 활발히 이루어졌다. 이집트에서는 레드 와인(red wine)과 화이트 와인(white wine)을 구분하고, 와인에 세금을 부과하였다(그림 5-1).

BC 1,700년경 처음으로 제정된 함무라비 법전에는 와인에 물을 섞는 사건에 대하여 언급할 정도로 와인산업은 일반화되었다. 포도주의 제조 및 보관방법도 많이 발전하여 공기와의 접촉을 막기 위하여 아스팔트를 사용하였고, 항상 시원하고 온도가 일정한 곳에 보관하였다. 서아시아의 문화가 그리스와 로마에 흡수되어 발달하면서 로마인들은 포도품종의 분류에서부터 재배방법, 와인의 제조방법 등에 이르기까지 획기적인 발전을 이루었다. 와인의 품질을 향상시키고, 와인의 보관과 운반에 나무통과 유리병을 사용하기 시작하였다.

와인은 로마의 중요한 무역상품으로서 유럽의 모든 지역에 퍼졌다. 이탈리아뿐만 아니라 당시 점령지 중에서 프랑스, 스페인, 포르투갈, 독일의 남부 등지에 포도나무를 심어 와인을 생산하였다. 이들은 강물이 흐르는 계곡을 포도의 재배지역으로 선택하였다. 이는 강 주변의 숲을 제거하여 포도나무를 심어 적의 잠복이나 게릴라전을 방지하였고, 수로를 이용한 와인의 운반 때문이었다. 지금도 독일과 프랑스에서는 이런 지역이 포도재배의 중심지로 남아 있다. 그 후에 로마제국의 쇠퇴와 더불어 와인산업은 사양길로 접어들었고, 포도밭도 황폐화되었다.

중세 암흑기에는 교회 의식에 필요한 정도의 와인만 수도원을 중심으로 제조하여 명맥을 유지하여 왔으나, 십자군의 원정과 수도원의 활발한 움직임으로 와인산업이 다시 활성화되었다. 십자군 전쟁으로 중동지방에서 포도나무를 들여와 오늘날 유럽에 포도생산의 주를 이루게 하였다. 교회의 수도승들은 풍부한 노동력과 안정된 조직력을 바탕으로 포도를 재배하여 와인을 만들었다. 당시 유럽에는 황무지가 많았고, 수도원은 세금이 면제되었기 때문에 교회 의식에 필요한 수요보다 많은 양을 생산하였다. 남는 양의 판매는 수도원의 주요 수입원이 되었다. 그리고 과학적인 관리방법을 도입하여 와인제조의 기초를 확립하였다. 프랑스의 베네딕트 수도승 '동 페니용'은 샴페인 제조법을 발견하였으며, 코르크 마개의 사용을 일반화하였다.

중세 이후 봉건사회가 붕괴되고 시민계급이 형성되면서 와인의 수요가 급증하였고, 거래가 활발히 이루어져 와인은 주요한 무역상품이 되었다. 이때부터 와인은 그 품질에 따라 등급이 매겨졌으며, 유럽의 전 지역과 미국에서도 자리를 잡게 되었다. 이때까지는 발효의 원리와 오염의 원인을 알지 못하였기 때문에 와인의 품질이 불안정하여 오랜 기간 동안 보관이나 운반이 어려웠다. 이에 따라 순수 와인보다는 알코올이나 설탕을 섞은 강화와인(fortified wine)을 더 많이 마셨다.

19세기에 이르러 당분이 발효과정에서 알코올과 탄산가스로 변한다는 사실을 알았다. 1860년에 파스퇴르가 '미생물에 의하여 발효와 부패가 일어난다'고 하여 와인을 제조하는데 새로운 전환기가 되었다. 이러한 과학적인 발견으로 순수효모의 배양, 발

표 5-1. 세계의 포도주 생산량(단위 : 백만 리터)

Country	1997	1998	1999	2000	2001	2002	2003
France	5 356	5 267	6 044	5 754	5 824	5 538	4 735
Italy	5 089	5 419	5 645	5 162	5 130	5 229	4 409
Spain	3 322	3 118	3 372	4 169	3 113	3 094	3 600
United States of America	2 200	2 050	1 905	2 330	2 380	2 300	2 350
Argentina	1 350	1 267	1 254	1 584	1 215	1 584	1 180
China	900	1 065	1 026	1 050	1 080	1 120	1 120
Australia(a)	617	742	851	859	1 077	1 220	1 086
Germany	850	1 083	1 212	985	890	908	829
South Africa	881	816	914	837	747	761	761
Portugal	612	375	786	669	702	671	680
Chile	455	548	481	642	600	565	575
Romania	669	500	605	546	546	509	546
Moldova	367	192	216	270	342	370	495
Greece	399	383	368	356	460	428	420
Russia	223	218	290	290	300	351	410
Hungary	447	433	334	300	540	541	400
Brazil	274	278	319	370	300	320	325
Austria	180	270	280	234	234	253	260
Ukaine	99	90	60	60	82	123	240
Other	2 500	2 290	2 145	2 169	2 260	2 284	1 837
Total	26 791	26 403	28 108	28 636	27 821	28 169	26 258

효 효율을 높이기 위한 포도즙의 살균, 그리고 포도주 숙성에 이르는 제조방법을 개선하였다. 산업혁명 이후에는 포도주 제조기계가 도입되어 경제적으로 포도주의 대량생산이 가능해졌으며, 일반 대중들의 생활에 깊숙이 자리를 잡게 되었다.

1.2 포도주의 생산

포도주는 알코올 농도가 8.5～13%가 되는 알칼리성 음료이다. 품질이 좋은 포도주를 만들기 위해서는 우수한 품종의 포도를 토양과 기후조건이 알맞은 지역에서 재배하여야 한다. 예전에는 오랜 역사를 지닌 유럽의 포도주만을 연상하였으나, 지금은 미국을 비롯한 남미에서의 생산량이 늘어나면서 세계 포도주 시장을 서로 나누고 있다. 유럽에서는 기상조건에 따라 포도주의 품질이 달라지는데 비하여 특히 미국은 천혜의 기상조건으로 매년 품질이 우수한 포도생산이 가능하여, 품질이 뛰어난 포도주를 값싸게 대량으로 생산함으로써 급속히 소비시장을 넓혀 가고 있다.

세계의 포도주 생산량은 표 5-1에서, 그리고 미국의 주요 포도주 생산지역은 그림 5-2에서, 프랑스의 주요 포도주 생산지역은 그림 5-3에서 보는 바와 같다.

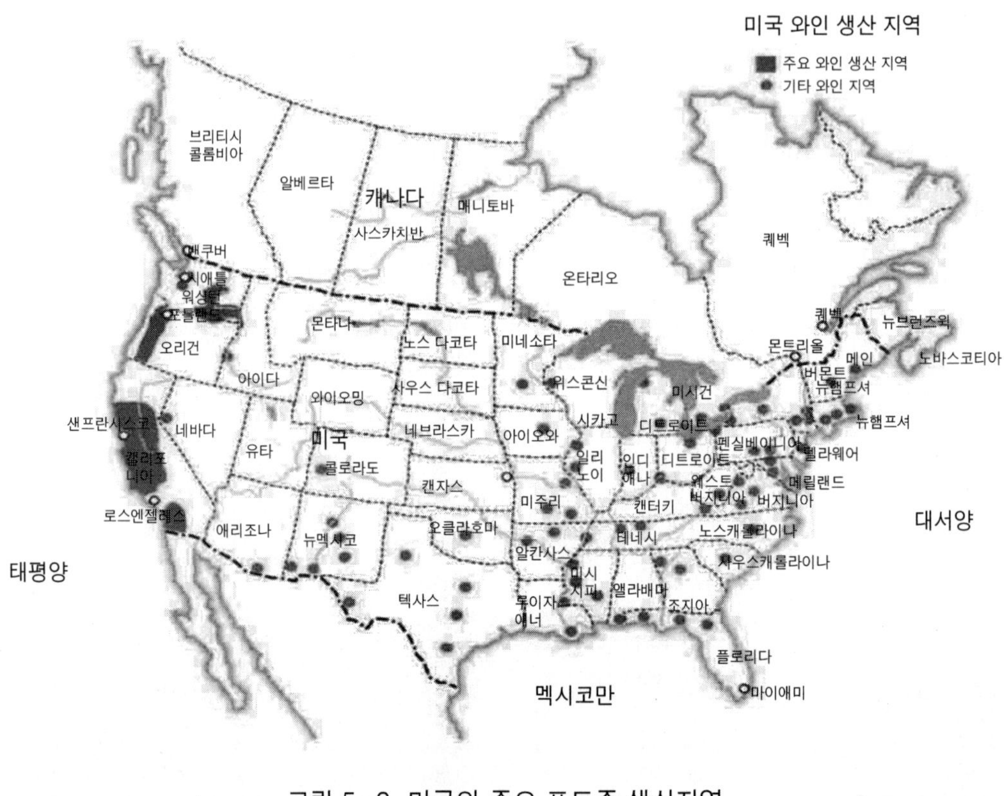

그림 5-2. 미국의 주요 포도주 생산지역

그림 5-3. 프랑스의 주요 포도주 생산지역

1.3 포도주의 제조

포도주의 제조공정을 간단히 나타내면 그림 5-4에서 보는 바와 같다. 양조용 포도 품종과 원료의 선택이 매우 중요하며, 수확 후 열매의 분리 및 파쇄, 아황산염의 첨가, 발효, 고형물 분리, 숙성, 이물질의 제거, 병입 등의 순서로 이루어진다.

1) 포도 품종

모든 포도 품종이 양조원료로 이용할 수 있으나, 백포도주를 만드는 주요 품종으로는 샤르도네(Cardonnay), 리슬링(Riesling), 쏘비뇽 블랑(Sauvignon Blanc), 쎄미용(Semillob) 등이 있다. 적포도주를 만드는 주요 품종으로는 까베르네 쏘비뇽(Cabernet Sauvignon), 메를로(Merlot), 삐노 누아르(Pinot Noir), 시라(Syrah) 등이 있다(그림 5-5).

포도주스의 성분은 수분이 70～85%이고, 탄수화물은 15～25%, glucose와 fructose가 비슷한 양이다. 이 외로 소량의 pentose, pectin, inositol 등이 있다. 유기산은 0.3～1%이고, tartaric acid 0.2～1.0%, malic acid 0.1～0.8%, citric acid 0.01～0.05%, acetic acid 0.00～0.02%이며, pH는 3.1～3.9이다.

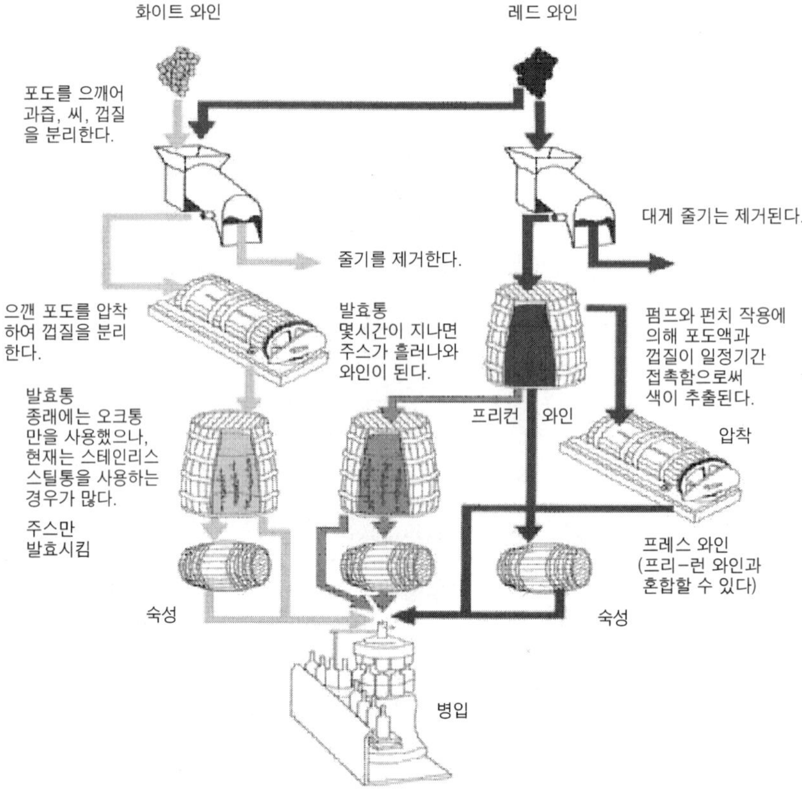

그림 5-4. 포도주의 제조공정

그림 5-5. 포도주 양조용 주요 품종

2) 열매의 분리 및 파쇄

포도송이에서 열매를 분리시키는 작업(stemming)은 옛날에는 손으로 하나씩 분리하였지만, 요즘은 분리기계로 열매만 골라내고 지그시 눌러 포도열매를 터뜨리기까지 한다(그림 5-6). 포도송이 전체를 짓이겨 발효시키는 방법도 있지만, 가지나 씨에서 좋지 않은 성분이 우러나오므로 고급와인을 만들 때에는 이 방법을 사용하지 않는다. 통 안에 사람이 들어가 맨발로 밟아서 포도를 터뜨리는 것도 좋으며, 이는 껍질이나 씨에 전혀 상처를 주지 않기 때문이다.

3) 아황산염의 첨가

세균과 같은 잡균의 오염을 방지하고 색깔의 선명도를 유지하기 위하여 포도송이에서 열매를 분리하고 나면 곧바로 전체 사용량을 계산하여 아황산염 용액을 포도 전체에 골고루 퍼질 수 있도록 처리한다. 아황산은 포도에 부착되어 있던 세균의 증식을 억제함으로써 효모의 선택적 증식을 유도하여 발효가 원활히 일어나도록 하는데 있다. 그러나 과즙의 산화방지제인 아황산염을 너무 많이 사용하면 효모의 생육에도 영향을 미쳐 발효가 늦어지거나 좋지 않은 냄새가 남아 있는 등 포도주의 품질이 떨어지기 때문에 주의해야 한다.

포도주스는 매우 강한 산성(pH 2.9～3.9)이고, 적포도주는 특히 tannin을 가지고 있어서 다른 잡균의 성장을 억제한다. 와인에는 주로 메타중아황산칼륨(Potassium metabisulfite, $K_2S_2O_5$) 형태의 아황산을 첨가하는데, 이는 백색의 결정 또는 결정성 분말로서 이산화황의 냄새를 가지고 있다. 대부분의 국가에서는 총 아황산의 농도를

그림 5-6. 포도의 파쇄

350 ppm 이하로 규제하고 있지만, 제조업자는 최소 필요량만 넣고 있다. 포도를 파쇄할 때부터 넣기 시작하는데, 곰팡이 등으로 오염이 안 되었을 경우에는 최소량으로 충분하다. Sodium 또는 potassium metabisulfite는 포도의 산과 반응하여 sulfur dioxide(SO_2)를 만든다. 아황산의 역할은 다음과 같다.

(1) 항산화작용

아황산은 항산화제로서 항미생물제 및 표백제로 작용하므로 여러 가지 식음료에 사용되고 있다. 와인에서는 항산화제와 항미생물 기능을 위하여 첨가된다. 아황산은 산화효소인 폴리페놀 옥시다제(polyphenol oxidase)의 작용을 방해하거나, 산소나 과산화수소와 같은 산소 유도체와 직접 반응하여 산화를 방지하거나 최소화한다. 와인 제조에서는 산화되려는 페놀화합물을 보호한다.

아황산은 상대를 환원시키고 자신은 산화되면서 와인의 관능적인 성질에 아무런 영향이 없고, 건강에도 큰 영향이 없는 불활성 황산염을 형성한다. 또한, 아황산은 비효소적인 갈변반응을 억제시켜 갈변을 방지하며, 안토시아닌 색소와 일시적으로 결합하여 무색의 화합물을 만들기 때문에 안토시아닌이 다른 폴리페놀과 결합하여 폴리머(polymer)를 형성하는 것을 방해함으로써 색소의 변질과 감소를 방지한다. 따라서 young wine에서는 색소의 안정성에 상당한 영향을 끼치므로 알맞은 양의 아황산은 포도주 색깔의 유지에 큰 역할을 한다.

(2) 향미의 개선

아세트알데히드(acetaldehyde)는 알코올 발효의 부산물로서 생성되거나, 저장 중에 공기와 접촉하여 비효소적 알코올 산화로 소량 생성되거나, 대부분은 공기가 있는 상태에서 미생물적 산화로 생성된다. 아황산은 이렇게 생성된 아세트알데히드와 반응하여 안정된 황화합물(hydroxysulfonate)로 만들어 와인 맛을 개선하고 신선도, 향기(aroma)를 유지시킨다. 그러나 고농도의 아황산은 와인의 관능적인 특성에 직접적으로 영향을 끼쳐 와인에 금속성 느낌을 주며, 과량일 경우는 자극적인 냄새를 풍기므로 주의해야 한다. 아황산은 와인의 품질과 수명에 가장 중요한 영향을 끼친다.

(3) 항이스트(yeast) 작용

분자 상태의 이산화황(SO_2)은 효모를 비롯한 미생물의 효소계에 강한 방해 작용을 한다. 즉, 단백질의 S-S 결합과 반응하고 핵산, 지방과도 반응을 하며, 티아민(thiamine)을 파괴한다. 이와 같이 다양한 미생물에 작용하지만, 발효 중인 효모는 아황산에 내성이 있다. 그러나 휴면 상태의 효모는 활동 중인 효모보다 내성이 약하기 때문에 포도껍질이나 양조장에 있는 야생효모를 선별하여 제거할 수 있다. 알코올 발효 중에 생성되는 아세트알데히드와 아황산이 신속하게 결합하기 때문에 효모는 아황산에 대한 내성이 강하다. 따라서 발효를 중단시키기 위해서 아황산을 첨가할 경우는 규정량인 350 ppm 이하의 양으로 효과를 기대하기 힘들다. 그리고 *Saccharomyces*가 아닌 효모도 아황산에 대하여 내성이 강하다는 것이 밝혀졌다.

(4) 항세균 작용

일반적으로 주스나 와인에 있는 세균은 효모보다 훨씬 내성이 약하다. 효모는 이산화황에만 예민성을 나타내지만, 세균은 결합형에도 민감하다. 초산균은 아황산 50 ppm 안팎의 농도에서 활동을 할 수 없으며, 젖산균은 10～50 ppm 농도에서 제약을 받는다.

(5) pH의 영향

모든 유리 아황산의 종류 중에서 이산화황(SO_2)이 항미생물 작용이 가장 강하다. 공기 중에서는 가스 상태이지만, 수용액에서는 해리되지 않은 아황산(sulfurous acid), 즉 H_2SO_3 형태로 존재한다. 다른 형태의 아황산은 세포막을 통과할 수 없지만, 이 형태만은 투과할 수 있기 때문에 그 작용이 강력하다. 화학적으로 와인의 pH가 낮을수록 더 많은 양의 아황산이 존재하기 때문에 같은 양의 아황산 농도라도 pH가 낮을수록 항미생물 활동력이 훨씬 강하다.

4) 발효관리

일반적으로 스테인리스 통에 단열재 처리를 한 탱크를 이용하며, 특별한 경우에 오크(oak)통을 발효조로 사용한다. 오크통의 사용은 발효와 더불어 포도주의 숙성을 유도할 수 있다(그림 5-7). 다른 과일과는 달리 포도에는 야생효모가 부착되어 있어서 효모를 별도로 접종하지 않더라도 자연적인 발효가 일어나지만 발효효율이 떨어진다.

순수 배양한 효모를 첨가하여 발효가 시작되면 먼저 당분의 농도를 측정한다. 당분이 변하여 알코올이 되므로 당분이 날마다 줄어들면 발효가 활발히 진행되고 있다는 증거이다. 발효 중에는 탄산가스의 발생과 더불어 표면에 거품이 많아진다. 그리고 발효열이 발생하여 온도가 높아지기 때문에 알맞은 온도를 유지하도록 탱크 겉면에 물을 뿌려 주거나, 시원한 공기를 발효용기에 공급하기도 한다. 레드 와인을 제조할 때에는 발효과정이 중요하며, 탱크 내부에 떠있는 껍질의 색소추출 작업은 원하는 색깔이 나올 때까지 조심스럽게 계속한다.

그림 5-7. 포도주 발효

그림 5-8. 고형물 분리

5) 고형물 분리

주발효가 끝난 다음 액체와 고형물을 분리하는 과정으로 먼저 중간층의 액체 상태를 뽑아낸다. 이때에 자연스럽게 흘러나오는 액체를 프리 런(free run)이라고 하며, 고급 와인용으로 쓰인다(그림 5-8).

6) 잔당 발효

발효가 완전히 끝나지 않은 와인을 다시 발효시키는 과정이다. 씨와 껍질 등을 제거한 와인 중에는 발효가 완전히 끝나지 않아 당분이 남아 있을 수 있다. 알코올의 농도를 높이기 위하여 설탕을 첨가하거나, 이 외로 필요한 첨가물을 넣은 뒤 다시 발효시킨다.

7) 찌꺼기 분리

온도를 낮추어 방치하는 과정으로서 찌꺼기를 가라앉혀 맑은 윗부분만을 채취하여 따로 분리시키는 작업이다. 이때 분리하는 데 이상적인 온도는 4~18℃ 정도이며, 10~25℃의 범위라면 1년 정도 보관이 가능하고, 10℃ 이하가 되면 산소나 냄새를 쉽게 흡수하게 된다.

8) 2차 발효

감산(減酸) 발효라고도 하며, 포도 중의 사과산(malic acid)이 미생물에 의하여 젖산으로 변하면서 와인의 맛도 부드러워지고 향기도 변하여 훨씬 세련되므로 숙성의 첫 단계라고 할 수 있다. 레드 와인을 만들 때에는 반드시 2차 발효가 이루어지지만, 화이트 와인은 신선한 맛을 유지하기 위하여 이 과정을 생략하기도 한다.

9) 숙 성

포도주의 숙성은 대부분 참나무(oak) 통을 사용하여 반지하 또는 냉장시설에서 4개월~1년 정도를 숙성시킨다. 오크통에서 숙성하는 경우 6년 정도를 사용한 후에 폐기되며, 주로 유럽에서 이용된다. 적포도주용은 오크통 안을 다소 강하게 탄화시키

그림 5-9. 포도주의 숙성

며, 백포도주용은 약하게 탄화시켜 사용한다(그림 5-9).

맛과 향의 조화를 이루기 위하여 몇 개월에서 몇 년까지 저장하는 과정으로, 레드 와인은 짙은 보라색에서 점차 잘 구운 벽돌색깔로 되면서 부드럽게 된다. 향기도 포도에서 우러난 향기(aroma)가 원숙한 향인 부케(bouquet)로 새롭게 형성된다. 참나무통에서 숙성시킨 것이 가장 맛이 좋다. 탄닌 등의 용출로 자체적으로 맑아지고, 알맞은 공기접촉으로 산화가 조금씩 지속되기 때문이다.

10) 주석 등 이물질의 제거

병에 넣기 전에 이루어지는 마무리 작업으로서 주석산이 칼슘, 칼륨과 결합하여 주석이 되면서 가라앉도록 한다. 주석은 인체에는 크게 해가 없으나 미리 제거한다.

11) 병입(bottling)

위와 같은 과정을 거친 숙성된 와인을 살균된 병에 충진하고 코르크 마개로 막아 labelling하여 상품화 한다(그림 5-10).

그림 5-10. 포도주의 병포장

1.4 프랑스의 상표 표시법

포도주의 생산국가에 따라 상표를 표시하는 방법이 다소 차이가 있으나, 여기에서는 대표적인 프랑스 와인의 예를 들어보자. 프랑스 와인으 크게 AOC(Appellation d' Origine Contrôlée, 원산지 등록통제 포도주)급 와인, 지역 등급 와인(Vin de pays),

1. 원산지 명칭
2. AOC급 와인의 표기
3. 와인 병입자의 이름과 주소
4. 용기 내의 와인 순용량
5. 알코올 도수
6. 경작자의 상표명 또는 이름
7. 제조업체 소유주의 주소
8. 병입 장소
9. 원료 포도의 수확년도
10. 생산국가

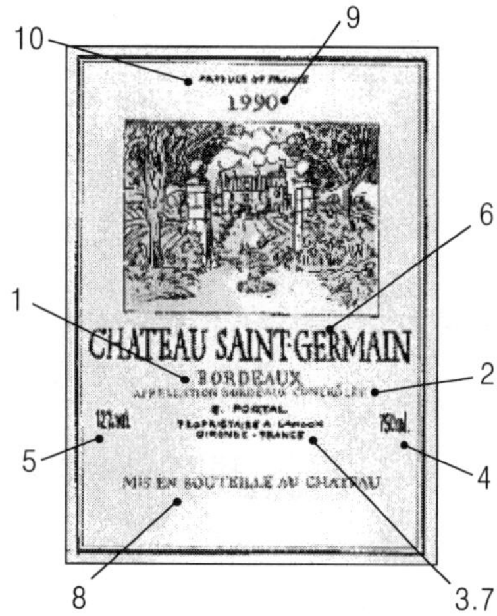

테이블 와인(Vin de table)으로 분류한다. AOC급 와인은 흔히 원산지 통제 명칭의 포도주로 포도 재배지역의 지리적 경계와 그 명칭을 정하고, 사용하는 포도의 품종, 단위 면적당 수확량의 제한, 제조방법 및 알맞은 맛 등의 엄격한 통제를 하는 프랑스의 최상급 포도주이다. 의무적인 기재사항으로 1～5까지이며, 선택사항은 6～10까지이다.

2. 기타 과일주

포도 외의 과실로 와인을 제조할 수는 있으나 포도에 비하여 양조적성에 맞지 않는 경우가 많다. 대부분 발효를 시킬 수 있는 당 함량이 모자라 설탕 등으로 가당해야 한다. 이에 따라 과실의 종류에 따라 알맞은 전처리 과정이나 원만한 발효가 이루어질 수 있도록 최적조건을 검토하여 와인제조에 적용해야 한다. 여기에서는 지역 특성을 살려 국내에서 제조되고 있는 몇 가지 와인의 제조방법에 대하여 설명하였다. 대부분 포도주의 제조방법과 유사하다.

2.1 감귤주의 제조

지역적인 특산물 생산을 위하여 감귤을 이용한 주류 생산이 일부 이루어지고 있다. 프랑스에서는 브랜디에 오렌지 껍질의 향(peel oil)을 첨가한 제품(curacao)이 칵테일용으로 오래 전부터 시판되고 있다. 온주밀감을 이용한 감귤주 생산은 일본에서 이루어졌으나, 국내에서는 저자 등에 의하여 수행된 감귤발효주(citrus wine)와 브랜디(citrus brandy)의 제조에 대한 연구결과를 처음으로 발표한 바 있다.

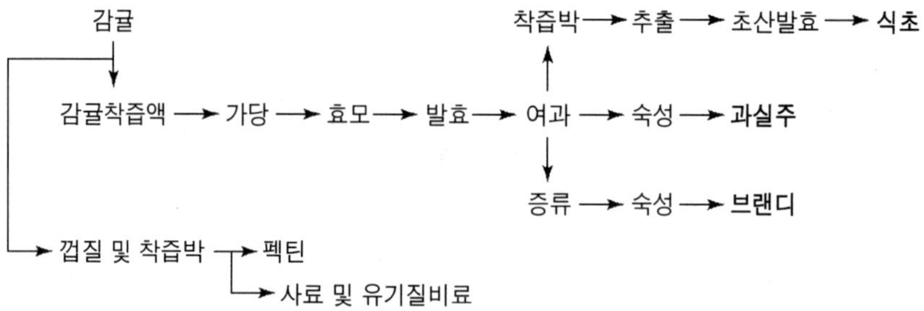

그림 5-11. 감귤 발효제품의 제조공정

발효 원료의 특성으로 감귤발효주는 포도주, 사과주와 같이 흔한 것은 아니며, 국내에서는 전남 나주에서 배를 원료로 생산하는 '배로와인'이 있다. 이는 지역적인 특성을 살려 제주감귤을 이용한 발효제품을 생산하려는 시도에서 이루어졌다.

감귤을 이용한 발효제품은 그림 5-11과 같은 과정에 의하여 이루어진다. 부산물인 주박(酒粕)을 이용한 식초 제조도 가능하다. 감귤주스에는 산 함량이 높고 발효할 수 있는 당분이 부족하다. 발효주를 제조할 경우 보통 주스에 물을 넣어 2배로 희석한 다음 당을 첨가한다. 가당량(加糖量)의 결정은 원료 감귤의 당도가 10～12° Brix 정도이므로 이를 20～24° Brix가 되도록 설탕 또는 포도당을 가해준다.

초기 당 농도는 발효 후 주정농도에 영향을 주며, 과실주의 알코올 농도가 12～13% 정도가 되어야 저장성이 있다. 가당(加糖)을 하지 않고 당 농도가 높은 감귤주스를 사용하는 경우에는 약 7%의 주정농도를 유지할 수 있어 제품을 포장할 때에 살균처리로 상품화 할 수도 있다. 감귤주스의 산 함량이 높을 경우는 효모의 생육에 영향을 주기 때문에 발효액의 산 함량이 0.6～0.7% 되도록 $CaCO_3$을 알맞게 첨가하면 발효액의 pH가 상승하여 알코올 발효를 효과적으로 이룰 수도 있다.

전배양한 효모를 첨가한 후 발효는 20℃ 전후에서 약 2주간 진행이 되며, 발효가 끝나면 고형물이 침전되면서 윗부분이 맑게 된다. 맑은 감귤주를 얻고자 할 때는 celite, 탄닌-젤라틴, 난백 등과 같은 여과보조제를 첨가하여 여과함으로써 고형물을 제거한다. 공업적으로는 막여과(membrane filtration)에 의하여 투명한 과실주를 얻을 수 있으며, 60℃에서 15분간 살균 처리하여 포장한다.

저자의 연구실에서의 실험결과, 착즙액에 가당하여 당 농도를 22° Brix로 하고, 전배양한 효모(*Saccharomyces cerevisiae* IAM 4274)를 첨가하여 20℃에서 1주일 동안 주발효를 시키면 주정농도가 13% 정도인 발효주를 얻을 수 있었다. 관능검사 결과 좋은 반응을 보였다. 농촌진흥청 난지농업연구소에서 양조효모의 선발을 비롯하여

그림 5-12. 감귤와인 제조시설(난지농업연구소), 감귤와인과 감귤막걸리

그림 5-13. 일본의 감귤와인

온주밀감주스를 이용한 발효주와 증류주 생산에 대한 연구가 진행되었다. 감귤와이너리에서 감귤와인과 감귤막걸리를 소량 생산하고 있다(그림 5-12). 그러나 유기산 함량이 높고, 정유(essential oil) 성분이 있어서 발효과정을 조절하는 일도 중요하다.

발효가 끝난 다음에는 병귤이나 청견과 같은 감귤의 향기성분을 첨가하여 보완할 필요가 있다. 일본에서는 다양한 종류의 감귤을 소재로 와인을 빚어 특산품으로 활용하고 있다(그림 5-13).

2.2 기타 과일주

국내에서 생산되는 과일주로는 포도주를 비롯하여 사과주, 복분자주, 배술, 머루주, 감와인 등 여러 종류가 시판되고 있다. 외국과 달리 특이한 점은 복분자주와 머루주가 많다는 점이다(제2장 술의 종류를 참조). 이는 다른 과일원료에 비하여 주스제조나 발효가 쉽고, 과일주로 대표되는 포도주와 차별화하여 틈새시장을 겨냥한 전략으로 보인다.

지역별로 주로 생산되는 과일을 원료로 착즙한 다음, 당 농도가 낮을 경우에는 설탕, 포도당, 물엿 등의 당을 첨가하여 당 함량을 조절하고, 알맞은 양의 미리 배양한

애플트리　캐나다 사과주　하와이 파인애플와인　키위와인

cherry wine　매실주　자두와인

그림 5-14. 기타 과일주

효모를 넣어 발효를 시킨다. 예를 들어 파인애플와인은 하와이나 오키나와에서 생산되고 있으며, 키위와인은 뉴질랜드 이외 일본에서도 생산된다(그림 5-14). 모든 과일주는 포도주의 제조방법과 유사하게 공정관리가 이루어진다.

3. 과실주의 상식

3.1 우리나라의 과실주

우리나라의 와인에 대한 기록은 고려 충렬왕 때 원나라 임금이 와인을 보내왔다는 내용과 충숙왕 때 안축이 지은 『근재집(謹齋集)』에 이름이 밝혀지지 않은 사람이 빚은 와인을 선물로 받고 읊은 시가 실려 있는 정도이며, 그 제조나 음용에 대한 내용은 거의 없는 상태이었다.

근대적인 와인의 역사는 조선 후기에 외국 선교사들이 미사에 사용하는 용도로 가지고 온 것이 처음이었다. 일반인들에게 와인이 소개되기는 대원군의 쇄국정책이 끝나고 문호가 개방되면서 들어오기 시작하였다. 외국사절들과 19세기 말부터 생겨난 서구적인 호텔들에 와인이 보급되었으나 그 양은 매우 적었다.

1977년부터 국내에서 지금과 같은 와인을 제조하여 판매하기 시작하였다. 그러나 개방화 이후에 국제 경쟁력이 떨어져 지금은 일부 국산 포도를 이용한 포도주 생산을 제외하고는 대부분 외국에서 포도주의 벌크 원액을 들여와 병입하는 것이 대부분이다. 국내에 유통되는 제품은 주문자 생산방식(OEM)에 의한 제조 또는 수입 완제품들이 많은 비중을 차지하며, 계속하여 소비가 증가하고 있다. 와인을 마시는 일도 식생활의 서구화, 경제적인 여유, 건강식품에 대한 관심 등으로 대중화되고 있다.

세계 포도주 생산의 80% 정도가 유럽에서 이루어지고 있고, 북남미가 14%, 아프리카 4%, 오세아니아 2%, 아시아가 1% 순이다. 최근 미국에서의 포도주 생산이 크게 증가하고 있다.

3.2 포도주의 기능성

프랑스는 영국이나 미국과 같은 다른 선진국에 비하여 심장질환(coronary heart disease, CHD)으로 인한 사망률이 낮다. 그 원인을 조사한 결과 버터의 섭취가 적고 빵, 채소, 과일, 치즈, 식물성 기름, 포도주의 섭취가 많은 지중해식 식사를 하는 것으로 확인되었다. 이 중에서 포도주의 높은 소비에 기인함에 따라 포도주가 CHD로 인한 사망률을 낮추는 데 기여하는 것으로 판단되었다. 이에 따라 포도주를 마시면 동맥경화가 감소하고, 수명이 늘어난다고 하였다. 이는 포도주에 많이 들어 있는 폴리페놀의 구성성분이 중요한 역할을 하고 있다.

폴리페놀은 식물체에 많이 들어 있는 물질로 1 kg의 식물체에 수 g 정도씩 들어 있다. 포도에도 많은 양의 폴리페놀이 들어 있다. 특히 적포도주에 폴리페놀이 많이 들어 있으며, 더욱이 발효 중에 원래 존재하지 않았던 새로운 폴리페놀 화합물이 생성된다. 포도주 중에서도 적포도주가 백포도주보다 2～3배 높은 폴리페놀 화합물이 들어 있다.

이에 관여하는 성분은 적포도주에 들어 있는 페놀계 화합물의 플라보노이드들로서 anthocyanin, catechin, flavonol, catechin의 oligomer인 procyanidin이나 그의 polymer인 tannin의 4가지로 나눌 수 있다(그림 5-15). 이들 물질은 항산화작용을 함으로써 세포의 산화적 공격에 대한 DNA 손상을 줄일 수 있다. 또한 resveratrol도 항산화작용과 종양 발생 및 진행에 억제효과가 있는 것으로 알려져 있다. 특히 이 물질은 이탈리아 Trentino 지방에서 생산된 적포도주에 많이 들어 있다. 이 화합물의 총량은 적포도주에 1～2 g/L이, 백포도주에는 0.2 g/L이 들어 있다.

폴리페놀의 기능은 혈소판 응집의 억제, 항염증제, 항균제, 중금속에 의한 독성의 억제 등의 다양한 활성을 가지고 있다. 이 중에서도 히드록실기(OH^-)가 유리 라디칼(free radical)의 생성을 억제할 수 있는 기능을 가지고 있다. 유리 라디칼은 세포 구

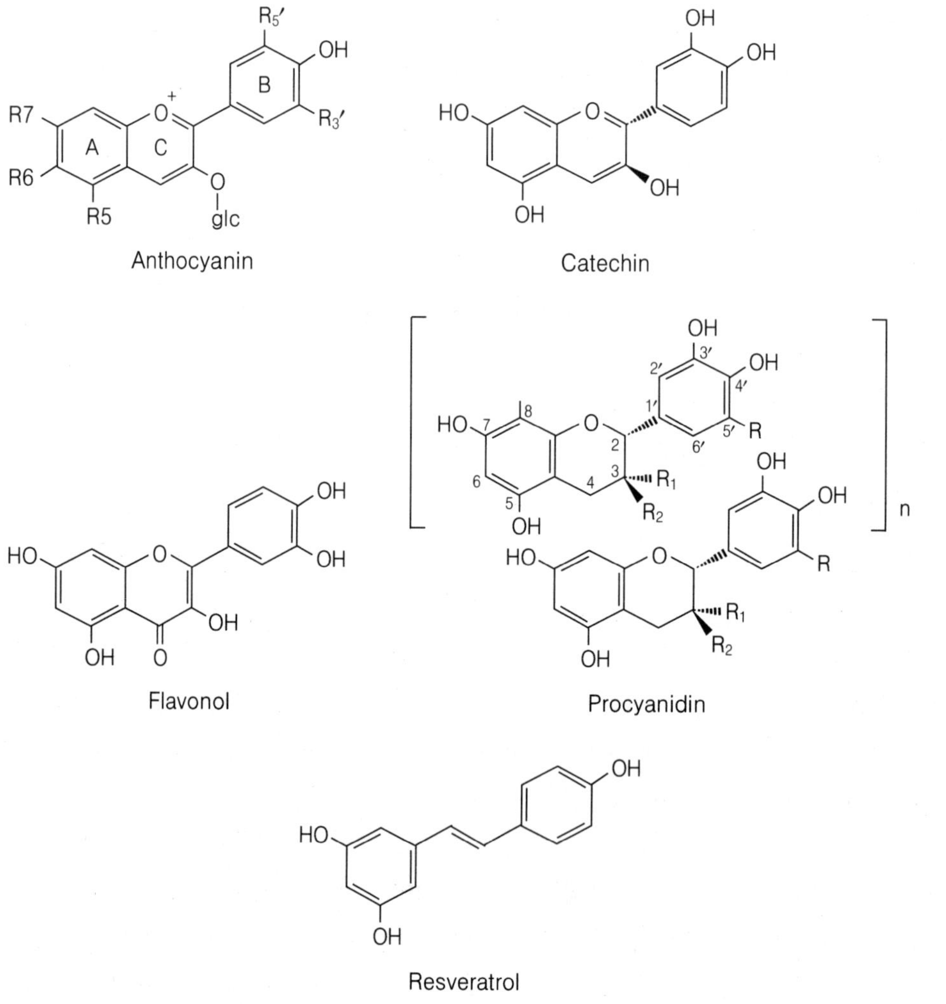

그림 5-15. 적포도주의 페놀화합물

성 성분에 손상을 입혀 국부적으로 조직 괴사를 일으킬 수 있는 반응성이 높은 물질이다.

유리 라디칼은 혈중에서 저밀도 지질단백질(low density lipoprotein, LDL)을 산화시켜 혈관 벽에 붙게 하여 동맥경화를 유도하며, 또한 노화를 유도한다. 따라서 폴리페놀이나 플라보노이드 배당체 등이 들어 있는 과일주나 사포닌 등이 함유된 인삼주 등에는 다양한 유리 라디칼 억제제들이 들어 있어 큰 도움을 줄 것으로 예상된다. 이것이 포도주를 섭취함으로써 수명연장의 효과가 나타난다는 이유도 된다.

인체에는 이러한 유리 라디칼의 독성을 억제할 수 있는 방어기구가 존재한다. 대표적으로 널리 알려진 superoxide dismutase(SOD)와 카탈라아제(catalase)를 비롯하여 글루타티온 퍼옥시다아제(glutathione peroxidase), 글루타티온 리덕타아제(glutathione reductase) 등이 있다. 알코올의 지나친 섭취는 이러한 방어기구의 활성이 감소하는 것으로 알려져 있으나, 알맞은 음주는 오히려 방어체계를 더욱 강화시켜 줄 수도 있다.

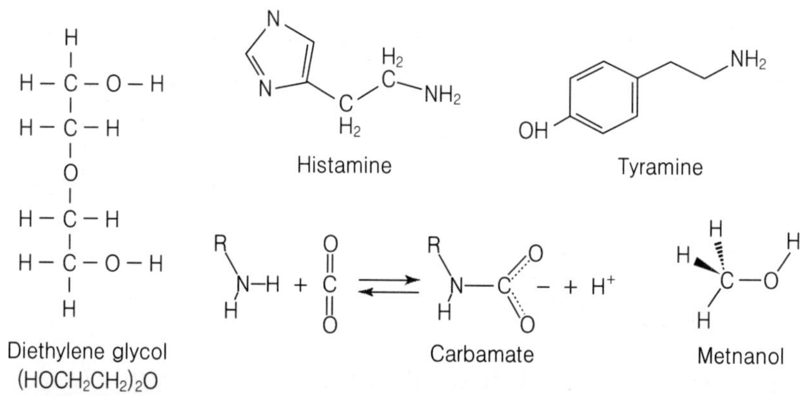

그림 5-16. 포도주의 유해성분

표 5-2. 일반적인 포도주의 성분 함량

	일반 포도주 (Table wine)		후식용 포도주 (Dessert wine)	
	White	Red	White	Red
수 분	87	87	76	74
에탄올	10	10	14	14
휘발성 성분	0.04	0.04	0.05	0.05
추출물질 합계	2.96	2.96	9.95	11.95
당(sugar)	0.38	0.05	7.87	9.77
펙틴관련 물질	0.3	0.3	0.25	0.25
글리세린 물질	1.1	1.1	0.9	0.9
유기산	0.7	0.83	0.5	0.5
회 분	0.2	0.2	0.2	0.2
페놀화합물	0.01	0.2	0.01	0.1
아미노산 및 관련성분	0.25	0.25	0.2	0.2
지방성분 및 터핀계 물질	0.01	0.02	0.01	0.02
기타 비타민 등 미량성분	0.01	0.01	0.01	0.01
합 계(%)	100	100	100	100

독이 되지 않을 정도의 유리 라디칼을 발생시켜 몸의 방어기구를 강화시켜 주는 것으로 백신과 비슷한 성격을 가지고 있어서, 독으로 독을 다스리는(以毒除毒) 방법이라고 할 수 있다. 따라서 오래 전부터 내려오는 민간의학 중의 하나인 알맞은 양의 음주가 건강에 도움이 된다는 사실이 신뢰성을 갖는다. 그러나 음주에 대한 개인적인 차이가 크기 때문에 알맞은 양을 단정하기 어렵다.

포도주에 해로운 성분으로는 적은 양이지만 펙틴 성분에서 유래되는 메탄올, 세균 증식을 억제하기 위하여 발효하기 전 원료에 아황산을 처리한 후에 남아 있는 SO_2, 그리고 ethylcarbamate(urethane), diethylene glycol(DEG), histamine, tyramine(그림 5-16) 등도 들어 있어서 지나친 음주는 피하는 것이 좋다. 포도주의 성분은 원료 품종에 따라 차이가 있어서 간단히 나타내기가 어려우나, 일반적인 성분 함량은 표 5-2에서 보는 바와 같다.

3.3 코르크 마개의 역할

와인, 브랜디 등에 사용하는 코르크(cork) 마개는 코르크나무인 *Quercus suber*의 나무표면의 껍질을 채취하여 살균과 탈색 등의 공정을 거쳐 만들어진다(그림 5-17). 포르투칼이 주 생산지이며, 스페인 등 지중해 지역의 국가에서 생산된다. 과거에는 코르크 조직을 통하여 외부로부터 서서히 공기가 침투되므로 약간의 산화작용으로 술의 숙성이 이루어진다고 생각하였다. 그러나 지금은 오히려 공기로 인한 술의 산패를 방지하기 위하여 제조 후의 처리나 병입할 때에 공기의 혼입을 줄이려는 노력을 하고 있다.

그림 5-17. 코르크 마개

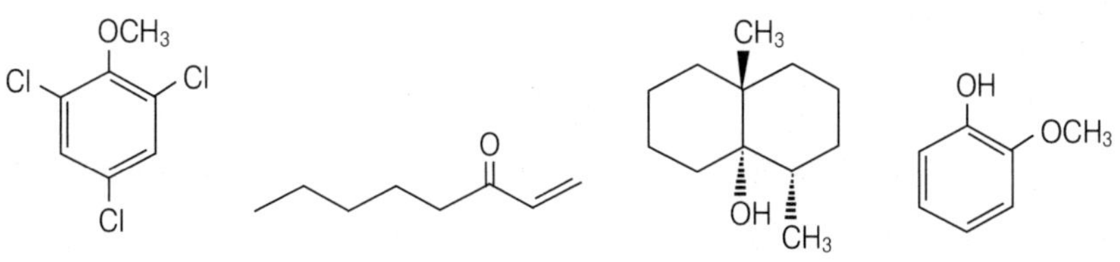

TCA 1-octen-3-one Geosmin Guaiacol

그림 5-18. 코르크 마개의 냄새성분

코르크 마개는 습기가 있는 지하에서 나는 곰팡이 냄새 외에도 흙냄새, 버섯냄새, 약간 산패한 기름냄새 등 이취(異臭)가 문제된다. 이 외에도 술이 새거나, 코르크 주변에 곰팡이 등의 미생물이 오염되거나, 또는 코르크 마개를 열 때 코르크 부스러기가 병의 입구에 묻어 있거나, 술에 섞이게 되어 술의 품질에 좋지 않은 영향을 미친다. 코르크를 사용한 포도주의 5% 정도가 품질에 심각한 영향을 주는 것으로 알려져 있다.

코르크 마개로부터 냄새 성분을 추출하여 분석한 결과 50여 종이 검출되었으며, 이 중에 좋지 않은 성분은 10개 미만이고, 주요 성분은 TCA(2,4,6-trichloroanisole, 그림 5-18)로 확인되었다. TCA는 매우 낮은 농도에서도 곰팡이와 버섯 같은 냄새가 나며, 코로 확인할 수 있는 최소농도는 약 10 ppt 정도이다. *Penicillium*, *Trichoderma*, *Aspergillus* 등의 곰팡이에 의해 나무성분인 trichlorophenol이나 lignin 분해물질로부터 습하거나 온도가 높을 때 많이 만들어진다. TCA 외로 1-octen-3-one, 1-octen-3-ol, 2-methylisoborneol, geosmin, guaiacol 등이 코르크에 좋지 않은 냄새를 갖게 하는 성분이다.

코르크 대신에 스크루 캡(screw cap)을 사용하면 문제를 해결할 수 있으나 '싸구려 술'이라는 소비자의 인식으로 다른 종류의 마개로 바꾸기가 어렵다. 코르크에 의하여 이취가 발생하는데도 불구하고 아직도 포도주, 브랜디, 샴페인 등의 고급 과실주에 코르크를 사용하는 이유는 전통적으로 내려오는 고급술에 대한 이미지 때문이다.

손님을 초대한 식탁이나 고급 음식점에서 cork opener를 사용하여 코르크 마개를 열어서 대접하는 절차가 품위 있는 식사 분위기에 어울린다는 전통은 아직도 바꾸기 어렵다. 코르크에서 오는 냄새를 방지하기 위하여 왁스, 플라스틱, 실리콘 등으로 표면코팅을 하거나 ethylene vinyl acetate의 중합체를 이용하여 코르크 마개 모양으로 만든 인조 코르크를 사용하는 방법이 일부 이루어지고 있다.

3.4 와인의 감별

와인(wine) 잔 모양을 보면 투명한 유리로 튤립 꽃 모양의 부분과 손잡이가 달려 있는 것이 보통이다. 마치 여자의 젖가슴처럼 풍만하고 볼록하다. 이것은 와인의 색깔과 향미를 충분히 즐길 수 있게 하기 위한 것으로, 잔의 밑부분을 가볍게 잡고 마신다. 공기와의 접촉과 순환이 커지면 포도주의 향미가 쉬 잃어버리기 쉽다. 저장고에서 꺼낸 와인 병은 얼음으로 채워진 통에 놓여지고, 코르크 마개를 돌려 따고는 잔에 와인을 따를 때는 ⅔ 정도를 따르는 것이 일반적이다(그림 5-19).

귀한 명주(銘酒)인 경우에는 큰 잔에 3~4스푼 가량을 따르는 것이 보통이다. 잔을 받을 때는 잔에 손을 대지 않고 다 따를 때까지 기다리는 것이 서양식 에티켓이지만, 우리나라에서는 잔을 손으로 들어서 받는 것도 무방하다. 먼저 눈으로 즐기는 것이 중요하다. 미묘한 금색이 나는 화이트 와인과 분홍색의 로제 와인, 그리고 검붉은 레드 와인은 각기 맑고 빛이 난다. 크리스털처럼 투명한 유리잔에 담긴 와인을 보는 즐거움은 와인을 즐길 줄 아는 사람이 아니면 느낄 수 없다.

유리잔을 원형으로 천천히 흔들어서 와인을 잔의 내부에 묻힌다. 잔의 내면을 타고 흘러내리는 와인을 보면 마치 바닷가에서 밀려오는 파도를 바라보는 것 같은 부드러운 율동을 느낄 수 있을 것이다. 맨 처음은 **잔을 밝은 방향으로 향하게 하여 45° 가량 기울게 하고 색깔을 본다**. 좋은 포도주는 맑음・밝기・윤택함 등이 좋으며, 탁하

그림 5-19. 와인을 따르는 방법

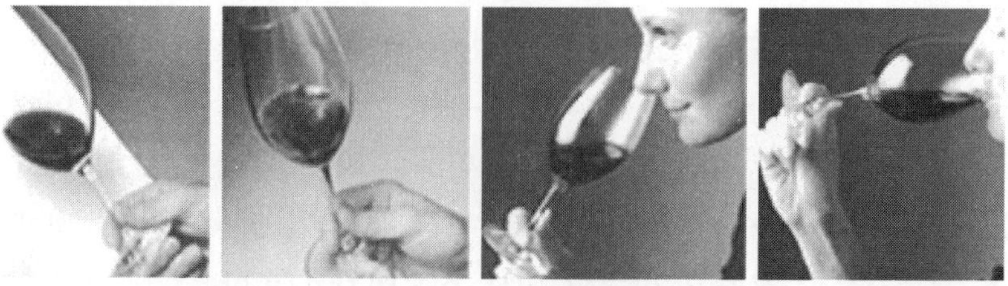

그림 5-20. 와인의 감별

고 윤택함이 없거나 색깔이 좋지 않은 것은 좋은 와인이 아니다(그림 5-20).

두 번째는 **향기를 즐긴다.** 잔을 코끝에 가까이 대서 잔에서 자연스럽게 올라오는 냄새를 맡는다. 잔에 괴어 있는 향기를 들이키게 되면 전체적인 향을 음미할 수 있다. 원래부터 포도에 들어 있는 과일 향과 발효나 숙성과정에서 생성된 부케(bouquet)가 조화를 이룬 와인의 은은한 향기는 술꾼을 유혹하기에 부족함이 없을 것이다.

신선하고 상쾌한 느낌을 주는 것이 좋은 와인이다. 우선 눈높이로 올려 색깔과 맑은 정도를 본다. 색깔이 혼탁하거나 침전물이 있으면 좋지 않다. 다음에는 향기를 맡기 위하여 잔을 가볍게 흔들어 공기가 충분히 술 속으로 들어가 향기가 밖으로 나오도록 한 다음, 코에 대고 냄새를 맡는다. 과실의 특유한 향이 살아 있어야 좋은 술이다.

세 번째는 **와인을 10 mL 정도 입에 넣고 음미한다.** 와인을 한 모금을 입 안에 머금고 혀를 돌려서 구석구석까지 퍼지게 하고 맛을 음미한다. 맛도 혀끝에 닿을 때의 맛과 입 속에서 느껴지는 맛, 그리고 목으로 넘어갈 때 느껴지는 맛들을 모두 음미하는 것이 와인의 올바른 감상법이다.

처음에는 단맛이 느껴지고, 그리고 신맛, 떫은맛이 어느 정도인지를 느껴본다. 술이 어느 정도 센지(강도), 맛의 정도가 어떤지를 느낀다. 와인이 입 안에 있는 채로 숨을 내쉬어 코에 닿는 향기를 느낀다. 마지막으로 와인을 빈 잔에 뱉어 버리고 나서 입 안에 남아 있는 신맛, 떫은맛의 정도가 얼마인지를 확인한다. 신맛, 떫은맛, 씁쌀한 맛, 단맛이 고루 어우러져 조화를 이루고 있는 와인의 맛은 와인의 종류마다 기준이 다르다. 즉, 화이트 와인은 신맛이 세고, 레드 와인은 떫은맛이, 그리고 아이스 와인(ice wine)은 단맛이 많다.

와인을 마시는 것은 그의 향기·색깔·맛 등을 음미하기 위한 것이므로 보통 단숨에 마시지 않고 4번 가량 나누어 마신다. 그래서 와인을 마실 때는 한 모금을 들이킨 후 입 안에 잠시 동안 머금어서 충분히 맛을 음미한 후에 목으로 넘기는 것이 좋다. 음식을 입에 넣고 와인과 함께 씹어도 좋은 맛을 느낄 수 있을 것이다.

와인을 마시는 최후의 단계는 **뒷맛을 감상한다.** 마신 다음에 입 안에 남아 있는 향기와 유기산, 탄닌 등의 성분이 균형이 잘 어우러진 것일수록 뒷맛이 좋기 때문이다. 와인을 감별할 때는 모든 특성을 알아내야 하는데 색(appearance)·향(bouquet)·맛(taste)의 3가지가 기본 요소이다. 여기에 덧붙여 뒷맛과 균형이다. 포도주 중에는 숙성을 시키지 않고 새로운 술에 가까운 신선미를 가진 색다른 포도주가 보조레이(Beaujolais)이다. 이 술은 오래 숙성되지 않았으므로 빛깔이 곱고 신선미를 가지고 있는 것이 특징이다.

3.5 포도주를 마시는 방법

와인은 식욕을 돋우고 로맨틱한 분위기를 연출하는 데는 그만이다. 고기요리에는 적포도주, 굴이나 생선요리에는 백포도주가 잘 어울린다. 그러나 '육류 중에서도 송아지고기, 닭고기 등 흰 살이 많은 경우에는 백포도주가 잘 맞는다'는 이야기도 있다. 맛이 강한 요리에는 풍미가 강한 적포도주를 함께 하면 좋고, 담백한 요리에는 산뜻한 백포도주가 알맞다고 보면 좋다.

포도주를 제대로 즐기려면 잔의 ⅔ 정도만 붓고 마셔야 한다. 더운 여름이라고 하더라도 포도주에 얼음을 넣으면 특유한 향기와 빛깔이 나빠진다. 포도주를 첨잔하여 마시는 것도 삼가야 한다. 마실 때 포도주의 온도는 마시는 사람의 느낌이 가장 중요한 기준이 된다. 일반적으로 백포도주는 냉장고에 2～3시간 정도 보관하여 10～12℃로 조금 차갑게 마시는 것이 좋다. 그러나 적포도주는 냉장고에 보관하면 맛을 잃을 경우가 많다. 17℃ 정도를 유지해야 하므로 서늘한 곳에 보관해야 한다. 온도가 알맞게 맞추었더라도 잔에 따르면 금방 온도가 올라가므로 마실 때 글라스의 줄기를 잡는 것이 좋다.

마시고 남은 와인은 작은 병에 옮겨서 병의 목까지 따른 후 마개로 완전히 밀봉하는 것이 좋다. 와인이 공기에 닿으면 산화가 진행되므로 이를 방지하기 위한 방법이다. 거품이 많은 스파클링(sparkling) 와인은 마시다 남기면 김이 빠지지만, 대부분의 와인은 며칠 정도 보관해도 괜찮다. 남은 와인은 소다수·레몬 등을 넣어 칵테일을 만들거나, 요리에 조금 넣어 향미를 돋우는 데 사용하는 것은 생활의 지혜이다.

3.6 샴페인을 마시는 방법

샴페인(champagne)은 마시기 전에 차게 한다. 30분 전에 얼음통 사이에 담그는데, 5～8℃ 정도로 차게 되었을 때 마개를 딴다. 냅킨으로 병을 싼 다음 헝겊 끝을 가볍게 마개를 걸고, 철사를 풀어 마개를 뺀다. 코르크 마개를 펑하고 날리는 것은 좋지 않으며, 마개를 빼는 앞쪽에 사람이 없는 것을 확인한다.

술잔에 가득 따르지 말고 잔의 ⅔ 정도만 따른다. 병을 되도록 흔들지 않는다. 거품이 지나치게 많이 나면 우선 조금만 따르고 잠시 후에 따른다. 술잔에 얼음을 띄우지 않는다. 병 윗부분에 있는 라벨은 절대로 떼어내지 않는다. 손님에게 그 샴페인의 종류를 알려야 한다. 샴페인을 보관할 때는 포도주의 경우와 마찬가지로 병 입구를 조금 아래로 뉘어 둔다.

4. 민속주

민속주는 쌀로 빚은 순수한 양조주로서 우리나라 고유의 전통주이다. 청주(淸酒)는 우리 조상들이 직접 빚어 마셨던 술로서 '맑은 술'을 뜻한다. 막 걸러낸 탁주에 비교되어 붙여진 이름으로 청주는 달고・시고・맵고・쓰고・떫은 다섯 가지 맛이 조화된 감칠맛이 특징이다. 은은한 맛과 향은 물론 마시는 법에서부터 마시는 분위기에 이르기까지 어느 술보다도 가장 한국적인 정취를 자아내는 술이다.

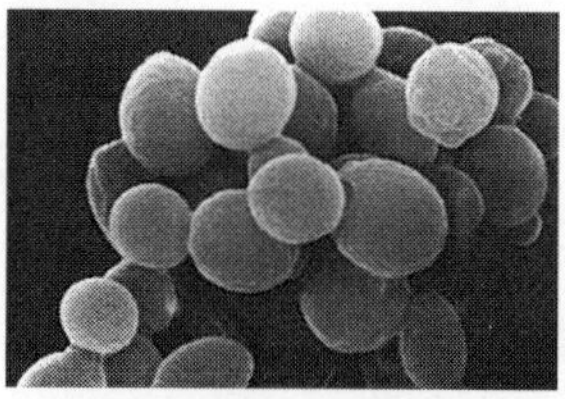

청주는 쌀을 원료로 하기 때문에 쌀녹말을 황국균(*Aspergillus oryzae*)이 분비하는 액화효소와 당화효소에 의하여 당화시킨 당화액을 **청주효모**(*Saccharomyces sake*, 사진)에 의하여 발효시킨 다음 제성한 병행복발효주이다.

청하・경주법주 등이 여기에 해당되며, 각 지역별로 전승된 제조방법에 따라 민속주로 개발하여 많은 종류가 시판되고 있다. 제주지역의 경우 우리농산물영농조합법인에서 차좁쌀과 쌀을 원료로 한 좁쌀약주인 '오름의 샘'을 생산하였다. 양조기술의 발달과 더불어 약주나 청주는 투명도가 매우 높은 맑은 술로 시판하고 있다. 그러나 값싸게 빨리 취할 수 있는 소주와 마시기 쉽고 깨끗한 맥주에 밀려 청주는 소비에 제한을 받고 있다.

4.1 민속주의 특성

오랜 역사와 독창적인 문화를 가진 우리만의 독특한 민속주가 있었다. 민속주는 지리적・문화적 차이로 서구의 술과는 크게 다르고, 중국과 일본의 술과는 비슷한 점이 많다. 서양의 술과 동아시아 3국의 술이 다른 것은 누룩 때문이다. 맥주・위스키 등은 맥아(麥芽)로 녹말을 당화시킨 후 술을 빚는다. 그러나 동양의 술은 누룩으로 빚는다. 누룩은 밀이나 쌀과 같은 곡류를 분쇄하여 물로 반죽한 다음 성형하여 곰팡이가 잘 자라도록 발효시킨 것이다.

일본술은 쌀누룩을 사용한 술이며, 중국과 우리나라는 밀누룩을 주로 사용한다. 또한, 발효원료로서 중국은 찹쌀을 주로 쓰고, 일본은 멥쌀만을 사용하여 술을 빚는다. 우리는 쌀과 찹쌀, 잡곡들을 다양하게 함께 사용하여 술을 빚는다. 이러한 우리의 민속주는 지금까지 제조법이 전하는 것만도 약 300여 가지에 이른다. 우리 누룩이 일본의 코지(koji)와 다른 점은 곡류를 조분쇄(粗粉碎)하여 살균하지 않고 생녹말을 그대로 사용한다.

코지는 누룩의 일본말로서, 어떤 특정 원료에 국균을 번식시켜 효소를 생산하는 기술 또는 물료를 말한다. 코지용으로 사용하는 곰팡이는 *Aspergillus*속에 해당하는 균주로서 대표적인 모양은 그림 5-21에서 보는 바와 같다. 원료에 따라 미국(米麴)·맥국(麥麴)·피국(皮麴) 등으로, 사용하는 균종에 따라 황국·백국·흑국 등이 있다. 또한, 형태에 따라 고체국이나 액체국으로, 사용목적에 따라서 청주국·소주국·간장국 등으로 분류할 수 있다. 청주용 코지의 제조과정은 그림 5-22에서와 같다.

국내 주세법에서 국(麴)은 우리나라 고유의 전통적인 누룩과 양조원료에 곰팡이를 번식시킨 입국, 그리고 1960년대 이후에 개발되어 사용하고 있는 조효소제와 정제효소제 등이 있다. 누룩을 일정한 크기로 만들어 자연적인 발효상태에서 제조하기 때문에 곰팡이, 효모, 세균 등의 많은 종류의 미생물이 같이 자라게 된다. 따라서 우리의 누룩은 곡류에 들어 있는 당분을 당화시키기 위하여 곰팡이에 의하여 분비되는 당화효소의 역할과 효모에 의한 알코올 발효의 역할이 같이 이루어지기 때문에 누룩만으로 민속주의 양조가 가능하였다.

민속주를 빚기 위하여 먼저 누룩을 잘 빚어야 한다. 밀을 부수어 물과 함께 반죽하여 덩어리지게 한 다음 6개월 정도를 발효시키면 누룩 속까지 곰팡이가 핀다. 밀에는

Aspergillus 속　　*A. niger* (흑국균)　　*A. oryzae* (황국균)

그림 5-21. 대표적인 코지용 균주

고두밥 냉각　　황국균 접종　　코지 냉각

그림 5-22. 코지의 제조 예

무기물을 비롯한 영양원이 많아 미생물이 자라기에 알맞다. 이렇게 만든 누룩과 쌀, 보리 등의 곡물원료를 찐 다음 한꺼번에 버무려 물과 함께 옹기 독에 넣어 발효시키면 짧게는 3일, 길게는 100일 정도 지나면 찌꺼기가 가라앉고, 술독 표면에 맑고 노른 물이 떠오른다. 이것을 떠내면 알코올 함량이 16% 정도의 청주가 된다. 남은 찌꺼기에 물을 타서 체에 걸러내면 탁주(막걸리)가 되고, 소주고리에 증류해 내면 소주가 된다.

유명한 약주로는 백하주·호산춘·소곡주 등이 있고, 막걸리로는 숟가락으로 떠먹어야 할 정도로 진한 이화주·산성막걸리가 유명하였다. 소주로는 평양소주, 이강주, 안동소주, 제주의 고소리술 등이 유명하였다. 우리 민속주는 신맛과 단맛이 어우러져 마시기 좋고, 독특한 과실 향이 난다.

우리 민속주의 특성은 무엇인가. 우리 조상들이 술에 대한 독특한 생각과 가양주 문화에 있었다. 우리 조상들은 민속주를 단순한 기호음료가 아니라 음식이라고 생각하였다. 술이 음식이기 때문에 5가지 맛이 조화된 맛있는 술을 좋은 술이라고 하였다. 또한, 술은 음식이기에 지나치지도 모자라지도 않게 먹는 것이라고 생각하였다. 외국과는 달리 술을 '마신다'는 외에 '먹는다'는 말이 생긴 듯하다.

따라서 외국과는 달리 산업적인 양조보다는 집에서 담가 마시는 가양주 문화가 발달하였고, 다양한 술들이 전해왔다. 또한, 우리 민속주의 특징은 기능성이 뛰어나다는 점이다. 우리 민족의 뿌리 깊은 '음식이 곧 가장 좋은 약'이라는 생각이 술에도 적용되어 술 자체를 약으로 쓰기도 하였으며, 부원료로 생약재를 사용한 약주가 발달하였다. 생약재의 고유한 약효 외에도 순환기 질환과 암 등에 작용하는 전통 누룩과 민속주의 기능성이 입증되고 있다.

4.2 탁주의 역사

탁주는 우리의 토속주로서 도시의 서민층과 농민에게까지 널리 마시는 술이다. 막걸리는 예로부터 가정에서 만들어 즐겨 마셔왔기 때문에 각 가정마다 독특한 방법으로 만들어졌다. 그 맛이 다양한 특징을 가지고 있었으며, 대중주로서의 위치도 오랫동안 유지되어 왔다. 우리의 조상들은 술을 빚을 때는 다음과 같은 점 등이 중요하게 여겨져 왔으며, 기술이 발달된 지금도 그 원리는 변하지 않았다.

① 원료의 선택
② 누룩을 만드는 시기(온도 조절이 어려웠기 때문에)
③ 술을 담글 때의 청결(잡균방지)

④ 좋은 물(오염방지)
⑤ 깨끗한 용기의 사용(오염방지)
⑥ 온도관리

우리나라는 예로부터 벼농사를 주로 해왔기 때문에 쌀과 누룩을 원료로 하는 쌀술이 발달하였다. 따라서 탁주의 정확한 기원은 분명하지 않으나, 오랫동안 약주와 탁주의 구별은 없었다. 막걸리라는 이름은 '마구 걸렀다'는 뜻에서 유래한 듯하다. 이 외에도 막걸리는 각 지방의 사투리로 대포, 막걸리, 모주, 왕대포, 젓내기술(발효가 끝나 처음 걸러낸 술, 논산), 탁배기(제주), 탁주배기(부산), 탁쭈(경북)라는 이름으로도 불리었다.

막걸리에는 이름도 많다. 희다고 하여 백주(白酒), 탁하다 하여 탁주(濁酒), 집집마다 담가 먹지 않은 집이 없다 하여 가주(家酒), 농사를 지을 때 새참이라 하여 농주(農酒), 제사 지낼 때 제사상에 올린다 하여 제주(祭酒), 백성이 가장 많이 즐겨 마신다 하여 향주(鄕酒), 나라를 대표하는 술이라 하여 국주(國酒)라고도 하였다.

탁주는 원래 찹쌀이나 쌀을 원료로 하여 발효제로서 누룩을 사용하여 만들었다. 그러나 1963년부터는 정부의 식량정책으로 원료를 쌀에서 밀가루, 옥수수가루로 대체하게 되었다. 더욱이 제조자들은 손쉬운 제조방법과 제조원가 절감 등을 목적으로 제조방법을 변형하거나, 제조기간을 단축하는 등 정상적인 주질 관리를 하지 않아 탁주의 고유한 풍미를 잃고 말았다.

1980년에 쌀막걸리의 생산이 허용되면서 후발효에 의한 탄산가스의 발생을 억제하여 유통기간의 한계성을 극복하기도 하였다. 그리고 산도 유지와 보존기간의 연장 등이 가능한 기술이 개발되어 품질이 향상되었다. 그리고 플라스틱 용기의 도입으로 상품성 제고와 이미지 개선의 기회를 갖게 되었다.

막걸리는 중세 유럽에서 호프를 사용하지 않고 빚은 맥주와 많은 공통점을 가지고 있다. 곡류를 사용하여 빚으며, 알코올 농도가 낮고 탄산가스가 들어 있다. 독일 남부에서는 밀로 빚은 맥주가 건강에 좋다고 즐겨 마신다. 막걸리를 현대적인 기술과 접목시킨다면 세계적으로 경쟁력이 있는 한국적인 맥주를 만들 수도 있을 것이다.

4.3 동양 민속주의 차이점

동양 3국의 술은 누룩과 곡물을 사용한다는 점에서는 모두 비슷하며, 대체로 비슷한 맛을 가지고 있다. 그러나 누룩을 크게 나누면 밀을 껍질이 있는 채로 분쇄하여 메주처럼 덩어리로 만들어 찐 다음 띄운 막누룩, 그리고 찐 쌀알에 곰팡이를 띄운 쌀알흩임(koji) 누룩이 있다. 누룩의 종류에 따라 술맛과 그 성질이 달라진다.

껍질을 벗긴 쌀알을 쪄서 흩어놓은 채로 띄우면 *Aspergillus oryzae*라는 곰팡이가 잘 자란다. 밀을 부수어 단단하게 만든 막누룩에는 *Rhizopus* 속의 곰팡이가 잘 자란다. 따라서 *A. oryzae* 곰팡이를 사용한 일본식 청주는 독특한 맛을 가지고 있어서 데워 마실 때 더 맛이 좋다.

막누룩에는 *Rhizopus* sp., 유산균(*Lactobacillus* sp.), 효모 등 다양한 미생물이 번식하여 복잡하고 미묘한 맛이 난다. 여러 미생물의 증식에 의해 양조되는 민속주는 복합적인 향과 냄새를 나타내어 데워 마시기보다는 차게 해서 마실 때 제대로 맛이 난다. 쌀알만을 가지고 만든 일본식 청주는 단순하고 가벼운 맛을 느끼게 된다. 이에 비하여 단백질, 지질, 무기질을 포함한 껍질을 그대로 사용하여 여러 가지 미생물이 자란 막누룩으로 만든 민속주는 매우 복잡하고 다양한 맛을 가지게 된다.

백제의 인번이 일본에 양조기술을 전하였는데, 이때의 누룩은 남방계통의 흩임누룩이었다. 신라계의 막누룩과 백제계의 흩임누룩이 함께 일본에 전해졌으나 일본의 고온 다습한 기후와 쌀이 흔한 탓에 막누룩은 사라지고 흩임누룩이 일본술의 주를 이루게 되었다.

중국 청주도 막누룩을 사용하는 점에서는 민속주와 거의 비슷하며, 민속주는 일본 청주보다 중국식 청주에 더 가깝다고 할 수 있다. 다만 추운 북방은 물론이고 남방에서도 기름진 음식과 함께 하기에 좋은 증류주가 발달하여 상대적으로 청주의 발전은 크지 않았던 것 같다. 중국식 청주는 '노주(老酒)'라고 하여 누룩냄새가 많이 나고, 오래 묵혀 진한 맛을 가진 것이 특징이다. 이에 비하여 우리 전통 청주는 누룩 속에 자생하는 유산균에 의한 젖산발효를 유도하여 신맛과 단맛이 강한 것이 다르다.

우리나라 술의 기원은 고구려 초기부터 전해오고 있으며, 삼국시대에 이미 누룩을 사용하였다는 기록이 있다. 조선시대에서 약주는 찐 찹쌀과 분국(粉麴)으로 술밑을 만든 후 본 담금을 하여 알코올 함량 16% 내외의 맛이 조화된 술을 빚어 마셨다. 해방 후 식량사정이 나빠져 1964년 양곡관리법을 제정하였다.

약주와 탁주의 제조 원료로서 쌀의 사용을 금지하여 주로 밀가루를 사용하였기 때문에 전통적인 제조기술의 전래가 어렵게 되었다. 1989년에 양곡관리법이, 그리고 1990년 주세법의 개정으로 쌀을 양조 원료로서 이용하게 되었다. 1980년대에 들어서서 우리나라 민속주의 역사성과 문화재적 중요성이 인식되어 민속주에 대한 면허를 허용함에 따라 1990년 문배주와 안동소주가 증류식 소주로서 다시 빛을 보게 되었다.

4.4 전통누룩

누룩의 기원은 한약의 일종인 신국(神麴)에서 유래된 것이라고 한다. 원료는 주로 밀이며, 이 외로 보리, 옥수수, 콩, 팥, 귀리 등을 섞어 만들기도 한다. 누룩을 만드는 지방에 따라 그 형상, 크기, 품질 등이 각각 다르다. 누룩은 분국(粉麴)과 조국(粗麴)으로 나눈다. 분국은 약주, 합주, 과하주 등을 제조하는데 사용하는 것으로서 밀을 가루로 빻아 만든다. 밀기울이 섞이지 않도록 순 밀가루로 만든 백국(白麴)도 있다.

조국은 탁주와 약주의 제조에 사용하는 것으로서 약간 거칠게 부순 밀로 만든다. 소주용에는 증류과정에서 증류탑에 눌어붙지 않도록 밀을 굵게 부순 다음 제조함으로써 탁주용 조국과 구분된다. 또한, 탁주용 조국은 분쇄한 밀에서 밀가루를 분리함으로써 녹말을 줄이거나 밀기울을 혼합하여 제조하였다. 소주용 누룩은 밀 외에 옥수수, 콩, 팥, 보리 등을 혼합하여 제조하기도 한다.

누룩을 만들 때는 분쇄한 밀에 알맞게 물을 가하여 잘 비벼서 보자기에 쌓아 누룩 성형틀에 밟아 굳힌다. 보자기를 빼고 곡자실이나 광에 알맞게 배열하여 짚이나 쑥 등 생초로 싸서 자연적으로 누룩균이 잘 자라도록 한다. 누룩균이 자라면 덮은 풀을 걷어내고 배열 간격을 넓게 하여 서서히 건조시키면서 제국하는 방법으로 제조기간은 짧게는 1주일, 길게는 40일 이상 걸린다.

전통누룩의 발효에 관여하는 미생물은 *Rhizopus* sp., *Mucor* sp., *Absidia* sp., *Monascus* sp. 등의 곰팡이이다. 미생물의 분류학적으로 *Phycomycetes*가 주요 균이며, *Ascomycetes* 속에 속하는 *Aspergillus* sp., *Penicillium* sp., *Rhizopus* sp. 등의 곰팡이에 의하여 호화된 쌀녹말의 액화와 당화과정이 주로 이루어지며(그림 5-23), 여러 종류의 *Saccharomyces* sp. 효모가 알코올 발효에 관여한다.

누룩은 자연발효 상태에서 미생물을 증식시킨 것으로, 경우에 따라 당화력이 낮고 발효력이 조금 떨어지는 단점이 있다. 누룩의 단점을 보완하기 위하여 저온담금법(2~3단 담금)이 이루어졌으며, 각종 가향(加香) 약용재료 또는 식용재료를 부원료로

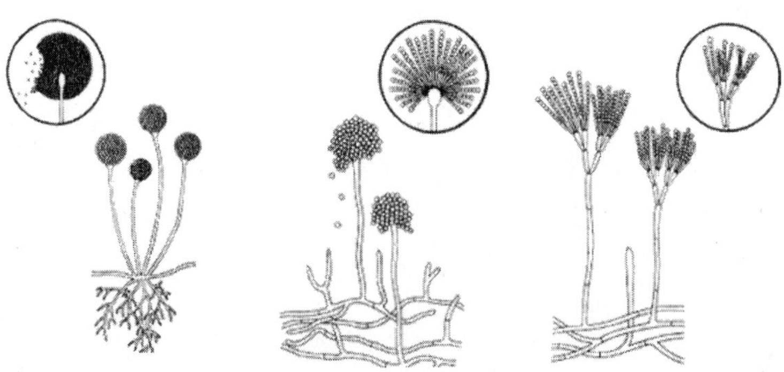

그림 5-23. 누룩곰팡이

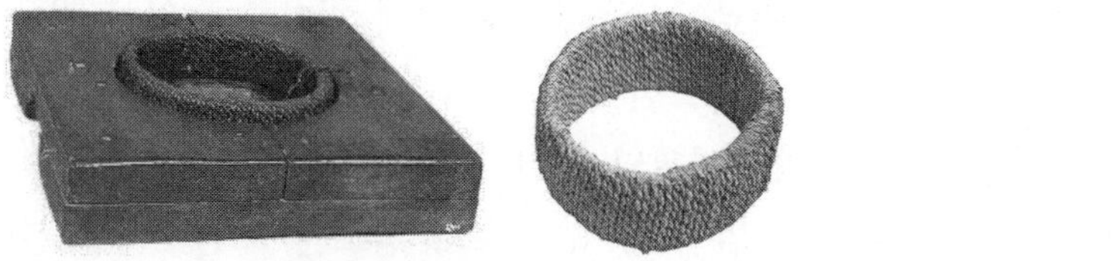

누룩틀과 누룩고리

누룩제조

전통누룩

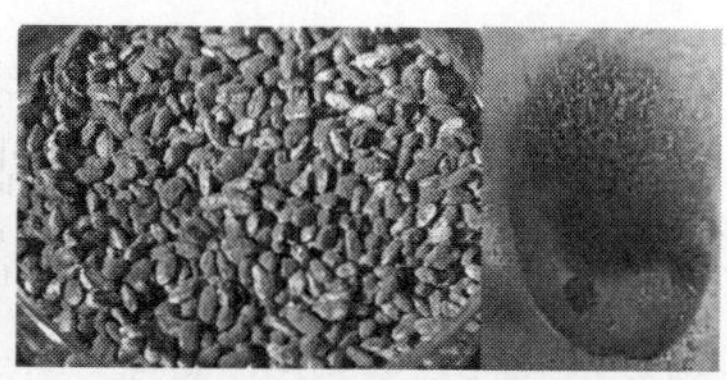

아와모리소주용 코지

그림 5-24. 누룩제조와 형태

첨가하여 다양한 풍미를 갖는 술을 양조하였다. 전통누룩의 형태는 원형, 구형, 사각형, 요철형, 장방형 등으로 지역과 용도에 따라 다양하다. 누룩의 1개 무게는 크게는 700～800 g의 것이 많으나, 평안북도의 누룩은 350～640 g의 무게로 다양하다(그림 5-24).

현재는 예전부터 내려오는 곡자(누룩), 일본식 입국(粒麴, koji), 1960년대 이후에 사용되고 있는 분곡이 있다. 1970년대 이후에는 일부 정제된 효소도 사용하게 되었다. 그러나 현재는 과거의 다양하고 우수했던 곡자를 찾아보기 어렵게 되었고, 대부분 몇 개의 곡자회사에서 제조한 누룩으로 단순화되었다. 시중에는 아직도 가정용으로 만든 곡자가 팔리고 있다. 소주용 곡자는 해방 전부터 흑국곡자로 변했다가, 현재에는 조효소로 거의 전량 대체되었다. 탁주와 약주에는 곡자, 조효소제, 정제효소와 함께 각 양조장에서 입국을 띄워 사용하고 있다.

입국은 일본식 흩임누룩으로 종균을 입혀 생성된 구연산과 당화력을 활용하는 것이다. 조효소제는 재래누룩의 주요 균인 *Rhizopus*, *Aspergillus usami*, *Asp. oryzae* 등의 균을 배양하여 당화력을 높인 것으로, 자연누룩의 복잡한 맛과 당화력을 동시에 추구한 것이다. 누룩원료의 종류는 밀, 쌀에 밀가루를 입힌 것을 보통 사용하며 녹두, 찹쌀, 보리 등이 쓰이기도 한다. 효모원은 공기, 도꼬마리, 보릿짚, 볏짚, 뽕나무, 쑥, 상주, 연꽃, 솔대의 잎, 여뀌의 어린잎, 솔잎 등이 있다. 원료의 증자 여부는 볶은 것, 찐 것, 살짝 찐 것, 날밀이 있다. 원료의 입도는 12할부터 미분(微粉)까지로 하였다. 부원료의 종류에는 뽕나무잎, 쑥, 수유를 달인 즙, 복숭아씨 분말, 살구씨 분말, 참외 분말 등이 있다.

젊은 세대에서는 누룩에서 유래되는 냄새를 싫어하는 경향이 많아짐에 따라 누룩의 사용량을 줄이거나 효소제를 이용한 청주의 제조도 이루어지고 있다. 주정발효에서는 발효원인 녹말을 당화시키기 위하여 효소제가 이용되며, 백세주의 경우에도 효소제가 이용된다. 이에 따라 전통누룩의 형태를 벗어나 펠릿(pellet) 형태로 하여 당화력이 우수한 균주를 배양하거나, 분쇄한 맥아에 당화균을 접종하여 사용하는 방법도 고안되고 있다.

4.5 양조용 효소

녹말을 원료로 하여 포도당, 과당, 맥아당 등을 제조하는 전분당공업에서 사용되는 효소는 식품공업용 효소시장의 약 60%를 차지한다. 효소의 제조공정은 액화, 당화, 이성화공정으로 구분할 수 있다. 이때에 사용되는 α-amylase, glucoamylase 등은 국내에서 생산된 효소를 이용하고 있으나, 내열성 α-amylase와 이성화효소 등은 수입에 의존하고 있다.

양조공업에서는 α-amylase, glucoamylase, glucanase, protease 등이 주로 사용되며 cellulase, pullulanase, pentosanase 등이 보조적으로 사용된다. 주정용 효소의 대부분은 조효소(crude enzyme)의 형태로 사용되며, 식품용 효소시장의 약 30%를 차지한다. 양조용 또는 녹말당 공업용으로 이용되는 효소에는 사상균 유래의 α-amylase, glucoamylase와 점도를 떨어뜨리기 위한 세균성 α-amylase 등이다. 녹말의 구조와 여러 가지 아밀라제에 의한 효소작용 양식은 그림 5-25와 같다. 액화용으로 이용되는 α-amylase의 생산균주는 다양하지만, 이 중에서 중요한 균주는 *Bacillus amyloliquefaciens, B. licheniformis* 및 *Aspergillus oryzae*이다.

당화용 효소에는 glucoamylase(α-1,4-glucan-glucohydrolases), β-amylase(α-1,4-glucanmaltohydrolases), pullulanase, isoamylase 등과 같은 1,6-glycoside-splitting enzymes 등이 있다. β-amylase의 생산균주로는 *Bacillus polymyxa, B. cereus, B. megaterium, Streptomyces* sp., *Pseudomonas* sp., *Rhizopus japonicus* 등이 알려져 있다.

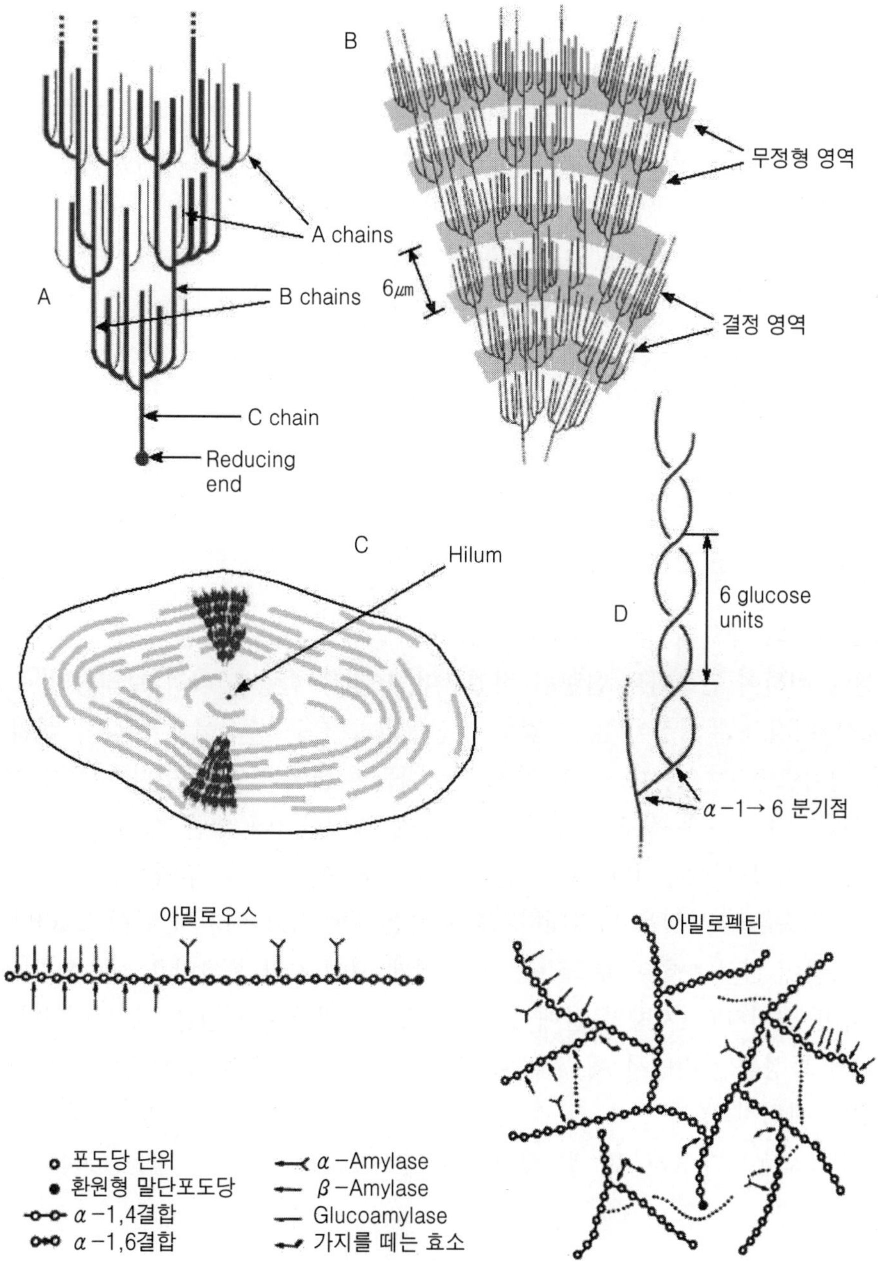

그림 5-25. 녹말의 구조와 여러 가지 아밀라제에 의한 효소작용 양식

Glucoamylase는 녹말의 비환원성 말단기에 작용하여 포도당 단위로 분해한다. 맥아당 단위로는 서서히 분해하지만 1,6-결합은 분해하지 못한다. 따라서 이 효소의 작용으로 최종산물로서 포도당, 맥아당, 한계 덱스트린(limit dextrin)이 생성된다. 생산

균주로는 *Aspergillus niger, A. oryzae, A. awamori, Rhizopus niveus, R. delemar, R. formosaensis, R. japonicus* 등이 있다. 이 효소의 생산은 *A. niger*와 *R. niveus* 변이주를 사용하여 액침배양 또는 유가배양(fed-batch culture)에 의해 이루어진다.

1,6-Glycoside 절단효소는 amylopectin의 측쇄(side chain)를 분해할 수 있는 효소로서 녹말의 가수분해율을 높일 수 있어 산업적으로 중요하다. 이러한 효소는 pullulanase와 isoamylase와 같이 amylopectin에 직접 작용하는 효소와 기질이 효소적인 변형이 된 후에 간접적으로 작용하는 효소로 구분할 수 있다. 이 효소의 생산균주로는 *Pulluaria pullulans, Aerobacter aerogenes, Bacillus polymyxa, Pseudomonas saccharophilla, P. amyloderamosa* 등이 있다.

4.6 청주의 제조

1) 원료의 특성

제주민속주의 제조에 양조 원료로 사용하는 곡류의 일반성분은 표 5-3과 같다. 좁쌀은 쌀에 비하여 탄수화물 함량이 적었으며, 조섬유 함량은 쌀과 보리쌀의 중간 정도였다. 단백질과 무기질이 많을 경우 젖산균과 초산균 증식이 일어나기 쉬워 술의 품질을 떨어뜨릴 수 있는데, 특히 차조에는 이들이 많이 들어 있었다. 조지방 함량은 쌀과 보리쌀 보다 3배 정도가 많아 발효 후에 지질산화에 의한 산패가 우려되었다.

식량이 모자랐던 예전에는 오메기술을 빚는 과정에서 발효 후에 위에 뜬 누런 기름이 제주민속주의 특징을 나타내며, 또한 좋은 술이라고 여겨져 왔다. 그러나 지금은 소비자들이 맑고 순하며 부드러운 술을 찾게 됨에 따라 좁쌀만을 사용한 양조주는 발효효율이 떨어지고, 지방의 산패 등 기술적으로 많은 문제점을 가지고 있다. 따라서 좁쌀의 특징을 살리면서 제주민속주의 품질을 높이기 위하여 쌀을 혼용하여 술을 빚는 것이 바람직하다.

좁쌀의 호화온도가 85℃로, 쌀 및 보리쌀의 80℃보다도 높은 점을 고려하여 증자

표 5-3. 민속주 제조에 이용하는 곡류의 일반성분

곡 류	수분	탄수화물	조섬유	조단백질	조지방	회분
메좁쌀	13.21	72.58	0.40	9.41	3.08	1.32
차좁쌀	13.25	71.27	0.43	10.28	3.47	1.28
쌀	12.76	78.02	0.30	7.74	0.62	0.48
보 리	13.77	73.21	0.60	9.88	1.35	0.65

시간을 120℃에서 30분간 처리하여 호화가 잘 이루어지도록 하여 술을 빚는다. 쌀 입자의 중심부까지 호화되는 시간이 15분인 점을 감안할 때, 좁쌀을 충분히 호화시키는 데는 증자시간을 늘리는 일이 필요할 것으로 여겨진다.

2) 도정(搗精)

쌀의 겉껍질을 깎아내는 과정을 말한다. 쌀의 겉 부분을 한 알 한 알 28~35% 정도로 하얗게 깎아 청주의 향미를 나쁘게 하는 부분을 제거한다(그림 5-26). 쌀의 겉 부분에는 단백질과 지질 성분이 많이 들어 있어서 술을 만드는 과정에서 산화가 일어나면 술의 품질이 떨어진다. 좁쌀의 경우는 도정을 하더라도 껍질이 그대로 남아 있고, 여기에 들어 있는 지질이 발효 중에 위로 모이게 된다.

발효 후에 짧은 기간에 소비하는 데에는 큰 문제가 없으나 보관 상태에 따라 유통기간 중에 지방의 산패가 문제되기도 한다. 대량 생산을 할 경우에는 보통 여과공정에서 지질 성분을 제거한다. 그러나 누룩에 lipase 활성이 있는 균주를 사용하여 장기간 발효하는 경우 기름성분이 분해됨으로써 술 속에 녹아들게 할 수 있으나 이에 대한 연구가 필요하다.

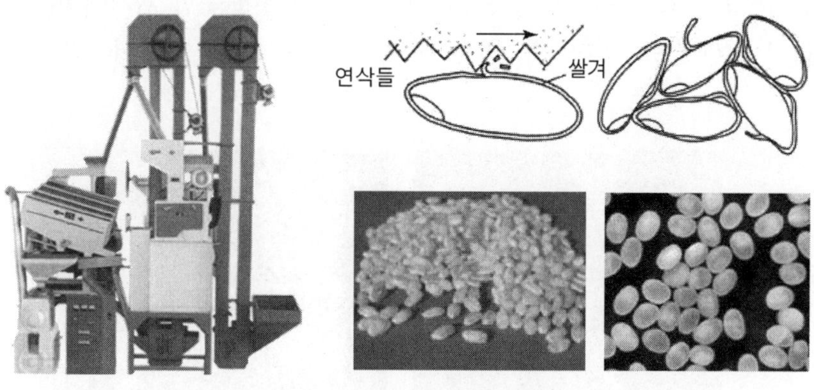

그림 5-26. 정미기와 40% 도정한 백미

3) 세미(洗米)와 침미(沈米)

도정된 쌀을 깨끗이 씻어 3~4시간 정도 물에 담가 두는 과정이다. 하얀 쌀은 깨끗한 물로 여러 번에 거쳐 씻어내고, 흡수율을 조정하여 증자(蒸煮)를 하기 좋은 상태로 물에 담가 둔다(그림 5-27). 좁쌀을 원료로 하는 경우는 침지시간을 늘려 원료에 수분이 충분히 흡수되도록 한 다음에 증자하는 것이 고두밥을 만드는데 유리하다.

그림 5-27. 양조 원료의 세미

4) 증미(蒸米)

물에 불린 쌀을 고두밥으로 찌는 과정이다. 쌀 속에 함유된 녹말은 증기로 쪄서 호화시킴으로써 효소작용이 잘 이루어지도록 고두밥으로 만든다. 수분함량을 제대로 조절하는 일이 중요하며, 고두밥이 질거나 생쌀밥이 되지 않도록 한다. 물이 모자란 경우는 녹말의 호화가 잘 이루어지지 않아 당화가 어려워진다.

특히 대형 스팀재킷으로 되어 있는 증미기(그림 5-28)를 사용하는 경우는 증미과정에서 재킷 내부의 공기를 가열초기에 빼주어야 한다. 내부에 공기가 많을 경우 열전달이 늦어지고 온도분포가 일정하지 않아 밥통(tray)이 놓인 위치에 따라 고두밥의 상태가 각각 달라질 수 있다. 즉, 밥통 내의 수분이동이 잘 이루어지지 않아 일부는

그림 5-28. 증자기와 증자한 고두밥의 냉각

과열로 밥이 질거나, 다른 쪽은 생쌀밥이 되어 호화가 안 된다. 특히 잡곡을 사용하는 경우 원료처리에 문제가 생길 수 있다.

5) 제국(製麴)

쌀을 발효시키는 국균(麴菌)을 번식시켜 좋은 품질의 곡자를 생산하는 과정이다. 온도 및 습도를 알맞은 수준으로 유지하고, 쌀녹말에 곰팡이를 번식시켜 좋은 품질의 곡자(누룩)를 만든다(그림 5-29). 재래식 누룩을 제대로 빚는 일이 어려워 일부 회사에서는 대부분 코지(koji) 형태의 개량식으로 바뀌고 있다.

대부분 곡자회사에서 제조한 누룩을 쓰거나, 효소제를 사용하기 때문에 곡자를 자체로 생산하는 경우는 많지 않다. 점차 재래식 누룩보다 우수균주만을 사용한 개량누룩으로 바뀌는 추세로, 생산비를 줄이기 위하여 우수균주를 선발하여 자체 생산할 수 있는 설비를 갖추는 일도 고려할 수 있다.

그림 5-29. 코지 배양

6) 발 효

고두밥에 곡자, 물, 효모 등을 배합하여 발효시키는 과정이다. 찐쌀, 곡자, 물, 효모 등을 첨가하여 알맞은 기간 동안 발효를 시키고, 효모를 번식시킨 주모(酒母)에 다시 찐쌀, 곡자, 물 등을 첨가하여 술덧을 만든다(그림 5-30).

그림 5-30. 발효조와 발효상태

주모(밑술)는 효모로서 당분을 함유하고 있는 물질을 발효시킬 수 있는 물료, 효모를 배양한 것, 또는 여기에 누룩을 혼합한 것이지만 제과용, 제빵용, 간장 제조용 주모 및 된장 제조용 주모는 제외된다. 따라서 술덧을 발효시키려면 많은 양의 효모가 필요하지만, 한꺼번에 필요한 양의 효모증식은 불가능하므로 처음 소량의 효모배양으로부터 시작하여 단계적으로 그 양을 늘려간다. 여기에 그 첫 단계의 공정에서 제조되는 것을 **주모**라고 한다.

누룩을 사용하는 탁주와 약주의 발효는 당화공정과 발효공정을 동시에 진행시키는 병행복발효(竝行複醱酵) 방식이 이용된다. 그러나 재래식 누룩을 사용하는 경우 여러 가지 미생물의 증식이 동시에 일어나 제품에 누룩취가 많이 남을 수 있다. 심한 누룩냄새는 기호성을 떨어뜨리는 경우가 많아 점차 누룩의 사용량을 줄이는 경향이다. 몇몇 회사에서는 증류식 소주의 제조에서와 같이 효소제로 당화를 시킨 다음 효모배양액 2～3%를 1단 담금에서 첨가하여 발효를 시켜 술술밑을 만든다. 발효는 하루에 3～4회 교반하면서 30℃ 이하에서 1～2일간 이루어진다.

본 담금에서는 1단 담금으로 효소제와 효모가 활성화되어 있기 때문에 양조 원료를 투입하여 발효를 진행시킨다. 발효온도와 발효기간은 발효원의 종류와 조건에 따라 조금씩 차이가 있다. 같은 원료를 사용하더라도 발효가 항상 일정하게 이루어지지 않기 때문에 특히 발효 초기에 발효과정을 지켜보면서 세심한 관리를 해야 품질관리가 제대로 이루어진다.

소규모 공장의 경우 발효조는 대부분 개방형 스테인리스 스틸탱크를 이용하지만, 발효실을 항상 청결하게 유지하지 않을 때는 발효 초기에 잡균오염에 의한 이상발효가 일어날 수 있다. 이상발효가 우려되는 경우는 세균의 증식을 억제할 수 있는 아황산(SO_2) 처리를 하거나, 효모량을 늘려 발효를 빨리 진행시킬 수 있도록 한다.

7) 압 착

발효가 끝난 다음 압착기로 짜고 앙금을 분리하고 여과하는 과정이다. 발효가 끝난 술덧을 압착기로 짜서 여과하고, 앙금을 분리하여 새로운 술을 만든다. 청주의 경우 술덧에서 청주를 분리한 잔류물을 일반적으로 술지게미 또는 주박(酒粕)으로서 원료의 15～30% 정도이다. 주성분은 알코올 8～10%, 고형분 50%로 식용, 절임용, 소주 및 식초의 원료로 사용된다.

고형물을 분리하는 과정에서는 대부분 1차로 압착여과기(filter press, 그림 5-31)가 이용되지만, 미세한 입자가 제거되지 않아 처음에 맑게 보였던 술이 시간이 경과함에 따라 계속하여 침전물이 생긴다. 주로 단백질이 응고되어 침전되는 현상으로 여과 후에 저온처리를 하여 고분자물질을 침전시키거나, 탄닌과 같은 침강보조제를 사용하여 단백질의 침강을 빨리 유도한다.

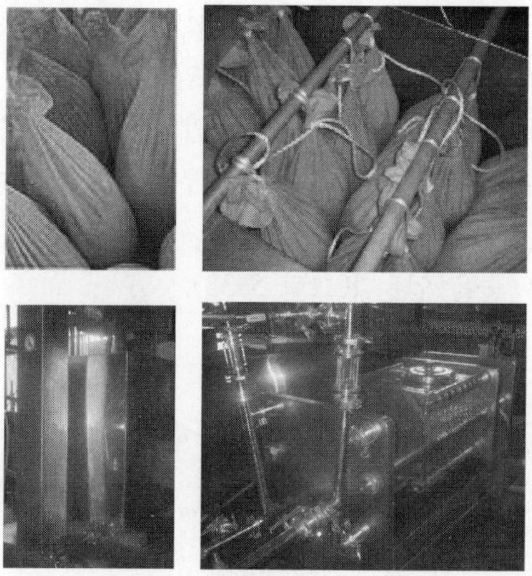

그림 5-31. 가압여과장치

8) 저 장

맛, 향기, 색깔을 부드럽게 하기 위하여 일정한 기간 동안 저장하는 과정이다. 순도

그림 5-32. 숙성탱크(일본)

가 높고 풍미를 그대로 보존하기 위하여 낮은 온도에서 공기의 접촉이 없도록 밀봉하여 저장하면서 알맞은 상태로 숙성시킨다(그림 5-32).

숙성기간 중에 현탁된 물질은 서서히 침전되면서 맑게 된다. 저온처리를 하는 경우 현탁된 단백질 성분의 침전이 빨리 일어나기 때문에 침강보조제의 사용과 더불어 가능한 저온에서 숙성이 이루어지고 있다.

9) 배 합

다 만들어진 술을 맑게 처리하는 과정으로 압착 후까지 남게 되는 미세한 입자와 함께 앙금을 분리하고, 여과과정을 통하여 만들어진 맑은 술을 품질이 일정하도록 서로 배합한다. 일본에서는 발효주정을 사용하여 알코올 농도를 조정하기도 한다.

전통적인 민속주는 양조원료를 발효 중에 투입하는 담금을 늘려 잔당(殘糖) 함량을 조절하는 방식을 사용하였으나, 지금은 대부분 감미료를 첨가하여 배합하기도 한다. 최종적으로 2～3차례의 마이크로여과(microfiltration) 또는 막여과(membrane filtration)를 거쳐 맑은 술을 얻는다(그림 5-33).

그림 5-33. 여과장치

10) 제품 라인

청주를 용기에 담는 공정으로 규모가 어느 정도 큰 공장에서는 세병(洗甁)에서 병입, 포장까지 모든 공정이 자동화 시스템에 의하여 운영된다. 그러나 국내의 민속주

충진기

충진기 살균기 포장기

그림 5-34. 청주 포장라인

그림 5-35. 청주제품

제조업체들은 대부분 영세하여 수작업에 의해 포장이 이루어지는 경우가 많다. 병을 세척한 다음 건조시키고 살균처리를 한다. 병입과 포장 단계에서 잡균의 혼입을 방지할 수 있도록 청결에 세심한 주의가 필요하다.

알코올 농도가 12~13%인 청주의 경우는 보관 및 유통과정에서 오염된 미생물에 의해 변질될 가능성이 항상 있기 때문이다. 가능한 품질이 떨어진 술은 증류하여 증류식 소주로 만드는 일이 바람직하다(그림 5-34와 그림 5-35).

11) 새로운 제품

기술개발과 더불어 전통주의 다양화를 통하여 소비자의 요구에 부응하고 있다. 즉, 탁주의 유통기간을 늘리기 위하여 캔에 포장한 다음 살균을 함으로써 제품의 품질을 유지하기도 한다. 또한 저장 중에 침전물이 캔 밑에 가라앉는 것을 방지하기 위하여 균질기(homogenizer)를 사용하여 고형물을 미세한 입자 형태로 만들기도 한다.

일본에서는 *Monascus* sp.균을 이용하여 제조한 홍국(紅麴, 그림 5-36)으로 술을 빚으면 겉보기와 맛이 적포도주(red wine)와 비슷한 술을 만들 수 있어서 시마네현(島根縣)에서 지역 특산품으로 판매되고 있다. 홍국균이 생산하는 색소는 적색계, 황색계, 자색계가 있으며, 화학구조가 알려져 있는 것은 6종으로 적색색소인 rubropunctatin과 monascorubrin, 황색색소인 monascin과 ankaflavin, 자색색소인 rubropunctamine과 monascorubramine이다.

흑미주(黑米酒)는 중국에서 예전부터 황실의 술로서 이용되어 왔다. 이를 개량한 방법으로서 흑미의 껍질을 현미 상태로 하여 무증자 발효법에 의하여 발효시키면 적포도주의 색깔과 특유의 맛을 나타낸다(그림 5-36).

그림 5-36. 홍국을 이용한 누룩과 흑미주

4.7 양조공정에서의 미생물관리

좋은 술을 만들기 위해서는 좋은 원료와 물을 사용해야 하며, 양조공정 중에 증식

표 5-4. 오염미생물의 출현 장소

미생물	출현 장소	비 고
일반세균	양조용수, 기구, 건물벽, 천장, 바닥, 공장내 공기, 원료미	오염도의 지표
산 생성균	원료미, 증미 냉각공기, 양조용수, 수송관의 scale, 국실 바닥, 기구, 증미 이송 line	이상발효의 원인균
대장균	원료미, 침지수, 담금수	포유동물의 분뇨에 오염
야생 곰팡이	원료미, 공장내 공기, 코지실, 기구, 건물의 후미진 곳	코지의 순도를 떨어뜨림
화락균	술덧압착기, 앙금분리 전후의 술, 저장술, 저장실 바닥, 저장탱크, 주둥이, 여과기	알코올 내성이 강한 *Lactobacillus*속의 세균
야생 효모	코지실, 코지	발효 중기 이후에 사멸

할 수 있는 오염미생물을 제어해야 한다. 현장 작업자에 대한 교육과 더불어 작업주기와 방법을 표준화하고, 꾸준히 작업방법을 개선하도록 해야 한다. 표 5-4는 각종 오염미생물과 자주 나타날 수 있는 장소를 요약하였다. 화락균은 알코올농도 15% 이상의 청주에서도 생육이 가능하며, 청주의 맛과 향기를 떨어뜨리는 유산균의 일종이다. 화락균은 발효형태에 따라 hetero type(*Lactobacillus heterohiochi*)과 homo type(*Lactobacillus homohiochi*)으로 구분한다. 오염미생물의 방지대책은 다음과 같다.

1) 공기와 양조용수

공기가 들어오는 출입구, 창, 공기 흡입구 등은 원료미 창고, 정미소, 공병창고 등 먼지가 많거나 사람의 출입이 잦은 곳을 피해 설치한다. 냉동 duct는 오랫동안 방치되어 먼지가 많이 쌓일 가능성이 많기 때문에 주의한다. 공기필터도 정기적으로 점검한다. 수돗물을 양조용수로 사용하는 경우에도 지하 저수조가 설치되어 있는 경우는 주기적으로 청소한다. 지하수를 사용하는 공장에서는 계절별로 미생물의 오염도가 변하기 때문에 사계절 미생물의 상태를 확인하고 대비하여야 한다.

2) 건물 및 설비

사용한 탱크, 이송기, 병입기, 화입기 등은 사용한 다음에 충분히 세척하고, 필요에 따라 0.5% 과산화수소 또는 200 ppm 차아염소산나트륨으로 살균한다. 파이프라인은 사용 직후 개폐하면서 물로 충분히 세척하고, 필요에 따라 뜨거운 물로 씻는다.

3) 술덧, 코지, 주모의 오염방지

야생효모나 유산균이 코지나 주모로부터 오염될 수 있어서 주의해야 한다. 주모의 숙성도 너무 오래 시키지 않으며, 담금 온도도 너무 낮지 않도록 한다. 고초균의 오염을 방지하기 위하여 수시로 코지실을 살균하고 용기나 면섬유 등을 끓은 물에 살균하여 햇볕에 말려 사용한다. 야생효모는 보통 코지 g당 10^3 정도에 이르러 주모배양 초기에 주모 g당 10^2 정도의 야생효모와 10^5 정도의 배양효모가 존재하여 서로 경쟁적으로 증식하므로 야생효모의 증식을 억제하고 배양효모의 증식을 빠르도록 한다.

4.8 청주의 이취성분

청주의 저온살균 효과는 각종 효소의 불활성화, 오염균의 사멸, 색깔의 고정에 있다. 살균 후에 숙성하는 동안 맛이 좋아지고 향기가 부드러워져 맛과 향이 조화를 이룬다. 그러나 살균조건이 잘못되었거나 지나치게 숙성할 때에는 청주의 품질을 떨어뜨리는 이취성분이 생성된다(표 5-5).

청주의 화독(火毒) 냄새는 청주를 40℃ 이상의 고온에서 지나치게 숙성할 때 생성되는 이취성분으로, 주성분은 3-hydroxy-4,5-dimethyl-2(5H)-furanone(HDMF)이다. 저장온도가 높거나 가열살균 할 때에 화독 냄새의 형성이 가속화된다. 화독 냄새 성분인 HDMF는 threonine이 산에 의한 가수분해로 생성된 α-ketobutyric acid와 acetaldehyde와의 축합으로 생성된다.

숙성된 청주의 threonine 함량이 신선한 청주에 비하여 약 40% 정도로 감소되며, threonine의 가수분해로 생성된 HDMF의 함량과 glycine의 함량은 서로 비례하여 증

표 5-5. 청주의 제조과정에서 생성되는 이취성분

냄새 특징	원인 성분의 생성기작
화독 냄새 (burnt flavor)	가열살균, 지나친 숙성, 장기 저장할 때에 생성, 저장온도가 높아지면 생성 증가 threonine + α-aminobutyric acid → pH 1, 110℃, 10 hr 가열 → 3-hydroxy-4,5-dimethyl-2(5H)-furanone(HDMF) 생성(α-ketobutyric acid + acetaldehyde → HDMF 생성)
이취(異臭)	가열, 지나친 숙성, 장기 저장할 때에 생성, 저장온도가 높아지면 생성 증가 iso-valeraldehyde, ethyl-iso-valeraldehyde, 1,1-diethyl-3-methyl-butane, iso-valeraldehyde는 iso-amyl alcohol의 효소적 산화로 생성
썩은 달걀, 고무 냄새 등	발효할 때 효모의 함황아미노산 합성으로 생성 : H_2S, Dimethyl sulfide, Dimethyl disulfide 등의 황화합물

가한다. threonine 함량과 유기산 함량이 같은 몰(mole) 양일 때 3-hydroxy-4-methyl-5-ethyl-2(5H)-furanone(HMEF)의 생성이 가장 잘 되고, 유기산의 양이 적으면 HMEF이 생성된다. 청주에는 유기산이 많아 HMEF는 들어있지 않으며, HDMF가 많은 양이 생성된다. HDMF가 분해하면 oxalic acid, acetoin, diacetyl이 생성되며, 이 성분들에 의하여 청주에 불쾌한 냄새가 더하게 된다.

청주를 살균하지 않고 저장할 경우 저장온도와 저장기일이 증가할수록 이취성분이 증가한다. 이취성분은 주로 iso-valeric acid, ethyl-iso-valeric acid, 1,1-diethoxy-3-methyl-butane이다. Iso-amyl-alcohol의 효소적 산화로 iso-valeraldehyde가 생성된다. 이 성분이 다시 산화되어 iso-valeric acid가 되고, ethyl기가 결합되어 ethyl-iso-valeraldehyde가 된다. 1,1-Diethoxy-3-methyl-butane도 iso-valeraldehyde가 산화되어 생성된다. 따라서 청주의 이취를 줄이기 위하여 iso-valeraldehyde의 형성을 억제하는 것이 중요하다.

청주의 발효, 저온살균, 저장할 때에 생성되는 휘발성 황화합물에 의한 이취는 dimethyl sulfide(DMS)가 중요한 원인물질이다. 이 외에 유황을 함유하는 성분들인 H_2S, CH_3SH(methyl mercaptan), dimethyl disulfide(DMDS) 등이 청주 제조 중에 생성된다. 이런 성분들은 청주 발효 중 효모에 의하여 유황을 함유하는 아미노산의 합성이나 또는 이들 아미노산의 미생물 대사나 화학적 분해에 의하여 생성된다. 더욱이 이 성분들은 최소 감응농도가 매우 낮아 아주 미량으로도 불쾌한 냄새를 낸다.

쌀의 도정율이 증가할수록 DMS의 전구체 함량이 감소한다. 쌀을 오랜 기간 저장할 경우 쌀단백질 중의 메치오닌에 methyl기가 결합되어 S-methyl methionine을 함유한 단백질이 생성된다. 이 단백질은 입국의 단백분해효소에 의하여 분해되어 유황을 함유하는 아미노산이 유리되면 신선한 청주에 S-methyl methionine이 형성된다. 이어서 청주를 가열살균하면 S-methyl methionine이 dimethyl sulfide와 아미노산으로 분해되어 청주에 이들 성분으로 인한 불쾌한 냄새가 발생된다.

4.9 청주의 기능성

일본의 청주 제조회사인 겟케이칸(月桂冠)의 이마야스 사토시(今安總) 등은 청주 중에 들어 있는 생리활성물질들이 고혈압, 알레르기(allergy), 건망증, 골다공증 등을 예방하고, 청주박에는 콜레스테롤을 낮추는 유용물질이 들어 있다고 하였다.

청주의 농축물이 암세포를 위축, 괴사시키고, 청주박 추출물은 NK(natural killer) 활성을 나타내었다. 암세포가 분비하는 독성 호르몬의 분비를 억제시켜 암환자의 급속한 체중 감량을 방지함으로써 암환자가 항암제나 방사선 치료에 견딜 수 있는 체력을 유지하는 데 도움을 주는 것으로 밝혀졌다. 또한 주박(酒粕)과 사료를 혼합시킨 단백질 함량이 많은 청주박(淸酒粕) 사료를 쥐에 투여하였을 때 콜레스테롤 함량이 크게 감소하는 것이 관찰되었다.

청주를 알맞게 마시면 혈전을 예방하거나 콜레스테롤 함량이 낮아져 협심증, 심근경색 등의 심장질환이나 뇌혈관 질환을 예방할 수 있을 것으로 여겨지고 있다. 그리고 청주박 추출액을 지방세포에 작용시켜 지방의 합성과 분해에 대한 작용을 조사한 결과, 지방의 분해만을 억제하는 인슐린 유사물질이 분리되었다. 청주에 들어 있는 9가지의 펩티드(peptide)가 혈압강하 작용, 건망증을 예방하는 효과를 나타낸다. 이 외에도 청주에 들어 있는 글리세롤, 아미노산 등이 다른 술에 비하여 많이 들어 있어 보온 및 보습 효과가 뛰어나다. 선천성 과민증인 아토피(atopy)성 피부염의 원인물질인 카텝신 B(cis-protease)라는 효소의 활성을 저해하는 에폭시숙신(epoxy succinic acid)의 5가지 유도체들이 청주나 청주국에서 분리되었다.

쌀 세포벽의 구성성분이며 강력한 항산화기능과 자외선 흡수능력을 가진 성분이 청주에 들어 있어 피부 표면의 노화방지를 억제시키는 것으로 알려져 있다. 청주박과 청주에는 녹말의 흡수를 저해하고, 단백질의 흡수를 촉진시키는 물질도 들어 있어서 비만을 방지하는 데도 도움을 줄 수 있을 것으로 여겨지고 있다.

4.10 민속주의 감별

와인의 맛을 즐기는 방법을 많이 알고 있지만, 우리 전통약주의 맛을 제대로 즐기는 법을 알고 있는 사람은 흔하지 않다. 우리의 술은 어떻게 마시는 것이 맛있게 마시는 것일까.

1) 자세히 살펴본다

민속주의 색깔은 대체로 황금색을 띠며, 엷은 색깔에서 짙은 담갈색까지 황금색의 농도가 다르다. 색깔이 옅을수록 담백한 맛을 갖고, 색깔이 짙을수록 진한 맛이 나며, 오래된 술이다. 좋은 민속주는 맑고 황금색을 띠는 것이 좋다. 약재 등 곡물이 아닌 원료가 들어간 경우 원료의 색깔에 따라 달라지기도 한다. 일반적으로 술은 오래 된 것이 좋다고 생각하기 쉽지만, 곡류를 사용한 발효주는 만든 후 100일이 지나지 않는 것이 좋은 경우가 많다.

2) 냄새를 맡는다

전통약주에는 크게 나누어 2가지 향이 있다. 하나는 누룩의 독특한 향으로서 대개 구수한 느낌의 냄새이다. 누룩 향에 익숙하지 않은 사람들은 짙은 누룩 향을 좋아하지 않으나 알맞은 누룩 향은 품격 높은 전통약주에서 빼놓을 수 없는 향이다. 따라서 누룩 향의 많고 적음에 따라 자기가 좋아하는 제품을 선택하는 것이 중요하다.

다른 향은 과실 향이다. 과즙을 전혀 사용하지 않았는데도 잘 발효된 전통약주에서는 사과 향이나 수박 향 등의 과실 향이 난다. 이 과실 향은 누룩의 밀기울 성분이 발효되면서 생성하는 향기로서 대개 오래 숙성하지 않은 약주에서 볼 수 있다. 향기를 즐기는 사람은 이런 계통의 약주를 선택하고, 담백한 취향의 사람은 향기가 적은 쪽으로 약주를 선택하는 것이 좋다.

3) 맛과 향을 함께 음미한다

전통약주에는 6가지의 맛이 있다. 단맛, 떫은맛, 신맛, 구수한 맛, 쓴맛과 매운맛, 청량미이다. 일반적으로 좋은 약주는 6가지의 맛이 두드러지지 않고 함께 어우러져 있는 것이 좋은 약주이다.

(1) 단 맛

와인의 경우에는 발효를 일찍 끝냄으로써 포도당의 잔류량에 따라 스위트(sweet)에서 드라이(dry)까지 단맛의 강약을 조절한다. 그러나 약주의 경우에는 덧술법을 사용한다. 누룩효소에 의하여 생성된 포도당을 효모에 의하여 알코올로 바꾸어짐에 따라 단맛이 줄어들면서 발효가 점차 멈춘다. 이때에 한 번 더 찐쌀을 보충해 주거나, 찐쌀과 누룩을 함께 보충하여 다시 발효가 일어나게 하는 법을 덧술법이라 한다.

발효과정에서 일정한 알코올 농도를 지나게 되면 효모의 증식에 저해를 받는다. 누룩효소에 의해 녹말의 당화로 생기는 포도당 생성량이 알코올로 분해되는 속도보다 많으면 단맛이 남게 된다. 일반적으로 정상적인 발효를 인위적으로 중단시키는 경우 이 술을 마시면 두통의 원인이 될 수도 있어서, 자연적인 덧술법으로 단맛을 유도하는 약주의 단맛은 매우 과학적인 방법이다. 단맛의 정도에 따라 약주를 선택할 때는 인공적인 감미료에 의한 것인지, 덧술법에 의한 것인지, 또 몇 번의 덧술을 거쳤는지를 확인하는 것이 좋다.

(2) 신 맛

약주의 신맛은 누룩 속에 들어 있었던 미생물의 종류와 발효과정에 따라 생성되는 유산, 구연산 등 다양한 유기산에 의하여 생기는 자연적인 신맛이다. 다만 오래된 김치냄새 또는 식초냄새가 나는 경우는 '상한 술'이라고 할 수 있다. 신맛을 음미할 때는 반드시 향과 함께 음미해야 한다.

전통약주의 가장 큰 특징이 구연산, 유산, 호박산 등의 자연적인 신맛과 어우러진 달콤한 맛이다. 드라이한 취향의 사람은 단맛과 신맛이 조화된 상태인가를 음미하여 제품을 선택하여야 한다.

(3) 떫은맛

떫은맛은 도토리, 땡감 등에서 많이 볼 수 있는 맛으로, 미각신경이 마비되어 일어나는 맛이므로 사람에게 불쾌감을 줄 수 있다. 그러나 약주의 약간 떫은맛은 유산에서 나오는 맛으로서 알맞은 경우 고기안주와 잘 어울린다.

(4) 쓴맛과 매운맛

약주의 매운맛은 기본적으로 알코올 성분에 의한 것이다. 약주의 경우에는 사용된 약초의 쓴맛이 영향을 주기도 하며, 효모 자체가 내는 쓴맛이 있다. 알맞은 쓴맛은 식욕을 돋우는 좋은 맛이기도 하다.

전통약주의 알코올 함량은 11%에서 18%까지 다양하다. 약주를 선택할 때에는 주정도수보다는 조화로운 맛에 기준을 두어 선택하는 것이 좋다. 대개 3번 이상 덧술하여 오래 발효시킨 것일수록 주정도수가 높으며, 깊은 맛을 가진다.

(5) 구수한 맛

구수한 맛은 약주에서 가장 중요한 맛이다. 곡류를 사용한 발효주의 특징적인 맛으로서, 특히 곡류의 껍질에 들어 있었던 많은 단백질이 아미노산으로 분해되어 나는 자연스러운 맛이다. 특히 한국인의 입맛에 중요한 요소이다.

구수한 맛은 대체로 술이 숙성되면서 강해지는 경향이 있다. 그러나 이 맛이 지나치면 묵은 술로서, 구수한 맛을 좋아하는 사람은 누룩의 사용량이 많은 술이나 일반적으로 짙은 술을 선택하는 것이 좋고, 보다 경쾌한 맛을 원하는 사람은 옅은 색깔의 술을 선택하는 것이 좋다.

(6) 청량미와 온도

청량미는 약주의 온도와 매우 밀접한 관계가 있다. 일반적으로 낮은 온도에서는 단맛이 떨어지고, 신맛은 증가한다. 그리고 알코올의 자극성은 낮아지고, 구수한 맛은 감소하며, 청량감은 증가한다. 조선시대의 『규합총서』에는 '밥 먹기는 봄같이 하고, 국 먹기는 여름같이 하고, 장 먹기는 가을같이 하고, 술 먹기는 겨울같이 하라'는 말이 있다. 따라서 마시는 술의 온도를 6～15℃로 하며, 가벼운 맛을 선호하는 사람은 가능한 차게 해서 마시는 것이 좋다.

일본청주는 당화력이 높은 한두 종류의 국균(麴菌)을 사용하는데 비하여 우리의 전통약주는 자연 상태의 다양한 누룩균을 사용하여 양조한다. 이에 따라 일본청주는 따뜻하게 데워 마시지만, 우리의 전통약주를 데우면 오히려 복합적인 향이 때로는 좋지 않게 느껴지기 때문이다. 결국 전통약주의 맛을 즐기기 위하여 각 제품의 특성을 고려하여 온도에 신경을 써야 한다.

4.11 민속주를 잘 마시는 방법

전통약주는 식사와 함께 반주로 즐기거나, 안주 없이 즐길 수 있는 술이다. 전통약주를 마시고 대접하는 법은 다음과 같다.

1) 온 도

마실 때의 온도를 8℃ 정도로 차게 해서 마시는 것이 좋다. 담백한 맛을 좋아하는 사람은 보다 차게, 다소 무거운 맛과 향을 좋아하는 사람은 덜 차게 하여 마시는 것이 좋다. 마시는 동안 온도가 변화되지 않도록 하여 마시며, 포도주처럼 얼음 그릇에 놓아두고 마시면 더욱 좋다. 겨울에는 취향에 따라 오히려 따끈하게 데워 마시면 독특한 맛을 느낄 수 있으나, 전통약주는 차게 하여 마시는 것이 좋다. 전통누룩을 사용하여 빚은 청주일수록 온도를 높이면 누룩에서 유래된 냄새가 강하여 기호성을 떨어뜨릴 수 있기 때문이다.

2) 술 잔

술의 온도를 맞추기 위하여 도자기 잔을 사용하는 것이 좋다. 유리잔을 사용할 때는 포도주 잔과 같이 손잡이가 있어 체온이 술의 온도를 높이지 않도록 하는 것이 좋다.

3) 병을 열 때

술병을 열자마자 술을 따르지 말고, 술병 마개를 연 다음 잠시 기다린다. 병 속에 차있던 미량의 가스를 날아가게 한 다음 조용히 잔에 술을 따라야 한다.

4) 음식에 알맞은 약주의 선택

전통약주는 대부분 단맛과 신맛이 다른 술에 비하여 강하다. 비교적 담백한 약주가 식사와 함께 하는 술로 좋다. 예로부터 반주(飯酒)란 식사 전에 1~2잔의 약주를 마시는 것이 식욕을 돋우고 소화를 촉진시킨다.

식사 전의 반주로 알맞은 약주는 단맛이 많지 않고 조화로운 신맛이 조금 있는 것이 좋다. 식사 중이나 식사 끝에 이야기를 나누며 즐기는 약주는 어느 것이나 개인의 취향에 따르지만, 음식의 종류에 맞는 약주를 선택하는 지혜가 필요하다 청주에 잘 어울리는 음식으로는 장어구이, 훈제연어말이, 전, 나물전골, 제육 감자조림, 낙지볶음 등이 있다.

참고문헌

1. 고정삼 외, 2005, 제주지역 양조산업의 기술혁신을 통한 산업화 기술개발 연구 보고서.
2. 이계호, 1994, 한국 약주 탁주의 특성과 신기술, 생물산업, 7(4), 36~46, 한국산업미생물학회.
3. 고정삼, 고남권, 강순선, 1989, 제주도산 감귤발효주의 양조특성, 한국농화학회지, 32(4), 416~423.
4. 고정삼, 고남권, 강순선, 오현도, 1992, 감귤발효주 증류주의 숙성조건, 제주대학교 아열대농업연구, 9, 169~176.
5. 고정삼, 양영택, 고영환, 강영주, 1993, 제주토속 좁쌀약주의 양조특성, 한국농화학회지, 36(4), 277~283.
6. 고정삼, 2000, 술의 세계, 광일문화사.
7. 고정삼, 2003, 제주의 술, 제주문화.
8. 고정삼, 2005, 술 알고 마시면 건강이 보인다, 유한문화사.
9. 고정삼, 고영환, 오남순, 김진현, 인만진, 채희정, 2003, 생물공학, 유한문화사.
10. 고정삼, 2004, 식품생물산업, 유한문화사.
11. Naver, Google, Yahoo internet sites.
12. 박승국, 1999, Cork 마개가 술의 품질에 미치는 영향, 주류산업, 19(1), 73~81.
13. 오경철, 1994, 청주 양조공정의 오염미생물 관리, 주류산업, 14(3), 67~77.

제 6 장

증류주

1. 소 주

1.1 소주의 유래

소주는 인도나 이집트 등지에서 지금으로부터 4,000년 전에서 2,800년 전부터 만들었다는 설이 있으나 확실하지 않다. 600년 전 중국 원나라 때에 처음 생산되었으며, 이때는 감로(甘露), 아라키(亞剌吉)라고 불렀다고 한다. 이 술을 만주에서는 아얼키(亞兒吉)라고 하고, 아라비아에서는 아라크(Araq)라고 했다. 아라키라는 이름은 아라비아의 아라크에서 유래한다.

명나라 이시진(李時珍)이 지은 『본초강목』에서는 화주아라키주(火酒亞剌吉酒)를 말한 것에서 '소주는 옛날부터의 양조법이 아니며, 원나라 시대부터 증류법이 처음 시작되었다. 농주(濃酒)를 지게미에 타서 잘 섞어 시루에 넣고 밑에서 불을 때어 증기가 올라가도록 한 뒤 그 기체를 이슬로 받는다. 이것은 맑음이 물과 같고 맛이 굉장히 진하고 강열하기 때문에 주로(酒露)라고 한다'라고 설명하였다. 여기서 소주가 아라키, 화주(火酒), 주로 등 여러 가지로 불리었음을 알 수 있다.

『음선정요(飮膳正要)』에서도 소주를 아라키주(亞剌吉酒)라고 하였다. 또한 명나라 황정일이 쓴 『사물감주(事物紺珠)』에는 옛날 원나라 사람이 마시던 술이라고 씌어 있다. 일본의 오래된 책인 『오함아짐』에는 아라키주(あら木酒)라고 기록되어 있다. 따라서 우리말에서 '아랑주', '아락주'라고 하는 말은 고유어가 아니라 외래어이다. 소주의 증류법은 동방으로 가서 '아라키'가 되고, 12세기 십자군의 영향으로 유럽 쪽으로 가서는 포도주를 증류한 '브랜디'가 되었다.

소주가 우리나라에 처음 들어왔을 당시에는 상당히 고급술로 인식되었던 것 같다. 조선 성종 때에 사간(司諫)인 조효동(趙孝同)은 '일반 민가에서 소주를 만들어 음용

하는 것은 극히 사치스러운 일이므로 소주 제조를 금지하는 영을 내리라'고 임금에게 아뢴 사실이 있다. 이처럼 소주는 당시에 사치스러운 술이었으며, 약으로 쓰여 '약소주'라고도 불리었다.

1920년대 이후에는 새로운 기술의 도입으로 소주 제조에 많은 변화가 있었다. 소주는 날씨가 춥고 잡곡이 많이 생산되는 함경도, 황해도, 강원도, 평안도 지방에서 많이 만들어졌다. 여름에는 더위로 약주를 빚을 수 없는 남부지방에서 많이 빚어졌다. 몽고의 기지가 있던 개성, 안동, 제주에서 특히 성행하였다.

소주 제조에는 고려시대에서 조선시대 말기까지 증류기 및 제조법이 조금 변하였다. 일반 가정에서는 솥에 숙성된 술을 넣고 시루를 얹은 후, 그 안에 주발을 넣고 시루 위에 솥뚜껑을 거꾸로 덮는다. 솥에 불을 때면서 솥뚜껑 위의 물을 자주 갈아주면 소주가 주발에 고이게 되는 원시적인 방법이다. 이와 같은 원리로 흙으로 빚어 만든 소주 내리는 기구를 '는지'라고 하였다.

이보다 조금 발전된 것이 '고리'이다. 이 증류장치는 2개의 부분으로 되어 있으며, 밑부분은 아래가 넓고 위가 좁았다. 위의 부분은 그와 반대로 밑이 좁고 위가 넓다. 위쪽에 술이 나오는 주둥이가 있어 주발을 밖에 놓고 소주를 받았다. 이 고리는 흙으로 만든 것을 '토고리', 동으로 만든 것을 '동고리', 쇠로 만든 것을 '쇠고리'라고 하였다. 충남, 전라도, 황해도, 경상도는 '토고리', 개성은 '철고리', 함경도는 '는지'나 '토고리'를 쓰다가 나중에 '동고리'를 주로 쓰게 되었다.

한반도에 들어온 소주는 지역마다 명칭을 달리했다. 개성에서는 '아락주'라고 했고, 평북지방에서는 '아랑주'라고 했다. 경북과 전남, 충북 일부에서는 '새주', '세주'라고 했다. 진주에서는 '쇠주', 하동과 목포, 서귀포 등지에서는 '아랑주', 연천에서는 '아래지', 순천과 해남에서는 '효주'라고 불리었다. 고려시대에 중국에서 전래된 소주는 오랫동안 약용으로 음용되다가 조선시대에 와서야 '술'로서 일반인들이 마시게 되었다. 한반도에서는 평양에서 만든 '감홍로(甘紅露)'가 최초의 소주이고, 두 번 증류하여 주정도수가 높은 소주인 '재소주'는 태국으로부터 들어왔다고 한다.

소주는 탁주와 더불어 우리나라 전통곡주의 하나로서 증류방식으로 제조되는 술이다. 그러나 해방 후 식량난으로 곡물 사용이 금지되면서 고구마, 보리, 타피오카(tapioca) 등을 원료로 만든 발효주정으로 생산되는 희석식 소주가 공급되면서 국내 주류 산업을 선도하는 술이 되었다.

알코올 함량 17~23%인 희석식 소주는 우리나라에서 대중화된 술로 정착되어, 오히려 외국에서 생산되는 단식 증류한 리큐르(liqueur)와 구분될 정도이다. 각 지역별로 생산되는 소주는 제조과정에서 주정을 희석하는 물과 첨가되는 감미료와 조미료의 양과 배합비율에 따라 맛이 조금씩 달라진다.

1987년부터 시판되기 시작한 사카린을 사용하지 않은 소주, Tetra-pack 포장용기를 사용한 소주 등의 생산으로 소비의 활성화와 차별화가 모색되었다. 1990년에 들어서면서 소비자 기호도의 다양화와 고급화에 따라 순한 '프리미엄 소주'가 시판되기 시작하였다. 쌀을 원료로 한 전통적인 증류식 소주 생산이 허용되면서 소주시장은 더욱 다양화하기 시작하였다. 특히 독한 술보다는 부드러운 술을 선호하는 추세가 확대됨에 따라 알코올 함량을 21%로 낮춘 순하고 뒤끝이 깨끗한 '순한 소주'로 바뀌었다.

2006년부터는 알코올 농도에 따른 주세 인상을 피하고 소비자의 기호성을 맞추기 위하여 20%로 낮춘 두산의 '처음처럼', 그리고 20.1%인 진로의 '참이슬' 등을 시판하기 시작하여 여러 회사에서 알코올 함량을 경쟁적으로 낮추었다. 국내 희석식 소주의 알코올 함량의 변화를 살펴보면 1965년까지는 30%였다. 그러나 1973년에 25%로 낮아지기 시작하면서부터 1999년에는 23%, 2001년에 22%, 2004년에 21%로, 그리고 2006년에 16.9~20.1%로 각각 낮아져 저도화와 웰빙 트렌드 유행에 부합하며 출고량이 신장하였다.

대표적으로 A회사의 제품의 알코올 함량 변화는 그림 6-1에서 보는 바와 같다. 최근에는 씨유 등 일부 제품의 알코올 농도를 16.9%까지 낮춤으로써 새로운 소주패턴을 만들고 있다. 민속주, 과일주 등과의 알코올 함량의 차이가 좁혀지면서 주류시장에 새로운 소비패턴을 연출하는 것으로 보인다.

그림 6-1. 주정도수를 20% 이하로 낮춘 소주(위)와 A회사 제품의 변화(아래)

증류식 소주는 일본의 양조기술이 보급됨에 따라 1920년부터 '흑국균'을 입국으로 배양하여 쌀, 보리, 옥수수, 수수, 좁쌀 등을 원료로 하여 발효시켜 증기 취입식 단식 증류기로 증류하였다. 단식 증류기로 증류하기 때문에 알코올 외에 알데히드, 퓨젤유(fusel oil), furfural 등 향미성분이 많고, 원료에 따라 독특한 향기를 갖는다.

1.2 증류식 소주의 제조

제주지역에서는 우리농산물영농조합법인에서 좁쌀과 쌀을 원료로 빚은 '고소리술'이 시판하고 있다. 그리고 ㈜한라산에서 자체 생산하는 곡류주정으로 희석하여 만든 '허벅술'이 시판된다. 여기에서는 국내의 몇 개의 회사가 제조하는 일반적인 증류식 소주의 제조방법을 요약하였다.

1) 원료와 전처리

곡류, 서류 등 녹말원료를 사용한다.

① 쌀: 증류식 소주의 원료로는 주로 백미가 사용되었다. 현미, 백미 모두 술로 빚었을 때 품질이 우수하며, 다른 원료를 사용할 때라도 입국만은 쌀을 사용하는 것이 좋다. 현미의 녹말 함량은 70~74%, 백미는 72~75%이며, 제성비율은 약 70%이다. 백미 100 kg으로 알코올 35%의 소주 약 140 L가 생산된다.

② 보리, 보리쌀: 보리는 도정하지 않고 사용하기도 하지만, 이 경우 제품에 냄새가 나고 껍질에 들어 있는 펙틴(pectin) 때문에 메탄올이 많이 생성된다. 보리의 녹말 함량은 60% 정도이다. 보리쌀을 잘 도정하여 제조하면 백미에 비해 손색이 없는 술을 얻는다. 녹말 함량은 70% 정도이며, 제성비율은 약 68%이다.

③ 밀, 옥수수: 모두 소주원료로 좋으며, 품질도 양호하다. 밀가루의 녹말 함량은 70% 정도이며, 제성비율은 70%이다.

2) 증자(蒸煮)

쌀을 원료로 하는 경우에는 청주제조와 비슷하다. 증자는 원료 중의 녹말을 호화시켜 국균(麴菌)의 효소에 의해 당화되기 쉬운 상태로 만들기 위한 조작과 함께 원료의 살균에 목적이 있다.

증자시간은 원료에 따라 다소 차이가 있으나 40~60분 정도이며, 증자 후의 흡수율은 37% 정도가 보통이다. 증자가 끝나면 가능한 빨리 냉각함으로써 덩어리로 남아 있지 않도록 고두밥을 푼다(그림 5-28).

3) 입국(入麴)

양조원료의 당화에 필요한 효소와 잡균의 오염방지에 필요한 구연산을 공급하고, 술의 향미에도 영향을 미치므로 제조할 때에 주의가 필요하다. 소주제조에는 주로 흑국균(黑麴菌) 또는 백국균(白麴菌)을 사용한다. 대표적인 흑국균(*Aspergillus awamori*)은 분생자병은 짧고, 균총(colony)은 흑색 또는 흑갈색을 나타낸다. 전분 당화력과 단백질 분해력이 강하고, 구연산 생산성도 높아 안전한 양조가 가능하며, 발육온도는 30~35℃이다. 고구마소주 및 알코올 제조에 많이 이용되고 있다(그림 5-24).

이에 비하여 **백국균**(*Aspergillus luchuensis* mut. Kawachii)은 흑국균의 변이주로 포자의 색깔만 다를 뿐 모든 성질은 거의 같으며, 구연산 등을 생성한다. 흑국균에 비하여 국을 만들기가 쉽고, α-amylase를 함유하고 있어 고구마를 원료로 할 경우 수지(resin) 물질의 분해력이 강하여 소주를 만들 때 우수한 제품이 된다. 균총은 황토색이고, 발육온도는 35~40℃가 좋다. 유기산으로 구연산 등을 생성하며 당화력, 산 생성력이 강하다.

소주의 향미를 높이기 위해 황국균(黃麴菌)을 사용하기도 한다. **황국균**(*Aspergillus oryzae*)은 자연계에서 곡류 등에 널리 분포하고 있는 대표적인 누룩균으로, 청주 등 주류공업 및 효소제 생산 등에 많이 이용되고 있다. 균총은 처음 황록색이나 차차 회갈색으로 변하며, 배양기의 성질에 따라 다르다. 분생포자병은 0.3~2mm, 보통 1~2mm이다. 발육온도는 8~45℃, 최적 발육온도는 33~38℃, 사멸온도는 60℃이다. 또 여러 가지 강력한 효소를 분비하는 데 중요한 것은 amylase, maltase, lipase 등이며, 기타 유기산 생성력, 단백질 분해력 등이 있다.

황국을 사용하면 제품의 향미는 좋아지나, 입국을 만들 때 산(酸)의 생성력이 적어 안전한 발효를 기대하기 어렵다. 따라서 황국을 사용할 때는 밑술의 제조에 유기산을 첨가하는 방법도 있으나, 술의 품질을 높이기 위해서는 1단 담금은 산 생성력이 강한 백국으로 건전한 밑술을 제조한 뒤 2단 담금에도 백국을 사용하는 것이 일반적이지만 황국을 사용하여 향미를 부여하는 방법을 사용하기도 한다.

4) 주모(1단 사입)

밑술은 원료량의 30% 정도의 입국에 배양효모를 0.5~0.8% 첨가하고, 급수량을 140% 내외로 하여 25℃로 1단 담금을 한다. 이 외의 발효 관리는 청주를 제조하는 방법과 같다. 황국을 사용할 때에는 1단 담금을 하여 약 3일 후에 황국입국으로 2단 담금을 한다. 밑술의 pH는 3.2~3.5가 이상적이다.

5) 주모(2단 사입)

밑술을 담금한 후에 5일 정도 경과하여 발효가 왕성하면 본 담금을 한다. 급수비율은 150% 정도로 하고, 품온은 25℃가 알맞다. 당화작용에 알맞은 온도는 30℃이며, 당화와 발효가 병행하여 진행되는 관계로 품온은 술덧 관리에 큰 영향을 미친다. 품온이 상승하여 35℃ 이상이 되면 당화작용이 크게 떨어지며, 20℃ 이하이면 아주 완만히 진행된다. 따라서 품온이 32℃를 넘지 않게 28～30℃를 유지하는 것이 이상적이다. 담금 후에 쌀, 보리 등 곡류는 10～15일이면 발효가 끝난다. 알코올 농도는 14～18%이다.

6) 증 류

증류는 단식 증류기를 사용한다. 가열방법에는 직접가열법과 간접가열법, 그리고 이 두 방법을 절충한 방법이 있으며, 절충법을 많이 사용한다. 최근에는 감압증류방법을 이용하여 부드러운 향미의 소주를 만들기도 한다(그림 6-2).

직접가열법은 증기가 직접 술덧으로 주입되므로 교반효과 및 가열효과는 좋다. 그러나 증기의 응축으로 인해 술덧의 알코올 농도를 떨어뜨리며 푸르푸랄, 초산, 고급 지방산 에스테르 등 고비점(高沸點) 불순물이 간접가열법보다 쉽게 유출될 수 있다.

간접가열법은 열전도율이 직접가열법보다 낮고, 증류 중에 술덧 양이 점차 감소됨에 따라 가열관이 노출되어 탄 냄새가 생길 수가 있다. 또한, 술덧의 점도가 높으면 교반기가 없이는 증류하기 어려운 단점이 있는 반면, 응축수가 없으므로 증류 구분을 명확히 할 수 있는 장점이 있다.

증류는 술덧량 1,000 L일 때 증기 주입부터 초류(初溜)가 나올 때까지의 시간은 약 30분, 초류부터 종류 과정까지를 180～210분 정도를 표준으로 하여 증기량을 조

민속주 ㈜한라산 일본 아와모리소주

그림 6-2. 증류장치

절한다. 유출액의 온도는 30℃ 전후가 되도록 냉각수를 조절한다. 초류에는 휘발성이 강한 알데히드, 에스테르, 퓨젤유 등이 많이 들어 있고, 또한 앞에서 증류할 때 증류기 내에 남아 있던 고비점(高沸點) 물질이 들어 있다.

초류는 술의 품질을 떨어뜨리므로 총 유출액의 20% 정도를 버리는 것이 보통이다. 증류가 진행됨에 따라 유출액의 알코올 농도가 감소하고 푸르푸랄 등의 물질 때문에 탄 냄새, 원료취, 산취 등의 후류취(後溜臭)가 강하게 된다. 이때의 주정분은 25~14% 정도가 된다. 초류와 후류를 많이 끊을수록 술의 품질은 향상되지만, 수율이 낮아짐으로 알맞은 채취점을 결정해야 하는데 이 작업은 많은 경험이 필요하다. 유출액은 증류기에 따라 다소 차이가 있다. 술덧의 알코올 농도가 떨어지면서 45% 전후의 유출액부터 백탁 현상이 시작된다. 알코올 농도 10% 정도에서 증류를 중지한다. 증류 후 유출액의 주정분은 40% 정도이다.

7) 제 성

증류 직후의 소주는 원료 특유의 풍미가 강하고 자극적이며, 유성물질이 많다. 자극적인 향미는 증류한 다음 3개월 내에 제품화 할 경우는 제거해야 하지만, 저장기간이 긴 경우는 특별히 제거할 필요가 없다. 유성물질의 주성분은 고급지방산 에스테르로 겨울철에는 표면에 떠오르고, 봄·여름철에 품온이 높아지면 다시 용해되어 유취(油臭)의 원인이 되므로 저장 전에 완전히 제거해야 한다. 유성물질은 10~15℃ 이하이면 응고되므로 5~8℃를 유지하여 12시간 정도 냉각 후에 여과하면 제거된다.

8) 저장 및 숙성

일반적으로 증류주는 저장하면 품질이 향상된다. 증류 초기의 강한 자극취는 저장

그림 6-3. 숙성탱크

중에 숙성되어 향미의 조화를 이루어진다. 숙성은 빛, 열, 산소(공기) 등 외적 요인과 알코올, 물, 알데히드, 산 등 내적 요인이 관여한다고 생각되지만 아직 구체적으로 밝혀지지 않고 있다. 저장용기로는 참나무통, 법랑탱크, 스테인리스 스틸 탱크(그림 6-3) 등을 사용한다. 곡류소주는 장기 저장하는 것이 좋으며, 알코올 농도는 40% 내외로 조정하는 것이 좋다.

9) 정 제

품질을 안정화시키고 향미의 경쾌감을 주기 위하여 정제를 한다. 정제방법으로는 석면여과, 활성탄 여과, 규조토 여과, 이온교환수지, 특수탄소 여과 등 여러 가지 방법이 있다.

10) 조합과 제품

조합은 제품의 품질을 균일화시키고, 향미를 조정함으로써 품질을 향상시키기 위하여 필요한 조작이다. 원료별 조합, 소비자 기호에 따른 조합 등이 이루어진다. 저장, 조합, 정제 등을 거친 후 규격을 조정하고 병입하여 제품화한다(그림 6-4). 숙성기간 중에는 술이 좋아지지만 일단 병입한 다음부터는 오래 보관하더라도 술이 좋아지는 것은 아니다. 출고 후에는 고온에 방치하지 않도록 하는 것이 좋다. 1990년대에 들어서면서 쌀의 소비가 급속히 감소하기 시작하였으며, 이에 따라 보리쌀과 쌀이 남아돌기 시작하였다.

곡류의 소비를 위하여 쌀을 이용한 가공식품뿐만 아니라 막걸리도 밀가루에서 쌀가루로 대부분 바뀌었다. 그리고 묵은쌀(古米)과 보리쌀이 주정원료로의 사용이 늘어났다. 값싼 타피오카를 사용한 주정과 차별화하기 위하여 프리미엄소주는 곡류주정을 사용하기 시작하였다. 앞으로 희석식 소주에서부터 일부는 점차 증류식 소주의 소비로 전환될 수 있는 여지가 있을 것으로 보인다.

그림 6-4. 대표적인 증류식 소주제품

1.3 아와모리소주

아와모리(泡盛) 소주는 일본 오키나와를 대표하는 술로 알려져 있다. 오키나와에는 전통 아와모리소주를 생산하는 공장이 50여 개소 이상이 있다. 제조방법이나 공장 규모에서 차이가 크며, 이에 따라 매출액에서도 연간 2~3천만 엔에서 20억 엔까지 큰 차이가 있다. 제조방법에서도 Helios 및 瑞泉酒造株式會社와 같이 전통적인 제조방법에 현대적인 양조기술을 도입하여 비교적 대량 생산하는 공장에서부터 宮里酒造所와 같이 거의 예전이 방법을 그대로 사용하는 작은 공장도 있다.

그러나 이들 모든 공장들이 규모에 상관없이 제품에 대한 품질관리를 철저히 함으로써 제품의 품질에 대한 자부심이 높은 것이 특징이다. 이러한 품질에 대한 자부심과 제품 특성은 생산규모에 관계없이 일정한 고객을 항상 유지되게 하는 비결이다. 또한 숙성기간과 품질에 따른 차이로 한 회사가 대량 생산에 의하여 한꺼번에 시장을 독점할 수 없는 점도 있다.

아와모리소주는 증류식 소주로서 우리나라의 희석식 소주와는 차이가 있으며, 위스키 개념에 가까운 제품으로서 관리, 판매, 소비되고 있다. 제품은 각종 포장 재질과 주정도수 20°에서 43°까지 다양하며, 증류하여 숙성기간이 3년 이만인 신주(新酒)로부터 8년 이상인 고주(古酒)로 나누며, 숙성기간이 21년 이상의 다양한 제품이 일본 전국적으로 품질을 인정받아 판매되고 있다.

Helios 酒造株式會社(沖縄県 名護市)

숙성용 건물

Sakimoto 酒造合資會社(沖縄県 那覇市)

瑞泉酒造(沖縄県 那覇市)

원료용 태국산 쌀

정미기

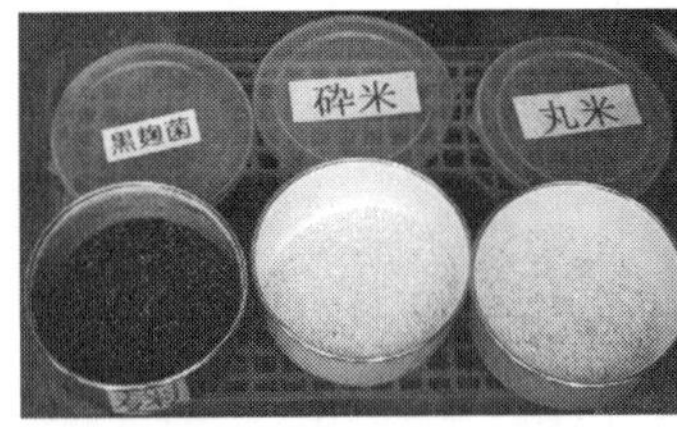

곡자 쇄미 원료미

증자기

증자기의 내부구조

제국용 시설

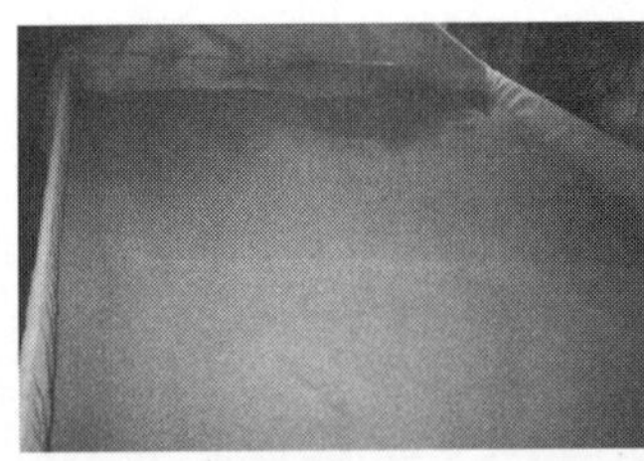

제국과정

발효조(지상에 노출)

발효조(반지하)

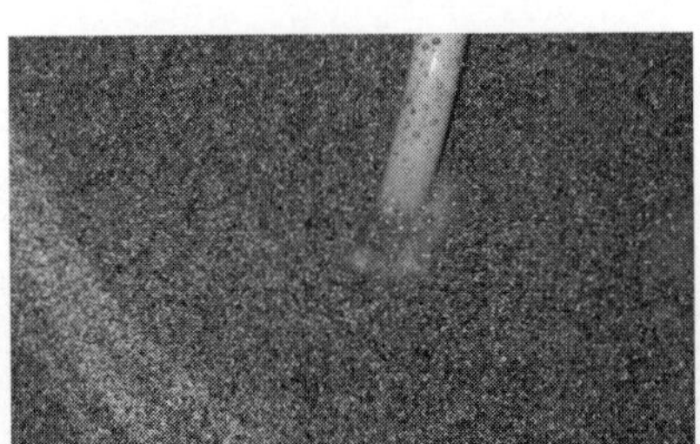

흑국균에 의한 발효과정

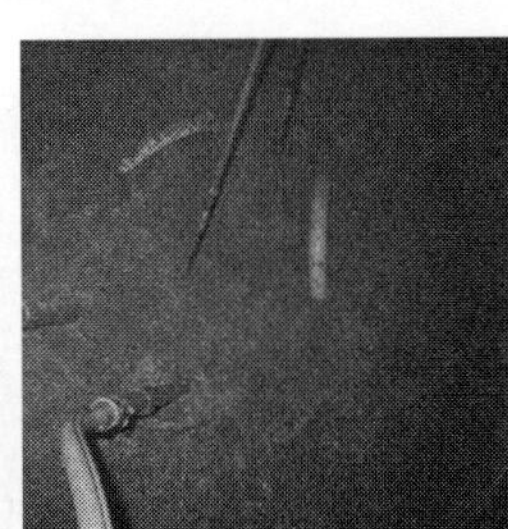

파이프를 통한 냉각수로 온도조절

증류장치(horizontal type)

항아리에서 숙성 참나무통에서 숙성

스테인리스 통에서 숙성 옥외 숙성탱크

제품의 예

그림 6-5. 아와모리소주

녹말의 당화를 위한 흩임누룩의 아와모리 균주(*Aspergillus awamori*)는 모든 공장이 꼭 같다. 양조 원료도 모두 태국에서 수입한 *Indica* type의 쌀을 사용함으로써 증자하였을 때 고두밥처럼 뭉쳐지지 않고 흩어진다. 녹말의 당화력이 큰 흑국균의 사용은 발효액의 색깔이 진하여 청주로서 제조할 수 없어 모두 증류시켜 소주로 생산할 수밖에 없다. 양조회사마다 꼭 같은 수입산 쌀과 균주를 사용하며, 제조방법에서도 큰 차이가 없다. 따라서 거의 비슷한 품질의 제품을 생산하고 있는 것으로 생각되지만, 다른 의미에서는 아와모리소주는 오키나와에서만 만들어지고 있어 지역적 특징을 나타낸다고 할 수 있다. 품질 및 제조공정관리 등에서는 엄격히 규제함으로써 국제화 시대에 알맞은 방법이 될 수도 있다고 여겨진다. 대표적인 아와모리소주의 제조공정은 그림 6-5에서 보는 바와 같다.

2. 희석식 소주

2.1 주정의 제조

희석식 소주의 제조는 주정회사에서 알코올 발효(주정제조)에서부터 시작된다. 쌀, 보리쌀, 옥수수 등의 곡류와 고구마, 감자, 타피오카 등의 서류에 들어 있는 녹말을 맥아나 효소 등으로 당화시켜 발효성 당으로 변화시킨 후, 발효공정을 거쳐 음용 알코올을 얻는다.

1) 원료 및 원료처리

당질 원료로는 주로 설탕을 제조할 때의 부산물인 당밀(molasses)이 사용된다. 그러나 폐당밀의 환경오염 문제 등으로 최근에는 사용을 거의 하지 않는다. 이 외로 사탕수수(sugar cane), 사탕무(sugar beat), 원당도 사용된다. 보통 50% 정도의 총당을 함유하고 있으며, 당화과정이 필요하지 않아 발효설비나 작업이 간단하다. 쿠바, 아르헨티나, 중국, 인도, 필리핀, 태국, 인도네시아 등에서 발효원료로 이용된다.

전분질 원료로는 쌀, 보리, 밀, 옥수수 등의 곡류와 타피오카, 고구마, 감자 등의 서류로 구분된다. 녹말 함량은 고구마에서 20~25%이며, 나머지는 곡류원료에 따라 보통 60~85%이다. 발효원료로 사용하기 위해서는 분쇄, 증자, 당화 등의 전처리과정이 필요하다. 국내 발효주정 원료의 80% 이상이 타피오카(tapioca chip)이며 베트남, 캄보디아, 인도네시아, 태국 등 동남아에서 수입한다.

입고된 곡물원료를 창고나 대형 silo에 저장함으로써 원료의 손실을 최소화하고, 수송 및 분쇄공정을 자동화하여 안정적인 작업이 이루어지도록 하고 있다. 또한 발효공정의 효율화를 위하여 원료를 작게 분쇄함으로써 원료 종류별로 일정하게 투입할 수 있도록 한다. 분쇄방식에 따라 Roll-mill, Impact grinder, Hammer mill이 있으며, 주정공장에서는 대부분 Hammer mill을 사용하여 분쇄한 다음에 약 2.0 mm Screen을 사용한다. 주요 주정원료의 성분과 발효수율은 표 6-1에서 보는 바와 같다.

표 6-1. 주요 주정원료의 성분과 수율

	타피오카	쌀보리	맥주보리	옥수수	날고구마
수분(%)	12	11	11	12	78
전분가(%)	76	68	62	70	20
수율(L/톤)	480	390	365	405	130
사용비율(%)	85.7	9.5	2.2	1.2	0.1

2) 증 자

고구마, 보리쌀, 옥수수 등 녹말원료를 물과 혼합하여 증자한다. 증자의 목적은 가열에 의한 전분의 호화로 효소의 작용을 쉽게 하며, 원료에 부착되어 있는 유해미생물을 살균한다. 녹말의 종류에 따라 호화온도와 전분입자의 형태가 파괴되는 온도가 다르다. 증자기에 투입할 때에 원료와 사입수의 온도가 알맞게 유지해야 하며, 온도가 너무 높으면 에너지 절감에는 유리하지만 덩어리를 형성하여 증자효율이 낮아진다. 원료 및 액화효소 종류에 따라 최적 작용온도와 pH가 각각 다르다. 쌀, 보리, 밀 등의 곡류의 호화온도는 80℃이지만, 고구마는 65℃이다. 주정공장에서의 증자기는 대부분 회분식이지만, 일부 반연속식으로 교체되고 있다.

3) 당 화

효모는 녹말을 직접 이용하지 못하기 때문에 포도당으로 전환할 필요가 있다. 증자과정에서 녹말이 dextrine으로 분해(액화)된 mash를 당화과정에서 glucose로 분해시킨다. 사용원료, 효소의 종류에 따라 당화온도, 작용시간이 각각 다르다. 초기에 지나친 당화는 효모의 기질 저해로 발효효율이 떨어진다. 보통 60℃에서 1시간에 당화율을 약 40%로 조절된다.

발효조에서 당화와 발효가 이루어지도록 하는 동시 당화발효법과 별도의 당화조에서 당화시킨 다음 발효조에 2～3단으로 첨가하는 방법이 있다. 동시 당화발효법이 공정이 간단하고 오염기회가 줄어드는 장점이 있는 반면에, 발효숙성기간은 다단사입법에 비하여 숙성시간이 짧아지는 단점이 있다.

4) 발 효

액화효소와 당화효소를 첨가하여 발효성 당으로 당화를 시킨 후에 순수효모를 배양한 주모를 첨가하여 10%의 알코올을 생성하도록 한다(그림 6-6). 일반적으로 발효탱크의 10% 정도의 용량인 별도의 주모탱크에서 효모를 배양한다.

그림 6-6. 발효조

주모의 무균배양은 매우 중요하다. 약 1억 cells/mL 정도로 배양된 주모를 미리 냉각된 발효조에 첨가하여 110~130시간 동안 혐기적 조건에서 알코올 발효를 시킨다. 발효가 경과함에 따라 발효조 품온이 발효열에 의해 상승하며, 냉각 coil로 32℃ 정도가 되도록 조절한다. 발효조의 살균은 오염방지를 위해 중요하며, 수송배관까지 철저히 증기로 살균한다.

발효수율은 사용하는 효모, 발효조건, 2차 오염이 주로 영향을 미친다. 주정공장에서는 발효탱크를 대용량화 하고 자동화하여 관리를 쉽게 하도록 하고 있다. 발효의 부산물로 탄산가스를 얻게 되며, 이를 액화탄산 제조공정으로 보내져 dry ice로 제조하여 판매하고 있다.

5) 증 류

발효가 끝난 다음 연속식 다단증류장치(그림 6-7)에 의해 증류하여 알코올 농도 92~95% 정도의 발효주정을 제조한다.

그림 6-7. 국내 주정회사의 증류탑

6) Fusel oil의 생성

Fusel oil은 mash 중의 아미노산에서 유래된다. 효모의 특수 경로인 Ehrilich-Neubauer-Fromherz에 의해 keto산이 생성된다. 이것이 환원적인 탈탄산, 탈아미노화 되어 fusel oil이 생성되며, 이들 성분은 향미에 영향을 미친다. Fusel oil은 알코올 농도에 대해 평균 0.4% 정도 생성되나, 원료 중의 아미노산 함유량, 사용효모의 종류 및 증자방법에 따라서도 다르다. 고온증자를 했을 경우에는 발효 mash 중에 fusel oil 생성량은 약 0.48%, 저온증자의 경우 0.64% 생성된다는 보고도 있다. Fusel oil의 비율은 n-propanol(24.6%), iso-butanol(17.9%), iso-amyl(53.7%)이다.

7) 폐기물처리

증류 여액은 원심 탈수시설을 이용하여 농축시킨다. 탈수 여액을 증발 농축함으로써 폐수발생을 최소화하고, 회수된 슬러지와 농축액을 열풍 건조시켜 단미사료를 생산한다.

2.2 희석식 소주의 제조

우리나라의 희석식 소주의 소비에서 ㈜진로가 서울과 경인지역에서 90% 이상의 시장을 독점하고 있어서 전국적으로 50% 이상의 시장을 차지하고 있다. 이 외로 지역별로 설립된 소주회사인 금복주, 무학, 대선, 두산, 보해, 선양, 한라산, 하이트주조, 하이트소주 순으로 시장 점유율을 차지하고 있다(표 6-2).

대부분의 희석식 소주는 알코올 농도 20% 수준으로 낮아졌으며, 일부 회사에서는 16.9%까지로 낮추어 점차 부드럽고 순한 형태로 바뀌고 있다. 소주회사는 주정판매회사로부터 주정을 구입하여 탈취 및 정제과정을 거쳐 숙성(그림 6-8)시킨 다음 희석식 소주를 제조한다.

그림 6-8. 숙성탱크

표 6-2. 국내의 소주 제조회사

회 사	주 소	주 생산품(기타 주류)	생산공장, 계열사 전화번호
㈜진로	서울시 서초구 서초동 1448-3	참진이슬로	이천, 청원, 마산공장 02)520-3114
㈜금복주	대구시 달서구 장동 306-6	참소주 (경주법주, 화랑)	경주법주(경주시) 053)582-5111
㈜무학	경남 마산시 봉암동 469-6	화이트소주 (매화)	055)293-3161
대선주조	부산시 동래구 사직동 154-2	시원(C1)	부산, 김해공장 051)503-5051
㈜두산	서울시 중구 을지로 6가 18-12	그린, 산 (군주, 설중매, 청하, 국향)	02)3398-1616
보해양조㈜	전남 목포시 산정동 198	보해, 잎세주	목포, 장성공장 061)273-3711
선양주조㈜	대전시 서구 오동 276	선양, 새찬	042)586-2141
㈜한라산	제주 북제주군 한림읍 옹포리 396	한라산(허벅술)	064)796-6671/5
하이트주조	전북 익산시 마동 126-7	보배	(주)보배 인수 0653)840-3860
하이트소주	충북 청원군 북일면 우산리 503-7	백학	백학주조 인수 0431)219-5111

주정공장에서 고구마, 타피오카, 보리쌀 등을 원료로 제조한 발효주정을 이용하여 지역별로 설립된 소주회사에서 희석식 소주를 제조하여 판매하고 있다. 대표적인 제조공정도는 그림 6-9와 그림 6-10에서 보는 바와 같다.

알코올 농도 92% 정도의 주정을 30~40% 정도로 희석한 다음, 활성탄 처리로 탈색과 탈취를 하여 거의 순수한 에탄올용액을 만들어 숙성을 시킨다. 숙성이 끝난 용액은 micro-filtration으로 여과하고 감미료, 구연산, 아미노산, sorbitol, 무기염 등 첨가물을 넣어 혼합한 다음 병에 주입한다. 첨가량과 종류는 제조회사마다 다르나, 보통 0.5~1.5% 가량 첨가한다.

2.3 첨가물

주세법상 희석식 소주의 첨가물료로는 당분, 구연산, 아미노산, 솔비톨, 무기염류,

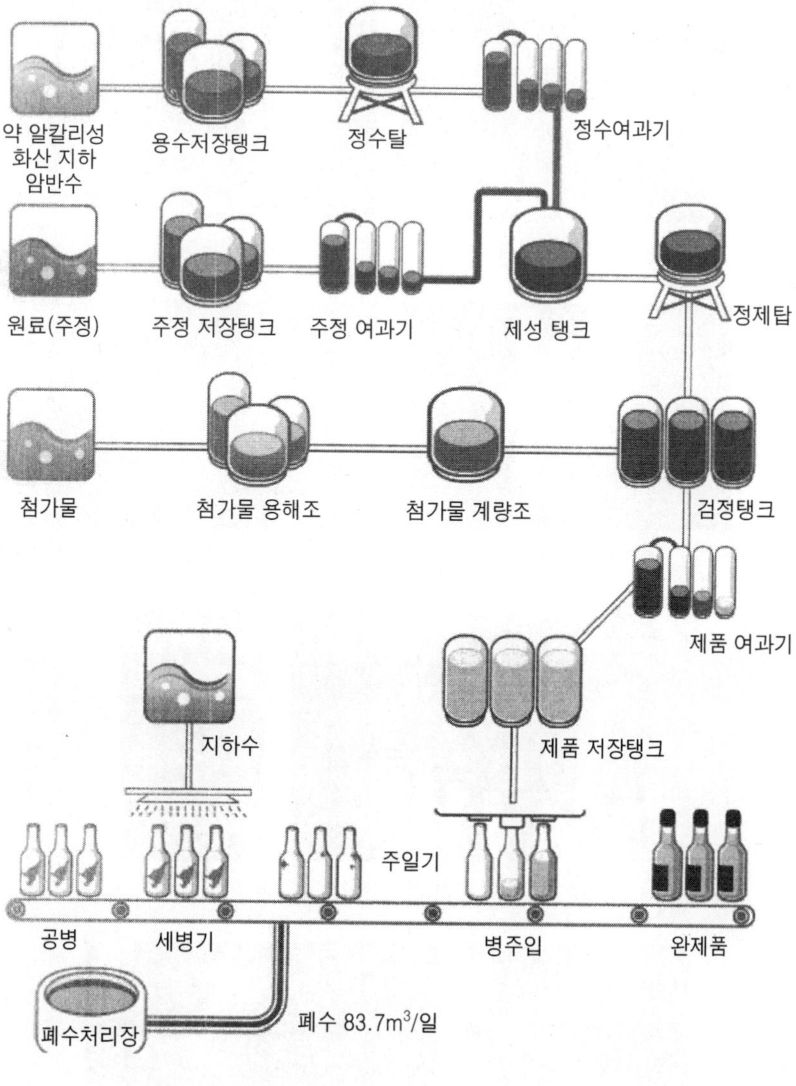

그림 6-9. ㈜한라산의 희석식 소주의 제조공정도

스테비오사이드, 아스파탐, 수크랄로스, 아세설팜 K, 에리쓰리톨, 자일리톨, 다(茶)류의 물질만 첨가할 수 있다. 그리고 첨가물료 사용량을 2% 이내로 제한하고 있으며, 2%를 초과할 경우에는 리큐르로 분류하고 있다.

희석식 소주는 맛을 내기 위하여 감미료를 첨가하여 왔으며, 예전에 사카린을 사용하다가 발암성의 문제로 다른 감미료로 대체하였다. 주류에 사용하는 감미료에는 여러 가지가 있다. 알코올 함량이 높은 보드카에는 천연벌꿀, 아세슬팜(acesulfam) K, 슈크랄로스(sucralose) 등을 감미료로 사용한다. 위스키, 브랜디, 와인 등에는 포도당 시럽, 락툴로스(lactulose), 에리스리톨(erythritol) 등의 감미료가 사용하기도 한다.

주정희석 및 탈취

활성탄 여과

블랜딩(Blending)

정밀여과

병입 및 타전

labelling

제품검사

출고

그림 6-10. 희석식 소주의 제조공정도

1) 올리고당

당분자를 2～10개 들어 있는 당류로, 감미도와 칼로리가 낮으며, 보습성과 정장작용을 나타낸다. 프락토올리고당(fructo-oligosaccharides), 갈락토올리고당(galacto-oligosaccharides), 키실로올리고당(xylo-oligosaccharides), 라피노스(raffinose), 락툴로스, 니게로올리고당(nigero-oligosaccharide), 겐티오올리고당(gentio-oligosaccharide), 트레할로스(trehalose), 팔라티노스(palatinose) 등이 있다. 기능성 음료, 감미료, 과자류, 유제품, 조미료 등에 이용한다. 락툴로스는 우유의 유당으로부터 얻어진 올리고당이다.

2) 당알코올

원료당에 수소첨가로 환원시킴으로써 소화분해가 어려워져 칼로리와 감미도가 떨어지고 발효성이 없어진다. 말티톨(maltitol), 에리스리톨, 팔라티니트(palatinit), 키시리톨(xylitol), 락티톨(lactitol) 등이 있다. 당알코올은 제약과정에서 당의(糖衣), 타정(打錠), 캔디류, 츄잉검 및 음료 등의 식품, 침지물의 탈수 및 비타민 C의 안정제로 이용된다.

에리스리톨은 와인, 된장, 간장, 수박, 멜론 등의 자연계에 널리 분포하는 성분이다. 포도당을 발효시켜 생산하고 있으며, 체내 에너지 발생량은 0.3 kcal/g으로 다이어트 식품소재로 널리 이용된다. 음료에 아스파탐, 스테비오사이드 등 고감미도 감미료와 병용하면 설탕에 가까운 감미를 부여할 수 있다.

3) 고감미도 감미료

아스파탐(aspartame), 스테비오사이드(stevioside), 아세슬팜 K, 슈크랄로스, 디히드로캘콘(dehydrochalcone), 글리시리진(glycyrrhizin), 알리템(alitame), 모넬린(monellin), 브레제인(brazzein) 등이 있다. 천연감미료로는 스테비아(*Stevia rebaudiana*)에서 얻어지는 스테비오사이드, 감초(甘草)에서 얻어지는 글리시리진, 감차(甘茶)에서 얻어지는 phyllodulcin 등이 있다. 이들의 화학구조는 그림 6-11에서 보는 바와 같다. 예전에는 사카린을 주로 사용해 오다가 새로이 개발된 감미료로 대체되고 있는 실정이다.

이 중에서 아스파탐은 aspartic acid와 phenylalanine으로 구성된 아미노산계 감미료로, 감미도는 설탕의 200배 정도이다. 국내에서 시판하고 있는 감미료 중에 설탕과 가장 비슷한 단맛을 가지고 있으며, 뒷맛으로 쓴맛이 남지 않는 장점이 있다. pH 3～5에서 안정하나 pH 2～2.5에서 단맛이 없어지며, 열에 약한 단점이 있다.

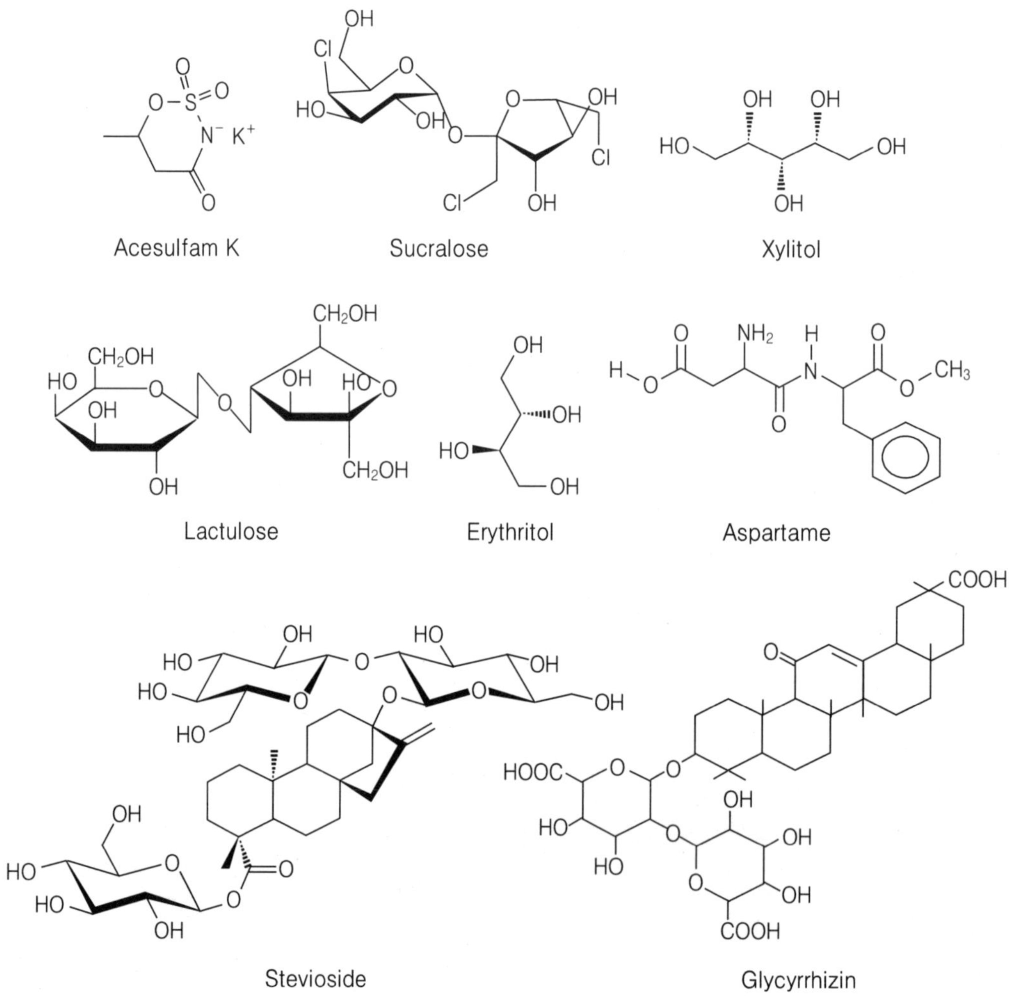

그림 6-11. 감미료의 화학구조

1965년 미국의 Serale사에서 발견되었고, 국내에서는 1985년 제일제당(CJ)에서 기술개발로 시판하기 시작하였다. 미국의 대형 청량음료업계에서 다이어트 음료의 감미료로 사카린에서부터 아스파탐 등으로 대체하였으며, 국내의 경우도 청량음료와 소주 제조에도 첨가하기 시작하여 사용량이 많아졌다. 특히 합성주와 같은 주류에는 깊은 맛과 감칠맛을 더해 주기 때문에 사용하고 있다.

아세슬팜 K의 감미도는 설탕의 100～200배 정도로, 'Sunette'로 시판된다. 사카린과 맛이 비슷하며, 장기간의 안정성과 높은 온도에서 가열하더라도 감미도가 변하지 않은 특성을 가지고 있다. 슈크랄로스는 설탕의 600～700배 정도의 감미도를 나타내며, pH와 열에 대한 안정성이 매우 뛰어나고, 감미도 설탕과 비슷하여 각종 음료에 알맞은 것으로 알려져 있다.

앞에서 설명한 감미료 외로 맛을 내기 위한 아미노산으로서, 염류와 더불어 아스파라긴(asparagine)을 대부분 첨가하고 있다. 아스파라긴은 산성아미노산으로, 아스파르트산(aspartic acid)이라고도 한다. 화학식 $C_4H_7O_4N$, 분자량 133.10, 녹는점 271℃. L-, D-형 2종의 이성질체가 있다.

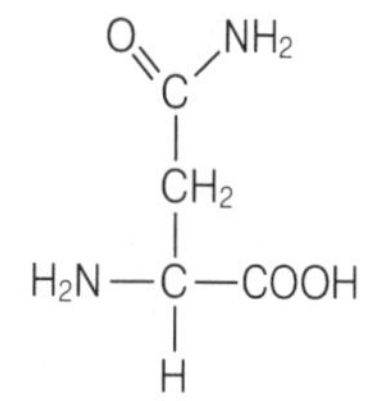

Asparagine

L-아스파르트산은 단백질의 구성성분 및 유리 상태로 동식물계에 널리 존재한다. 사방정계(斜方晶系)에 속하는 무색의 판상 결정으로, 물과 알코올에는 녹지 않고 산이나 알칼리에는 녹는다. 아스파라긴 효능은 아미노산류의 일종으로 맛의 조화를 주지만, 인체에서의 알코올 대사를 촉진시켜 숙취해소 및 간장보호에도 효능이 있다고 알려지고 있다. 아스파라긴은 간에서 알코올을 분해하는 효소를 생성하여, 아세트알데히드를 제거시켜 알코올을 분해시키는데 작용한다. 특히 아스파라긴은 콩나물의 뿌리에 많이 함유되어 있다.

2.4 소주를 잘 마시는 법

소주는 알코올 농도가 20~23% 정도로 독한 술이다. 알코올 농도가 20%를 넘는 독한 술은 위장에 큰 부담을 준다. 보호막이 없이 곧바로 위의 점막을 자극할 경우에는 위염이나 가벼운 출혈을 가져올 수도 있다. 그렇다고 알코올 농도를 줄이기 위하여 양주처럼 얼음에 타서 마실 수도 없다.

일본소주는 증류식 소주이기 때문에 얼음이나 뜨거운 물에 타서 마시기도 한다. 그러나 희석식 소주를 더 희석시키면 소주의 고유한 맛과 향이 사라진다. 따라서 미리 위를 든든히 채우고 안주를 곁들여 마시는 것이 좋다. 그리고 되도록 천천히, 조금씩 마시는 것이 좋다.

소주와 궁합이 잘 맞는 안주로 오이를 들 수 있다. 주전자에 오이를 가늘게 썰어 넣고 소주를 부으면 소주의 강한 알코올 향이 사라지고 맛이 순해진다. 또한, 술을 많이 마시면 이뇨작용으로 체내의 칼륨(potassium)이 배설되는데, 오이에는 칼륨이 많이 들어 있기 때문에 칼륨 보충이 쉽고, 염분과 노폐물의 배출을 도와주어 몸을 맑게 한다.

건강도 지키고 맛도 살리는 또 하나의 좋은 방법이 있다. 바로 녹차 칵테일이다. 녹차 칵테일은 오이 칵테일보다 훌륭하다. 소주 1병을 주전자에 붓고 여기에 녹차 티백 1개를 띄워서 마시면 녹차 특유의 향내가 어우러질 뿐만 아니라 술독을 해소하는 효과가 높아진다.

3. 위스키

3.1 위스키의 유래

위스키의 원형은 12세기경에 켈트(Celt) 사람들이 생명의 물이라고 여긴 우스쿼보(Usquebaugh)를 아일랜드에 전하였다. 1170년 헨리 2세가 잉글랜드를 정복함에 따라 스코틀랜드에도 전해졌다. 15세기에는 고지대인 하이랜드(High-land)에서 위스키가 제조되었다. 위스키는 아일랜드의 아이리시(Irish) 위스키와 스코틀랜드의 스카치(Scotch) 위스키로 나누어지게 되었다.

1660년에 1갤런(gallon)에 2펜스의 높은 세금이 매겨진 이래 스카치위스키는 제조업자와 징세관의 경쟁 속에 발전하였다. 즉, 1707년 잉글랜드와 스코틀랜드의 합병으로 대영제국이 탄생한 후 정부가 재원을 확보하기 위하여 종전보다 높은 세금을 부과하였다. 이에 불만을 품은 증류업자들이 하이랜드의 산 속에 숨어 위스키를 몰래 제조하기 시작하였다.

이들은 맥아의 건조를 위하여 그 지방에서 많이 나는 니탄(泥炭, peat)을 사용함으로써 훈연취가 있는 맥아를 사용하여 스카치위스키를 만들게 되었다. 또한 증류한 술을 은폐하려고 셰리(sherry) 술의 빈 통에 담아 산 속에 은폐시켰다. 나중에 통을 열어 보았더니 증류할 때에는 무색이었던 술이 투명한 호박색에 짙은 향기가 풍기는 술로 변해 있었다. 이것이 바로 나무통에 저장하는 동기가 되었다. 밀조자들이 궁여지책으로 마련한 수단들이 위스키의 주질 향상을 가져왔던 것이다.

19세기 중반부터 유럽의 포도가 '휘로키세라'라는 해충에 의하여 거의 전멸되었기 때문에 당시 명성을 떨치고 있던 코냑(Cognac)의 제조가 불가능하게 되었다. 이 틈에 듀어(Dewar), 워커(Walker) 등이 노력한 결과 스카치위스키는 세계적인 술로 발돋움하게 되었다. 1880년 카피(Coffey)에 의하여 연속식 증류기가 발명되어 그레인위스키(grain whisky)가 제조되었다. 오랜 논쟁 끝에 그레인위스키도 몰트위스키(malt whisky)와 함께 '위스키'로 인정되어 종래의 몰트위스키와 조합하여 제조하기도 하였다.

이 사이에 6개의 큰 주류회사가 영국 증류자협회를 설립하고, 제조업자를 합병하여 큰 세력으로 등장하였다. 블렌디드 위스키(blended whisky)가 생겨 스카치위스키의 보급을 가속화시킬 수 있는 계기가 되었다. 순수한 몰트위스키(pure malt whisky)는 애호가들에 의하여 양적으로는 많지 않지만 계속 시판되고 있다. 아일랜드 위스키는 스카치위스키만큼 성장하지는 못 하였지만, 아이리시(Irish) 위스키로서 그 명맥을 유지하고 있다. 미국에서는 켄터키주를 중심으로 아메리칸 위스키가 만들어졌다. 이 중에서도 버번(bourbon) 위스키는 세계적인 술로 성장하였다. 또한 캐나다에서는 캐나디안(Canadian) 위스키로 독특한 발전을 이루었다.

3.2 위스키의 제조

보리, 옥수수, 귀리 등 곡류를 원료로 하여 술을 빚은 후 증류하여 숙성시킨 위스키를 제조하는 순서는 다음과 같다. 보리를 이용하는 경우에는 맥주의 제조방법과 유사하다.

1) 맥 아

침전조에서 보리(大麥)를 24～48시간 동안 물에 담가 놓았다가 15～17℃의 발아실로 옮겨 7～10일 동안 싹을 틔운 후, 이것을 건조실에서 가열공기에 의하여 건조시킨다. 맥주를 생산하기 위하여 맥아를 제조하는 방법과 비슷하다. 몰트 스카치위스키를 제조하는 경우에는 맥아를 건조할 때 peat탄을 이용한다(그림 6-12).

2) 당 화

건조맥아를 분쇄하고 온수를 가하여 60～70℃의 당화조에서 녹말을 당으로 분해시켜 여과 후 발효조로 보낸다(그림 6-13).

영국의 맥아제조 Kilning(peat탄을 이용한 건조)

peat

그림 6-12. 맥아의 제조와 건조

그림 6-13. 맥아의 분쇄 및 당화

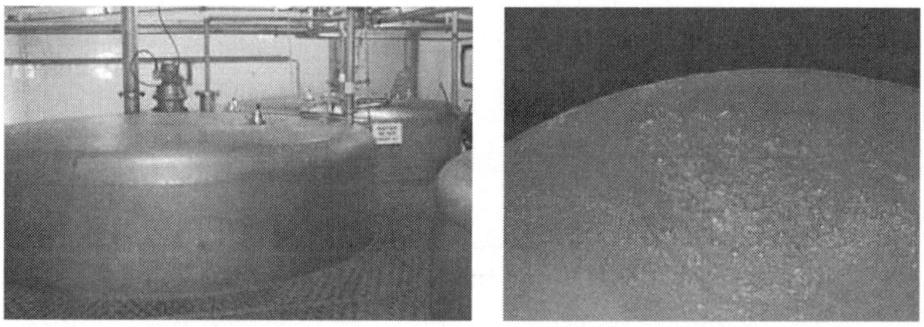

그림 6-14. 발 효

3) 발 효

당화액을 25~27℃로 냉각한 후, 효모를 첨가하여 2~3일 동안 발효시킨다. 이것을 매쉬(mash)라고 하며, 알코올 함량은 7~8%이다. 1)~3)의 과정은 맥주 제조과정과 거의 비슷하다(그림 6-14).

4) 증 류

단식 증류기 또는 연속식 증류기를 사용하며, 단식 증류기로 2~3회 증류한다. 증류기에는 몰트위스키를 적은 용량으로 알코올 함량 70% 내외로 증류하는 경우에 이용하는 pot still(단식 증류기)과 그레인위스키에서처럼 많은 용량으로 알코올 함량 90% 내외로 증류하는 데 이용하는 patent still(연속식 증류기)로 구분된다(그림 6-15).

5) 숙 성

증류된 무색투명한 위스키 원액을 참나무(oak) 통 속에 저장하여 3년 이상을 숙성시킨다(그림 6-16). 오른쪽은 사용하고 난 참나무통이다. 참나무의 재질 차이는 숙성

그림 6-15. 증류장치

그림 6-16. 위스키의 숙성과 폐기된 참나무통

할 때에 위스키의 맛과 향에 영향을 미친다. 숙성기간이 오래될수록 향기가 강해지고 감미로우며, 술의 품질이 향상된다. 고급위스키는 12년 이상 숙성된 원액을 사용한다.

6) 블렌딩(blending)

숙성이 끝난 후 한 종류의 원액만을 물로 희석하여 제품화하는 경우도 있지만, 대부분 30여 종류의 몰트위스키 원액과 1가지 또는 몇 가지의 그레인위스키 원액을 알맞은 비율로 조합한 후 물을 첨가하여 제품화한다. 제품의 품질은 주로 몰트위스키에 의하여 좌우된다(그림 6-17).

7) 매링(marring)

조합한 여러 가지 위스키 원액이 서로 잘 조화될 수 있도록 일정기간을 통 속에서 저장한다.

8) 제품화

저장이 끝난 위스키 원액에 물과 첨가물을 넣어 blending 함으로써 제품화하며, 알

그림 6-17. 위스키의 관능평가

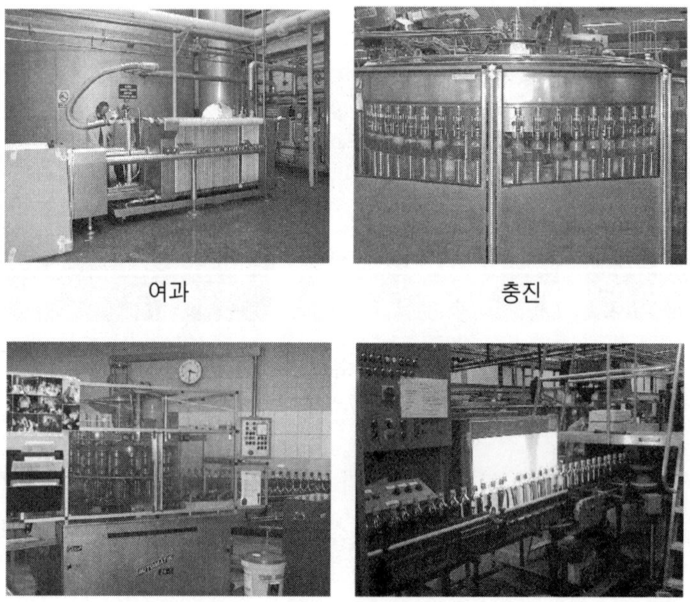

여과 충진

capping 품질검사

그림 6-18. 위스키의 충진 및 포장

코올 함량은 40~43%이다. 제품의 종류에는 한 가지 증류주의 몰트위스키 원액만 사용한 것, 여러 증류주의 몰트위스키 원액을 혼합한 것, 그레인위스키 원액만 사용한 것, 몰트위스키 원액과 그레인위스키 원액을 조합한 것 등이 있다(그림 6-18). 몰트위스키 원액과 많은 양의 그레인위스키 원액을 조합한 제품이 대부분이다.

3.3 참나무통과 숙성

1) 참나무통

좋은 위스키를 제조하기 위한 참나무통을 만들 때는 우선 알맞은 참나무 종류와

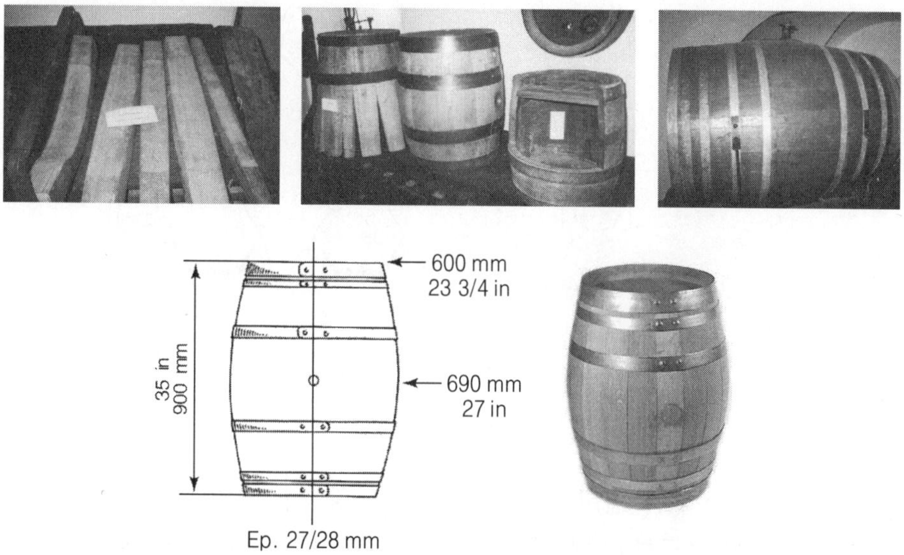

그림 6-19. 참나무통의 제작

크기의 나무를 베어낸 후 숙성과정을 거치게 된다. 베어진 참나무를 나뭇결 방향으로 약 10 cm 정도의 두께로 잘라 나무판을 만들고, 넓은 마당에 차곡차곡 쌓아 방치한다. 나무판 사이에는 바람과 빗물이 통과하도록 사이를 벌린다.

참나무 판자를 2~3년 동안 숙성시키면 수분함량이 15% 정도로 줄어들고, 나무 표면의 성분은 여러 가지 물리화학적, 생물적인 작용에 의하여 분해되기도 한다. 나무의 숙성이 끝난 후 표면에 묻어 있는 곰팡이와 이물질을 긁어내어 제거한 다음, 길고 작은 조각으로 잘라내어 참나무통의 형태를 만든다(그림 6-19).

참나무통의 내부는 불의 그을림(toasting)으로 나무성분의 열분해 물질이 발생되고, 이들 분해물질들은 위스키의 저장과 숙성과정에서 용출되어 위스키의 중요한 향기성분이 된다. 그을림의 정도로 나무 향의 강도를 조정할 수도 있으며, 미국의 버어본 위스키의 경우는 매우 심하게 그을린 참나무통을 사용한다.

2) 숙성 중의 성분 변화

저장된 위스키에 참나무통으로부터 추출되는 화학적 향기성분의 종류는 매우 다양하다. 많은 추출성분 중에서도 위스키 향에 영향을 주는 중요한 화합물은 리그닌(lignin)의 분해산물인 바닐린(vanillin), syringaldehyde의 방향성 알데히드와 guaiacol, hemicellulose로부터 열분해된 생성물인 furfural, maltitol, cyclotene, 미량성분이나 위스키 향에 매우 중요한 cis-, 또는 trans-β-methyl-γ-octalactone 등이 있다(그림 6-20).

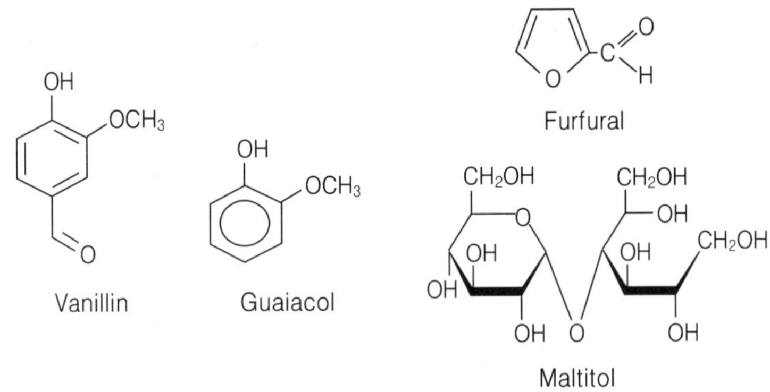

그림 6-20. 위스키 숙성 중의 화학성분

증류주는 증류 당시에는 알코올 냄새가 강하고 향미도 거친 술이지만, 오랜 기간 동안 저장하면 맛이 부드럽고 원숙한 술로 숙성된다. 특히 위스키, 브랜디와 같이 나무통에 저장하여 숙성하면 복잡한 변화가 일어난다. 이는 다음과 같은 요인에 의하여 이루어지는 것으로 알려져 있다.

① 알코올과 물의 분자회합에 기인한다. 물분자는 OH(hydroxyl)기를 가지고 있다. 알코올 분자도 OH를 가지고 있어서 이들이 서서히 큰 덩어리(cluster)를 형성하게 됨으로써 알코올 분자의 성질이 변하게 되어, 알코올 냄새가 거의 없어지고 자극성이 순화된 부드러운 맛을 갖게 된다(그림 6-21).

② 증류과정에서 옮겨진 성분의 변화와 상호반응에 의한 향미의 변화를 들 수 있다. 통 속의 공기에 의하여 증류주가 산화반응이 일어나면 알코올류는 알데히드(aldehyde), 휘발산 등으로 산화된다. 이들은 2차적으로 축합반응을 일으켜 에스테르화, 아세틸화가 일어난다. 특히 에스테르화는 여러 종류의 휘발산과 알코올류의 상호작용에 의하여 일어나므로 비록 양적으로 미량이지만 향기를 복잡하게 만든다.

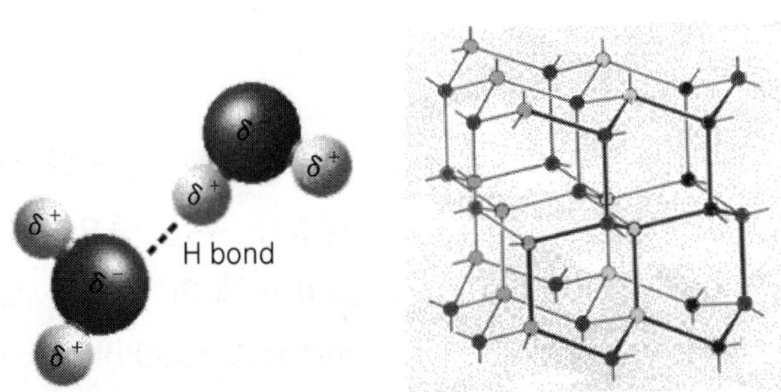

그림 6-21. 물분자의 구조

③ 나무통으로 사용하는 재료로 떡갈나무, 졸참나무 등 참나무를 사용함으로써 리그닌(lignin), 아미노산, 당류, 쓴맛 성분 등 나무성분이 용출되어 착색이 일어난다. 또한, 이들이 복잡한 물리화학적 변화를 가져오게 되어 맛이 부드럽고 향기가 좋은 술로 숙성하게 된다.

당에는 arabinose, xylose, rhamnose 등의 5탄당과 포도당, 과당, galactose 등의 6탄당, 그리고 글리세린 등이 존재한다. 페놀성 물질은 숙성 중에 중요한 역할을 한다. 리그닌은 알코올에 의하여 alcoholysis를 일으켜 용출되며, 다시 구성성분인 coniferyl alcohol, sinapic alcohol로 분해되면서 알데히드(aldehyde)가 된다. 이와 같은 과정에서 생긴 분해생성물인 코니펠알데히드(coniferaldehyde)는 산화하여 향기성분인 바닐린이 된다.

새로 만든 나무통은 이미 한 번 사용하였던 것보다 나무성분의 용출이 많아지고, 나무통 안쪽을 태운 것이 색상과 성분 용출이 많아진다. 저장 중에는 연간 2~3% 정도씩 증류액이 휘산되며, 이로 인하여 각종 성분이 농축되고 오랜 기간 동안 저장할수록 각종 성분 사이의 상대적 비율이 변하게 된다. 숙성에 들어간 증류주는 6개월 정도 경과하면 담황색을 띠며, 알코올 냄새가 줄어들고 숙성 향이 나타나기 시작한다.

3.4 위스키를 마시는 법

위스키를 마실 때 알아두어야 할 것이 있다. 독한 술을 마시면 위장의 맨 아랫부분에 있는 유문이 심한 경련을 일으키고 움츠러든다. 장으로 내려가는 출구가 순간적으로 막혀 버리는 것이다. 이렇게 되면 알코올이 위장에 머무는 시간이 그만큼 길어지고, 위 점막의 손상도 커지게 된다. 아울러 다른 음식물의 소화를 어렵게 한다.

독한 술을 급히 마셨을 때 구토를 하거나 속이 울렁거리는 것도 이런 까닭이다. 빈속에 마시면 그 정도가 훨씬 더하다. 빈속에 위스키는 절대 금물이다. 위스키 음주로 일어날 수 있는 위험을 막기 위하여 되도록 얼음에 타서 묽게 마시는 습관을 길러야 한다. 알코올 농도를 자기 체질에 맞게 조절할 수 있어 마시기 좋고, 위스키의 참맛을 느낄 수 있다. 또한 스트레이트로 마시면 위 점막이 독한 알코올에 직접 노출되어 세포가 손상될 가능성이 그만큼 커지기 때문이다. 그리고 절대로 과음하지 말아야 한다. 양주를 마시고 취하면 간장의 손상은 물론이고 위장에도 큰 타격을 주게 된다. 가볍게 1~2잔으로 만족하는 것이 양주를 즐기는 요령이다. 굳이 스트레이트를 즐기겠다면 먼저 물을 마시도록 하라.

위장을 보호하는 데는 안주보다 물이 훨씬 효과적이다. 위스키는 서양술로서 육식으로 위가 튼튼한 서양사람들보다 오히려 우리나라 사람들이 과음, 폭음, 빈속에 마시는 경향이 많다. 좋지 않은 음주습관이다. 양주가 뒤끝이 좋다고 여기는 사람들이 많지만 잘못된 생각이다. 위스키와 같은 양주에는 알코올 외로 다른 성분이 많이 들어 있다. 이러한 성분을 협잡물이라고 하며, 숙취의 원인 중 하나로 꼽힌다.

4. 브랜디

브랜디의 제조는 포도주 또는 과일주를 증류하여 참나무통에서 숙성하여 제조하기 때문에 대부분의 과정이 증류과정에서부터는 위스키의 제조공정과 유사하다. 프랑스를 중심으로 포도주를 증류한 브랜디가 생산되고 있으며, 이 외로 사과, 버찌, 자두 등을 원료로 한 브랜디가 생산된다. 여기에서는 지역적 특성을 살린 감귤브랜디를 소개한다.

4.1 브랜디의 유래

브랜디는 연금술의 실험과정에서 생긴 증류주의 일종이다. 지금부터 약 700년 전인 13세기경에 프랑스에서 연금술사이며 의사인 아노드 빌르뇌브(Arnaud Villeneuve)가 이것을 '아쿠아 비타(Aqua vitae)', 곧 '생명의 물'이라고 불렀다. 아쿠아 비타는 처음에는 약용으로 사용되다가, 점차 술로 인식되어 오늘날과 같은 브랜디로 발전하였다.

16세기경 프랑스의 코냑 지방에서는 우수한 품질의 아쿠아 비타를 생산하였다. 네델란드인이 이것을 수입하면서 태운 포도주라는 의미로 '브란데웨인(Brantjwyn)'이라고 불렀으며, 이를 영국인들은 브랜디(brandy)라고 불렀다. 브랜디는 포도, 사과, 버찌 등 과실의 발효액을 증류하여 만든 증류주로서, 일반적으로는 오랜 역사를 통하여 제조되어 온 포도브랜디를 말한다.

우리나라에서의 브랜디는 1968년도에 한국산토리(해태산업)가 국산 포도를 원료로 제조하여 저장하던 중, 1975년 프랑스의 브랜디 제조회사인 헤네시(Hennessy)와 기술을 제휴하여 국산 브랜디와 헤네시의 원주를 혼합하여 생산하였다. 1977년에는 완전한 국산 브랜디로 대체하여 생산하게 되었다. 그러나 국산 브랜디는 경쟁력이 떨어져, 지금은 수입에 의존하고 있다.

4.2 감귤브랜디의 제조

위스키, 브랜디 등 증류주를 제조하는 경우, 국내에서는 양조원료의 가격이 비싸기 때문에 국제경쟁력이 떨어진다. 이에 따라 국내에서 위스키와 브랜디를 직접 생산하지 않고, 원액을 수입하여 조합(blending)한 다음 시판하고 있다. 여기에서는 제주지역 특성을 살린 감귤브랜디의 제조실험을 소개하고자 한다.

저자의 연구실에서는 감귤브랜디(citrus brandy)를 제조하기 위하여 감귤 발효주를 제조한 다음, 이를 단식 증류하여 주정농도가 60°가 되도록 조정하였다. 증류액을 참나무통에 넣어 숙성하거나, 또는 참나무의 심재(深材) 부분을 알맞은 크기로 잘라 참나무 조각을 만들었으며, 증류주가 참나무통에 넣었을 경우 직접 접촉하는 표면적에 해당하는 양을 계산하여 이를 용기에 넣어 밀봉한 다음 숙성시켰다(그림 6-22).

증류주를 6개월 이상 숙성시킨 후 주정농도를 40°로 희석한 다음 감귤브랜디로 제조하였다. 조기 숙성을 위하여 증류주를 45℃, pH 4.1에서 6개월 숙성하였을 경우 약간 거친 맛은 있었으나 겉보기에 충분한 상품가치가 있었다. 일본 구마모토에서는 상품성이 떨어진 온주밀감을 원료로 브랜디를 생산하여 관광상품으로 활용하고 있다(그림 6-23).

그림 6-22. 브랜디의 숙성

그림 6-23. 일본의 감귤브랜디

4.3 브랜디를 마시는 법

프랑스에서는 식사할 때 이야기를 나누며 브랜디를 스트레이트(straight)로 유리잔을 손바닥으로 데우면서 조금씩 음미하면서 마신다. 이후 외국사람들이 식후에 마시는 것으로 형식을 바꾸기도 하였다. 영국인들도 대부분 스트레이트로 마시는데 비하여 미국사람은 다르다. 미국사람은 희석해서 마시는 것을 좋아하여 코카콜라에 타거나 '코냑 프로트'라고 하여 탄산수에 코냑을 넣어 마시기도 한다. 그러나 코냑 본래의 맛을 즐기려면 스트레이트로 마셔야 한다.

브랜디 잔은 다른 술잔보다 크고 술잔 밑에 펑퍼짐하게 생겼다. 잔은 크지만 따르기는 조금만 따르는 것이 에티켓이다. 그 이유는 수십 년 묵은 브랜디의 향미를 맛보기 위한 방법이다. 먼저 유리잔을 눈높이까지 치켜들어 색깔을 보고 그 향을 천천히 맡아본다. 이어서 한 손이나 두 손으로 잔을 손바닥에 술잔 밑을 닿게 하여 브랜디를 데운다. 2~3분마다 술잔을 흔들어서 향기가 서서히 솟아오르게 되었을 때 마시는 것이 격식이다.

그렇다고 바로 마셔서는 안 된다. 마시기 전에 다시 한 번 향을 맡는다. 처음 맡은 향과의 차이를 확인하는데, 그 차이가 많을수록 좋은 브랜디이다. 다음이 마시는 차례이다. 처음 한 모금은 혀 전체를 촉촉하게 적시는 정도로 하고 잠시 입안에 머물도록 한다. 그 향기가 코를 통하여 밖으로 빠질 때 후각신경이 발동을 한다. 이 과정이 브랜디의 진짜 향을 느끼는데 중요하다. 향을 음미한 다음에 술을 목으로 넘긴다. 소주나 맥주 마시듯이 단숨에 술을 마시는 사람은 브랜디를 마실 자격이 없는 사람이다. 브랜디는 그 마시는 과정이 중요한 술이다.

양파를 가늘게 다진 것과 사과를 다진 것의 차이는 겉보기나 향을 맡으면 누구나 쉽게 식별할 수 있다. 그러나 눈을 감고 코를 꽉 쥔 다음 먹어보면 둘을 구별하기가 어렵게 된다. 이상하다고 느낄지 모르지만 조금도 이상한 일이 아니다. 사람의 미각이란 얼마나 믿을 수 없는 것인지를 알게 된다. 시각과 후각이 미각에 얼마나 중요한 영향을 끼치는가 하는 것을 이 실험으로 알 수 있다. 브랜디를 마시는 사람은 이러한 점을 명심하고 브랜디는 먼저 눈으로 보고, 다음 코로 향을 맡은 다음 마시는 것이 세월에 대한 예우라는 것을 알아야 한다.

5. 혼성주

5.1 리큐르의 유래

리큐르는 원래 수도승들이 곡류나 과일을 발효시켜 증류시킨 증류주에 약초, 향초, 과실, 종자류 등 주로 식물성의 향미성분과 색소성분을 넣은 다음 설탕이나 벌꿀 등을 첨가하여 만든 혼성주에서 비롯되었다. 아름다운 색깔, 짙은 향기, 달콤한 맛을 가진 여성적인 술이다.

리큐르의 기원은 옛날 연금술사들이 증류주에 식물약재를 넣어 만든 데에서 시작되었다. 전해오는 이야기로는 고대 그리스의 히포크라테스가 쇠약한 병자에게 힘을 주기 위하여 포도주에 약초를 넣어서 물약을 만든 것이 리큐르의 기원이라고 한다. 동양과 서양 모두가 생명의 회복이나 불로장생의 영약(靈藥)을 얻기 위하여 꾸준히 노력해 온 결과로 리큐르가 탄생하였다.

리큐르라는 말은 '녹아든다'는 의미의 라틴어 리케파세레(liquerfacere)에서 유래한 프랑스어이다. 18세기 이후에는 의학의 발달에 따라 '의학적인 효용을 술에서 구한다'는 초기의 생각은 적어졌다. 그 대신에 과일이나 꽃의 향미를 주제로 아름다움을 추구하게 되어 상류사회 부인들의 옷 색깔과 어울리는 리큐르가 유행하게 되었다. 이때부터 리큐르는 색깔의 아름다움과 향미를 강조하여 여성의 술로 발전하였다.

오늘날 리큐르는 이탈리아와 프랑스를 비롯하여 세계 각국에서 다양하게 생산되고 있으며, 칵테일의 중요한 재료로 사용되고 있다. 국내의 각 가정에서 담그는 과일주 또는 약용주도 모두 이 리큐르의 범주에 속한다.

5.2 리큐르의 원료와 원액제조

혼성주는 보통 리큐르라고도 한다. 주정을 원액으로 사용하거나, 한 가지 주류에 발효시킬 수 있는 과실을 제외한 과실, 또는 기타 유실 향료식물, 방향성 초재나 약재를 담가서 우려내어 증류한 원액을 원료로 하여 제조한다. 원료의 배합 및 원액의 사용비율과 저장기간 등은 주세사무처리 규정 제38조에 따라야 한다.

1) 침출방법

① 과실 또는 유실을 원료로 하는 경우는 95% 주정 200 L당 매실, 모과, 복숭아, 유자, 온주밀감과 이에 유사한 과실은 100 kg 이상이며, 잣, 구기자와 이에 유사한 기타 유실은 30 kg 이상을 사용해야 한다.

② 인삼을 원료로 하는 경우는 알코올 농도 95% 제품 200 L를 기준하여 4년근 이상의 수삼 2 kg 이상을 사용하여야 한다.

③ 인삼을 제외한 약재를 원료로 하는 경우는 95% 주정 200 L에 원료 18 kg 이상을 사용해야 한다.

2) 증류방법

95% 주정 200 L당 향료식물, 인삼을 제외한 약재, 과실, 유실, 또는 이들과 유사한 것 9 kg 이상을 사용한다.

3) 주류를 원액으로 사용하는 방법

① 과실주 또는 맥주를 증류한 일반 증류주를 원액으로 사용하는 경우

② 주정, 소주를 원액으로 사용하는 경우

③ 기타 일반 증류주를 원액으로 사용하는 경우로 나눌 수 있다.

4) 원액의 사용비율

주세 사무처리규정 제38조 제3호에 따라 제조한 원액을 사용하는 주류는 제품규격으로 환산한 수량의 50% 이상으로 한다. 다만, 제품의 규격이 10% 미만인 경우는 80% 이상으로 한다. 인삼을 제외한 약재를 원료로 하거나, 또는 과실주, 맥주를 증류한 일반 증류주나 기타 일반 증류주를 원액으로 사용하는 경우는 원액으로 사용하는 주류는 20% 이상으로 하며, 제품의 규격이 10% 미만인 경우는 30% 이상으로 한다.

5) 원액의 저장기간

과실, 유실 또는 인삼을 제외한 약재원액을 사용하는 주류는 침출기간을 포함하여 90일 이상이며, 인삼원액 주류는 180일 이상이다.

5.3 약용주

1) 약용주의 효능

각종 과실과 약용식물 등을 소재로 주정, 또는 소주에 우려낸 술을 혼성주(제재주)라고 한다. 대표적으로 국내에서 상품화되어 있는 혼성주로서는 인삼주, 매실주, 오가피주, 포도주 등 다양하다. 특히 인삼주와 매실주는 널리 알려져 있다. 혼성주로서 사용하는 원료에 따라 여러 가지로 구분되며, 원료성분이 알코올에 의하여 침출되어 인

체에 주는 효능은 다음과 같다고 하여 예전부터 애용되어 왔다. 혼성주 소재로 이용되는 몇 가지 약용식물은 그림 6-24에서와 같다.

- **감귤주**: 피로회복, 동맥경화, 각기(脚氣) 등에 효능이 있다.
- **구기자주**: 허(虛)한 것을 보완하며, 노열(勞熱)을 제거하고, 정기를 늘리고, 허리와 다리를 튼튼히 하고, 안색을 좋게 하고, 눈물이 흐르는 것을 다스린다.
- **국화주**: 눈에 충혈이 잘 되거나 혈압이 높은 경우에 마신다.
- **녹용주**: 기관지나 폐가 약하여 감기가 잘 걸리며, 양기가 부족한 사람에게 효과가 있다.
- **당귀주**: 빈혈이 심하여 자주 어지러운 사람에게 좋다.
- **딸기주**: 피부미용에 좋고 입맛을 돋운다.
- **독사주**: 신경통에 좋다.
- **매실주**: 설사에 효과가 있다.
- **복령주**: 평소 소변이 시원하게 잘 나가지 않는 경우에 효과가 있다.
- **오가피주**: 인삼과 함께 불로장생약으로 알려져 있으며, 신경통 등에 좋다.
- **오디주**: 뽕나무 열매로 담근 술로서 젊음을 유지시키는 술이라고 알려져 있다.
- **우슬주**: 쇠무릎이라는 풀의 뿌리를 달여 즙을 내어 술로 만든 것으로서 무릎이나 관절, 허리가 좋지 않은 사람에게 사용한다.
- **인삼주**: 기운이 없고, 몸이 차고 소화가 잘 안 되는 사람에게 효과가 있다.

그림 6-24. 혼성주 소재의 약용식물

- **지황주**: 평소 소화는 잘 되나 식은땀이 잘 나고, 피부가 건조해지거나 입이 마르는 경우에 좋다.
- **황정주**: 피로회복에 좋다.

2) 약용주의 제조

(1) 재료의 선택방법

① 뿌리의 이용

뿌리를 채취하여 물에 깨끗이 씻어 겉껍질을 갉아 버린 후 속심은 버린다. 유용성분이 들어 있는 부위만을 사용하는 것이 술의 품질에 도움을 준다. 잔뿌리 쪽이 유용성분 함량이 많아 좋으며, 잘게 썰면 유용성분을 녹일 수 있는 면적이 크기 때문에 더욱 좋다.

② 과실의 이용

신선하고 조금 덜 익은 미숙과를 사용하고, 깨끗이 씻어 통째로 쓰거나, 썰어서 쓰려면 쇠칼이 아닌 죽도 등을 이용하는 것이 좋다. 철분에 의한 산화작용을 방지하기 위한 방법으로 질이 좋은 스테인리스로 되어 있는 칼은 무난하다.

③ 꽃의 이용

개화 직후 반쯤 피었을 때가 좋으며, 활짝 핀 것은 꽃잎이 떨어지기 쉬우므로 좋지 않다.

④ 전초(全草)의 이용

병든 잎이나 변색이 된 것은 좋지 않으므로 잎이 푸를 때 채취하여 그늘에 말려서 사용한다.

(2) 용 기

입구가 넓고 밀봉이 가능한 유리제품, 독, 항아리 등이 좋다. 공기 유통을 차단하여 알코올의 휘산(輝散)과 산화작용을 방지해야 한다.

(3) 사용하는 술의 도수

약용주를 제조하는 경우 21°의 소주보다 30° 이상의 소주가 알맞다. 주정을 사용하는 경우는 활성탄으로 탈취하여 역한 냄새를 없애야 한다. 주정을 사용하는 경우 추출효율이 높은 농도를 선택할 수 있는 장점이 있다. 너무 알코올 농도가 높으면 오히려 유용성분이 잘 우러나지 않으며, 너무 농도가 낮으면 잡균의 증식으로 부패할 우려가 많고 효능도 없어지기 쉽다.

(4) 첨가물

주정을 사용하여 침출주를 만드는 경우는 원료에 따라 당분을 첨가하기도 하지만, 가정에서 시판하는 소주를 사용하는 경우는 당분을 첨가하지 않는 것이 좋다. 당분이 들어가면 오래 보존하기 힘들고 부패하기 쉬우며, 두통이나 체질의 산성화 등 부작용을 일으키기 쉽다. 당분을 첨가할 때도 백설탕은 비타민 C를 파괴시키고, 흑설탕은 색깔이 제대로 나지 않고 독특한 냄새로 제 맛을 낼 수 없으므로 꿀, 포도당, 또는 얼음설탕이 좋다.

(5) 기 타

술을 담갔으면 공기가 새지 않도록 완전히 밀봉하여야 하며, 밀봉은 뚜껑을 꼭 닫은 뒤 비닐로 싸매거나 양초 땜질을 하는 것이 좋다. 용기 겉면에다 제조 년월일, 약재명, 보존기간 등을 기재해 두면 편리하다. 술이 완숙되면 개봉하여 건더기는 건져 버린 뒤, 목이 가는 병에 보관해 두고 조금씩 마신다. 약용주는 식전에 마시는 것이 좋으며, 마시는 양은 한두 잔 정도가 알맞다.

5.4 인삼주

1) 인삼주의 유래

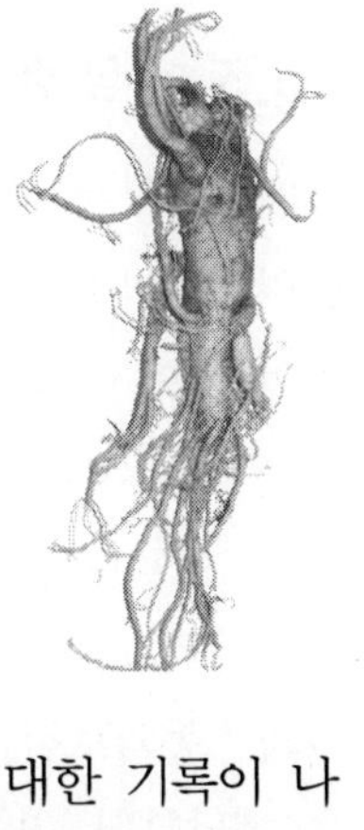

인삼은 오가과(五加科)에 속하는 다년생 숙근초로서 원래 중국의 태행산맥이나 우리나라 금강산 부근의 깊은 산 속에 자생하고 있었다. 중국 진나라 시황제가 '불로장생을 위하여 인삼을 구하러 보냈다'는 전설로 미루어 볼 때, 이미 2,000여 년 전부터 인삼은 귀중한 약재로서 사용되었음을 알 수 있다.

중국 전한시대 사람 사유(史遊)가 지은 『급취장(急就章)』에 황금, 복금감초와 더불어 '삼(蔘)'이란 약명이 기재되어 있다. 이후 조(照)의 『석명(釋名)』, 구한말 장중경(張仲景)의 『상한론(傷寒論)』, 그리고 『신농본초경(神農本草經)』 등의 의서에 인삼에 대한 기록이 나온다. 특히 명나라 이시진(李時珍)이 쓴 『본초강목(本草綱目)』에는 인삼의 효능에 대하여 자세히 기록되어 있는데, 그 내용이 최신 한의학에서 말하는 것과 일치하는 내용이 많다.

인삼은 한약에서 으뜸으로 여겨지고 있으며, 중국 과학원에서 1961년 편찬한 『중약지(中葯誌)』에서도 인삼을 최고의 약재로 다루고 있다.

2) 인삼주의 제조

4년근 이상의 수삼에서 크기가 작은 것을 골라내고 물로 세척하여 물기를 제거한 다음, 다음과 같은 과정을 거쳐 인삼주를 만든다.

① 주정을 알코올 함량 40～50%로 희석하여 활성탄으로 탈취한 다음, 인삼을 담가서 우려내기에 알맞은 농도로 맞춘다.

② 탈취한 희석 주정(알코올 함량 40～45%)에 수삼을 넣는다. 수삼은 제품 200 L에 12 kg 이상을 사용하여야 하며, 담가 두는 기간은 저장기간을 포함하여 180일 이상이다.

③ 담가서 우려낸 액 중에 인삼근 찌꺼기 등의 불순물을 제거한다. 우려낸 다음 인삼근을 분리한 액을 인삼원액이라고 한다.

④ 인삼원액에 첨가물을 넣고, 물을 가하여 규정된 도수로 맞춘다. 상품화하는 인삼주에 절반을 다른 주류와 혼합할 수 있으며, 이때의 주류는 위스키, 브랜디, 포도주 등이다. 위스키, 브랜디 등은 주류 첨가량의 20% 이하이어야 한다.

⑤ 배합 후 거친 맛의 순화를 위하여 180일 이상 저장한다.

⑥ 인삼을 담가서 우려낸 액에서 분리한 인삼근을 병에 넣고 인삼주를 주입한다. 이때에 인삼근은 제품 용량에 포함하지 않는다.

5.5 매실주

매화나무는 꽃과 향기가 좋을 뿐만 아니라 그 열매인 매실은 예로부터 약용으로 널리 이용되어 왔다. 매실은 과육 부분이 전체의 85% 가량이며, 유기산이 5% 정도 들어 있어 신맛이 강하다. 유기산은 주로 구연산, 사과산, 호박산, 주석산이며, 이 외에 카테킨(catechin), 미네랄 등 여러 가지 성분이 들어 있다. 씨에는 아미그달린(amygdalin, $C_{20}H_{27}O_{11}N$, 그림 6-25) 배당체가 들어 있다.

중국의 고서(古書)인 『신농본초경』을 비롯하여 명나라 때의 『본초강목』, 조선 중기의 『동의보감』 등의 한방서에는 매실의 약효와 이용법이 수록되어 있다. 또한 매실은 옛날부터 귀중한 식품으로 이용되었으며, 『주례』 등의 고문헌에 의하면 매실즙에 술을 섞은 매실주를 '의'라고 하여 궁중에서 음료로 사용하였다고 한다.

우리나라에서도 매실주를 널리 마셨으며, 이는 매실주가 독특한 향과 매력적인 맛

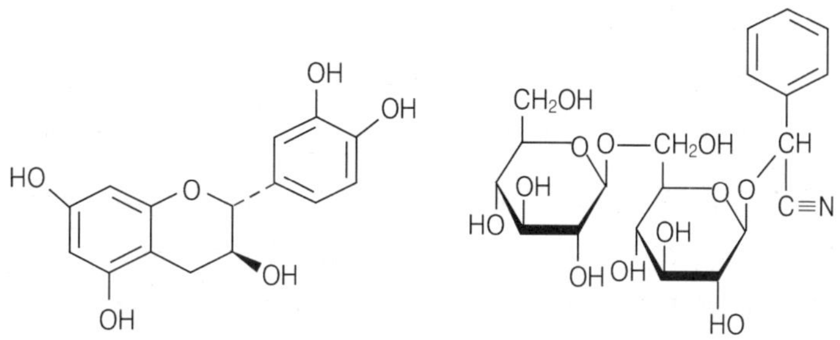

Catechin Amygdalin

그림 6-25. 매실의 화학성분

그림 6-26. 매실주의 숙성 및 포장(보해양조)

을 가지고 있을 뿐만 아니라 건강을 지향하는 현대인의 요구와 일치하기 때문이다. 매실은 구연산 등 유기산과 미네랄 등을 함유한 알칼리성 과실로서 식욕증진, 소화촉진, 피로회복, 노화방지, 피부미용에 효과가 있다.

원액을 제조할 때는 주정 200 L에 매실, 모과, 복숭아, 유자, 밀감은 170 kg 이상, 기타 유실(잣, 구기자 등)은 50 kg 이상으로 한다. 항아리에 매실을 담아 주정으로 우려내는 기간은 90일 이상으로 한다. 대량 생산에 있어서는 스테인리스 통에서 숙성하여 여과 후에 포장한다(그림 6-26).

5.6 감귤주

혼성주로서 감귤주를 제조하는 방법을 알아보자. 온주밀감, 하귤, 금귤, 레몬, 유자 등을 원료로 하여 깨끗이 씻은 다음 4개로 절단하여 갈색 하구병에 넣고 여기에 밀감 1 kg을 기준하여 과실주 제조용 소주 1.8 L를 넣어 한 달 이상을 숙성하면 좋은 감귤주가 된다. 향기가 좋은 금귤, 레몬, 유자를 원료로 하는 경우는 껍질을 제거하지 않고 사용하며, 온주밀감과 하귤의 껍질은 쓴맛이 강하여 껍질을 ⅓ 정도 제거하여 이용한다.

감귤류를 잘라 주정에 우려내는 과정에서 헤스페리딘(hesperidin) 성분의 용출로 현탁되어 겉보기가 좋지 않을 경우에는 효소제를 처리하기도 한다. 또한 하귤을 재료로 하면 껍질 중에 들어 있는 나린진, 리모닌과 같은 쓴맛 성분이 용출되어 쓴맛이 강하므로 껍질 사용량을 줄인다. 감귤의 색소는 카로티노이드(carotenoid) 성분으로 빛과 산소의 존재에서 산화작용이 일어나 퇴색되고 산화생성물에 의해 색깔이 좋지 않으므로 갈색병에 보관하거나, 어두운 곳에 넣어 두는 것이 좋다. 감귤류에는 과당, 구연산, 비타민 C, 정유, limonene(그림 6-27) 등이 들어 있어서 피로회복, 식욕증진, 감기, 고혈압, 혈관강화, 미용 등에 좋은 효과가 있다.

사용하는 소주의 알코올 농도에 따라 감귤주의 알코올 농도가 달라진다. 시판하는 알코올 농도 35°의 과실주용 소주를 사용하는 경우 알코올 농도가 23° 정도가 되며, 23°의 일반소주를 사용하는 경우 15°를 유지할 수 있다. 그러나 이보다 감귤량을 늘이는 경우는 알코올 농도가 낮아져 변질될 우려가 있다. 또한 상업적으로 활용하고자 할 경우 계속하여 침출하면 플라보노이드 성분의 지나친 침출로 쓴맛을 강하게 낼 수 있어서 좋지 않다. 보통 한 달 동안 침출한 후 감귤을 건져내고 숙성하는 것이 좋다. 그리고 산업적인 목적에서 혼성주를 제조하는 경우는 탈취한 주정을 이용하는데 비하여 가정주로 담그는 경우 시판하는 소주를 이용하고 있다.

시판하는 소주에는 인공감미료 등이 첨가되어 그대로 마시기에 알맞은 정도이다. 더욱이 감귤주를 비롯한 과실을 원료로 하는 경우 우려낸 당분이 추가되기 때문에 설탕 등 당류를 추가로 첨가하는 경우는 단맛이 강하여 기호성을 떨어뜨려 좋지 않다. 지금까지 알고 있는 내용과는 달리 특별한 경우를 제외하고는 혼성주의 제조에서 설탕이나 당류를 사용하지 않은 것이 좋다. 예전에 비하여 술에 대한 기호가 달라졌기 때문이기도 하다. 감귤의 향기는 주로 껍질에 들어 있는 기름(peel oil) 성분에 기인

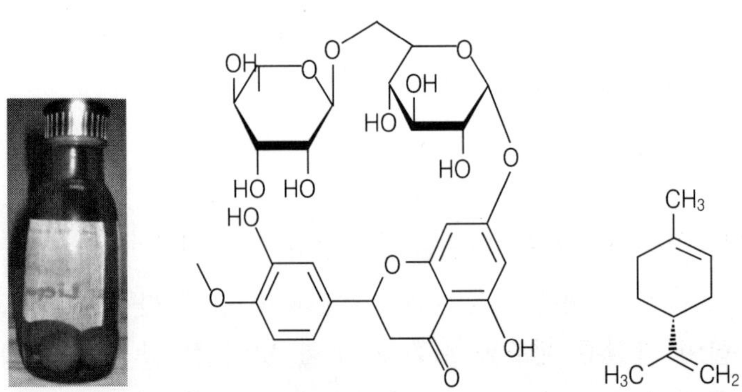

감귤리큐르 Hesperidin Limonen

그림 6-27. 감귤리큐르와 기능성 성분

하지만, 실제 주정에 우려내면 신선한 감귤향보다는 산화된 역한 냄새가 나기 쉽다.

저자의 연구실에서는 향기가 좋은 제주 재래감귤인 병귤(瓶橘, *Citrus platymamma*)을 주정농도 50~70%에서 침출하여 숙성한 후, 이를 희석하여 blending한 다음에 용기에 금귤을 넣어 독특한 감귤주를 제조하였다. 리큐르 형태인 이 감귤주는 금귤이 주는 외관과 더불어 병귤의 향기를 유지하도록 함으로써 상품성을 향상시켰다.

5.7 기타 주류

1) 탐라오가피주

제주도에서 자생하고 있는 섬오가피는 탐라오가피(耽羅五加皮, *Acanthopanax koreanum*)라고도 하며, 그의 약효는 장근골(壯筋骨)이라 했다. 향약구급방(鄕藥救急方)의 방중 향약목(方中 鄕藥目)에는 본경상품(本經上品)이라 하여 10월에 채근한다고 하였다. 세종 때에 출간된 향약집성방(鄕藥集成方)에는 오가피조하(五加皮條下)에 향명으로 땃두릅나무, 섯두릅나무, 오가피나무 껍질을 약용으로 사용하는데, '보중익정(補中益精)하고 구복즉 경신내로(久服則 輕身耐老)한다'고 하여 강장약의 진수라는 것을 말하고 있다. 고려 때에는 뿌리를 썼고, 이조 초기부터 수피(樹皮)를 사용하였다.

오가피류에 대한 약리학적 연구는 Brekhman과 Dardymov 등에 의하여 lignan 배당체인 eleutheroside류가 항피로 작용과 항스트레스 작용을 가지고 있으며, 스트레스에 대한 저항성을 증진시키는 성분은 eleutheroside B와 eleutheroside E라고 하였고, 이들 성분의 구조는 인삼의 유효성분인 dammarane계 glycoside와는 전혀 다른 oxabicyclo octane계의 lignan 골격을 가지고 있다고 하였다(그림 6-28).

탐라오가피 진액(extract)을 제조하기 위한 추출조건에서는 에탄올 농도가 높을수록 진액 수율은 감소한 반면, eleutheroside 수율은 증가하였다. 추출시간이 길수록 진액과 eleutheroside 수율이 모두 높았는데, 5시간 추출하였을 때 15시간 추출한 것에 비하여 진액은 90.6%, eleutheroside는 96% 수준이었다. 추출온도가 높을수록 진액과 eleutheroside 수율이 모두 증가하였으며, 100℃에서 진액 수율은 6.5%, eleutheroside 수율은 약 75%이었다. 추출용매로서 에탄올 농도는 40~60%, 추출시간은 5시간, 온도는 80~90℃가 알맞은 것으로 판단되었다.

4년생 탐라오가피를 9월에 수확하여 최적 추출조건인 물과 50% 에탄올로 90℃에서 5시간 동안 추출한 탐라오가피 진액의 성분은 가용성 고형물이 47.4~48.2%, Ca 등 무기성분이 4.5~5.3%, 유리당 11.27~11.80%, 유리산 함량이 3.02~3.18%, 유

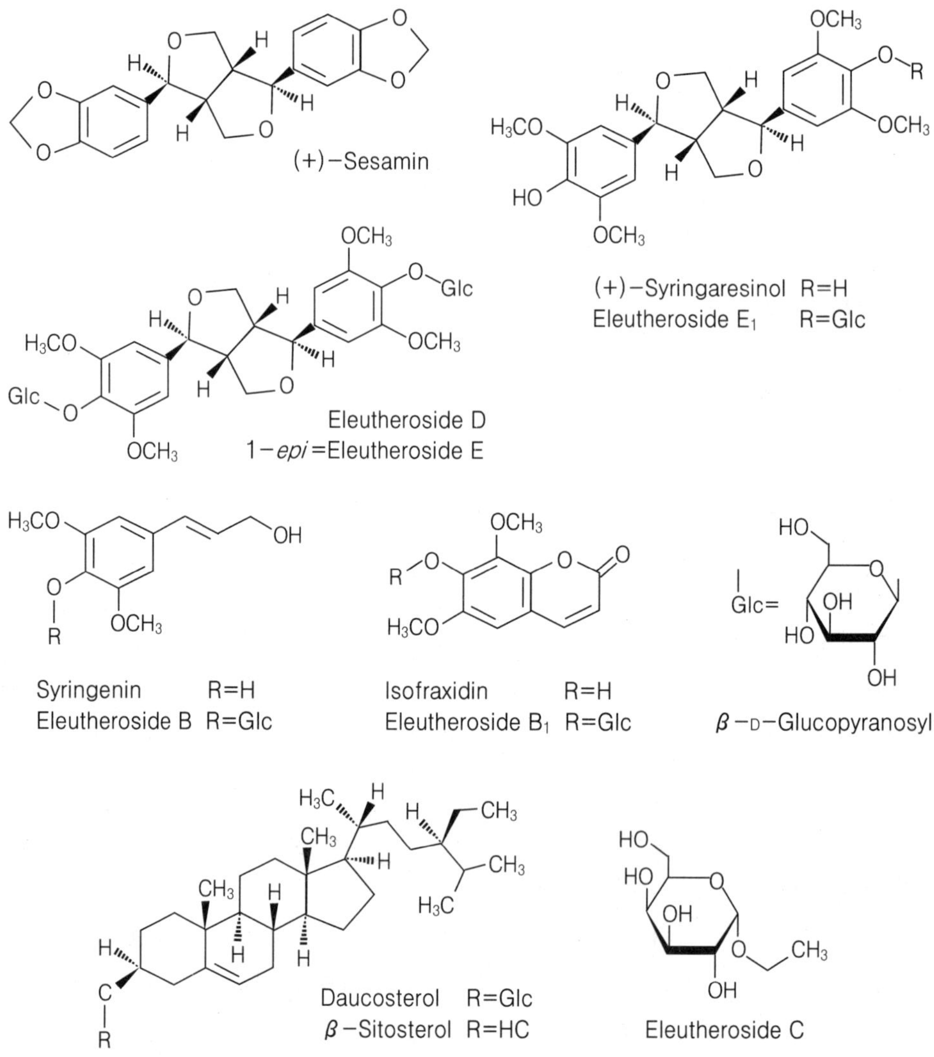

그림 6-28. 오가피의 기능성 성분 구조

리아미노산 185.33~348.14 mg/100 g, eleutheroside가 990.84~1,416.10 mg / 100 g 이 함유된 점조성 황갈색 액체이다.

약주 또는 청주를 빚을 때 오가피 줄기를 알맞은 크기로 분쇄하여 첨가하는 방법이 많이 이용되고 있다. 리큐르 형태로 제조하는 방법은 4년생 탐라오가피 가지를 9월에 수확하여 선별하고, 알맞은 크기로 잘라 오가피 150 g에 소주 1.8 L를 부어 2개월 동안 우려내면 노란 빛깔의 술이 된다. 오가피주는 오래 될수록 좋으며, 1년 이상을 두어 완전히 숙성시킨 후에 복용하는 것이 좋다.

2) 오미자술

오미자(*Schisandra chinensis*)는 목련과의 낙엽 덩굴식물이다. 줄기는 갈색이고, 나무에 기어오르는 성질이 있다. 잎은 어긋나고 넓은 타원형 또는 달걀 모양이며, 뒷면 잎맥 위에는 털이 있고 가장자리에 치아 모양의 톱니가 있다. 꽃은 6～7월에 피고 단성화이며, 약간 붉은빛이 도는 황백색이다. 꽃이 핀 다음 암꽃의 꽃턱은 길이 3～5 cm로 자라서 열매가 수상(穗狀)으로 달린다(그림 6-29).

열매는 거의 둥글고, 8～9월에 홍색으로 익으며 1～2개의 종자가 들어 있다. 제주도의 흑오미자는 열매가 익으면 진한 자색을 띤다. 열매에 신맛 · 단맛 · 쓴맛 · 짠맛 · 매운맛의 다섯 가지 맛이 섞여 있어 오미자(五味子)라 하며 약용한다. 한국, 일본, 중국 등에 분포한다. 잎 뒷면에 처음부터 털이 없는 것을 개오미자(*S. chinensis* var. *glabra*)라고 한다. 한방에서 자양, 강장, 진해, 거담, 지한 등의 효력이 있다. 민간에서는 오미자차를 만들어 마시며 술도 담근다.

오미자 300 g(말린 것은 100 g)에 소주 1.8 L를 부어 그늘진 곳에 2～6개월 동안 익힌 다음에 오미자를 체에 걸러내고, 주둥이가 좁은 병에 옮겨 서늘한 곳에 보관한다. 빛깔은 암적갈색과 자색이 섞인 붉은 색이며, 맛은 신맛이 강하고 오미자 특유의 향이 짙다. ㈜국순당에서 오미자 열매를 이용한 오미명작을 제조하여 시판하고 있다.

그림 6-29. 오미자와 오미자 열매술(오미명작)

3) 더덕주

더덕(*Codonopis lanceolata*)은 사삼, 백삼이라고도 부른다. 뿌리는 도라지처럼 굵고, 식물체를 자르면 흰색의 즙액이 나온다. 잎은 어긋나고, 짧은 가지 끝에서는 4개의 잎이 서로 접근하여 마주 나므로 모여 달린 것 같으며, 길이 3～10 cm, 너비 1.5～4 cm로 바소꼴 또는 긴 타원형이다. 잎 가장자리는 밋밋하고, 앞면은 녹색, 뒷면은 흰색이다.

8～9월에 종 모양의 자주색 꽃이 짧은 가지 끝에서 밑을 향해 달린다. 꽃받침은 끝이 뾰족하게 5개로 갈라지며 녹색이고, 길이 2～2.5 cm, 너비 6～10 mm이다. 화관(花冠)은 길이 2.7～3.5 cm이고, 끝이 5개로 갈라져서 뒤로 말리며, 겉은 연한 녹색이고, 안쪽에는 자주색의 반점이 있다. 열매는 9월에 익는다. 봄에는 어린잎을, 가을에는 뿌리를 식용한다.

더덕의 가식부분 100 g에 대한 일반성분은 다음과 같다. 수분 82 g, 단백질 2.3 g, 지방 3.5 g, 당질 4.5 g, 섬유 9.4 g, 회분 1.1 g, 칼슘 90 mg, 인 121 mg, 철분 2.1 mg, 비타민 B_1 0.12 mg, 비타민 B_2 0.22 mg이다. 말린 것은 수분이 22.4%, 단백질 8.2%, 지방 5.4%, 탄수화물 55.7%이며, 100 g에서 300 cal의 열량이 나온다.

더덕뿌리에는 사포닌이 들어 있는 것이 특색이다. 이 사포닌은 인삼에 들어 있는 주요 성분인데, 물에 잘 녹으며 거품이 일어나는 물질이다. 생약의 사삼(沙蔘)은 뿌리를 말린 것이다. 한방에서는 열을 다스리고, 가래를 멎게 하며, 폐열(肺熱) 제거 등에 사용한다. 종기가 심할 때나 독충에 쐬었을 때 더덕가루를 바르면 사포닌 성분 때문에 효과가 좋다고 한다. 더덕은 식품으로 할 때 물에 불리어 먹는 일이 많은데, 그것은 미끈한 사포닌을 우려내기 위한 것이다. 더덕은 건위뿐만 아니라 강장식품으로도 유명하다. 폐와 비장, 신장을 튼튼하게 해주는 식품으로 알려져 있다.

제주도 중산간 지역에 재배가 이루어지고 있으나, 외래에서 도입된 작물로서 제주의 이미지를 살리기 어렵다는 단점이 있다. 전남 순천시 낙양읍성에서 약주를 빚을 때 더덕을 첨가하여 만든 사삼주가 시판되고 있으며, 소주에 우려낸 더덕주가 가정주로 일부 이용되고 있다. 더덕은 인삼과 비슷한 성질을 가지고 있어서 혼성주의 소재로 좋은 특성을 가지고 있다.

더덕뿌리 3～4개를 용기에 넣고 소주 1 L를 부은 다음, 시원한 곳에서 6개월 이상 숙성시킨다. 인삼주와 비슷한 쓰고 독특한 맛을 느낄 수 있다. 더덕은 세척할 때 패인 주름 사이에 묻은 흙을 제거하기 어려운 단점이 있다.

4) 솔잎주

소나무(*Pinus densiflora* Siebold et Zuccarini)는 잎 두 개가 모여 한 쌍을 이루는 이엽송이다. 예로부터 솔잎을 장기간 생식하면 '늙지 않고 몸이 가벼워지며 힘이 나고, 흰머리가 검어지고 추위와 배고픔을 모른다'고 하여 신선식품이라고 하였다. 동의보감에도 '솔잎은 풍습창을 다스리고 머리털을 나게 하며, 오장을 편하게 하고 곡식 대용으로 쓴다'고 말하고 있다. 현대의 민간요법에서도 솔잎에 들어 있는 oxypalmitic acid는 젊음을 유지시켜 주는 강력한 작용을 한다고 밝히고 있다.

향약집성방에 의하면 솔잎을 먹는 방법은 솔잎을 좁쌀알처럼 잘게 썰어 부드럽게 갈아 한 번에 8 g씩 술에 타서 먹도록 하였으나 먹기가 쉽지 않다. 한방에서는 약술 형태로 하여 복용하는 경우가 많다. 수렴성 소염작용과 통증을 진정시키고, 피를 멎게 하며, 마비를 풀어주는 작용으로 인해 다친 데, 습진, 옴, 신경쇠약증, 탈모, 비타민 C 부족 등의 치료에 쓰인다.

솔잎에는 탄닌 성분이 들어 있어 설사를 멈추는 작용에도 쓰이고, 클로로필을 분리하여 피부질환 고약의 원료로 이용되기도 한다. 이 외에도 중풍으로 입과 눈이 삐뚤어졌을 때, 감기 기운이 있을 때에도 효과적이다. 솔잎의 영양 의학적 성분은 다음과 같은 내용이 알려져 있다.

① 신선한 솔잎에는 다량의 ascorbic acid와 비타민 A, B, K, 쓴맛을 내는 물질, 플라보노이드, 안토시안, 7～12%의 수지(송진), 5% 정도의 탄닌, 탄수화물, 정유 등이 들어 있다. 정유 함량은 잎에 0.13～1.3%, 싹 잎에 0.36%, 1년생 가지에 0.2～0.9%가 들어 있다.

② 소나무 전체에는 알코올, 에스테르 등 체내의 노폐물을 배출시키고 신진대사를 촉진시키는 성분, 페놀화합물, kinin, terpentin, 비타민 A와 C, 클로로필을 주성분으로 하는 강장제의 효과를 나타내는 성분과 혈당강하 작용이 있는 glucokinin, 아편과 니코틴 해독에 효과적인 아피에틴산도 있다.

③ 솔잎에는 철분도 풍부하여 철분 부족 때문에 생기는 빈혈 치료에도 좋다. 적송잎에 들어 있는 아미노산은 24종, 이 속에 단백질로 이루어진 아미노산 19종류도 확인되었다.

④ 솔잎은 비타민 C의 공급원이다. 비타민 C가 결핍될 경우 괴혈병에 걸리는데, 항산화 작용이 있는 것으로 알려지면서 암의 발병을 막아주는 방어효과가 있음이 확인되었다. 또한 녹황색 채소를 많이 섭취하도록 권장하는 이유는 비타민 C를 얻기 위한 것만이 아니며, 노화와 암을 예방하는 β-carotene을 체내에 흡수하는 데 큰 비중을 두고 있다. 녹황색 채소는 먹을 수 있는 100 g당 0.6 mg 이상의 카로틴이 들어 있다. 녹색이 짙을수록 더 많이 들어 있다고 하는데, 솔잎은 훨씬 짙은 녹색을 품고 있어서 풍부한 카로틴을 섭취할 수 있는 자원이다.

⑤ 솔잎 영양소 중에 중요한 엽록소도 빼놓을 수 없다. 이 엽록소는 조혈작용, 피부 상처를 치료 복원시키는 육아조직 형성이 뛰어나기 때문에 상처의 치료, 빈혈, 위궤양 등의 치료에 이용되기도 한다. 감압수증기 증류법에 의하여 얻어진 송침유 속에 있는 0.1～0.3%의 ascorbic acid, 카로틴, 비타민 K, 비타민 B, 쓴맛 물질인 플라보노이드, 안토시안, 7～12%의 수지, 5%의 탄닌, erythritol형 납(wax) 등이 들어 있다.

송엽주영농조합법인(경북 울주군)에서 약주 형태인 송엽주가 생산되고 있다. 한주양조(충북 옥천군 동이면)에서는 찹쌀로 빚은 약주를 증류하는 과정에서 소나무 가지를 통과하도록 하여 소나무 향이 베이도록 하는 송절주(松節酒)를 생산하고 있다. 송절주는 영국의 대표적인 증류주인 진을 생산하는 과정과 비슷하다. 그리고 안동 송화주, 백양영농조합법인(전남 장성군 북이면)에서 백양 송순주가 생산된다. 이 외로 전국적으로 솔잎을 이용하는 약주 형태가 많다.

재래종 솔잎을 깨끗이 씻어 마른 거즈로 물기를 잘 닦고, 길이 5 cm 정도로 자른 솔잎 300 g에 소주 1.8 L를 부어 우려내기도 한다. 또한 솔잎에 설탕 300 g과 물 1.2 L를 항아리에 넣어두면 발효가 일어나 소나무향이 베인 차로서 이용하기도 한다.

5) 구기자주

구기자는 구기자나무, 구기(拘杞), 지선(地仙), 구기채(拘杞菜), 괴좆나무, 선장, 물고추나무 등으로 불리는 가지과 식물이다. 구기자 나무열매를 구기자라고 하는데 강장제, 해열제로 허로요통(虛勞腰痛)에 쓰인다.

구기자 뿌리껍질은 지골피(地骨皮)라 하여 한방에서 소갈(消渴), 도한(盜汗) 등의 해열제로 이용한다. 어린 순은 나물로, 열매는 차나 술로 이용한다. 열매를 말린 구기자는 약용, 강장(强壯), 세안(洗眼)으로, 지골피는 소염(消炎), 폐결핵, 당뇨병, 근골(筋骨) 등에 쓰인다. 구기자는 체질이 허약하고 자주 피로를 느끼거나 허리와 무릎이 아프고 정력이 떨어지고 무력한 사람에게 좋다.

구기자의 효용은 '신(腎)을 보하고, 폐를 윤택하게 하고, 체액을 생성하고, 정기를 점차 번창하게 하고, 내분비의 기능을 높이고, 피로에 의한 내열을 제거하고, 양분을 보충하고, 노화를 막는다(신농본초경)'. 구기자에 들어 있는 풍부한 비타민, 미네랄은 간장의 작용을 높이고, 간세포의 보호나 재생에 도움이 된다.

뇌세포의 위축을 막고, 노화를 예방한다. 눈은 수정체나 시신경의 작용이 개선되고, 사물이 확실히 보이게 된다. 백내장의 예방이나 개선에도 효과를 발휘한다. 허리나 무릎에 심한 통증, 어깨 결림을 없앤다. 허약체질을 개선하고, 전신 피로를 없애는 점도 들 수 있다. 또한, 신경통 등의 통증을 없애는 효과도 있다. 탈모를 막고, 백발을 줄이고, 반들반들한 머리카락을 만든다. 혈당강하 작용이나 지방이 간장에 침착하는 것을 막는다. 특히 큰 효과는 강장, 강정 효과일 것 같다. 남성의 임포텐츠나 정력 감퇴는 물론 정자 수의 감소, 정자의 활동이 약한 증상에도 효과를 나타낸다.

기본적으로 구기자는 온갖 노화에서 오는 질병으로부터 몸을 보호하고 면역력을 높이는 데 그 효능이 있다. 고대의 한방서에서 구기자는 상약(上藥)으로 사람의 생명을 기르는 효능이 있으며, 독성이 없기 때문에 다른 차와는 달리 장기 복용하거나 과용하여도 부작용이 전혀 나타나지 않는다. 따라서 약으로서 일시 복용하는 것보다 장기적으로 항상 복용하는 것이 좋다.

그리고 항균효과, 항암효과, 면역 증진효과, 간기능 개선, 혈압강하 및 항당뇨 효과, 항산화 효과, 콜레스테롤 저하효과, 미용효과, 미백작용, 수렴작용 등이 보고되었다. 지골피의 에탄올 추출물은 강심작용이 있고, 구기자는 간세포의 신생촉진, choline과 같은 메틸기 공급작용, 혈관 확장, 경도의 죽상동맥경화증의 예방작용이 있다. 구기엽은 유산균의 성장을 돕고, thiamine의 masking 물질이다.

잘 말린 구기자를 깨끗이 손질하여 80 g을 용기에 넣고 소주 1.8 L를 부어 밀봉하여 어둡고 서늘한 곳에 저장한다. 2～6개월쯤 지나서 진한 홍색의 씁쓸하면서 다소 떫은 듯한 맛이 나면, 찌꺼기를 건져내고 주둥이가 좁은 병에 다시 옮겨 서늘한 곳에 보관한다.

6) 복분자술

복분자는 목매, 보반, 반문, 조사매, 수매, 나무딸기, 곰의 딸, 곰딸 등으로 불리기도 하며, 산과 들에 나는 야생 딸기 나무이다. 복분자는 장미과의 낙엽 관목으로 높이 3 m 내외이다. 끝이 휘어져 땅에 닿으면 뿌리가 내리며, 줄기는 자줏빛이 도는 붉은 색인데 흰가루로 덮여 있으며, 줄기에 달린 가시가 있다. 잎은 서로 마주 어긋나게 나며, 새의 깃 모양으로 엽신이 여러 개의 작은 잎들로 이루어졌다.

잔잎은 3～7 cm로서 불규칙하고 예리한 톱니가 있는데 솜털로 덮여 있으나 자라면서 점차 없어진다. 잎자루에 가시가 있다. 5～6월에 피고, 흰색 바탕에 연한 붉은빛이 돈다. 꽃꼭지의 길이가 밑의 것은 길고, 위로 갈수록 짧아 각 꽃은 같은 평면으로 나란히 가지 끝에 달리며 털이 있다. 꽃받침도 털이 있으며, 꽃잎이 꽃받침보다 짧다. 7～8월에 장과가 여무는데 장과는 익으면 붉은색이 되며, 나중에는 검은색이 된다. 복분자는 식용, 밀원용, 공업용, 약용으로 쓰인다.

부인병에는 꽃이 필 무렵에 전체를 채취하여 말린 후, 이것을 하루 양으로 5～15 kg을 달여 하루 3회 나누어 마시면 효과가 있다. 열매 복분자를 날로 먹으면 강장제가 되며, 조루 등에 좋다고 한다.

포도주와 같이 발효주 형태로 제조할 수도 있으며, 주정에 우려낸 리큐르 형태로 만들 수도 있다. 5월 하순부터 6월 초순에 걸쳐 채취한 복분자 열매 150 g를 질그릇 옹기에 넣고 1주일 정도 재워둔다. 여기에 알코올 농도 30%의 소주 1.8 L를 부어 2～3개월 동안 우려낸다. 이때에 알코올 농도는 14～15% 정도로 떨어지며, 오래 묵히면 묵힐수록 향기가 뛰어나고 술맛이 더욱 좋아진다. 선운산 복분자술, 지리산약술 복분자술 등이 유명하며, 제주에서는 ㈜한백당에서 복분자술을 생산하고 있다.

7) 녹용주

녹용의 주요 효능은 강장, 허약체질, 빈혈증, 강심, 병후 쇠약 등이다. 심장의 박동수를 늘리고, 심박출량을 증가시키는 강심효과와 발육, 성장을 촉진시키는 작용이 있다. 또 증혈작용, 생식기능을 흥분시키는 작용이 있기 때문에 발기부전이나 불임증에도 쓰인다. 신경쇠약과 병후의 쇠약, 허약체질 등 일반적인 쇠약에도 강장의 효과를 발휘한다. 얇게 썬 녹용 50～150 g에 소주 1.8 L를 병에 넣어 밀봉하여 3개월 이상 저장을 한다(그림 6-30).

제주사슴영농조합법인　　　　원앙주업

그림 6-30. 녹용주

6. 고량주

고량주 원료로는 수수를 사용하지만, 우리나라에서는 주로 옥수수를 사용한다. 최근에는 고량주 원주(原酒)를 중국에서 수입하여 제조하고 있다. 고량주를 제조할 때는 다음과 같은 과정을 거쳐 만든다.

① 옥수수를 수수알 크기 정도로 분쇄하여 물을 흡수시킨다.

② 분쇄된 원료와 곡자를 물과 같이 반고형 상태로 담금하여 30～35℃로 8～9일간 발효시킨다. 술덧의 알코올 함량은 6～8% 정도이다.

③ 고량주 증류는 술덧을 증류만 하는 것이 아니고 다음 담금의 원료를 술덧과 혼합하여 증자도 함께 하는 것이 특징이다. 이때에 증류는 주정분이 없어질 때까지 가열을 계속한다.

④ 주질을 개선하기 위하여 재증류를 하지만, 현재 고량주 제조공장에서는 거의 하지 않는다.

⑤ 알코올 농도 45%의 제품은 3개월 이상 저장하도록 되어 있다.

7. 럼

사탕수수, 사탕무, 설탕, 당밀을 원료로 제조한다. 제조방법은 다양하여 야생효모를 사용하는 전통적인 방법과 순수 배양효모를 사용하는 현대적 방법이 있다. 증류도 단식 증류기에서부터 개량형까지 있으며, 증류액의 알코올 함량은 50%에서 100% 가까운 것 등 여러 가지 종류가 있다(그림 6-31).

좋은 술은 3년 이상 참나무통에 저장하며, 좋은 참나무통을 사용하면 20년 동안은 품질이 향상된다고 한다. 통에서 나오는 유출물질에 따라 착색되며, 향미가 좋아진다. 많은 양의 고급 에스테르(ester)를 함유하며, 특유한 향기는 주로 여기에서 온다.

사탕수수

발효

증류

그림 6-31. 럼주의 제조

8. 진

8.1 진의 제조

증류주류, 노간주나무 열매, 향미식물을 원료로 한다. 진은 위스키와 매우 다른 술이다. 위스키의 향미는 맥아 등 원료인 곡류에서 유래되며, 또한 참나무통에 오랜 기간 동안 저장하여 그 향미가 개선된다. 이에 비하여 진은 보드카와 마찬가지로 증류

직후의 그레인위스키와 이것을 재증류한 것, 또는 거의 순수한 중성 알코올을 사용한다. 여기에 노간주나무 열매 등의 향기성분을 첨가하여 제조되기 때문에 그 향미는 거의 이들 향료식물의 정유성분에서 유래된다.

이들 정유성분은 산화 또는 변질되기 쉽기 때문에 일반적으로 참나무통에 저장하지 않고 바로 병에 포장하여 출하한다. 진의 제조공정은 원료인 알코올에 물을 넣어 약 60% 알코올 용액으로 하여 증류기에 넣는다. 여기에 노간주나무 열매 등의 향미식물을 절단하여 넣거나, 증류기의 꼭대기에 설치된 선반에 넣고 스팀 가열에 의하여 증류한다.

이 식물의 정유 성분은 알코올 용액과 그 증기에 의하여 유출되며, 증류액은 진 특유의 향미를 가진다. 증류액 중에 초류(初溜)와 후류(後溜)를 제외하며, 증류분에 물을 가하여 37～50%의 알코올 농도로 하여 병에 포장을 한 다음 출하한다. 이때에 진의 맛을 순하게 만들기 위하여 2～3%의 설탕과 0.5%의 글리세린(glycerin)을 넣거나 알맞은 향료를 넣기도 한다. 또한, 향미식물을 일정기간 동안 알코올 용액에 침지시킨 후에 증류하는 것도 있다.

수질(水質)은 알코올과 함께 술의 품질에 크게 영향을 미치므로 일반적으로 순수한 물을 사용한다. 노간주나무 열매는 피넨(pinene), 카디넨(cadinene, 그림 6-32) 등을 성분으로 하는 1～2%의 정유를 함유하고 있어서 진 특유의 향기를 나타낸다. 향미식물을 넣고 증류하는 대신 미리 이들 정유 성분으로부터 만든 향료를 알코올에 가하여 향미를 조정하여 병에 포장하고 제품화하는 경우도 있다. 정유 성분의 함유율이 높을수록 진의 향미는 강해진다. 정유 성분의 용해도는 알코올 농도가 높을수록 크기 때문에 농도가 진한 알코올일수록 향미가 풍부한 것을 만들 수 있다. Tonic water와 칵테일한 진-토닉이 많이 알려져 있다.

8.2 진을 마시는 법

진은 처음부터 술로 개발된 것이 아니고 이뇨(利尿) 촉진제로 개발한 약품의 일종이었다. 진의 원료가 되는 두송나무 열매에 이뇨 성분이 많이 들어 있다는 사실이 알

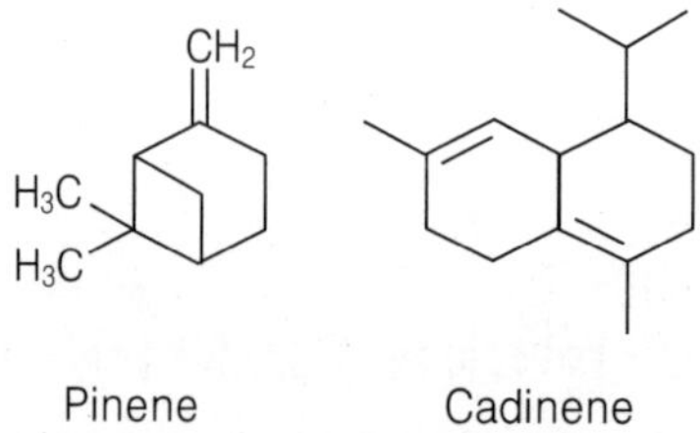

그림 6-32. 노간주 열매의 화학성분

려지자 여기에 알코올의 이뇨작용을 더하면 좋은 이뇨제가 될 것이라고 생각하여 진을 만들었다.

시판하고 있는 진의 대부분은 두송나무 열매가 주성분이고, 알코올이 보조용매이었던 당시의 진과는 달리 소나무 향을 약간 첨가한 것에 지나지 않은 알코올음료라고 할 수 있다. 진을 마신다고 하여 이뇨제와 견줄 정도의 이뇨효과는 기대할 수 없다. 다만 알코올 성분이 가지고 있는 고유의 이뇨작용 밖에는 없다. 진은 40%나 되는 독한 술이므로 잘 알려진 대로 칵테일로 하여 마시는 것이 좋다. 취향에 따라 얼음과 섞어 마시든지 탄산수와 함께 마시는 게 좋다. 역시 이 술도 협잡물이 많아 과음하면 두통이 심해진다.

9. 보드카

보드카는 증류주를 자작나무 숯으로 여과한 술이다. 보드카는 러시아를 중심으로 하여 발달하였으며 동유럽, 미국 등지에서 대량으로 생산되고 있다. 그레인위스키나 중성 알코올이 사용하며, 품질에서 그레인위스키가 아주 뛰어나다. 40% 정도로 희석된 알코올을 3~20개의 스테인리스 스틸 원통에 채운 뒤 느린 속도로 통과시킨다.

자작나무 탄층(炭層)의 수와 접촉 시간이 제품에 크게 영향을 주며, 일반적으로 좋은 제품은 접촉시간이 길다. 활성탄소 층을 통과한 알코올 용액은 병에 넣어져 제품이 된다. 증류 직후의 알코올 냄새가 활성탄 처리에 의하여 없어지기 때문에 순하고 감미로우며, 특유의 향미가 있는 술이 된다. 설탕과 염류를 조금 가하여 풍미를 부여하는 경우도 있다. 보드카는 무색・무미・무취이므로 어떤 술과도 잘 조화되어 칵테일용으로서 널리 이용된다.

10. 데킬라

아가베 아메리카나(*Agave americana*)와 아가베 아트로비랜스(*Agave atrovirens*)는 풀케(Pulque)를 만드는 원료로 사용되며, 이것을 발효시킨 다음 증류하여 만든 것이 메스칼(Mescal)이다. 멕시코에서 생산되는 데킬라(Tequila)의 주요 생산지는 그림 6-33에서, 그리고 제조 공정은 그림 6-34에서 보는 바와 같다. 알코올 농도가 높아 칵테일로 만들어 마시거나, 레몬즙이나 소금을 잔에 묻혀 혀로 핥은 후 마시는 음주방법이 독특하다.

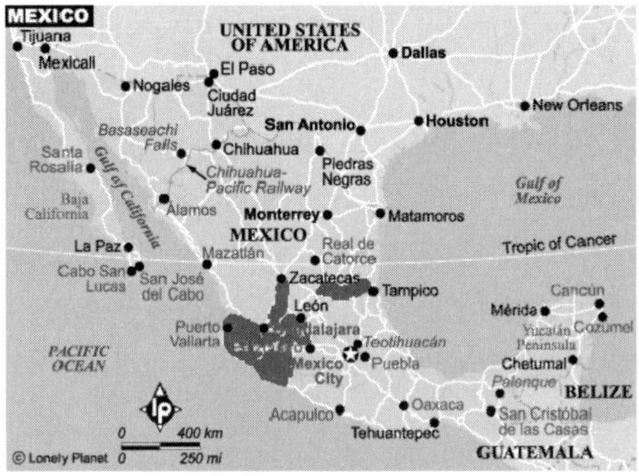

그림 6-33. 데킬라의 주요 생산지역

그림 6-34. 데킬라의 제조공정

참고문헌

1. 고정삼 외, 2005, 제주지역 양조산업의 기술혁신을 통한 산업화 기술개발 연구 보고서.
2. 이계호, 1994, 한국 약주 탁주의 특성과 신기술, 생물산업, 7(4), 36~46, 한국산업미생물학회.
3. 고정삼, 고남권, 강순선, 1989, 제주도산 감귤발효주의 양조특성, 한국농화학회지, 32(4), 416~423.
4. 고정삼, 고남권, 강순선, 오현도, 1992, 감귤발효주 증류주의 숙성조건, 제주대학교 아열대농업연구, 9, 169~176.
5. 고정삼, 양영택, 고영환, 강영주, 1993, 제주토속 좁쌀약주의 양조특성, 한국농화학회지, 36(4), 277~283.
6. 고정삼, 2003, 제주의 술, 제주문화.
7. Brekhman, I.I. and Dardymov, I.V., 1969, Pharmacological investigation of glycosides from *Ginseng* and *Eleutherococcus*, *Lloydia*, 32, 46~47.
8. Jwa, C.S., Yang, Y.T. and Koh, J.S., 2000, Changes in eleutherosides contents of *Acanthopanax koreanum* by harvest time, *J. Postharvest Sci. Technol.*, 7, 362~365.
9. Jwa, C.S., Yang, Y.T. and Koh, J.S., 2001, Preparation of extract from *Acanthopanax koreanum* by extraction conditions and its chemical composition, *J. Korean Soc. Agri. Chem. Biotechnol.*, 44, 24~29.
10. 고정삼, 2000, 술의 세계, 광일문화사.
11. 고정삼, 2005, 술 알고 마시면 건강이 보인다, 유한문화사.
12. 고정삼, 고영환, 오남순, 김진현, 인만진, 채희정, 2003, 생물공학, 유한문화사.
13. 고정삼, 2004, 식품생물산업, 유한문화사.
14. Naver, Google, Yahoo internet sites.
15. 고정삼, 양영택, 박재권, 이영재, 2007, 나무인삼 탐라오가피, 제주문화.
16. 이상필, 1999, 기능성 감미료의 특성 및 응용, 주류산업, 19(1), 62~72.
17. 주류산업, 2007, 27(2), 31~36.

제 7 장

음주문화

사람들은 건강이나 기쁨을 얻기 위하여 또는 분노나 좌절을 극복하기 위하여 술을 마신다. 따라서 음주문화는 각 국가의 사회·경제·역사를 반영하는 총체적인 형태로 나타난다. 잘못된 음주습관은 알코올 중독으로 발전되어 삶에 치명적인 부작용을 낳기 때문에 술에 대한 정확한 지식의 습득을 통하여 올바른 음주문화가 정착될 수 있어야 한다.

1. 음주의 동기와 형태

1.1 음주 동기

성인이 되면서 자연스럽게 마주치게 되는 술은 어렸을 때에 술을 마시는 어른들의 모습을 곁눈질하며 느꼈던 호기심에 대한 첫 단계의 시험일 수도 있다. 이는 성인이라는 것을 확인하고 싶은 충동에서 시작될 수도 있다. 처음에는 호기심에서 시작한 것이 어느 정도 익숙해지고 나면 좋은 일이 있을 때, 슬픈 일이 있을 때, 기분이 울적하거나 심심할 때, 그리고 나중에는 술을 마실 핑계가 생기면 으레 마다하지 않는 단계에 들어서게 된다.

인간은 왜 술을 마실까. 인간의 행위는 특정한 이유가 없을 경우 이루어지지 않는다. 인간은 기쁠 때, 화가 날 때, 우울할 때, 죄의식을 느끼고 이 죄의식을 잊기 위하여, 외로움을 느낄 때, 어려운 일에 부딪쳐 이를 극복하고자 할 때 등 여러 가지 상황이 닥치면 대체로 술을 마신다. 특히 급속한 산업화의 과정에서 업적 위주에 따른 강요로 심한 스트레스를 받게 되었고, 이 스트레스를 해결하기 위하여 한국인들은 술 속에 자신을 묻어 왔다.

표 7-1. 음주 동기와 알코올 문제

음주하는 동기			음주로 인한 사회문제		
기 쁨	극 복	기 회	사 회	심 리	신 체
건강, 맛, 파티, 휴식, 반주, 일의 순조로운 진행	화, 우울, 좌절, 지루함, 외로움, 슬픔, 죄의식, 교제, 애정표현, 잠 안 올 때, 육체적 고통, 해장술, 어려운 일 등	사람을 사귈 때, 누군가 마시자고 할 때, TV를 볼 때 등	가정문제, 이혼, 실업, 부랑자, 근무 장애, 사기, 채무, 재정곤란, 범죄 등	불면, 우울, 근심, 자살, 기억상실, 환각, 신체적 불균형, 치매, 광란, 도박, 약물 남용 등	지방간, 간염, 간경변, 간암, 위염, 췌장염, 식도암, 비만, 당뇨, 고혈압, 심장마비, 성기능 장애, 뇌손상, 불임, 태아손상, 유방암 등

음주 동기를 종합하면 표 7-1에서 보는 바와 같다. 이와 같은 계기에서 술을 마시기 시작하지만, 또한 지속적이고 지나친 음주는 신체적인 장애뿐만 아니라 심리적, 사회적인 여러 가지 문제를 일으킨다.

1.2 음주형태

한국인의 음주형태는 공동체적인 전통적인 정서, 즉 온정주의와 관련을 가지고 있다. 혼자 마시는 경우는 흔하지 않으며, 축하주 또는 위로주라는 명목으로 다른 사람과 어울려 술을 마신다. 자연히 음주의 횟수가 늘고, 오가는 뿌듯한 정 속에서 술잔을 돌리게 되고, 마시는 술의 양도 많아진다. 조성기(주류공업, 1997)는 18세 이상 남녀 1,685명(남자 1,089명, 여자 596명)을 지역별 배분과 무작위 표본추출에 의해 조사한 결과는 다음과 같다.

① 1주일에 3~4회 이상을 마시는 것을 '자주 음주하는 음주빈도', 1주일에 1~2회에서 월 2~3회를 '알맞은 음주빈도'라고 하였을 때 과음자는 27.9%, 알맞은 음주자는 49.5%이었다.

② 음주 동기는 교제나 친목을 위한 모임에서 술이 중요한 매개체로 활용하고 있다.

③ 음주 차수는 45%가 1차에서 술자리를 끝내고, 3차 이상을 가는 경우도 13%가 되었다. 2차 이상의 음주는 42%가 헤어지기 아쉬워서 간다고 하여 우리나라 고유의 정(情)의 문화를 나타내고 있는 것 같다.

④ 10회 중에 1～2회 정도 취하는 응답자가 33%이었으며, 5회 이상 취하는 응답자가 13%에 이르고 있어 이는 사회적 문제가 될 수 있는 그룹으로 볼 수 있다.

⑤ 술을 마시는 상대는 39%가 직장 동료이며, 학교 동창이 25%이었다.

⑥ 술을 마시는 장소는 대중음식점과 호프집이 각각 21%이었으며, 가정에서도 20%로 점차 가족 중심적 사고와 생활패턴의 변화를 가져오는 것 같다.

이와 같은 조사결과는 시간이 많이 지난 지금까지도 큰 차이가 없다. 친구 또는 사업관계의 일 등으로 다른 사람과 술을 마셨을 경우 반 이상이 단 한 번으로 끝나지 않고, 또 다른 곳으로 장소를 옮겨 술을 마신다고 볼 수 있다. 여가 선용을 위한 공간들과 장치들이 제대로 갖추어지지 않은 상황에서 술로 시작하여 술로 끝나는 현상이 나타난다고 할 수 있다.

우리의 음주문화는 '우리'라는 교감을 형성하기 위하여 잔을 주고받는 일도 독특한 우리의 음주형태라고 할 수 있다. 잔을 주고 받다보니 흥에 겨워 '폭탄주'라는 형태의 음주로 과음을 하게 된다. 우리나라의 경우 음주자의 연령층이 낮아지고 있고, 여성의 음주가 급속히 증가하고 있어서 술에 의한 위험에 쉽게 노출되는 집단에 대한 우려가 높아지고 있다. 접대나 모임 등 술자리가 많으며, 스트레스 해소에 대한 대응책이 부족하여 음주는 증가하고 있다.

음주로 인한 문제 중에서 가장 심각한 것은 의도하지 않은 음주 경험(82%), 과음 경험(74.5%), 음주할수록 오래 마시게 되는 경험(41.6%) 등의 순이었다. 그리고 음주운전 경험(25%), 지각과 결근 경험(36%), 직장생활에 지장을 준 경험(10%) 등도 높은 수준으로 나타났다. 음주실태는 사회변화에 따라 가변적으로 바뀌기 때문에 시대적인 상황과 의식구조에서 설명될 수 있다.

1.3 음주 양태

1) 혈중 알코올 농도의 영향

급성 알코올 중독증은 과음으로 '필요한 시간 내에 해야 할 일을 못할 정도로 중추신경계에 급성이며, 일시적인 기능 이상이 생긴 상태'라고 말할 수 있다. 술을 마셨을 경우 중독증상은 개인에 따라 조금 차이가 있으나, 혈액 속의 알코올 농도별로 구분하면 표 7-2에서 보는 바와 같다. 표에 나타낸 술의 양은 3시간 이내에 마셨을 경우를 기준으로 하였다.

'장사꾼이 밑지고 판다', '노처녀가 시집가기 싫다', 그리고 '취한 사람이 취하지 않았다'고 하는 말은 대표적인 3가지 거짓말이다. 술꾼이 스스로 취했다고 말하는 사람

표 7-2. 혈중 알코올 농도와 중독증상

혈중 알코올 농도 (%)	평균적인 사람 (60 kg)의 심리변화 형태와 객관적인 증상
0.02～0.04	머리 속의 복잡한 생각이 잊게 된다. 겉으로는 아무렇지 않으나 기분이 좋다. 청주로는 반홉～1홉, 맥주는 반병～1병, 위스키 한 잔 정도의 양이다. 특이체질이 아니면 사고는 없다.
0.05～0.07 얼근해지기 조금 전	몸의 건강감과 열기가 오르며, 약간 말이 많고 떠들썩하게 된다. 청주로는 1홉～1홉 반, 맥주는 1병～1.5병, 위스키 2～4잔 정도의 양이다. 이 정도에서부터 사고가 생길 염려가 있다.
0.08～0.10 얼근해진 후기	고민 등은 느끼지 않고, 겉으로는 잘난 체하는 것처럼 보이며, 정력이 넘치는 것 같다. 손이 약간 떨리는 듯하다. 청주로는 2홉～2.5홉, 맥주는 2병, 위스키 5잔 정도의 양이다.
0.11～0.15 꽤 취하기 전	세상에서 자기가 제일이라고 느끼며, 충동적이고 허풍을 떤다. 손발의 움직임은 정상인 듯하나 조금 벗어난다. 청주로는 2홉～3홉, 맥주는 2～3병, 위스키 6～8잔 정도의 양이다.
0.16～0.30 꽤 취한 후	어쩐지 서러워지고 잔소리나 불평을 한다. 손발을 썩썩 비빈다. 손이 떨려 술잔을 엎지른다. 일어서면 비틀거리고 제대로 걷지 못한다. 청주로는 4홉～5홉, 맥주는 4～5병 정도의 양이다.
0.4 전후 곤드레 된 때	걷거나 옷을 벗으려면 남의 도움이 필요하다. 화내고 소리를 지르며 광태를 부린다. 청주로는 7홉～8홉, 맥주는 7～8병, 위스키 1병 정도의 양이다.
0.5 전후 혼수기	의식을 잃고 쓰러진다. 호흡이 거칠고 깊으며, 다른 동작은 정지한다. 호흡이 끊어지면 죽는다. 청주 1되 이상, 맥주 10병 이상, 위스키 1병 이상의 양이다.

은 찾아보기 어렵다. 몸을 가누지 못하고 혀가 꼬부라진 취객도 '정신은 말짱하다'면서 한사코 취했다는 말을 듣지 않으려 한다. 술에 취했다는 말은 곧 '제 정신이 아니다'는 비난과 일맥상통한다고 생각하기 때문이거나, 술을 못이기는 나약한 사람이라는 말을 듣고 싶지 않기 때문일 것이다. 어느 정도 술을 마셔야 취했다고 판정할 수 있는 것일까.

사람마다 주량에 차이가 있고 술을 마시는 분위기나 그날의 컨디션에 따라서 주량이 다르기 때문에 '이 만큼 마시면 취한 것이다'라고 말할 수 있는 잣대는 없다. 아담스는 취한 증상을 4단계로 나누어 제시하였다.

① 마음이 평화로워지고 행복한 느낌을 갖게 되는 시기

② 필요 이상으로 말이 많아지며, 보통 때와는 다른 행동이 나타나기 시작하는 시기

③ 옷을 벗고 분수대에서 목욕을 할 정도로 흥분한 상태

④ 완전히 정신을 잃어버린 시기

알코올 건강의학협회라는 곳에서는 음주량과 혈중 알코올 농도를 기준으로 술에 취한 증상을 표 7-2에서와 같이 7단계로 분류하기도 하였다. '취하였다'는 말은 중추신경이 마취되었다는 말로 이해할 수 있다. 그러나 중추신경이 마비된 정도를 측정하는 것은 사실상 불가능하기 때문에 사용되는 방법이 바로 혈중 알코올 농도 측정이다. 음주운전을 단속하는 경찰관들이 취했는지 여부를 가리는데 사용되기도 하는 이 방법이 취하였는지 여부를 가리는 가장 객관적인 잣대로 평가받고 있다.

혈중 알코올 농도를 기준으로 취한 사람과 취하지 않은 사람을 구분하는 것은 우리 몸속의 알코올 농도는 모두 같다는 사실에 바탕을 두고 있다. 알코올은 순식간에 몸 구석구석으로 흩어지기 때문에 알코올이 중추신경에 미치는 정도는 근육이나 장기를 비롯한 몸 곳곳에 미치는 것과 같게 마련이다. 따라서 혈중 알코올 농도를 측정하면 알코올이 중추신경에 미치는 영향을 간접적으로 확인할 수 있게 된다.

2) 감성을 자극하는 술

술을 마시면 평소와 다른 행동을 하는 것이 일반적이다. 점잖기로 소문난 사람이 수다쟁이로 돌변하는가 하면, 갑자기 울음을 터뜨리는 사람도 있다. 술에 취한 사람들의 돌발적인 행동 유형은 각양각색이다. 술이 대뇌를 마취시키기 때문에 이런 현상이 일어진다.

140억 개 정도의 신경세포가 복잡하게 뒤얽혀 있는 우리의 뇌는 본능을 관장하는 구피질, 그리고 이성과 의식을 책임지는 신피질로 나뉘어져 있다. 보통 때는 신피질이 구피질을 압도한다. 스스로의 가치관에 알맞은 행동을 하도록 철저하게 구피질의 활동을 통제하고 관리한다. 그러나 술이 대뇌에 영향을 미치기 시작하면 팽팽하던 긴장이 한순간에 허물어진다. 신피질과 구피질의 관계를 형성하고 있던 끈이 마취상태에 빠지기 때문이다. 신피질의 통제에 메어있던 구피질이 스스로 명령을 내리기 시작한다.

'취중에 진담을 한다'는 말도 이런 맥락에서 이해할 수 있다. 이성의 통제가 없어지고, 고삐가 풀린 망아지처럼 기분이 내키는 대로 행동하게 된다. 사고력과 기억력도 큰 상처를 입는다. 우리는 흔히 이런 현상이 술에 취했을 경우에만 나타나는 것으로 알고 있다. 그러나 평소에 많은 술을 마신 사람들 가운데는 대뇌에 이상이 생겨서 보통 때에도 기억력이나 판단력이 떨어지는 경우가 있다. 자기가 방금 한 말도 기억하지 못하는 치매현상이 나타나는 것이다.

이러한 현상은 나이가 많은 노인층에서 주로 발생하는데, 알코올 의존이 심한 젊은 이들 가운데도 가끔씩 치매환자가 발견되어 충격을 주고 있다. 60세 이상의 노인들을 상대로 실시한 임상실험 결과, 보통 노인층의 4% 정도가 치매환자인데 비하여, 상습적으로 음주를 하는 사람들의 경우에는 무려 23%가 치매환자로 밝혀졌다.

지나치게 술을 많이 마셨을 때 나타나는 또 한 가지 현상은 시간 개념이 없어진다는 것이다. 술을 마시다 보면 자기도 모르는 사이에 시간이 쏜살같이 지나가 버린다고 느낄 때가 있다. 술꾼들이라면 누구나 한번쯤은 아직 초저녁이려니 하고 술을 마시다가, 시계를 보면 어느새 막차 시간이 가까워져서 허둥댄 경험이 있을 것이다. 알코올이 뇌에 영향을 미쳐 시간 감각을 잃게 되기 때문이다. 술만 마셨다 하면 자기가 내려야 할 정거장을 놓치고 몇 정거장씩 지나서 내리게 되는 것도 이런 까닭이다.

우리나라 사람들은 유독 술에 대해서만은 관대하고 자비스러운 민족이다. 그렇게 아끼는 돈도 술에 취하면 아까운 줄 모른다. 이처럼 특별한 경우를 제외하고는 인간의 본심은 원래 욕심이 많지 않고 착한 것이다. 때로는 술이 술을 마시게 한다고 2차, 3차 술집을 전전하면서 온 세상에 술을 다 마셔 없애야 하는 듯 기고만장하기도 한다. 늘 눌려 살아왔던 탓일까. 같이 마시던 일행 중에 한 사람쯤은 고주망태가 되어 나가 떨어져야 헤어질 때가 된 것이라 생각하기도 한다.

2. 우리의 음주문화

2.1 우리 음주문화의 특징

우리나라 사람들은 술을 마실 때 크게 격식을 차리지 않는다. 오히려 격식을 깨는 주법(酒法)을 더 멋스러워 한다. 밤거리에는 취객의 노래와 갈짓자(之) 걸음이 드물지 않고, 대체로 그러한 행동을 너그럽게 보아 넘긴다. 이러한 행동이 지나쳐서 사람들은 우리에게는 주도(酒道)와 음주문화가 없어졌다고 말하기도 한다. 우리의 본래 음주문화에는 격식을 차리지는 않지만 유일한 원칙은 사람을 생각하는 것이다. 사람이 술의 주인인 동안 술은 좋은 것이다. 잔을 돌리되 3번 이상 돌리는 것은 술을 못 마시는 사람을 괴롭히는 일이므로 천박하다고 보았다.

사람을 아끼는 문화가 우리 문화의 특성이듯 우리 음주문화의 특성도 사람과 사람 사이, 사람과 신 사이를 가깝게 해주는 화합과 화해의 음주문화이었다. 그리고 예의와 절제 속에서도 딱딱해지지 않고, 마치 '흥에 겨워 부르는 춤'처럼 자연스러운 파격이 있어야 멋있다고 하였다.

우리의 술은 외국의 술과 어떤 차이가 있었을까. 한국의 민속주는 과실주가 아닌데도 느껴지는 은은한 향기, 자연스런 빛깔, 같은 주정도수라도 유난히 부드러운 느낌, 큰 차이는 아니지만 자꾸 마시다 보면 알게 되는 미세한 맛의 차이, 통음 후에도 두통이 없는 잔잔하고도 아름다운 우리의 민속주는 다른 어떤 술과도 다르다. 사회변화와 더불어 바쁜 생활 속에서 소주, 맥주, 양주에 길들여져 조금씩 잊혀져 가는 우리의 민속주의 진미를 느끼는 일은 매우 소중하다.

2.2 술을 마시는 법

1) 주 도

술을 마실 때의 예의를 가르쳐 '주도(酒道)' 혹은 '주례(酒禮)'라고 한다. 어른을 모시고 술을 마시는 예법에 대하여 『소학(小學)』에는 다음과 같은 설명이 있다.

술이 들어오면 자리에서 일어나 술그릇(酒器)이 놓인 곳으로 가서 절하고 술을 받아야 한다. 감히 제자리에 앉은 채로 어른에게서 술을 받을 수 없기 때문이다. 그러나 어른이 이를 만류하면 비로소 제자리에 돌아와서 받고 마신다. 우리나라의 사람들은 어른을 모시고 술을 마실 때는 특히 행동을 삼가는데, 먼저 어른에게 술잔을 올리고, 어른이 술잔을 주시면 반드시 두 손으로 받는다. 또한 어른이 마신 뒤에야 비로소 잔을 비우며, 어른 앞에서 술을 바로 마시지 못하기에 돌아앉거나, 상체를 뒤로 돌려 마시기도 한다.

술잔을 어른께 드리고 술을 따를 때 도포의 도련이 음식물에 닿을까 보아 왼손으로 옷을 쥐고 오른손으로 따르는 풍속이 생겼다. 이런 예법은 현재 소매가 넓지 않은 양복을 입고 살면서도 왼손으로 오른팔 아래에 대고 술을 따르는 풍습으로 남아 있다. 술은 임금에서부터 천민에 이르기까지 남녀노소 할 것 없이 즐겨 마셨기 때문에 술의 예법은 술과 함께 매우 일찍부터 있었다. 『고려도경』의 『향음(鄕飮)』에 따르면, 고려에서는 이 주례(酒禮)를 매우 중요하게 여겼다고 한다.

잔치 때에 신분이 높은 사람은 식탁에 음식을 차려놓고 의자에 앉아서 술을 마신다. 그러나 신분이 낮으면 좌상(座上)에 음식을 놓고 두 사람이 마주 앉아서 마신다. 잔치에 손님이 많으면 좌상을 늘린다. 그릇은 놋쇠로 만든 것을 쓰고 어포, 육포, 생선, 나물 등을 늘어놓고 있다. 술을 마시는 데에는 절도가 없어서 많이 권하는 것을 예(禮)로 안다. 또한 『사소절』에는 '술이 아무리 독하더라도 눈살을 찌푸리고 못 마땅한 기색을 해서는 안 된다'라고 하였다. 또한 술은 '빨리 마셔서도 안 되고, 혀로 입술을 빨라서도 안 된다'고 하였다.

박지원의 『양반전』에는 술 마실 때 수염까지 빨지 말라 하였다. '술을 마셔 얼굴이 붉게 해서도 안 되며, 손으로 찌꺼기를 긁어먹지 말고 혀로 술 사발을 핥아서도 안

된다. 남에게 술을 굳이 권하지 말며, 어른이 나에게 굳이 권할 때는 아무리 사양해도 안 되거든 입술만 적시는 것이 좋다'고 하였다. 남에게 술을 따를 때는 술잔에 가득 부어야 하며, '술은 술잔에 차야 맛'이라고 하는 말이 지금도 쓰인다. '술은 차야 맛'이라 할 때는 술을 차게 해서 마시는 것이 좋다는 뜻도 되고, 술은 술잔에 가득 차야 된다는 두 가지의 의미를 가진다. '술은 차야 맛이고, 임은 품안에 들어야 맛'이라는 속담도 이런 데서 생긴 것이다.

2) 술잔을 따를 때와 받을 때

(1) 술을 따를 때

예전부터 연장자와 직위가 높은 사람에게 깍듯이 예를 지켜 왔듯이 술자리에서도 예를 지켜 아래 사람은 윗사람에게 두 손으로 권하고, 두 손으로 받아야 한다. 예외적으로 직위는 아래지만 나이가 10살 이상 많을 때는 상급자와 하급자가 서로 두 손으로 주고받아 존경을 표시한다.

항렬이 복잡한 친척들이 모인 자리에서는 나이가 자신보다 많은 조카가 있듯이 항렬이 높아도 나이가 많은 아래 항렬과의 대작(對酌)은 서로 존경을 표시하는 것이 예의이다. 부부끼리도 두 손으로 예의를 갖추어 주고받는 것이 원칙이다. 남과 자리를 같이 하였거나, 부부끼리만 있을 때도 서로 존중하여야 한다.

두 손으로 따를 경우에는 그 왼손의 위치가 자세를 좌우하는 것으로 복식에 따라 다르다. 도포와 같이 소매 자락이 긴 한복에서는 왼손으로 겨드랑이를 끌어올리듯 하고, 양복을 입었을 때는 술병을 받쳐 드는 것이 바른 자세이다. 그리고 술을 서로 평교(平交)할 수 있는 5살 안팎의 연령이더라도 경어를 쓸 경우에는 반드시 두 손으로 따르고 받아야 한다.

술을 따르는 법은 왼손으로 따르거나, 오른손을 젖혀서 따르는 것은 정성이 없는 권주로서 삼가야 한다. 실제로 한 손으로 따르면 술이 왈칵 쏟아지거나 술병을 놓칠 우려가 있으므로 예의를 떠나서도 두 손으로 따르는 것이 바람직하다. 한 손으로 던지듯 불쑥 술잔을 내밀고, 역시 한 손으로 술잔을 받은 뒤 콸콸 소리가 나게 따르다 보면 술을 쏟기 쉽기 때문이다. 오른손을 뒤집어 따르는 것도 위태로운 자세이다.

(2) 술을 받을 때

술을 받았을 때도 따를 때와 마찬가지로 술을 따르는 이의 연령과 지위 등을 고려

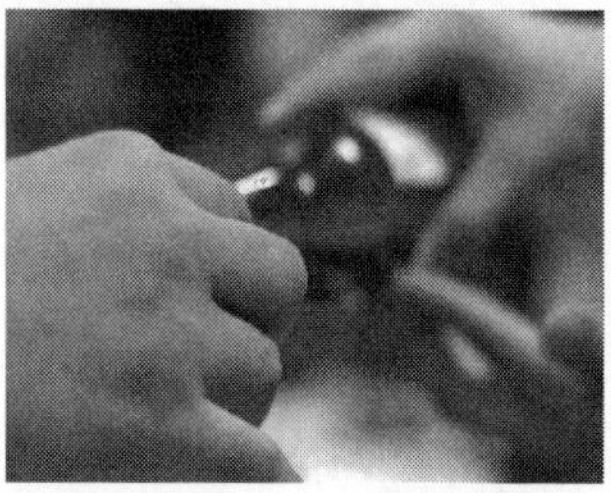

하여 공손히 받아야 한다. 술잔을 받쳐 올리는 기준도 서로의 호칭에 맞추는 것이 별다른 실수를 하지 않는 방법이 될 것이다. 상대방의 술을 모두 받고 나서는 반드시 '감사합니다'라는 감사의 표시를 하며, 한 모금 이상을 마신 다음에 탁자에 내려놓는 것이 상대방의 마음을 흐뭇하게 해주는 태도이다. 어른께서 술을 내렸을 경우 고개를 돌려 잔을 비우는 것도 술을 받는 예의 중 하나이다.

3) 술자리 예절

술자리에는 때와 분위기를 가리고, 이에 알맞은 예의를 갖추는 일이 필요하다. 몇 가지 상황에 대한 술자리 예절은 다음과 같다.

(1) 기뻐서 마실 때는 절제가 있어야 한다.

기쁜 일이 있어서 술자리에 다른 사람들을 초대할 경우를 생각해 보자. 나는 기쁠지 모르지만 참석한 모든 사람이 다 기쁜 게 아니다. 초대한 사람이 혼자서 기쁘다고 우쭐댄다면 모인 사람들의 기분이 어떨까. 괜히 헛돈을 들이지 말고 찾아온 사람의 마음을 배려하여 뜻있는 자리가 되도록 하자.

(2) 피로해서 마실 때는 조용하여야 한다.

피로할 경우에는 평소의 주량에 비하여 술에 빨리 취할 수 있다. 모처럼 만난 좋은 자리에 먼저 술에 취하여 행여 술주정이라도 한다면 좋을 일이 없다.

(3) 점잖은 자리에서 마실 때에는 품위가 있어야 한다.

우리가 자주 만나는 사람들이라고 하여 일생을 두고 그리 많이 만나는 게 아니다. 늘 모처럼 만났다고 생각하고, 상대방을 배려할 수 있는 마음은 술자리에서부터 지켜져야 한다.

(4) 난잡한 자리에서 마실 때에는 금약(禁約)이 있어야 한다.

술자리에는 유독 목소리를 높이는 사람이 있다. 즐거운 분위기가 되어야 하는데, 괜한 시비로 술판이 깨어지고 나면 기분이 엉망이 된다. 미리 약속을 정하고 나면 언제든지 일어설 수 있는 명분이 된다.

(5) 새로 만난 사람과 마실 때에는 한아(閒雅)해야 한다.

이 경우 한(閒)은 '한가하다'는 뜻이 아니라 정숙함을 뜻한다. 진솔하여야 한다. 술자리에서 새로 만난 사람들에게 나의 좋은 인상을 심어주는 일이 필요하다.

(6) 잡객들과 마실 때에는 재빨리 꽁무니를 빼야 한다.

우연히 술집에서 만나 합석하게 되는 자리가 있을 수 있다. 잘 알지 못하는 사람과 인사를 나누면서 같이 마시는 동안 술에 취한 잡객이 혹 시비라도 붙는다면 진퇴양난이다. 화장실에 가는 척 하면서 먼저 집으로 돌아간다고 섭섭해 하겠는가. 술이 깨고 나면 모두 잊어질 일이다.

이와 같은 6가지의 내용은 바로 술자리의 분위기, 또는 몸의 컨디션을 가리는 중요한 명심사항이다. 시대적인 변화로 과거의 주법을 반드시 따를 수는 없다. 우리 조상들의 주례 전통 중에서 오늘날에 우리가 이을 만한 **음주예절**은 다음과 같다.

① 술과 음식을 너무 질펀하게 하지 말며, 술자리에는 인원과 주량을 참작하여 알맞게 종류와 양을 준비한다. 안주는 접시에 덜어다 먹고, 술잔을 돌릴 경우 반드시 깨끗하게 씻어서 권한다.

② 술은 대개 석 잔이 훈훈하고, 다섯 잔은 기분이 좋으며, 일곱 잔은 흡족하고, 아홉 잔은 지나치므로 일곱 잔 이상은 권하지 않는다. 빈 잔은 상대방의 의사를 물어 가까이 있는 사람이 채워준다.

③ 술대접을 받았을 때 답례는 반드시 하되 시간적인 여유를 두고 한다. 바로 그날 2~3차를 하는 것은 경박한 풍조다.

④ 술자리는 반드시 공개하되, 아들이나 제자를 동행함으로써 술을 마시는 법도를 익히게 한다.

⑤ 음식은 골고루 나누어 먹고, 음악과 춤으로 흥취를 돋우되 난잡함이 없도록 한다.

⑥ 손님은 즐겁고 흡족하게 마시되, 주인이 흥에 겨워 약간의 실수를 해도 너그럽게 거두어 준다.

3. 우리 음주문화의 흐름

1960년대에서부터 1970년대에 걸쳐 국가적인 경제개발정책에 따라 '잘 살아 보자'는 구호 아래에서 낮과 밤을 가리지 않고 일했던 아버지들에게 소주 한잔의 힘이 없었다면 오늘날의 우리 경제가 가능하였을까. 매일 직장에서 혹사를 당하면서도 서로에게 마음을 열고, 함께 일을 할 수 있도록 사람과 사람을 연결해 준 것이 퇴근 후 한 잔의 술이었다. '신바람 문화', '시너지(synergy) 효과'는 우리의 음주문화가 가져다 준 결과일 수도 있다. 술은 한국인에게 그 의미가 특별하다.

이제는 시대변화에 따라 음주문화도 바뀌었다. 집단적인 폭음문화에서 개인적인 휴식문화로, 그리고 남성다움을 과시하는 문화에서 개성 존중의 문화로 바뀌면서 술은 자체의 목적에서부터 수단으로 변화하였다. 술의 참된 기능적 가치에 가깝게 매개체로서 역할을 하고 있다. 우정, 사랑, 사업, 인간관계가 있는 곳에 술이 있으며, 혼자만의 시간을 가치 있게 보내기 위하여 술이 필요하다. 우리의 음주문화의 변천에 대하여 알아보자.

3.1 선사시대 ~ 조선시대

고대의 우리 조상들은 어떻게 술을 마셨을까. 부여의 영고, 고구려의 동맹, 동예의 무천, 그리고 삼한의 농경의례 등 부족국가 시대의 제천의식에는 마을 단위로 술을 빚어 음주와 가무를 한 기록이 있다. 식량이 남지 않는 한 서민들이 일상적으로 술을 빚기는 어려웠기 때문이다. 따라서 고대에는 일종의 종교행사로 추수 후에 전체 백성이 함께 술을 마시고 춤을 추며 놀았던 것 같다.

삼국시대에는 귀족 중심으로 술이 자체적으로 만들고 소비되는 형태였다가, 후기에는 귀족들을 대상으로 술을 판매하는 업소가 생긴 것 같다. 김유신 장군이 드나들던 기생 천관(天官)의 집에 대한 이야기는 신라시대에 귀족들을 대상으로 한 술집이 있었다는 것을 입증한다. 백제의 의자왕은 삼천 궁녀와 주지육림 속에서 노닐어 결국 국가를 망하게 하였다. 이때의 음주문화는 귀족들의 전유물이라 할 수 있다.

통일신라의 원효대사 이야기로 볼 때 특수계층이 아닌 서민들을 대상으로 하는 술집도 생긴 것 같다. 원효는 중생을 구제하기 위하여 스스로 거리에 나서서 술을 마시고 서민들과 어울렸다. 이것은 매우 파격적인 일로 여겨졌다. 승려라서 그런 것이 아니라, 보통 사람이라도 당시 그런 일은 상상하기 어려운 일이었다.

고려시대에는 불교를 국교로 하여 많은 사람들이 술을 마시지 않는(不飮酒) 계율을 의식했을 것이기 때문에 일반 서민들이 술을 마실 기회는 많지 않았을 것이다. 그러나 송·원나라로부터 양조법과 증류법이 체계적으로 전해져 청주와 소주, 그리고 약주가 발달하였다. 왕실과 무인들, 그리고 문인들은 다양한 술을 즐긴 것 같다.

조선시대에는 술 이야기가 풍부하다. 유교에서는 조상 숭배, 제례(祭禮)를 매우 중요하게 여겨졌으며, 이때에 제물 중에 술은 필수이었다. 제사 후에 식구들이 제주(祭酒)를 나누어 마시는 음복의 관습은 오늘날까지 내려오고 있다.

따라서 조선시대에는 사대부들뿐만 아니라 서민들에게도 술을 마실 기회가 많이 늘었다. 정월 대보름, 오월 단오, 칠월 백중, 팔월 한가위, 구월 중양절 등 절기 때마다 민속놀이와 함께 절기주(節期酒)를 마셨기 때문이다. 서민들의 농무(農舞)가 어우러진 떠들썩한 음주문화와는 대조적으로 선비들의 풍류문화도 발달되었다. 술과 시, 그리고 음악이 한적한 경치와 어우러진 야외놀이가 선비들 사이에 여가를 보내는 방식이었다.

조선시대의 음주문화라고 하면, 조선 중기에 정착된 향음주례(鄕飮酒禮)를 모델로 삼아야 할 듯싶다. 향음주례는 향교나 서당에서 가르치던 예법 중의 하나로서 세종과 중종의 계주교서를 근간으로 하였다. 술은 윗사람을 공경하는 마음으로 들어야 하며, 자세와 위엄을 흐트러지지 않게 하며, 취하여 몸을 상하게 하거나 일을 그르치게 해서는 안 된다. 즉, 조선시대에는 다른 사람에게 예의에 벗어나지 않으면서 술을 마시도록 하였다.

3.2 1910년대 ~ 1950년대

1910년 한일합방 후 우리나라의 지식인들은 나라를 잃은 우울과 통분을 삭히는 수단으로서 술을 마셨다. 문예지 『폐허』의 동인이었던 변영로의 『명정 사십년』의 한 구절에서 당시 지식인들의 음주문화를 엿볼 수 있다.

「나는 거의 술로서 일생을 보냈다. 새삼스레 울고불고 몸부림칠 까닭은 추호도 없고, 일이 이렇게 된 바에야 나의 여생이 얼마나 될지, 변절을 개자식이나 돼지 손자로 아는 이상, 끝끝내 한결같이 마시고 또 마시고, 꽃을 꺾어 수를 세며 또 마시다가 마지막 날이 찾아올 때 의사(義士)나 용사처럼 기꺼이 죽을 뿐이다.」

한일합방 전인 1909년에 주세령을 시행하였다. 일제는 1916년부터 강제로 술을 빚는 일을 단속하기 시작함으로써 우리나라의 다양한 전통 가양주(家釀酒)를 말살시켰다. 이때부터 우리나라의 술은 개량식 약주 및 막걸리, 그리고 소주로 획일화되었다. 이에 따라 가난한 서민들에게는 술을 마실 기회도 줄어들었다. 또한, 일제의 민족문화 말살정책으로 우리나라의 명절도 제대로 지킬 수 없었으므로 조선시대의 음주문화도 이때에 단절된 듯하다.

해방 후 미군의 주둔과 한국전쟁을 통하여 서양술이 선보였고, 이에 따라 부유층들은 고급 양주를 선호하게 되었다. 서민들은 집에서 술을 담그기 시작하였으며, 조선시대의 명주들은 사라지고 획일적인 개량식 막걸리가 주를 이루었다. 한국전쟁 이후에도 백성들은 정치적 불안과 가난에 시달렸다. 이때의 술은 현실을 잊게 해주는 역할을 했던 것 같다. 김진섭의 주찬(酒讚)의 한 구절에서 시대상황이 잘 나타난다.

「술 한 잔을 마신 우리는 근심을 잊고 속취를 벗는다. (중략) 우리가 이 각박한 현실의 한없는 근심과 괴로움, 그리고 뜻과 같지 않은 속에 살되 언제든지 속박을 벗어날 수 있는 것은 모두 술의 위대한 은택(恩澤)이며, 우울의 안개가 자욱한 이 세상에서 술이 있다는 것을 생각만 해도 우리의 가슴이 한결 가벼워진다.」

당시의 술은 시름을 달래 주는 약이었다. 시름의 장에는 모든 격식이 사라진다. 조선시대 선비들의 풍류와 서민들의 흥, 그리고 엄격한 취기 조절 등의 전통 음주문화는 이렇게 자취를 감추었다.

3.3 1960년대 ~ 1970년대

경제개발로 한강의 기적을 일으키던 시절, 우리나라의 정치·경제·사회·문화 모든 부분이 변혁을 겪었다. 사람들은 도시로 이동하였으며, 의식주에 대한 생활방식이 달라졌다. 농경문화에서 산업사회문화로 바뀌면서 사람들은 바빠지고, 평가기준은 능률이나 돈이 되었다. 외국과의 무역을 통하여 건잡을 수 없이 들어온 미국식 문화도 사람들의 사고와 행동방식을 흔들어 놓았다.

이런 와중에 음주문화도 큰 변화가 일어났다. 우선 술의 공급이 폭발적으로 늘어나 면 단위마다 막걸리 양조장이 들어서고 생산량이 해마다 늘었다. 1965년부터는 정부의 양곡정책으로 쌀이나 보리 등의 곡물을 술의 원료로 쓸 수 없게 되어 희석식 소주가 대량 공급되었다. 서민들은 소주를 주로 마시게 되었으며, 점차 경제수준이 높아지면서 각종 행사에 술을 넘치도록 내놓는 일이 관례가 되었다. 이때부터 폭주로 인한 사회적인 문제가 생긴 것 같다.

음주문화는 짧은 시간에 술을 연거푸 마시는 형태로 바뀌었다. 한편, 전통적 가치관이 힘을 잃어 가면서 술에 취한 후의 행동에도 매우 관대해졌다. 조선시대의 술좌석에서는 용납될 수 없는 행동도 아무런 제재가 없이 이루어졌다. 매스컴을 통한 술의 광고나 선전도 사람들의 폭주에 많은 기여를 하였다. 술을 마시는 것에 대한 제약이 없어졌기 때문이다. 또한 정부의 대민정책 중 하나에는 '술을 마시고 심각한 정치문제는 잊어 버려라'는 것도 있었다. 주세에 있어서 막걸리와 소주는 서민의 술로 취급을 해왔다.

1970년대 초반에 인기를 끈 '한 잔의 술'이라는 대중가요 가사를 보면 당시 음주문화를 짐작할 수 있다. '마시자 한 잔의 술, 마시자, 마셔 버리자' 걱정을 쓸어버리자는 것이었다. 급작스레 단절되어 가는 전통의 가치관과 새 시대의 문화적인 충격 속에서 생기는 고민을 술로 씻어버리기 위하여 통음(痛飮)이 필요했었나 보다. 당시 사람들의 눈에는 술이 어떻게 비쳤을까. 마시면 취하는 것이었을까. 취하면 골치 아픈 일을 잊는 것이었을까.

1970년대 중반에는 대학의 체육행사나 축제 등에 술이 널려 있었다. 누구나 만나면 술을 마시는 게 인사처럼 되었고, 빨리 그리고 많이 마시는 게 잘하는 것으로 여겨졌다. 바로 앞 세대의 사람들은 먹는 것이 충분치 않아 실컷 먹어보는 것이 소원이었던 시대적 보상심리에서였을까. 직장인들과 자영업자들은 경기호황을 타고 사업 때문에 술을 마셨다. 팽창되는 인력수요와 일감을 맞추기 위하여 늦게까지 일하고 나서 짧은 시간에 술을 마셔야 되기 때문이었다. 더구나 당시에는 밤 12시부터 아침 4시까지 통행금지이었기에 폭음을 하는 역할을 했다.

당시의 지식인들 중에 반체제 인사들은 군사독재에 항거하며 술을 마셨다. 그들은 마치 일제시대의 우국지사들이 느꼈던 것 같은 분노를 삭이기 위하여 술을 폭음하였다. 이때에 주로 마시던 술은 막걸리, 소주이었다. 1970년대 말에는 맥주의 소비가 폭발적으로 늘었다. 전통 주막과 소줏집에서부터 서구화된 맥주집이 늘어났고, 가정소비도 꾸준히 늘었다. 1960～1970년대는 경제도약과 더불어 술을 마구잡이로 마신 취함의 시대이었다.

3.4 1980년대

1980년대에 들어 대중주인 막걸리의 소비량은 갈수록 줄어들고, 맥주의 소비량은 지속적으로 늘어났다. 진, 보드카, 위스키의 소비량이 급속히 늘었다. 특히 이때의 특징은 주류 소비의 고급화가 진행되었고, 접대용 술의 비중이 커진 점이다. 고급술집은 삼국시대로부터 서민들과는 상관없이 이어져 내려왔다. 이곳에서 권세가들이 정치적 담론을 해왔고, 그들만의 여흥을 즐겼다. 이미 1970년대 말부터 고급술집인 룸살롱이 폭발적으로 늘어났다. 특수계층만 드나들던 고급술집에 일반서민이 드나들게 되었다.

우리나라의 모든 법은 시대의 변화를 따라잡지 못하였다. 또한 경제적인 성취에 대한 사회문화적인 뒷받침이 없어 파생된 것이 바로 비뚤어진 접대문화이었다. 합리적인 방법으로는 일이 처리되지 않으니 향응을 베풀어 뒷거래를 하여 일을 성사시키기 위해서였다. 접대용 술은 최고의 술과 최고의 서비스를 요구한다. 따라서 당시 최고의 술이던 위스키와 접대부의 수요가 급증하였다. 접대부의 조달을 싸고 인신매매가 큰 사회적인 문제로 등장하기에 이르렀다.

1980년대에는 룸살롱, 스탠드바, 카페 등의 업태가 많이 늘었다. 이 모든 업태에는 접대여성이 들끓었다. 1988년 올림픽을 전후하여 한국인들의 음주문화가 크게 변화하였다. 정치적으로는 1987년에 6.29선언으로 군사독재가 크게 약화되어 국민들의 요구는 거세졌다. 부동산 가격이 치솟아 근검절약의 미덕은 없어지기 시작하였다. 더욱이 올림픽 이후 사회개방으로 사람들의 가치관은 소비 지향적으로 바뀌었다.

음주에 있어서도 사람들은 절제가 없는 폭음을 일삼았다. 주류 판매업소는 더욱 고급화・대형화되었다. 사람들은 술의 참맛을 즐기기보다는 술을 통하여 허영과 과시를 드러내기 위하여 술을 마셨다. 1980년대의 음주문화는 거품에 들뜬 사회를 만들었으며, 우리나라의 음주문화사에서 가장 퇴락한 시대이었다.

3.5 1990년대

1990년대에 들어서 우리나라의 음주문화는 서서히 변화하였다. 1991년 주류의 수입개방으로 세계의 술이 밀려 왔다. 고급 위스키나 브랜디로부터 값싼 와인과 맥주에 이르기까지 들어왔다. 따라서 사람들은 세계의 유명한 술에 대하여 많은 경험을 하게 되었다. 더욱이 해외여행의 자유화로 많은 사람들이 세계 각지의 음주문화를 경험할 기회가 늘어났다. 30여 년 동안 성장과 개발로 치달아 온 한국인들은 점차 환경과 건강에 관심을 가지게 되었다. 여기에는 자가용에 대한 열기도 한몫을 하였다. 1990년대에 불어닥친 자가용 붐으로 음주와 운전 둘 중 하나를 선택해야 할 상황이 많게 되었다. 음주운전의 위험성에 대한 인식이 확산된 결과이다.

정부의 주류 정책에도 변화가 있었다. 1996년에는 모든 술에는 건강에 대한 경고문구를 기재하도록 국민건강증진법에 규정하였다. 이보다 앞서 1993년에는 알코올 농도가 17% 이상인 술은 TV나 라디오를 통한 광고나 선전을 할 수 없게 되었다. 1998년 이후 한국경제의 구조적 불황으로 거품경기가 사라지면서 사람들은 점점 실속을 찾게 되었다. 주류 판매업태도 룸살롱에서부터 좀 더 개방적이고 저렴한 형태인 단란주점 등으로 많이 옮겨지고, 접대부의 고용도 점차 줄어들었다.

국제화와 더불어 주류 수입이 개방되고, 여성들을 대상으로 개발된 술이 늘어났다. 1970년대 말까지 막걸리와 소주가 주도하던 주류시장이 1990년대에는 맥주와 포도주, 그리고 양주의 비중이 매우 커졌다. 또한, 여성들이 선호하는 맥주와 양주의 가격이 상대적으로 낮아져 여성들의 술 소비가 늘게 되었다. 이러한 경제적 여건과 더불어 여성들이 술을 마시는 것에 대하여 사회적 인식이 매우 관대해졌기 때문이다. 여성들의 음주에 따른 편견이 사라졌으며, 술집들도 여성들의 취향에 맞게 변화하고 있다. 일반적인 사회경제적 이유와는 별도로 여성이 술을 더 찾게 되는 개별적인 문제가 있다.

여성들은 가정과 사회활동 사이에서 남성 못지않은 스트레스를 받고 있다. 여성이 가정 일을 하면서 육아를 담당하던 전통을 버린 죄책감, 즉 '빈 둥지 신드롬'을 느끼는 여성은 훨씬 스트레스를 받는다. 이러한 스트레스를 해소하기 위하여 술을 찾는 경우가 많다. 이와 같은 여러 가지 이유로 여성들의 음주는 지속적으로 늘어날 전망이다.

3.6 2000년대 이후

IMF의 경제위기에 대한 인식으로 주춤하였던 소비심리가 2002년 월드컵을 계기로 자신감을 심어주는 계기가 되었다. 경쟁력을 우선하는 정부정책으로 심한 구조조정을 겪었고, 신용카드의 남발은 신용불량자의 양산으로 계층구조의 변화가 심화되면서 퇴폐향락적인 음주문화와 더불어 양주소비가 급속히 증가하는 이상한 현상을 빚기도 하였다. 내수부진으로 장기적인 경기침체가 계속되는데도 일부 대기업은 수출로 호황을 누리는 극심한 양극화 현상은 음주문화에도 많은 변화를 가져왔다. 회사의 접대비 사용에 대한 규제와 더불어 성매매특별법의 시행은 음주 형태를 바꿔놓았다.

서민층에서는 불투명한 미래와 현실의 불만을 토로하기 위한 소주 소비가 증가하는가 하면 단란주점이나 룸살롱에서는 당연히 양주를 마셔야 하는 것으로 인식되었다. 웰빙 바람을 타고 건강에 대한 인식이 높아지면서 세대 사이에 음주문화도 더욱 양극화를 보이고 다양화되는 경향을 보이고 있다. 음식문화에도 많은 변화가 일어나 음식에 대한 인식이 양에서 질로, 영양 중심에서 다이어트식품으로 변화하였다. 술을 마실 때도 건강을 생각하여 덜 마시는 경향이 뚜렷하게 나타났다. 소주도 한 병의 용량이 작아지고, 알코올 농도가 낮은 순한 소주 형태로, 그리고 숙취해소를 위한 기능성 물질의 첨가가 늘어나기 시작하였다.

결혼하는 나이가 늦어지고, 저출산으로 고령화사회로 접어들면서 가족관계의 변화도 음주문화에 많은 영향을 주고 있다. 여성의 사회진출이 보편화되면서 여성 음주인구가 꾸준히 늘고 있다. 여성을 상대로 한 술의 광고가 많이 눈에 띄는 것도 여성고객의 중요성이 점점 커지고 있기 때문이다. 왜 여성이 소비하는 술의 양이 점점 늘어나고 있는 것일까.

경제개발과 함께 최근 30년 동안 가정과 사회에서 여성의 지위가 많이 변화하였다. 즉, 직장을 갖는 여성들이 많아졌으며 수입도 늘어났다. 이에 따라 여성들이 돈에 구애받지 않고 술을 마실 수 있게 되었다. 새로운 음주문화의 특징은 여성 음주인구의 증가와 함께 단순히 취하기 위한 폭음이 줄고, 생활의 여유와 멋을 창출하는 음주가 늘어가고 있다. 음주의 감성시대로 진입하였다.

4. 세계의 음주문화

4.1 일본의 음주문화

일본의 직장인들이 찾는 대표적인 선술집은 '술이 있는 곳'이라는 뜻의 이자카야(居酒屋)이다. 이런 대중적인 술집은 문 앞에 빨간 종이등(아카초칭, 赤提燈)을 내걸어서 눈에 잘 띈다. 큰길가에 있는 이자카야 '무사시보'는 직장인들이 즐겨 찾는 흔한 선술집으로 안주가 절대로 남길 정도는 나오지 않는다. 양이 적지만 대신 싸고 깔끔하다.

직장 동료끼리 모여 술을 마실 때면 술잔을 돌리거나, 못한다는 술을 강요하는 모습은 거의 찾아볼 수 없다. 각자 자기가 즐기고, 알맞게 술을 시켜 주량만큼만 마신다. 같이 온 일행끼리 각각 다른 종류의 술을 놓고 마시는 모습은 쉽게 눈에 띈다. 그러면서 상대방이 조금 마시고 아직 바닥이 드러나지 않은 술잔에 상대방이 시킨 술을 따라서 늘 가득 차도록 한다. 이른바 첨잔 방식이 일본식 주법이다.

술자리는 보통 1~2시간 정도로, 다음 날의 업무에 지장을 주지 않을 정도만 마시는 경우가 보통이다. 집들이 멀어서 '마지막 전차를 놓치면 큰일이 난다'는 현실적인 인식들도 작용한다. 각자 주머니 사정을 생각하여 많이 시키지도 않는다. 따라서 일본의 선술집에서 큰소리를 내거나, 취하여 주정하는 사람을 찾기는 쉽지 않다. 남에게 피해를 주는 일을 무엇보다 꺼려하는 문화 속에서 형성된 술집 풍속도이다.

이런 모습은 술값을 치를 때도 그대로 나타난다. '와리깡'이라고 하여 일행이 똑같이 나눠 내거나 자기가 시켜서 먹고 마신 것에 대한 값만 내는 것이 보통이다. 언뜻 야박하게도 보이지만 역시 남에게 신세지기를 싫어하고 분수를 지키려는 일본인들의 합리성이 엿보인다. 주머니 사정이나 건강에도 큰 부담을 주지 않는 것이 일본의 음주문화이다.

4.2 중국의 음주문화

중국에는 4,500여 종의 술이 생산되고 있고, 이 가운데 명주(銘酒)라는 술로는 우리나라에도 널리 알려진 마오타이, 죽엽청주 등 8가지가 있다. 이들 명주의 공통된 특징은 모두 45° 이상의 독한 술로서 좋은 물과 품질이 좋은 수수를 원료로 하는 순곡주가 대부분이다. 그러나 이와 같은 명주는 대부분 가짜가 많고 비싸기 때문에 일반인들은 우리나라의 고량주와 비슷한 바이지우(白酒)를 즐긴다.

바이지우는 중국인들에게 일상적인 술일 뿐 아니라 주요한 교제 수단으로 취급되고 있다. 또한, 중국 역사에서 영웅호걸들은 대부분 술을 엄청나게 즐기는 호주가(好

酒家)로 묘사되어 있으며, 이에 따라 지금의 젊은이들에게도 술을 마시는 것이 큰 자랑거리로 여겨지는 경향이 남아 있다.

중국인들에게는 공적이건 사적인 일이건 대부분 술자리에서 결정된다. 특히 사업관계로 상담 책임자가 술이 약할 경우, 우리의 '술상무'라고 할 만한 배주원(陪酒員)을 동반하는 경우도 많다. 이러한 음주관습 때문에 중국의 주류산업은 매년 크게 성장하고 있으며, 전국에 4만여 곳의 술 공장이 있다. 바이지우는 대부분 쌀이나 보리, 옥수수 등 곡식을 주원료로 제조되고, 바이지우를 만드는 곡식은 연간 1,400만 톤이 넘는다. 이는 북경시민 전체가 3년 동안 먹을 수 있는 엄청난 분량이다.

이에 따라 식량절약과 국민건강 보호 차원에서 '바이지우 덜 마시기 운동'을 전개하고 있다. 이와 함께 건강보호 차원에서 바이지우보다는 알코올 함량이 훨씬 낮은 과실주나 맥주를 마실 것을 권장하고 있다. 이에 따라 포도주의 소비가 점차 늘어나고, 젊은이들은 맥주를 선호하는 쪽으로 변하고 있다.

4.3 미국의 음주문화

미국에서는 기본적으로 집 밖에서는 술을 마실 수 없다. 미국에 사는 교민들이 가끔 야유회를 하면서 술을 마시다 경찰에 단속을 당하는 경우가 종종 벌어진다. 운동경기장에 술을 가지고 들어갈 수 없는 것은 물론이다. 집 밖에서 술 마시는데 대한 규제가 엄격하다 보니 알코올 중독자들도 거리에서 술을 마실 때는 술병을 종이봉투에 감춘 채 몰래 마실 정도다.

술의 판매제도는 매우 엄격하여 지정된 업소 외에서는 술의 판매가 금지되어 있다. 미국의 대표적인 구멍가게 체인인 '세븐 일레븐'에서도 빵과 음료수 등의 생필품 외에 술은 팔지 않는다. 술을 판매하려면 우선 주 정부나 시 당국으로부터 허가를 받아야 한다. 미국에서는 허가가 없으면 술을 팔 수 없기 때문에 단골식당이라 해도 술을 마시고 싶을 때는 손님이 직접 가지고 가서 마셔야 한다. 술을 판매할 수 있는 허가가 있다고 하여도 언제나 파는 것이 아니다. 특히 일요일에는 술을 팔지 않는 것이 일반적인 관례이다. 일요일에 집에 손님을 초대하여 파티를 열 경우라면 토요일에 미리 술을 사두어야 한다.

미국인들의 음주행태는 우리와 다른 면이 많다. 우선 주량에서도 한국인들보다 훨씬 적게 마신다. 물론 양주가 우리나라 소주에 비하면 독하기는 하지만, 한국인들끼리는 양주 한 병을 놓고 주거니 받거니 하면서 다 마시는 것을 보면 미국인들은 혀를 내두른다. 아무 곳에서나 술을 살 수가 있고, 아무 때나 그리고 아무 데서나 술을 마실 수 있으며, 맘껏 취할 수 있고, 술 때문에 벌인 실수도 대충 양해가 되는 한국의 음주문화, 술에 대해서만은 한국은 지상천국이다.

미국의 술집에는 건장한 사나이가 문 앞에 서 있다. 이 사나이는 출입하는 사람들의 신분증을 일일이 검사하는데 미성년자의 출입을 허용하지 않는 규칙 때문이다. 들어가 술을 마시려면 바텐더 앞에 한잔씩 현금을 주고 술을 사서 각자 마시고 싶은 술을 받아 빈자리로 찾아간다. 빈자리가 없으면 서서 마셔야 하므로 빈 공간을 찾아야 한다. 취한 손님이 술을 추가로 주문하면 주인은 일반음료수와 커피를 제공한다. 그리고 귀가를 종용하는 것이 관례다. 만약 업주의 말을 듣지 않고 계속하여 술을 요구하여 'You are eight-six[5)]'라는 말을 듣게 되면 그 술집의 출입이 일정한 기간 동안 제한을 받게 된다. 이른바 '술집 정학'을 당하는 것이다. 그런 권리가 술집주인에게 있는 곳이 미국이다.

미국인이 술을 마시는 곳은 상당히 제한적이다. 그러니 집에서 마시는 경우가 가장 많다. 자신의 집에서 마시더라도 미성년자는 경찰의 검문에 걸릴 경우 처벌대상이 되기도 한다. 미국에서 한국인도 한국에서의 음주습관을 버리지 못하여 2차, 3차 가기, 폭탄주 마시기, 술을 강요하기 등이 있다. 특히 야외에서 술을 마시다 벌금을 내는 경우도 많다고 한다.

4.4 독일의 음주문화

맥주의 나라인 독일은 음주가 생활의 일부이다. 맥주가 이들의 기록에 등장하는 것은 10세기쯤이다. 1,000년 정도의 역사를 가지고 있다. 맥주를 마신 역사가 오래된 만큼 독일인의 음주문화는 매우 성숙되었다고 볼 수 있다. 성숙된 독일의 음주문화는 크게 3가지로 요약할 수 있다.

① 음주는 대화를 즐기기 위한 하나의 수단이다. 라인강변에 자리 잡고 있는 쾰른과 뒤셀도르프의 술집 거리는 주말이면 새벽 2시까지 흥청거린다. 그러나 시간이 흘러 취한 기분이 넘치더라도 결코 고함소리가 들리지 않는다. 맥주는 대화를 윤기 있게 하는 촉매제의 역할만을 하는 것이다.

② 음주는 법의 테두리를 지킨다. 독일에는 곳곳에 비어가르텐(Bier Garten)으로 불리는 맥주집이 곳곳에 있고, 주택가에도 술집이 자리를 잡고 있다. 이 맥주집들이 아무런 문제없이 영업을 하는 데는 사생활을 보호하기 위하여 밤 10시 반 이후에는 옥외에서는 술을 팔지 못하도록 하는 엄격한 법이 있고, 이를 업주들이 철저히 지킨다.

---

5) 개척시대에 86° 술은 술이 약한 사람이나 취하여 쫓겨나기 직전의 사람에게 제공되는 술이었다. 요즘은 '너하고는 끝이야'라는 의미로 쓰이는 은어다.

주택가의 비어가르텐이 인기를 끄는 데는 음주운전을 피하려는 독일인들의 지혜도 배어 있다. 독일인들은 술자리가 있는 날이면 으레 순번을 정하여 그날의 운전자 1명을 정하고, 이 운전자는 술자리에서 대화만 즐기되 음주는 거의 하지 않는다. 엄격한 독일경찰의 법 집행과 이에 알맞은 독일인의 합리적인 음주문화가 형성된 것이다.

③ 더치페이(Dutch pay)로 음주량을 조절한다. 독일의 맥주는 유난히 구수하고 맛이 좋다. 16세기에 제정된 독일 특유의 맥주순수령에 따라 맥주보리에다 호프와 효모, 물만으로 맥주를 발효하여 숙성시키기 때문이다. 따라서 한번 마시게 되면 구수한 맛에 빠져 폭음하게 될 것 같지만 현실은 다르다.

독일의 술집에서는 술값을 계산할 때는 각자가 해야 한다. 따라서 남에게 술을 강요하고 싶으면 자기가 술을 사야만 한다. 그러나 술값을 대신 낸다는 것은 쉬운 일이 아니다. 자연히 강제로 권하거나 폭음하는 술자리는 거의 없고, 주량은 스스로의 주머니 사정에 따라 절제될 수밖에 없다. 뮌헨의 10월 축제(October Fest)에는 보름 동안 대규모 인파가 전 세계에서 몰려와 독일의 맥주만을 위하여 축제를 벌인다.

1810년 황태자 루트비히와 작센의 테레사 공주와의 결혼식을 축복했던 축하 행사에서 비롯되었으며, 해마다 500만 명의 사람들이 운집하며 축제기간 동안 소비되는 맥주는 400만 잔 이상이나 된다. 마시고 싶은 만큼 마시고, 얘기하고 싶은 만큼 얘기한다. 그러나 불상사는 전혀 보이지 않는다.

4.5 프랑스의 음주문화

관광도시 파리에서는 마음만 먹으면 지구촌의 모든 음식과 술을 맛볼 수 있다고 해도 지나친 말은 아니다. 세계 각국의 전통음식을 파는 레스토랑들이 간판을 내걸고 있고, 웬만한 골목 어귀에는 카페나 비스트로라는 이름의 간이술집들이 오가는 손님들의 호기심을 끈다. 파리에서도 젊은이들과 관광객들이 밤에 즐겨 찾는 명소로 카르티에 라탱에 있는 '먹자골목'을 꼽을 수 있다.

무엇보다도 한 사람이 1~2만 원 정도이면 웬만큼 저녁 한 끼를 즐길 수 있는 부담이 없는 가격에 프랑스 음식은 물론이고 일식 꼬치에서부터 베트남음식, 북아프리카의 쿠스쿠스를 망라하는 다양한 메뉴에다 그 나라 술까지 곁들일 수 있다는 게 이 골목식당의 장점이다. 특히 집집마다 문 앞에 서있는 호객꾼들은 다른 데에서 찾아보기 힘든 이 골목의 명물이다. 이들은 보통 4~5개국의 간단한 인사말 정도는 유창하게 구사하는데 '안녕하세요'라는 소리도 심심찮게 들린다. 이들이 근무수칙 3가지는 이렇다.

① 자기 집에 들어오라고 2번 이상 권하지 않는다.
② 절대로 손님을 따라가면서 붙잡지 않는다.
③ 다른 사람들의 통행에 방해가 되지 말아야 한다.

카메라에 잡힌 한 호객꾼의 행동에서 이들의 근무수칙이 결코 빈말이 아니었음을 확인할 수 있다. 어떤 호객꾼은 즉석에서 행인들과 어울려 박수를 치며 노래판을 벌이기도 하고, 어떤 이는 자기의 장사 밑천을 늘리려는지 외국인 관광객에게 그 나라 말을 물어 메모지에 적기도 한다. 이들은 월급제의 정식 종업원이다. 직업의식과 자기 업소에 대한 자부심 또한 대단하다.

5. 음주수칙

잘 마시면 약이 되고, 인생을 기름지게 하는 것이 술이다. 술에는 알코올 외에도 건강에 도움을 주는 물질이 많다. 당분과 각종 펩티드(peptide), 핵산과 아민(amine)류, 칼슘, 인, 철과 같은 무기질과 비타민 B 등 무려 100여 종이나 된다. '알맞게 잘 마신 술은 신진대사를 개선해주고 빈혈, 감기, 소화, 식욕증진, 수면, 심장병 예방에 도움을 준다'는 사실은 잘 알려져 있다. 또한, 술은 응급처치나 이뇨제로 쓰이기도 하고, 비만증을 조절하는 데도 이용된다.

'노동은 나날을 풍요롭게 하고, 술은 일요일을 행복하게 한다' (프랑스의 시인 보들레르). 이렇듯 술은 즐거운 삶의 촉매제로서 두려울 때는 안심을, 슬플 때는 위안을, 기쁨은 2배로 크게 해주며, 늘 인간과 함께 해왔다. 또한 전통적으로 결혼식, 장례식, 제사 같은 관혼상제에도 빠질 수 없는 중요한 음식이기도 하다.

우리는 모임의 분위기를 돋우기 위해서나 인간관계를 부드럽게 하기 위하여, 또는 몸과 마음의 피로를 풀기 위하여 술을 마신다. 그러나 술은 자신에 대하여 예의와 질서를 지켜주는 사람에게만 건강한 즐거움과 풍요함을 선물로 주는 짓궂은 친구이다. 우리의 건강을 지켜주는 음주수칙이다. 늘 마음에 두고 이를 지킬수록 몸에 좋다.

5.1 과음과 폭음을 피하라

알맞은 술은 사람을 명랑하게 하고 활력을 높여 주며, 인체의 조직에도 좋은 영향을 많이 준다. 술이 사람의 몸에 유익하다는 것은 '알맞게 마시는 술꾼이 전혀 마시지 않는 사람보다 오래 산다'는 사실이다. 매일 저녁에 과음하지 않는 한 반주로 1~2병의 맥주나 2홉 정도의 청주,

또한 1홉 정도의 소주나 양주는 건강에 좋은 결과를 가져온다. 술은 사람의 마음을 안정시키는 진정작용이 있고, 혈압을 떨어뜨리는 작용이 있다. 알맞게 술을 마시면 식욕이 왕성해지고, 위액이 많이 분비되어 맛있는 식사를 할 수 있다.

술은 우울한 기분을 없애주고, 여러 가지 고민이나 정신적 긴장을 풀어주어 잠을 잘 자게 하는 숙면 작용도 있다. 따라서 지나치게 과음하지 않고 알맞은 양의 술을 고기 안주와 함께 먹는 한 혈압을 높이거나, 간을 나쁘게 하지 않고 생활을 즐길 수 있게 만든다. 하루 2잔씩 술을 마시는 사람이 술을 전혀 마시지 않는 사람보다 심장혈관 질환에 의한 사망률이 낮고, 평균수명도 2～3년은 긴 것으로 나타났다. 알맞은 음주는 혈전을 막는데 중요한 역할을 하는 플라스미노젠 활성화 인자 항원의 분비와 연관이 있다.

과음과 폭음은 신체적·정신적으로 커다란 손상을 가져오며, 여러 가지 병의 원인이 된다. 각종 간 질환, 위장병, 심장질환, 뇌세포의 손상을 일으킨다. 또한 이로 인한 건강과 자제력의 상실은 가족과 대인관계에 피해를 주기도 하고, 사회생활에 치명적인 결과를 낳기도 한다.

5.2 마시기 어려울 때는 술을 거절하라

정에 약한 사람이 술꾼이다. 그러나 몸을 해치면서까지 정에 이끌려 술을 무리하게 마셔야 할 일은 없다. 어떤 술을 마시든 그것은 나의 마음에 있다. 술을 더 마실 것인가, 아니면 그만 마실 것인가도 나의 결정에 달려 있다. 아무리 약한 술도 더 이상 마시고 싶지 않을 때는 거절하는 것이 좋다. 가능한 첫잔은 오래, 그리고 천천히 마셔라

5.3 안주를 잘 먹으면서 마셔라

술자리는 늘 빈속에 시작하는 경우가 많다. 공복에 마시면 알코올의 흡수속도가 빨라지고 혈중 알코올 농도는 급속히 상승한다. 또한 술을 마신 뒤 컨디션을 나쁘게 하고, 위 점막에 자극을 주기도 한다. 음주 전에 반드시 음식을 먹어 두거나, 술을 먹을 때 안주를 잘 먹도록 해야 한다. 지방이 많은 음식은 지방간의 원인이 될 수 있고, 고단백 음식은 간장의 알코올 해독에 에너지원 구실을 한다. 단백질은 간장의 기능을 돕고, 간세포의 파괴를 방지하고 간을 보호해 준다.

안주를 잘 먹자. '안주킬러', 술보다 안주를 주로 먹는 사람에게 붙여주는 별명이다. '안주발' 그만 세우라는 경고의 의미가 담겨 있다. '술자리에서는 술을 주로 먹고, 안

주는 그저 술의 독기를 잊을 정도만 먹는다'는 우리의 술 문화에서 나올 수 있는 발상이다.

예로부터 체통이 없이 비싼 안주에 자주 젓가락을 대는 것을 못마땅하게 여겼음이 틀림없다. 술에 대한 인심은 후했어도 안주에 대한 인심은 야박하기 그지없었다. 먹을 것이 귀했던 옛날에는 그랬다고 하더라도 음식이 남아도는 오늘날까지 이를 고집하는 까닭은 무엇일까. 아무래도 그 속에는 '사나이답지 못하다'는 관념이 남아 있는 듯싶다. 우리는 안주도 없이 독한 술을 잘 마시는 것을 남자다움으로 쳐주었기 때문이 아닐까. 사나이답지 못하다는 소리를 들을지라도 '안주발'은 세우는 것이 몸에는 좋다. 안주는 술의 독한 기운을 없애고 몸을 보호하기 위해 먹는 음식이다. 술을 즐기기 위해 안주는 꼭 필요하다.

안주는 위장과 간장을 보호해 준다. 안주를 통해 영양분을 충분히 공급받지 못하면 알코올을 분해시켜 주는 간이 힘들어진다. 술을 마시는 사람의 체면을 세우느라 간이 피해를 볼 이유가 없다. 특히 단백질이 풍부한 안주를 많이 먹는 것이 좋다. 당신의 건강을 위하여 '술 한 잔에 안주 다섯 젓가락' 하는 식의 나름의 기준을 세워두는 것도 좋은 방법이다.

1) 안주는 고단백질로, 지방질은 백해무익

술을 마실 때는 평소보다 많은 단백질을 섭취하는 것이 좋다. 간장이 알코올을 해독하는 데 단백질이 중요한 에너지원 구실을 하기 때문이다. 단백질을 섭취하는 데도 요령이 필요하다. 동물성 단백질과 식물성 단백질을 균형 있게 섭취해야 한다. 동물성 단백질에는 간장에서 알코올을 분해하는 효소의 활동을 도와주는 물질이 많이 들어 있다. 그러나 계란, 우유, 쇠고기 등 동물성 단백질만 주로 섭취하게 되면 효과는 줄어든다. 동물성 단백질을 섭취한 만큼 식물성 단백질도 섭취해야 아미노산이 균형을 이루어 제대로 효과를 낼 수 있다. 특히 찌개가 좋다. 찌개에는 동물성 및 식물성 단백질이 골고루 들어 있다.

많은 사람들이 콜레스테롤을 걱정하여 술자리에서 고기안주를 피하는 경향이 있다. 어느 정도의 콜레스테롤은 우리 몸에 꼭 필요하다. 특히 애주가들에게 콜레스테롤은 없어서는 안 될 소중한 물질이다. 콜레스테롤은 간장의 대사를 촉진시키는 역할을 한다. 또한, 콜레스테롤은 장의 소화흡수를 돕는 담즙산을 만드는 데 기여하고, 간장 내의 호르몬의 합성을 도와준다. 따라서 콜레스테롤에 구애받지 않고 단백질을 많이 섭취하는 것이 실속이 있는 안주의 섭취이다.

지방질은 하나도 좋을 게 없다. 술을 마시기 전에 위를 보호한다고 기름진 음식을 먹는 사람들이 있다. 이는 위벽을 기름기로 발라 놓으면 알코올을 덜 흡수하여 간장의 부담을 줄일 수 있다고 생각하지만 잘못된 생각이다. 지방질은 위장에서 다른 음식물과 뒤섞여 알코올 흡수에 오히려 해롭다. 그리고 간에 지방질이 끼어 지방간의 직접적인 원인이 된다.

2) 간에 좋은 술안주

민간요법에 '동물의 뇌를 먹으면 머리가 좋아지고, 동물의 뼈를 먹으면 뼈가 튼튼해지고, 신경통이 있는 사람은 관절이 잘 발달된 고양이를 고아 먹으면 효과가 있다'고 한다. 중국에서는 이를 '이류보류(以類補類)'라 이른다. 동물의 특정한 부위로 사람의 몸을 튼튼하게 한다는 말이다. 동물의 생간을 먹으면 간에 효과가 있다. 동물의 간 가운데 어떤 성분이 좋은 영향을 미치는지는 자세히 밝혀지지 않았으나, 간세포 재생에 동물의 간이 효과적이라는 사실은 확인되었다.

동물의 간에는 각종 비타민이 풍부하게 들어 있다. 대표적으로 비타민 A, B_1, B_2를 들 수 있으며, 임산부와 환자 등 몸이 허약한 사람들의 간 기능을 돕는 데 효과가 있다. 현명한 안주킬러라면 동물, 특히 소의 생간을 안주로 먹는 것이 간에 커다란 도움이 된다 는 사실을 알아둘 만하다.

5.4 술을 마시며 피우는 담배는 독이다

니코틴은 알코올에 잘 용해된다. 따라서 술을 마실 때 담배까지 피우면 술이 더 빨리 취하고 녹초가 된다. 니코틴 외에도 담배에 포함된 각종 유해물질과 발암물질이 알코올에 잘 용해되어, 알코올에 의해 암의 발생을 억제하는 저항력이 낮아진 몸을 공격한다. 술을 마시면서 담배를 많이 피우는 사람은 구강암, 식도암, 후두암 등에 걸릴 위험성이 높다.

술을 마시면서 담배를 함께 피우면 1차적으로 간이 지쳐 나가떨어진다. 술을 해독하는 데도 벅찬데 담배의 유독성분까지 해독해야 하기 때문이다. 담배에 들어 있는 발암물질이 알코올에 녹아서 훨씬 쉽게 우리 몸의 저항을 돌파한다. 특히 취약한 곳은 입안, 식도, 후두이다. 간암의 경우 술을 마시면서 하루 30개 피 정도를 피우는 사람은 담배를 피우지 않는 사람에 비해 무려 40% 이상 높은 발병률을 보인다. 술을 마실 때에 커피는 담배에 못지않게 인체에 부담을 준다. 커피에 들어 있는 카페인 성분이 알코올에 의하여 영향을 받은 중추신경에 2차적으로 영향을 준다. 술과 커피를 함께 마시면 훨씬 빨리 취하고 판단력도 흐려진다.

커피나 코코아처럼 카페인이 많이 들어 있는 차 종류도 삼가야 한다. 카페인은 각

성효과뿐만 아니라 심장의 박동을 증가시켜 가슴을 두근거리게 하고, 이뇨작용을 촉진시켜 자주 소변을 보게 한다. 따라서 약을 복용하면서 카페인이 들어 있는 커피 등을 함께 마시면 체내에 카페인 과잉을 초래하여 부작용을 일으키게 된다.

술, 담배, 커피가 모두 건강에 해로운 만큼 가능하다면 이들 모두를 한꺼번에 끊어 버리는 것이 최선의 방법이지만, 이는 여간 어려운 일이 아니다. 먼저 손쉽게 상대할 수 있는 커피를 끊는 것이 좋다. 커피 대신에 술 찌꺼기를 없애고 건강에도 도움이 되는 대용차를 이용하는 방법을 생각해 보자.

5.5 대화를 안주삼아 마셔라

혼자서 술을 마시면 속도도 빨라지고 양도 많이 마시게 된다. 기분이 나쁠 때 주로 혼자 마시게 되는데 그만큼 빨리 취하게 되고, 감정도 고조되어 좋지 않은 결과를 유발하기도 한다. 우리나라와 같이 술잔을 주고받는 대작문화에서는 술자리에 적어도 세 사람은 되어야 한다. 여러 사람과 즐거운 대화를 나누며 마시면 대화만큼 덜 마시게 되고, 기분도 좋게 되어 몸과 마음이 상하는 것을 막을 수도 있다. 가능한 대화도 서로의 의견이 상충될 수 있는 내용보다는 부담이 없는 취미 이야기가 좋다.

5.6 무리하게 술을 권하지 마라

술자리에서는 다른 사람의 의견을 존중하고 술을 억지로 강요하지 않아야 한다. 사람마다 그날의 컨디션, 주량 등이 다 같을 수 없다. 지나친 강요는 결국 상대방의 생활리듬과 건강을 훼손시키고, 가정에 문제를 일으키는 등 해만 끼칠 따름이다. 우리의 음주문화는 격식은 없지만 기본적으로 사람을 생각하는 데 있다.

5.7 술이 세다고 자만하지 마라

술은 마실수록 늘기는 하지만 알코올 저항력이 높아지는 것은 아니다. 술이 세다고 자랑하는 사람들 중에서 술에 강한 체질이 있긴 하지만 엄청난 양의 알코올에도 끄떡없는 슈퍼 간을 가진 사람은 없다. 술 앞에서 겸손하자. 단체 행동에서 과시를 하고 싶어 하는 한국인은 자주 '누가 주량이 더 세고 남자다운가'하는 경합을 벌인다. 특히 대학생이나 젊은 회사원에게 이런 경쟁이 많이 있다.

주량이란 '한 자리에서 얼마나 많은 양의 술을 마시고 소화할 수 있는가'하는 양적인 척도이다. 대부분 각 개인의 식사 여부, 스트레스, 당뇨, 비만, 심장병 등의 질환 여부와 같은 환경적인 요소, 알코올 대사에 관여

하는 여러 효소들의 유전적 정보에 따라 달라질 수 있다. 일반적으로 체중이 무거운 사람이 체중이 가벼운 사람보다 간이 크고 수분함량이 많아 술을 더 마실 수 있다. 그러나 안면 홍조증을 나타내는 알데히드 탈수소효소의 돌연변이를 가진 사람이라면 술을 적게 마셔도 아세트알데히드가 축적되어 얼굴이 빨개지고, 숨이 가빠져서 술을 잘 못 마시게 된다.

매일 술을 조금씩 마셨던 사람은 뇌에서의 기능적 내성(耐性)과 간의 알코올 대사에 관여하는 대사성 내성이 생겨 그 만큼 술을 더 마실 수 있다. 그러나 경쟁 또는 주위의 강요 때문에 자기 몸이 받지 않는데도 불구하고 계속해서 술을 마신다면 혈중 알코올 농도 또는 아세트알데히드 농도가 높아져 간이나 뇌를 비롯한 조직의 손상이나 혼수상태, 심장마비 등의 급박한 상황에 이를 수 있다.

5.8 간을 쉬게 하라

어느 정도 술을 마셨으면 적어도 2～3일 동안은 술을 참아야 한다. 간도 2～3일은 쉬어야 정신을 차리고 다시 일을 할 수 있다. 알코올 성분은 간에서 탈수소효소에 의하여 아세트알데히드와 수소로 분해되고, 6～10시간이 지나면 탄산가스와 물로 분해되어 숨을 쉴 때 몸 밖으로 나오거나 땀과 같은 분비물에 섞여 배출된다. 우리 몸에 거대한 화학공장이라고 불리는 간은 복잡한 과정을 거쳐 알코올을 완전히 분해할 수 있는 능력을 가지고 있다.

간이 분해할 수 없을 정도로 많은 알코올을 섭취하면 아세트알데히드가 분해되지 않고 간에 남아 있게 된다. 간에 남아 있는 아세트알데히드는 간 조직을 자극하거나 지방을 쌓이게 하여 간 질환의 원인이 된다. 사람마다 조금 차이는 있지만, 일반적으로 맥주 1병 이상이나, 소주 3～4잔, 양주 2잔 이상을 마시면 간세포가 파괴되거나 지방간이 축적되기 시작한다. 간에 쌓인 지방은 그 양이 지나치게 많지 않을 경우에는 2～3일이 지나면 해독이 된다. 따라서 조금 지나치다 싶을 정도로 술을 마신 경우, 간에 쌓인 지방이 해독되는 데 필요한 2～3일 동안은 술을 마시지 않아야 한다. 과음을 한 뒤 충분히 쉬지 않은 상태에서 다시 술을 마시면 간에 지방이 첩첩이 쌓여 지방간으로 완전히 자리를 잡게 된다. 그리고 이러한 지방간은 알코올성 간염, 간경변, 간암 등의 간 질환으로 발전할 가능성이 높아진다.

5.9 약과 함께 절대 마시지 마라

약을 복용하면서 술을 마시면 간은 약과 알코올 2가지를 동시에 대사하지 않으면 안 된다. 알코올이 간에 들어오면 우선적으로 분해한다. 자연히 약의 분해가 늦어져서 혈중에 오래 정체하기 때문에 약의 작용이 지나치게 나타난다. 항상 사고가 나는 것은 아니지만 간과 위 등에 지나친 부담을 준다. 심각한 부작용이 생길 수 있는 음주자의 약물복용은 절대 피해야 한다.

술을 마실 때나 일상생활에서 약의 남용이 좋지 않은 것은 사실이다. 약의 남용은 간과 위에 부담을 주어 이들의 기능을 떨어뜨린다. 감기약, 두통약 등을 항시 복용하는 일은 약물에 의한 간 장애와 약물 알레르기의 위험이 높다. 항생제도 알레르기성 간 장애를 일으킬 수 있다. 약물을 복용하면 간세포에 들어 있는 효소에 의하여 그 성분이 분해되고 대사된다. 그런데 알코올에도 이 효소를 분해시키는 작용이 있으므로 약과 술을 함께 먹게 되면 화학반응이 일어나 전혀 예측할 수 없는 부작용이 생길 수 있다. 드링크제도 마찬가지다.

술꾼은 술을 마시기 전이나 또는 술을 마신 뒤에 드링크제를 복용하는 습관이 있는데, 시판되는 드링크제에는 40여 종에 가까운 성분이 들어 있어 이 성분들에 의해 발열, 오한, 습진, 알레르기가 일어날 수 있다. 역시 가장 좋은 방법은 몸이 불편할 때는 술을 멀리 하는 일이다. 몸이 아픈 상태에서는 간이 제대로 활동하지 못한다. 따라서 정상적인 알코올의 분해, 대사가 이루어지지 않아 알코올의 부작용이 커진다. 술을 마실 때 도움이 되는 약은 변비 해소와 담즙 분비를 돕는 약밖에 없다. 어쩔 수 없이 약을 복용해야 하는 경우 술을 마시고 최소한 4시간은 지난 다음이라야 한다.

가벼운 음주는 건강에 좋다고는 하지만, 과음은 여러 가지 문제를 일으킨다. 우선 췌장액의 분비를 막아 지방과 단백질의 소화기능을 억제하고, 간에 지방을 축적시키며, 단백질 합성을 저해한다. 위에서는 위산의 분비, 위 점막의 상해 등의 변화를 일으켜 식욕부진, 위통, 영양결핍을 초래한다. 또한, 소장 등에서는 지방과 비타민류의 흡수를 억제시킨다. 술을 자주 마시는 사람의 대부분은 주량이 세다는 것을 자랑하기 위하여 폭주를 하게 된다. 이런 사람이 과음으로 두통에 아세트아미노펜과 같은 진통제를 복용하면 간에 치명적인 부작용을 초래할 수 있다.

대부분의 약물은 흡수된 후 간에서 대사되어 체외로 배출되는데, 위 점막 및 간 등에 많은 부담을 주게 된다. 술과 약물을 병용하게 되면 위 점막 및 간에 부담을 한층 더 가중시킨다. 특히 아스피린과 같은 진통제는 혈액응고를 저해하고, 위 점막에 출혈을 일으키는 부작용이 있기 때문에 숙취 후에 복용은 위험한 위장 출혈을 초래할 가능성도 있다. 이밖에 알코올은 중추신경계에 작용하는 진정제 등과 같이 마실 때 약의 작용을 강화시키기도 한다. 결과적으로 숙취 후에 진통제와 같은 약의 복용은 피하고, 지병으로 약을 복용하는 사람은 최대한 술을 멀리하는 것이 좋다. 또한, 자신의 질환, 복용약과 술의 영향에 대하여 전문가에 자문을 구하는 것이 바람직하다.

두통 해소를 위하여 복용하는 acetylsalicylic acid 제제의 경우에도 위장형 ADH에 대하여 비슷한 저해효과를 나타낸다. 이 제제의 복용은 음주 후에 혈중 알코올 농도를 높이게 될 뿐만 아니라 이 제제 자체가 위장을 자극하는 효과가 있어 위의 통증이나 위염 발생에도 영향을 준다.

대표적인 예로, 진통제의 주성분으로 사용되고 있는 아세트아미노펜(acetaminophen)은 위장형 ADH에 대한 영향은 없다. 그러나 그 성분 자체가 간에서 대사되는 특성을 지니고 있어서, 만성 과음 뒤에 이 제제의 복용은 이미 많이 유도된 microsomal system에 의하여 이 성분의 독성 대사물 생성을 촉진시켜 간에 손상을 초래하기도 한다. 에세트아미노펜은 시토크롬 P450에 의하여 독성이 매우 강한 물질인 벤조퀴논(benzoquinone)으로 변환된다. 술을 마신 후 먹어서는 안 되는 약물의 예를 들면 다음과 같다.

- Acetaminophen : 간 장애의 증대 - 타이레놀, 쿠울펜, 아세트아미노펜
- Aspirin : 위장 장애의 증대 - 아스피린, 로날
- Chlorpheniramine Cimetidine : 지나친 진정작용
- Cimetidine : 위궤양의 악화 - 시그나틴 정, 에취투, 타가메트
- Cortisone : 위궤양 발생에 대한 위험의 증대
- Dexamethasone : 위궤양 발생에 대한 위험의 증대 - 덱사소론 정
- Dextromethorphan : 지나친 진정작용 - 덱시트로판 정, 러미라 정
- Diazepam : 지나친 진정작용 - 바륨제판 정, 바리움
- Enalapril : 지나친 혈압강하 - 레니텍 정, 알프린 정, 에나파린 정
- Furosemide : 탈수・숙취 등의 부작용의 증대 - 라식스, 후릭스
- Ibuprofen : 위장 장애의 증대 - 모트린정, 부루펜, 콜쓰린
- Mefenamic acid : 위장 장애의 증대 - 폰스텔, 폰탈
- Metronidazole : 부작용의 증대 - 로도질, 후라시닐
- Nitroglycerin : 금기 - 니트로그리세린 설하정
- Ranitidine : 약효의 감소 - 유란타, 잔탁, 큐란
- Sucralfate : 약효의 감소 - 복합아루사루민

5.10 체질을 알고 마시자

술을 무턱대고 마실 게 아니라 자신의 체질을 확인하고 마셔야 한다. 남들과 맞추려다 간을 망가뜨리기 십상이기 때문이다. 우선 술을 마신 뒤에 얼굴이 붉어지는 정도를 관찰하는 방법이 있다. 어떤 사람은 아무리 술을 마셔도 얼굴이 붉어지지 않는

데, 조금만 마셔도 금방 얼굴이 붉어지는 사람이 있다. 얼굴이 잘 붉어지지 않는 사람은 어느 정도 술에 버틸 수 있는 체질의 소유자이다.

반대로, 금방 얼굴이 붉어지는 사람은 체질적으로 술에 약한 사람이다. 술을 마신 뒤에 설사를 하는 사람도 술에 약한 체질이다. 몸 안에서 알코올이 제대로 분해되지 않아 설사가 나는 것이다. 음주 후에 설사가 잦으면 자칫 영양실조까지 이어질 수 있다. 심하면 췌장에 무리가 가고 설사가 만성화된다. 드링크만 마셔도 취하는 사람은 술을 받지 않는 체질이다. 술에 세어지려고 노력하는 일은 금물이다. 자꾸 마시다 보면 주량은 늘지만, 그만큼 아세트알데히드도 증가하여 간을 상하게 된다.

조금만 마셔도 숨이 가쁘고 얼굴이 붉어지는 사람도 알코올의 2차 분해효소인 ALDH와 보효소인 NAD의 선천적 결핍자임으로 술을 조금이라도 지나치게 마시면 위험할 수도 있다. 술 체질이 아닌 사람도 자꾸 마시면 주량이 는다. 뇌가 알코올의 부작용에 익숙해진 나머지 좀처럼 마취를 당하지 않기 때문이다. 그리고 간에서 알코올을 분해하여 몸 밖으로 배설하는 속도도 빨라지기 때문에 술에 강해진다. 그러나 술이 는다고 하여 체질 자체가 바뀌는 것은 아니다. 따라서 술을 못 마시는 사람이 억지로 훈련을 통해 주량이 늘면 그만큼 알코올을 분해할 때 생기는 아세트알데히드도 증가하여 간이 망가져 간다.

우리나라에는 체질적으로 술을 마실 수 없는 사람은 전체 인구의 25% 정도이다. 의학계의 조사결과 이런 체질의 소유자는 알코올과 관련한 질환도 적은 것으로 나타났다. 술을 많이 마시지 않기 때문이다.

5.11 음주운전은 살인기도나 다름없다

지나친 음주는 질병 외에도 각종 사고의 원인이 되기도 하며, 가장 대표적인 것이 음주운전으로 인한 사고이다. 운전은 뇌와 손발이 감각적으로 호흡을 맞춰야 하는 기술이다. 작은 실수로도 자신과 다른 사람의 생명을 잃게 할 수 있다. 그런데도 시각과 감각을 무뎌지게 하는 술까지 마시고 운전한다는 것은 정말 위험한 일이다.

술을 마시면 감각기관이 느낀 것을 뇌로 잘 전달시키지 못하기 때문이다. 지나친 음주는 교통사고 외에도 추락사고, 화재, 해상사고 및 익사 사고와도 관련이 있고, 산업재해에도 영향을 미쳐 외국 여러 나라의 산업재해의 15~25%가 음주로 인한 영향이라고 하였다.

5.12 음주 후에 스포츠는 위험하다

술을 마시고 스키 등의 격렬한 스포츠를 하는 일은 위험하다. 술을 마시면 반사신

경과 판단력이 둔해져 상처를 입거나 남을 다치게 할 수 있다. 취한 상태에서의 수영도 심장에 2중으로 부담을 주어 심하면 사망에 이르는 경우도 있다. 술에 취한 상태에서 사우나를 한다든가 사우나를 하며 술을 마시는 일은 매우 위험하므로 피해야 한다.

5.13 몸을 움직이며 마시면 적게 마실 수 있다

나이트클럽에서 춤추며 마시는 술은 빨리 취하며 음주량도 줄어든다. 나이트클럽에서 과음하는 사람은 그리 많지 않다. 술을 마시고 몸을 움직이면 알코올이 몸 안에서 빨리 순환되기 때문에 혈중 알코올 농도가 급속히 높아진다. 술을 마신 효과가 생각보다 빨리 나타나게 된다. 따라서 한꺼번에 많은 술을 마실 수 없게 되고, 마시는 전체 양도 줄어든다. 그러나 너무 심하게 움직이는 것은 좋지 않다. 심한 운동을 하면 간은 물론 심장에도 강한 자극을 주게 된다. 간에 공급되는 혈액의 양이 줄어들고, 체내의 알코올 대사도 떨어지기 때문이다.

일반적으로 앉아 있다가 일어나면 간에 보내지는 혈액의 양이 15% 정도 줄어드는 것으로 알려져 있다. 가장 좋은 것은 가볍게 몸을 흔들면서 노래를 부르는 일이다. 알맞은 운동으로 알코올의 대사를 촉진시키기도 하지만, 노래를 부르는 행위 자체로도 상쾌한 기분을 느낄 수 있기 때문이다.

5.14 빈속에 술은 자살행위이다

빈속에 술을 마시는 사람이 있다. 첫잔에 짜릿한 맛을 즐기기 위하여 일부러 속을 비워 놓는 사람도 있다. 빈속에 술을 마셔야 속이 편하다고 하는 술꾼들이 바로 그들이다. 그러나 빈속에 술을 마시는 일은 위험하다. 사람에 따라서는 빈속에 위스키 석 잔만 들이켜도 급성위염이 일어날 정도다. 빈속에 마셔대는 술꾼들 때문에 우리나라는 '위장병 왕국'이 되었다.

위염의 발생에 가장 중요한 요인은 술, 스트레스, 약물이다. 이 중에서도 빈속에 술이 가장 치명적이다. 사람의 위는 위벽 세포에서 분비되는 위산과 펩신(pepsin)에 의해 그 기능이 이루어진다. 위산과 펩신이 지나치게 분비되면 오히려 이들은 위 점막을 파괴하는 공격적인 인자로 작용한다. 맥주처럼 낮은 도수의 술이라고 할지라도 위산의 분비를 촉진시키는 역할을 한다.

양주처럼 알코올 농도가 높은 술은 아예 위 점막을 파괴시켜 버리는 힘을 발휘한다. 알코올에 의하여 위벽이 파괴되면 위산 및 펩신이 위벽 내로 침투하여 위 혈관을 자극하여 위염을 일으킨다. 빈속에 술을 마시는 것이 만성화될 경우 암으로 발전할 확률은 10%나 된다. 빈속에 술은 간에도 치명적이다. 속이 비어있을 때는 알코올이 위에서 흡수되어 곧바로 간을 자극하기 때문이다. 따라서 술을 마시기 전에는 꼭 알맞은 정도로 위를 채워 알코올 자극으로 인한 부담을 줄여야 한다. 위스키를 얼음에 타서 알맞게 희석하며 마신다면 그 피해는 훨씬 줄일 수 있다.

급한 경우에는 우유 한 컵이라도 마시는 것이 좋다. 위에 음식물이 있으면 소화되면서 장으로 내려가는 알코올의 양도 많아지기 때문에 간에 부담도 훨씬 적어진다. 약국에서 판매하는 위장약 팩을 복용하는 것도 불가피할 경우에 이용할 수 있는 방법이다. 이 약물이 위에 막을 씌워 알코올의 공격을 어느 정도는 막아 주기 때문이다. 그러나 상습적으로 복용하게 되면 효력이 없어지고 만다.

6. 대학의 음주문화

주위의 눈치도 안 보고 마음껏 술을 마실 수 있는 기회를 처음으로 가지게 되는 대학생활, 처음으로 시작하는 술자리의 습관이 일생을 좌우하기도 한다. 제대로 술을 배우면 복이 되지만, 그렇지 않을 경우는 '왕따'가 되거나 한 순간의 잘못으로 인생의 어려움을 짊어지고 살게 된다. 대학에서의 건전한 음주문화가 정착되도록 대학의 음주문화를 생각해 보자.

전국 5개 대학의 재학생 659명을 대상으로 실시한 '2005년도 대학생 음주실태 설문조사' 결과, '지난 한 달간 취한 날이 얼마나 되느냐'는 질문에 124명이 '거의 매일'이라고 대답해 무응답을 제외한 응답 가운데 22.3%를 차지했다. 일주일에 3~4회였다는 대답은 6.6%, 1~2회라는 대답은 12.9%였다.

대학생 10명 중에 4명은 일주일에 최소한 1번 이상 술을 취할 때까지 마시는 셈이다. 특히 여대생의 23.4%가 '거의 매일 취했다'고 대답하여, 남학생의 20.8%를 앞질렀다. '술을 마시는가'라는 항목에서도 여대생의 91.3%가 '마신다'고 대답하여 91%인 남학생보다 많았다.

폭음을 즐기는 대학생은 전체의 절반을 넘었다. '한 자리에서 얼마나 마시나'라는 질문에 8잔 이상이라고 대답한 비율은 25.6%, 7~8잔은 14.8%, 5~6잔은 15.3%였다. 폭음은 한 자리에서 술의 종류에 관계없이 5잔 이상의 술을 마실 경우로 규정된다. 술을 마시는 이유로는 '사교를 위해'가 61.2%였으며, '축하하기 위해'는 15.1%, '화풀이, 근심을 잊기 위해'라는 대답은 6.8%였다. 특히 '특별히 할 일이 없어서'라는 대답은 8.2%로 무의식적인 습관적 음주가 만연한 것으로 나타났다.

6.1 음주문화의 문제점

우리나라 사람들은 '취하여 싸우고, 다음날 다시 웃으며 같이 일한다'고 한다. 이는 폭음문화, 폭행의 80%가 알코올에서 오는 문제라는 조사결과에서 보듯이 술로 인한 문제에 관대한 음주문화를 그대로 반영한 말이다. 대학의 음주문화에서의 문제점은 다음과 같은 점들이 지적되고 있다.

① 자주 술을 마시고(음주빈도)
② 폭음하는 경향이 있고(음주량)
③ 1회 음주에 소요되는 시간이 길며(음주시간)
④ 강제성, 놀이성, 목적성이라는 잘못된 음주 유형이 나타나며
⑤ 음주 후 벗어난 행동(일탈)의 면책(관대성)된다.

지금은 많이 달라지고 있지만, 술을 마시는 것이 멋이라고 생각하는 일도 예전부터 내려오는 관습 때문이다. 경제적으로 빨리 취하게 만들어야 한다고, 그보다는 누군가 먼저 술에 취해 나가 떨어져야 하는 짓궂은 시합인 맥주잔에 위스키나 소주 한잔을 안에 넣고 한꺼번에 마셔야(one shot) 하는 '폭탄주'를 고안해낸 것이 아닐까. 이에 따라 지하경제의 규모는 여느 나라보다도 커질 수밖에 없고, 술에 의해서만 정치가 이루어지고, 사업이 잘 되고, 인간관계가 돈독해진다고 생각하고 있다.

6.2 건전한 음주문화

1) 술의 의미

대학생들이 술에 대하여 일가견이 있는 것 같지만, 실제로 술이 우리에게 주는 신체적·정서적·정신적 영향에 대한 과학적인 지식이 매우 부족하다. 따라서 여성과 남성이 술에 대한 반응성의 차이, 술이 신체와 정신에 미치는 영향, 술과 같이 복용하면 안 되는 약물, 몸을 보호하면서 술을 즐길 수 있는 여러 가지 방법들을 이해하도록 하는 일이 중요하다. 술을 마실 때에 서로의 주량이나 음주에 대한 생각이 다를 수 있는 점을 인정하고 강요하지 않아야 한다. 술이 있어야만 서로 친해지고, 일이 진행될 수 있다는 의식도 변화가 필요하다. 즉, 술을 마시지 않고도 서로 친밀해질 수 있는 다양한 놀이문화와 회의문화가 개발되어야 하며, 서로를 보호하고 발전해 나갈 수 있는 의식변화가 필요하다.

술이 우리에게 경제적인 낭비와 더불어 간 질환 등 건강을 해치고, 정신을 흐리게 하여 범죄를 유발하고, 음주운전으로 인한 교통사고를 유발하는 등 나쁜 일만 있다면

오래 전에 없어졌을 것이다. 그러나 술이 있음으로 하여 인간관계를 맺어 주고, 마음을 전달해 주는 매체가 되기도 하고, 기쁨을 더욱 크게 하거나, 슬픔을 잠시 잊게도 해주고, 무료함을 달래주기도 하고, 때로는 사랑을 심기도 한다. 마치 선과 악이 공존하는 물질로서 술을 다루는 사람에 의해 약이 되기도 하고 병이 되기도 한다.

'술에 먹히지 말고, 술을 마실 수 있는 사람'이 되도록 하자. 술을 마실 수 있다는 일은 스스로 마음을 가눌 수 있는 한계로 정할 수 있을 것이다. 술에 한을 품지 말고, 술을 즐길 수 있는 풍류는 대학생활에서 우선 터득해야 하는 첫 관문이다. 술을 두려워하지 말고, 술을 어렵게 생각해 보자. 술 속에 많은 진리가 있으나, 그 진리를 아는 데도 많은 수업료가 필요하다.

술은 시대를 반영하는 것처럼 호주머니 사정과 비례하게 마련이다. 예전에 막걸리에서 시작되었던 대학문화가 소주시대를 거쳐 이제는 맥주시대로 접어든 느낌이다. 막걸리 맛처럼 텁텁한 인심과 정이 사라져 가고, 그 대신에 깨끗하고 일시적인 감각으로 바뀌었다. 사람의 정은 서로가 못 살 때, 고생할 때 더 생긴다. 자동차의 대중화와 더불어 모든 생활은 편의성 위주로 바뀌고 있고, 이에 따라 음주문화도 사람들 사이의 정(情)도 편의적인 경향으로 돌아가는 게 아쉬워진다.

술을 배우고, 술을 마시는 것도 어른을 통하여 익혀야 하는데, 점차 '어른'이 없어지고 있다. 나이만 많다고 어른이 될 수 없듯이, 어른 노릇을 하는 분들의 상실은 더욱 우리를 슬프게 하는지 모른다. 또한, 어른을 어른으로 모시는 것을 외면하고, 시대가 변하였으니 마치 '우리 세상'인 것처럼 여기는 젊은 세대도 얼마 없으면 금방 외면당한다는 사실을 잠시 잊고 있을 뿐이다. 경제적으로 삶이 윤택해지는데 비례하여 정신적인 삶은 상대적으로 점차 빈약해지고 있다.

2) 술을 마시면서 지켜야 할 원칙

일본 알코올 건강의학협회에서 제시하는 알맞은 음주 10개조는 우리에게 좋은 참고가 될 것이다.

① 술을 마실 때는 즐거운 분위기에서 동료와 함께 웃고 이야기하며 마신다. 스트레스를 풀려고 마시면 안 된다.

② 술을 억지로 마시지 않으며, 동료에게 억지로 권하지도 않는다.

③ 급히 마시지 않고, 시간을 가지고 천천히 마신다.

④ 1차에서 끝낸다. 2차를 갈 수밖에 없는 상황이 된다고 하더라도 중간에 1시간 이상 비알코올 음료를 마시며 쉬는 시간을 가져라.

⑤ 안주가 없는 음주는 삼가 해야 한다. 술을 마시기 전에 영양가 있는 음식을 먹거나, 먹으면서 마셔야 한다.

⑥ 음주량은 가능한 술의 종류별로 표준 잔으로 1~2잔을 넘지 않도록 하는 것이 좋다. 소주, 맥주, 와인, 양주의 경우 모두 마찬가지이다. 자신의 주량만큼 마신다.

⑦ 늦어도 마지막 대중교통 수단을 이용하여 집으로 갈 수 있는 시간에 술자리를 끝내도록 한다. 늦어도 12시에 끝낸다.

⑧ 매일 계속해서 술을 마시지 않는다. 최소한 1주일에 2일은 술이 없는 날로 정한다.

⑨ 다른 약물(진통제, 수면제, 안정제, 당뇨병 약 등)과 함께 마시지 않는다.

⑩ 독한 술은 희석시켜 마신다.

3) 술은 이렇게

과음은 인체에 여러 면에서 나쁜 영향을 미치고 있지만, 항알코올 기능성 음료에 의하여 이런 유해성을 다소 감소시킬 수는 있다. 그러나 알코올의 부작용을 완전히 차단한다고 할 수 없으며, 또한 알맞은 양의 알코올이 동맥경화를 감소시키고 수명을 늘린다고 하는 일은 누구에게나 해당되지 않는다. 알코올은 체내 세포의 입장에서 보면 유해한 물질임에 틀림없다. 술에 들어 있는 다양한 첨가성분이나 항알코올 기능성 음료를 믿고 과음을 한다면 알코올에 의하여 체내 세포가 손상을 입는 것을 완전히 피할 수는 없다.

사람마다 알코올 대사능력의 차이, 체내 방어능력의 차이가 심하여 어떤 한 사람에게 적용되었다고 하여 자신에게까지 적용되리라는 확실성은 없다. 즉, 자신이 견딜 수 있는 범위 내에서 과음을 피하고 몸의 영양상태를 균형 있게 잘 유지하는 일이 좋은 음주습관이다. 이런 상태에서 음주한다면 항알코올 기능성 음료나 포도주들이 인체에 좋은 보조효과를 발휘할 수 있다.

아직까지 알코올의 유해성과 그 억제방법의 탐색에 있어서 어려운 점은 개인의 알코올 대사기능의 차이, 정확한 동물 모델의 부재, 알코올 투여시기 및 방법 등이 규정되지 않아 정확한 결과를 얻기 힘들다. 그리고 기존의 알코올 연구의 대부분이 알코올 대사에 있어서 유전적인 차이가 있는 외국인을 대상으로 한 조사에 바탕을 두고 있어서 한국인을 상대로 한 연구가 필요하다.

우리나라 사람들의 독특한 음주문화로 우리에게 맞는 프로그램 개발이 요구된다. 누구나 다 아는 '잔 안 돌리기', '안 섞어 마시기', '2차 안 가기', '강요하지 않기'가 하루아침에 이루어지지 않을 것이다. 교육과 규제, 그리고 홍보활동이 계속하여 이루어질 때 음주문화는 건전하게 이루어질 것이다. 대학의 음주문화를 정립하는 일이 중요한 것은 술이 우리 생활에 밀착되어 있고, 술의 양면성을 가지고 있어서 술버릇을 잘 길들이는 일이 앞으로 전개될 삶에 중요한 의미를 갖기 때문이다.

참고문헌

1. 고정삼, 2005, 술 알고 마시면 건강이 보인다, 유한문화사.
2. 고정삼, 2003, 제주의 술, 제주문화.
3. 고정삼, 2000, 술의 세계, 광일문화사.
4. 고정삼, 2004, 식품생물산업, 유한문화사.
5. 고정삼, 2006, 식품가공학, 유한문화사.
6. 고정삼, 고영환, 오남순, 김진현, 인만진, 채희정, 2003, 생물공학, 유한문화사.
7. 주류산업, 대한주정공업협회, 각 연도.
8. 생물산업, 한국산업미생물학회, 각 연도.
9. 식품과학과 산업, 한국식품과학회지, 각 연도.
10. 식품산업과 영양, 한국식품영양과학회, 각 연도.
11. 堀内久彌, 高野克己, 1997, 食品工業技術概説, 恒星社厚生閣.
12. 국순당, OB, HITE, CASS, 보해 등 각 주류회사의 internet sites와 Home pages.
13. Naver, Google, Yahoo internet sites.

제 8 장

술과 건강

술은 일상생활에서 겪는 스트레스를 빨리 해소하고, 슬픔을 달래고 기쁨을 더하기도 한다. 사회생활 속에 서로의 정을 나눌 수 있는 약주이면서 지나치면 알코올 중독으로 삶을 깊은 수렁에 빠뜨리기도 하는 양면성을 가지고 있다. 따라서 우리 조상들은 술을 음식이라고 여겨 지나치지 않도록 술을 마시는 법을 가르쳐 왔다. 술은 서로의 마음을 쉽게 연결해 주는 매개체로서 역할을 한다.

결론적으로 술을 마시면 건강에 좋은 것인지, 그렇지 않으면 몸에 해만 끼치는 것인지 궁금해 한다. 술은 우리에게 필요악이라고 할 수도 있다. 늘 술을 알맞게 마실 수 있다면 술만큼 좋은 것도 찾기 어렵다. 항상 절제되지 않고 때로는 과음하게 되며, 다음 날 숙취로 고생했던 경험을 이야기하는 일은 우리는 일상에서 정에 메말라 있기 때문인지도 모른다. 예전과는 달리 술은 취하기 위하여 마시는 게 아니라 삶에 활력소로서 역할이 바뀌는 경향이다. 점차 알코올 농도가 낮고 부드러운 술을 선호함으로써 우리의 음주문화도 바뀌고 있다. 술이 우리에게 늘 좋은 약으로 활용하기 위해서는 술과 건강에 대한 내용을 알아야 할 것이다.

1. 술의 대사과정

1.1 알코올의 대사

술의 주성분인 에탄올(ethanol, ethyl alcohol)을 섭취하게 되면 입안의 점막으로부터 장에 이르기까지 다양한 경로로 흡수되지만, 주로 위와 소장에서 흡수된다. 흡수 속도는 술에 들어 있는 알코올 함량, 식품의 섭취 등에 의하여 영향을 받는다. 흡수된 알코올의 90% 이상은 혈관을 통하여 간으로 운반된다. 나머지 5~10%의 알코올은 폐를 통하여 호흡으로 배출되거나 땀, 오줌 등으로 직접 배출된다.

술은 어떻게 분해가 일어날까. 술에 들어 있는 에탄올이 아세트알데히드(acetaldehyde, CH_3CHO)와 초산(acetic acid, CH_3COOH)을 거쳐 TCA 회로(cycle)로 들어가 탄산가스와 물로 바뀌어져 완전히 분해가 일어나기 때문에 적어도 체내에 여러 가지 효소가 존재해야 한다(그림 8-1).

간으로 운반된 알코올은 크게 3가지 경로를 통하여 아세트알데히드로 분해된다.

① 세포질에 존재하는 알코올 탈수소효소(alcohol dehydrogenase, ADH) 경로
② Peroxisome에 존재하는 카탈라아제(catalase) 경로
③ 활면 소포체에 존재하는 microsomal ethanol-oxidizing system(MEOS) 경로이다.

일반적으로 알코올 탈수소효소는 유도(誘導)되지 않는 구성효소로 알려져 있으며, 카탈라아제에 의한 경로는 매우 적다. 술을 못 마신다는 사람도 자꾸 술을 마시게 되면 술이 늘게 된다. 이는 알코올 탈수소효소에 의한 분해가 아니라 알코올의 섭취에 따라 지속적으로 유도가 되는 MEOS 경로의 시토크롬(cytocrome) P450 계열 효소의 증가를 유발하기 때문으로 알려져 있다.

세포질의 수용성 단백질인 알코올 탈수소효소(alcohol dehydrogenase, ADH) 외에도 알코올 대사를 담당하는 2종류의 다른 효소계가 있다. 그 하나는 미크로솜 에탄올 산화계(MEOS)이고, 다른 하나는 peroxidase이다. Peroxidase는 그 대사량에서 그렇게 중요하지 않으나, MEOS는 경우에 따라서 ADH보다 훨씬 많은 양의 알코올을 대사하며 생리적으로 큰 의미를 갖는다.

ADH나 MEOS 모두 알코올을 아세트알데히드로 산화시키므로 이들에 의한 알코올 대사는 바로 아세트알데히드의 생성 또는 축적으로 연결될 수 있다. 아세트알데히

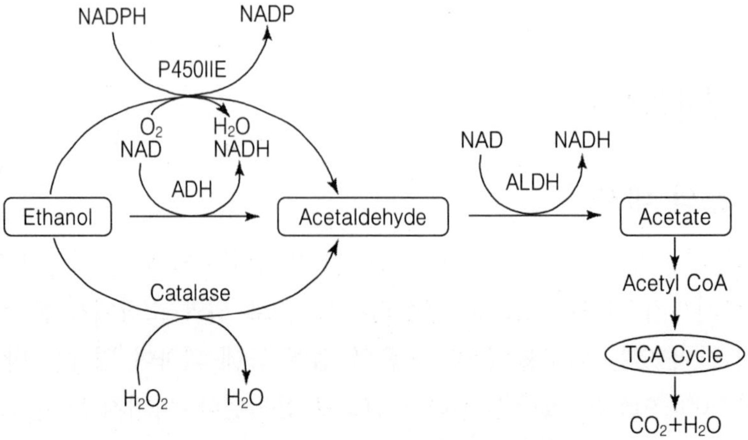

그림 8-1. 에탄올의 대사

드는 화학적 반응성이 아주 큰 물질로서, 단백질을 비롯한 주요 생리활성물질들과 쉽게 결합하여 부가적인 생성물을 형성함으로써 농도가 높아지면 맥박이 증가하거나 땀이 나며, 얼굴이 붉어지거나 구역질이 나며, 구토 등의 증상을 초래할 수가 있다.

따라서 체내에 흡수된 알코올 대사에서 2단계를 담당하는 알데히드 탈수소효소(aldehyde dehydrogenase, ALDH)가 제대로 작용하여 아세트알데히드를 초산(acetic acid)으로 산화시켜야만 알데히드의 축적과 그에 따른 부작용을 막을 수 있다. 그러나 동양인의 절반 정도, 한국인의 15~20% 정도에서는 이 ALDH의 불활성형으로 존재한다. 음주할 때 알데히드가 혈액 중에 축적됨으로써 얼굴이 붉어진다거나 여러 증상들이 나타나게 되고, 적은 양의 음주로도 고통을 받게 된다.

물론 ALDH의 활성형을 지닌 사람들의 경우에도 과음과 폭음 뒤에는 적은 양의 아세트알데히드가 혈액 중에 존재하며, 숙취 증상으로 나타나게 된다. 혈중 알코올 농도(blood alcohol con-centration, BAC)가 0에 이른 다음에는 원칙적으로는 혈액 중에 알데히드가 존재하지 않지만, 이에 의한 독성 효과는 숙취 증상이 나타나는 동안 계속될 수 있다.

1.2 알코올의 대사과정

1) Alcohol dehydrogenase(ADH)에 의한 경로

흡수된 에탄올은 우선 위장의 ADH에 의하여 일부가 대사된다. 그 대사량은 남자의 경우 20~30%, 여자의 경우에는 10% 정도이다. 이 효소는 만성적으로 알코올을 섭취하는 사람에게는 그 활성이 저해를 받으며, 연령이 증가함에 따라 활성이 감소한다.

간에서의 에탄올 대사는 주로 NAD(nicotinamide adenine dinucleotide, 그림 8-2) 연결효소(NAD-linked enzymes), 즉 ADH와 알데히드 탈수소효소에 의하여 이루어진다. 이들 효소는 각각 아세트알데히드와 아세트산을 생성한다. 아세트산은 acetyl-CoA로 전환되어 TCA 회로(tricarboxylic acid cycle, 그림 8-3)를 거쳐 에너지를 발생하거나, 또는 콜레스테롤과 지방산을 합성하는 데 이용된다. 에탄올의 산화과정에서 생성되는 대사산물인 아세트알데히드는 에탄올에 의한 간 손상을 유발하는 주요 인자로 알려져 있다.

간의 ADH도 세포질 효소로서 활성부위에 아연(Zn)이 들어 있다. 이 효소는 서로 다른 몇 가지 형태의 isozyme이 존재한다. ADH는 주로 혈중 에탄올 농도가 낮았을 때 에탄올의 산화를 담당하고, 오랜 기간 동안 에탄올을 섭취하여 높은 농도일 경우 상대적으로 활성이 낮아진다.

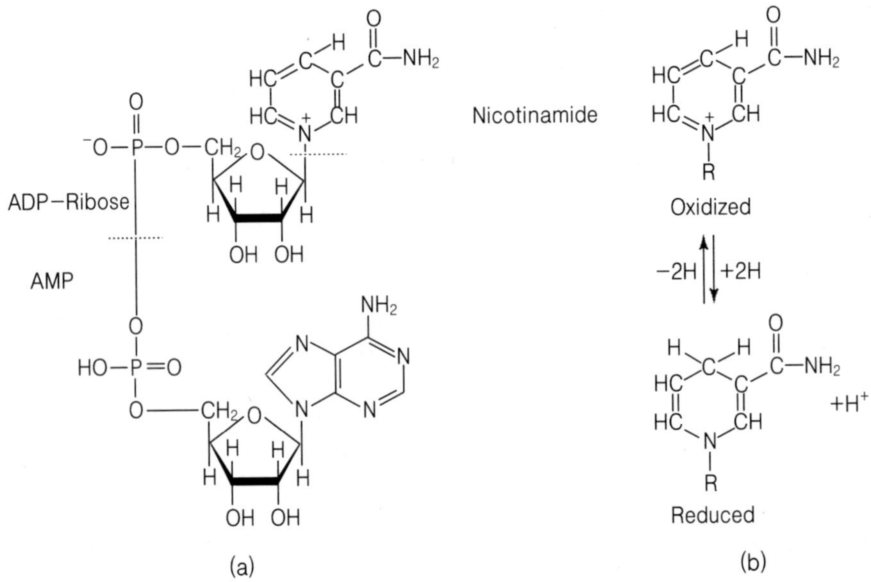

그림 8−2. (a) NAD 구조, (b) Nicotinamide의 산화형과 환원형

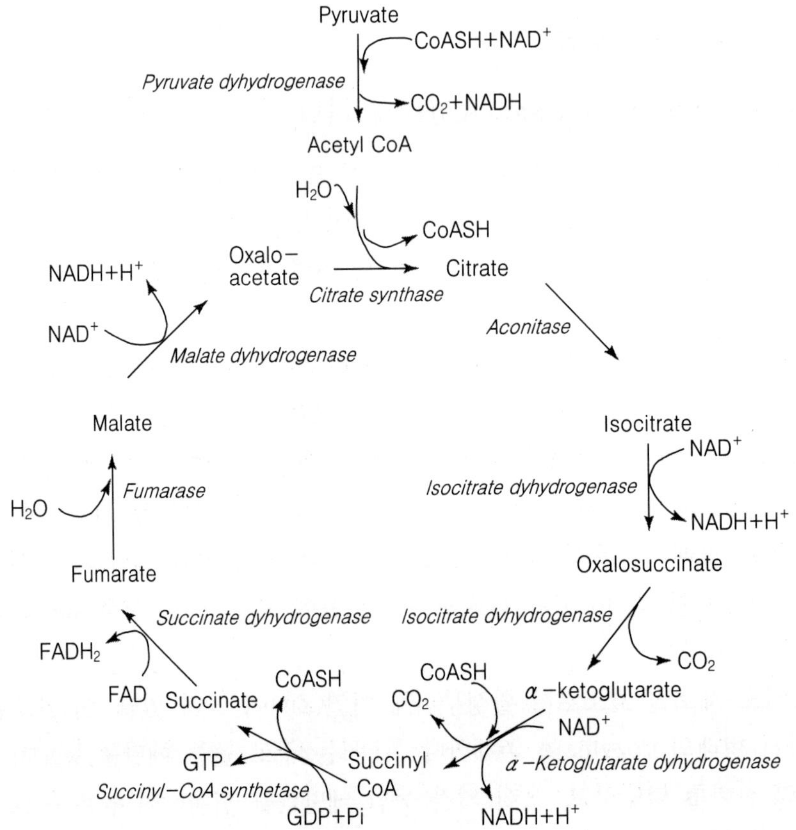

그림 8−3. TCA 회로

2) Catalase에 의한 경로

Catalase에 의한 산화경로는 peroxisome에 존재하며, *in vitro* 실험조건에서 과산화수소의 생성계에서 주로 에탄올을 산화하는 기능을 가지기 때문에 생리적 상태에서는 중요하지 않다.

3) MEOS에 의한 경로

Microsomal ethanol-oxidizing system(MEOS)은 간세포의 endoplasmic reticulum에 결합되어 있으며, cytochrome P450, NADPH-cytochrome C reductase, 레시틴(lecithin)과 phosphatidylcholine으로 구성된다. Cytochrome P450이 반응계의 중심적인 역할을 한다(그림 8-4).

간에 존재하는 cytochrome P450은 마이크로솜 효소로서 많은 양의 에탄올을 섭취할 경우 작용하게 된다. MEOS는 대사되는 에탄올의 10~20% 정도를 처리하는 것으로 알려져 있으며, 만성적인 알코올 섭취자의 경우에서처럼 체내 알코올 농도가 높을 때 활성을 갖는다.

이러한 3가지 경로를 거쳐서 아세트알데히드로 산화된 알코올은 다시 알데히드 탈수소효소, 알데히드 산화효소(aldehyde oxidase, ALO), 크산틴 산화효소(xanthine oxidase, XO) 등에 의하여 분해가 되어 아세트산으로 대사된다. 생성된 아세트산은 에너지 대사과정에 참여하거나, 또는 지방산 합성에 이용된다. 그러나 체내에서 알코올 및 그 대사산물을 분해하는 효소들의 능력에는 한계가 있어 지나친 양의 알코올을 섭취하거나, 오랜 기간에 걸쳐 알코올의 섭취는 체내에서 알코올에 의한 커다란 부작용을 낳는다.

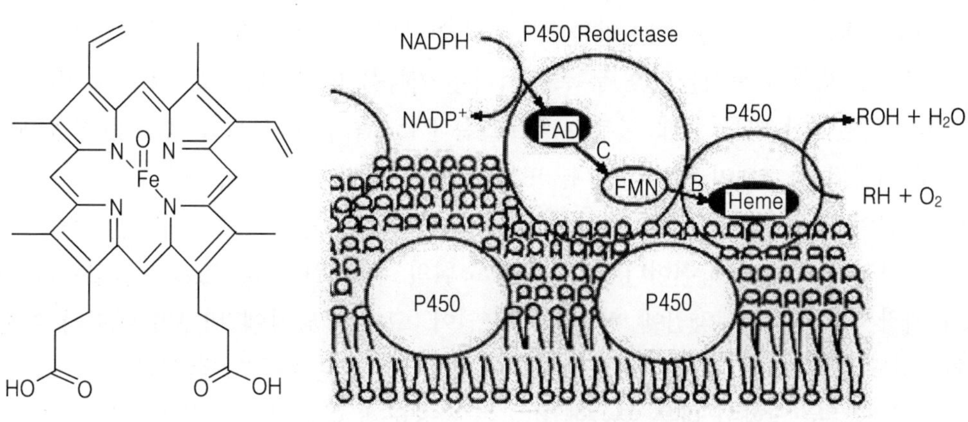

그림 8-4. Cytochrome P450의 작용

1.3 인체에 미치는 영향

알코올 대사에서 신체에 해로운 영향을 주는 것으로는 알코올 그 자체와 분해산물인 아세트알데히드, 알코올 대사의 부산물인 NADH와 유리 라디칼(free radical) 등이 있다. 이 외에 알코올에 의한 약물 대사계의 활성화도 인체에 미치는 해로운 영향으로 구분된다.

알코올 자체는 세포막을 쉽게 투과하며, 세포 지지막과 혼합되어 세포의 신호전달에 관여하는 포스포리파아제 C(phospholipase C), 칼슘 채널, 다양한 수용체의 기능을 변화시켜 여러 가지 생체반응을 일으킨다. 아세트알데히드는 그 반응성이 높아 체내의 단백질, 지질, DNA 등과 결합하여 원래의 활성을 잃게 한다. 지나친 양의 아세트알데히드는 미토콘드리아(mitochondria)의 기능을 떨어뜨리고, 결과적으로 간 섬유화와 간경변 등의 간 장애를 초래한다.

알코올 대사에 관여하는 효소인 ADH와 ALDH는 효소활성을 위하여 NAD^+를 NAD로 전환시키게 된다. 이때에 지나친 양의 NADH의 증가는 중성지방 합성의 증가, 저혈당증, 유산의 축적, 다양한 탈수소효소의 활성을 저해하는 것을 비롯하여 산화-환원 평형을 붕괴시킴으로써 유리 라디칼의 발생을 증가시킨다. 이 중에서 유리 라디칼은 알데히드 산화효소, 크산틴 산화효소 등에 의한 알코올 대사과정에서 발생하고, NADH 증가에 의한 산화-환원 평형의 붕괴에서 발생하는 반응성이 큰 물질이다.

유리 라디칼이 많이 발생할 경우 단백질 등의 체내 분자 및 생체막의 지질분자를 빠른 속도로 산화시켜 활성을 잃게 하고, DNA에도 손상을 미칠 수 있다. 또한 오랜 기간 동안 지속적으로 유리 라디칼에 노출되는 것은 노화를 유도한다. 알코올성 약물대사계의 증진은 MEOS의 증진에서 온다. MEOS는 여러 가지 효소와 물질의 복합체이며, 이 중에서 중요한 효소는 약물대사 효소인 시토크롬 P450이다. 이 효소는 간에서 발현되어 체외의 독성물질을 무독화 시키는 기능을 담당한다. 그러나 인간이 만들어 내거나, 발견한 약물 중에 일부는 시토크롬 P450과 같은 무독화 효소의 활성화로 빠르게 대사되어 효능이 감소하거나, 또는 독성이 강력한 물질로 변환되기도 한다.

이와 같이 알코올과 알코올 대사산물 및 부산물들이 인체에 해로운 영향을 주는 결과로 나타나는 것이 숙취이다. 현재까지 숙취의 주된 원인 물질로는 아세트알데히드가 가장 유력하다. 서양인에 비하여 동양인이, 그리고 남자에 비하여 여자가 아세트알데히드 탈수소효소가 유전적으로 부족하다. 이런 점은 한국인에 있어서 아세트알데히드의 해로운 영향이 다른 분야에 비하여 중요하게 다루어져야 하며, 대부분의 항알코올성 기능성음료들이 이 부분에 초점을 맞추고 있다.

1.4 유전적인 요인

술을 한잔만 마셔도 얼굴이 빨개지는 홍조증을 나타내는 사람들이 많다. 이들은 스스로 '알코올 인디케이터(alcohol indicator)'라고 하지만, 실제는 알코올의 유독성 대사물질인 아세트알데히드가 축적되어 이런 현상이 나온다. ADH(alcohol dehydrogenase)는 최소한 5종류 이상의 다른 유전자에 의하여 만들어지며, 각 유전자는 돌연변이에 의하여 여러 종류의 변이형 동위효소(isozyme)를 만든다. 변이형 ADH-β_2는 전형적인 ADH-β_1보다 6배나 높은 산화활성을 나타낸다. 한국인을 비롯한 동양인은 전체의 85% 정도가 ADH-β_2 변이형 효소를 가지고 있다.

따라서 동양인의 많은 사람들에서 서양인보다 음주한 다음 짧은 시간 내에 아세트알데히드의 혈중 농도가 급속히 상승하여 얼굴이 붉어지는 홍조반응(facial flush)이라는 생리적 변화가 나타난다. 술을 조금만 마셔도 얼굴이 빨게 진다거나, 가슴이 몹시 뛴다거나, 중추신경의 마비가 빨라 몸의 중심을 잡기 어렵다거나 하는 경우는 ALDH(aldehyde dehydrogenase) 분해효소의 결핍에서 생긴다.

술 한 잔에 얼굴이 붉어지는 사람은 술을 자제하는 것이 좋다. 술을 마실 기회가 생기더라고 얼굴이 붉어지기 시작하면 몸 안에 있는 알코올 경보장치가 작동을 시작한다. 만약 경보장치가 요란하게 작동하여 얼굴이 붉어졌는데도 계속하여 술을 마신다면 다른 사람에 비하여 심한 타격을 받게 마련이다.

술을 마시고 난 다음 날 머리가 아프다고 하는 일은 왜 일어날까. 미생물에 의하여 알코올 발효가 일어나는 과정에 많은 종류의 대사산물이 생기게 된다. 이 중에서 메탄올이나 고급알코올에 해당하는 n-propanol, iso-butanol, iso-amyl 등 퓨젤유(fusel oil)에 영향이 있다고 하지만, 이보다는 에탄올의 체내 분해과정에서 생기는 아세트알데히드의 축적에 의해 발생되는 것으로 여겨지고 있다.

양주를 마시면 괜찮은데 맥주, 청주, 과실주 등 발효주를 마시고 취하면 쉬 깨지 않고 오래 지속된다는 이야기를 한다. 이는 알코올 발효 중에 생기는 효모의 대사물질과도 관련이 있다고 할지라도 술의 종류에 기인한다는 것보다는 그만큼 많이 마셨다고 생각하면 된다. 저녁을 겸하여 소주로 시작한 술이 2차, 3차를 거치는 동안 맥주, 양주까지 마시다 보면 술에 아주 취하였다는 것도 마찬가지이다.

보통 4%의 에탄올이 들어 있는 소주잔보다 훨씬 큰 맥주 한 잔을 소주로 환산한다면 적지 않는 양이다. 취한 상태에서 기분이 좋아 2차에서 마시는 맥주의 양은 부드럽고 마시기 쉽다. 마시고 난 빈 맥주병을 탁자 위에 가지런히 늘여 놓으면 꽤나 많다. 그러면서도 취하지 않는다는 일이 대견스러운 것이 아닐까. 음주시간이 경과함에 따라 주기적으로 배설하고, 노래방에서 마이크를 잡고 목청을 돋우고 나면 술이 깨버리는 것 같다. 한잔씩 권하는 술잔이 시간을 잊어버리고 12시를 넘기는 일이 보통이고 보면, 몸 안에 흡수된 알코올을 분해시키는 사람의 신체는 먼 훗날 인간이 만들 수 있는 고성능 슈퍼컴퓨터보다도 훨씬 정교한 게 아닐까.

알코올 함량이 많은 술일수록 마실 때 혓바닥에서부터 시작하여 체내에서 흡수속도가 빨라 금방 취하기 때문에 많이 마시지 않는다. 이에 비하여 약한 술은 상대적으로 흡수속도가 늦지만, 양으로 따지면 양주(洋酒)에 몇 배 이상을 마시는 셈이다. 이 때문에 한번 술에 취하고 나면 간장에서 알코올 성분을 분해할 수 있는 능력의 한계로 자연히 숙취가 오래 지속될 수밖에 없다.

막걸리를 비롯한 발효주에는 당분을 포함하여 단백질 등이 남아 있어서 거의 순수한 에탄올로 되어 있는 증류주에 비하면 조금 마시는 경우 식욕을 돋우고 알맞은 자극을 주기 때문에 몸에 좋은 편이다. 그러나 절제하지 못하는 지나친 음주가 많은 문제를 낳게 한다. 술을 마실 때 담배를 태우는 사람은 더욱 생리대사에 영향이 커지게 된다. 따라서 자기 능력만큼 조절할 수밖에는 도리가 없다. 따라서 술을 마실 때 스스로의 감정을 자제할 수 있는 사람은 재주껏 술을 적게 마시는 사람이거나, 또는 에탄올 성분을 잘 분해시킬 수 있는 능력을 선천적으로 타고난 사람이라고 할 수 있다.

2. 숙취와 숙취 해소

술꾼들이라면 누구나 한 번쯤 숙취 때문에 고생을 한 경험이 있을 것이다. '겪어 보지 않은 사람은 모른다'고 할 정도로 숙취의 고통은 끔찍하다. 숙취의 원인은 과음이다. '한 잔만' 하며 시작한 술이 두 잔, 석 잔을 거쳐 마침내 찾아오는 것이 바로 숙취다. 절제하지 않고 마신 때문이다. 성인이 1시간 동안 분해할 수 있는 알코올의 양은 약 6 g으로 소주 1병을 분해하는 데 10시간 정도가 걸린다. 이보다 많은 술을 마시면 아세트알데히드가 축적되어 숙취로 이어진다. 이를 혈중 알코올 농도로 치면 0.2% 정도가 된다.

2.1 숙취현상

1) 숙취의 원인

숙취의 원인은 여러 요인에 의해 일어나지만, 주요 원인으로서 다음과 같은 3가지를 들 수 있다.

(1) 탈수현상

술을 마시면 알코올의 작용으로 소변이나 땀, 기타 분비물로 많은 수분을 소비하게 된다. 이에 따라 몸에 수분이 부족하여 몸이 나른해진다. 술을 마신 뒤에 물을 많이 마시게 되는 것도 이 때문이다.

(2) 전해질 부족

수분과 함께 미네랄과 같은 여러 가지 전해질이 몸 밖으로 빠져 나간다. 숙취의 대표적인 증상인 몽롱하고 무기력한 증상은 바로 전해질의 부족 때문에 생긴다.

(3) 아세트알데히드가 미치는 각종 부작용

괜히 짜증이 나고, 속이 메스꺼운 현상 등이 여기에 속한다.

2) 숙취의 증상

숙취(hangover)는 '취할 때까지 술을 마신 사람들이 경험하는, 자주 나타나면서도 유쾌하지 못한 신체적, 정신적 증상 또는 현상'이라고 할 수 있다. 대표적인 증상으로는 메스꺼움, 구토, 현기증, 갈증, 무기력함, 두통, 근육통 등 표 8-1에서 보는 바와 같이 다양하다. 음주자가 경험하는 숙취 증상의 종류와 정도는 개인에 따라 다를 수 있으며, 때로는 마신 술의 종류와 양에 따라서도 달라진다.

숙취 증상은 보통 술을 마신 뒤 몇 시간 내에 시작되며, 이는 혈중 알코올 농도(blood alcohol concentration, BAC)가 감소하는 것과 일치한다. BAC가 0에 이를 때

표 8-1. 숙취의 증상

증상의 구분	유 형
•전체적	피로, 무기력증, 갈증
•통 증	두통, 근육통
•위장관계	오심, 구토, 위의 통증
•수면과 생체리듬	수면시간 감소, 꿈꾸는 시간의 감소
•감각기능	현기증, 빛에 대한 과민성
•인지기능	주의력과 집중력의 감소
•기 분	우울증, 불안감
•임상적 증상	발작, 발한, 맥박 및 수축기 혈압의 상승

가장 심한 숙취 증상이 나타나게 되어 여기에서부터 24시간까지 지속될 수 있다. 숙취 증상과 약한 정도의 금단 증상은 공존할 수 있다. 숙취는 단 1번의 폭음 후에도 경험할 수 있지만, 금단 증상은 반복적인 여러 번의 폭음 후에 나타나고, 숙취 증상은 대체로 몇 시간 내로 사라지지만 금단 증상은 며칠까지도 계속된다.

2.2 숙취에 영향을 주는 요인

1) 숙취의 원인물질

숙취의 원인물질은 술 속에 들어 있는 알코올 성분 자체와 알코올의 산화물인 아세트알데히드를 들 수 있다. 이 외에 숙취 증상에 영향을 미치는 요인으로는 금단 증상과 각종 술 속에 들어 있는 알코올 외의 이물질, 다른 약물이나 니코틴, 개인의 특성과 가족력 등을 들 수 있다. 그리고 과음이나 폭음에 의하여 일정 시간이 지난 후에도 미처 대사되지 못해 남아 있는 알코올에 의한 탈수현상과 체내 전해질의 불균형, 위장 계통의 장애, 저혈당, 수면과 생체리듬의 이상을 들 수 있다.

소주 5～6잔에 해당하는 50 g 정도의 알코올을 250 mL의 물에 섞어 마시면 몇 시간 내로 600～1,000 mL의 수분을 배설하게 된다. 알코올은 호르몬의 분비를 저해함으로써 소변 생성을 촉진한다. 이 외에도 발한, 구토, 설사 등으로 수분의 손실과 전해질 불균형을 더욱 악화시킬 수 있다. 알코올은 위장 내벽과 소장 등에 직접적으로 손상을 입힐 수 있으며, 내벽에 위염 같은 염증을 일으키게 된다. 또한, 알코올은 위산의 생성을 증가시키고, 이자액과 소장에서의 분비를 증가시킴으로써 상복부의 통증이나 오심, 구토 등을 유발할 수 있다.

알코올로 간과 다른 장기에서 나타나는 대사 상태의 변화로 혈당이 떨어질 수 있다. 알코올 대사로 나타나는 지방간과 중간대사산물인 유산의 축적되는 현상은 모두 포도당의 생성을 억제한다. 혈당이 떨어지면 피로, 무기력증, 기분 장해 등의 숙취 증상에 영향을 줄 수 있다.

2) 알코올의 대사물질

알코올은 1차 산화물인 아세트알데히드의 생성으로 프로스타글란딘(prostaglandin) 생성에 영향을 미쳐 혈관확장 효과를 초래하게 된다. 이 결과로 두통이나 안면에 홍조현상이 나타나게 된다. 알코올은 histamine, serotonin, prostaglandin(그림 8-5) 같은 두통의 원인과 관련된 몇 가지 신경전달물질들과 호르몬들에 영향을 미칠 수 있으나 아직까지도 숙취로 인한 두통 증상의 원인은 확실히 밝혀지지 않았다.

우리가 술을 마시면 섭취된 알코올 중에 일부분은 간에 도달하기 전에 이미 대사된다. 이를 1차 통과대사(first-pass metabolism)라 하고, 주로 위장에서 이루어진다. '위장에서의 알코올 대사'는 위장 점막조직에 존재하는 알코올 탈수소효소에 의한 알코올 산화를 뜻한다. 성인 남자의 경우 알코올 섭취량의 30%까지에 해당하는 양이 systemic circulation에 유입되기 전에 대사됨으로써 실제로 뇌에 도달되는 알코올의 양을 줄이는 결과가 된다. 즉, 위장은 알코올의 전체적인 효과를 낮추는 데 기여함으로써 1차적인 보호 장벽의 역할을 한다.

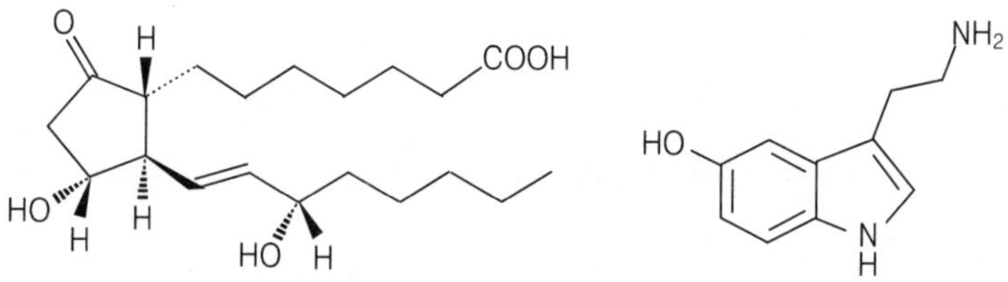

그림 8-5. Prostaglandin과 serotonin

3) 숙취 증상

숙취 증상은 알코올 의존성이 아닌 정상 음주자에게 볼 수 있는 약한 형태의 알코올 금단 증상이라고도 하며, 다음과 같은 증상을 들 수 있다.

① 알코올 금단 증상과 숙취 증상은 공통점이 매우 많다. 알코올 의존성 환자의 금단 증상을 진단하는 항목 중에서 오심과 구토, 발한, 불안, 두통 및 감각기능의 장해 등은 숙취 증상에서도 볼 수 있다.

② 숙취 증상도 금단 증상처럼 중추신경계의 흥분상태이다.

③ 숙취 증상과 금단 증상 모두 해장술과 같이 알코올의 재투여에 의하여 완화시킬 수 있다는 점으로부터 두 증상이 공통적인 과정에 의하여 일어남을 알 수 있다.

4) 술에 들어 있는 이물질

술에 들어 있는 에탄올 외의 생화학적 활성을 지닌 이물질들은 술의 맛, 냄새, 성상에 영향을 미친다. 술의 발효과정이나 숙성과 가공과정 중에 발생되거나 첨가되는 물질들이다. 이 물질들은 술이 취하게 하는 효과에 영향을 미칠 수 있기 때문에 숙취에도 관여될 수 있다. 이 중에서 숙취와 가장 밀접한 관계를 나타내는 물질이 메탄올로서 에탄올과 마찬가지로 같은 ADH와 ALDH에 의하여 대사되어 독성이 강한 formaldehyde와 formic acid를 생성한다. 메탄올 함량이 비교적 많은 브랜디나 위스키 종류를 마신 뒤에 숙취 증상이 빈번히 나타난다거나, 숙취 증상이 계속되는 동안 높은 정도의 혈중 메탄올 농도가 유지된다.

에탄올은 ADH에 의한 메탄올의 산화를 경쟁적으로 저해하므로 에탄올과 메탄올이 공존하는 경우에는 혈중 에탄올 농도(BAC)가 충분히 낮을 때에만 메탄올이 산화될 수 있다. 따라서 에탄올을 투여하면 숙취 증상이 완화된다는 것으로부터, 실제로 에탄올이 메탄올의 산화를 늦추어 formaldehyde와 formic acid의 생성속도를 조절한다는 것을 알 수 있다.

이 외에도 개인적으로 알코올 중독이 될 가능성이 높은 특성을 지닌 사람이나 알코올 중독의 가족력이 있는 사람들에게서 숙취가 더 빈번히, 심하게 나타난다는 보고도 있다. 이런 경우 마신 술의 종류나 또는 술의 혼합 여부 등의 영향도 무시할 수 없다.

2.3 숙취의 결과

숙취 증상은 과음과 폭음의 결과이므로 여기에서 '숙취의 결과'란 반복된 폭음과 과음으로 나타나는 전반적인 결과를 의미한다. 만성적인 과음과 폭음은 1차 보호 장벽인 위장, 뇌, 간에 크게 영향을 미칠 수 있다. 알코올은 뇌와 신경세포의 전달체계에 직접적으로 영향을 미치며, 알코올 중독자들의 뇌의 크기는 비음주자에 비하여 위축되어 있다.

간은 체내에서 거의 모든 영양소의 대사와 저장을 담당하고, 외부로부터 오는 이물질의 처리를 담당하는 장기이다. 만성 음주에 의한 간의 손상은 전체적인 영양과 건강 상태의 이상으로 연결된다. 알코올 대사에서 MEOS의 경우, 만성 과음에 의하여 microsome 자체가 유도되므로 MEOS에 의한 알코올 대사량이 증가되고, microsome에 의하여 대사되는 영양소나 약물 등에도 영향을 미치게 된다. 만성 과음은 비타민 A의 대사와 관련된 P-450 system 외에도 카로틴(β-carotene)의 체내 전환에 영향을 미쳐 비타민 A로 전환되는 β-carotene의 효과를 떨어뜨린다. 만성 과음 또는 폭음은 비타민 A 영양상태의 변화와 이에 관련된 건강문제를 일으키게 된다.

비타민 A의 결핍은 짧은 기간에 계속된 과음이나 폭음 뒤에도 일어난다. 알코올성 지방간 상태에서 그 결핍을 볼 수 있으며, 만성 알코올 투여는 간 세포막의 유동성(fluidity)의 변화가 일어난다. 이에 따른 간세포(hepatocytes) 형태의 변화까지도 초래하며, 적혈구 형태의 변화도 알려져 있다. 이러한 세포막(plasma membrane)의 변화는 세포막을 통한 물질이동의 변화를 초래함으로써 간세포 내 특정 효소들의 새어 나오는 현상(leak-out)에 의한 혈액 내 그 효소들의 활성 증가 등 간 기능 검사가 가능해진다.

1) 숙취와 필름 단절

술에 잔뜩 취한 다음 날 어색한 표정으로 '어제 혹시 제가 실수한 일은 없었습니까' 하고 묻는 사람들이 있다. 지난 밤 일이 전혀 기억나지 않는다는 것이다. 우리가 흔히 '필름이 끊어졌다'고 말하는 이러한 현상을 '블랙아웃(black out)'이라고 한다.

간이나 뇌는 과음한 후에 어느 정도 쉬어야 정상으로 회복하는데, 자주 과음을 하다 보면 자기 자신도 모르게 신체기능이 하나씩 나빠진다. 술에 취하면 사고 및 판단 능력도 흐려지고, 무슨 얘기를 했는지 아무 것도 기억이 안 난다. 이런 숙취현상이 자주 또는 심하게 되면 자신의 뇌세포가 알코올에 의하여 손상을 받아 점점 치매와 비슷한 망각현상이 생긴다.

블랙아웃 현상은 알코올이 뇌에 새로운 사실을 기억시키는 특정한 신경 수용체의 활동을 차단하기 때문에 일어난다. 이 특정한 신경 수용체는 NMDA(N-methyl-D-aspartic acid) 수용체로 밝혀졌다. NMDA의 활동이 차단되면 뇌의 신경세포 사이에서 메시지를 전달하는 역할을 하는 글루탐산염(glutamic acid salts)이라는 신경전달물질도 활동을 멈춘다.

지나치게 많은 알코올에 의해 중추신경이 마비되고, 자율신경계의 통제 아래 몸을 내맡기기 때문에 두뇌의 기억 활동이 일시적으로 정지하게 되는 것이다. 이런 현상은 술주정이 심한 사람일수록 자주 일어난다. 따라서 뇌의 신경세포에는 새로운 메시지가 저장되지 않고 '공백의 시간'을 만든다. '필름이 자주 끊기는 현상'은 어떤 측면에서 좋은 작용을 하기도 한다. 안면 홍조현상과 마찬가지로 몸에서 '절주 경고'를 보내는 것으로 이해한다면 알맞은 음주량을 스스로 깨닫는 데 도움이 되는 측면도 있다.

2) 숙취와 구토

짧은 시간에 많은 양의 술을 마시면 뇌 중추신경의 억제로 숨이 멈추거나 심장마비가 일어날 수 있다. 맥주와 같이 낮은 농도의 술에 반응하다 갑자기 위스키, 고량주와 같은 높은 농도의 술이 들어오면 우리 몸의 세포는 제대로 대응을 못하게 된다. 맥주나 소주, 맥주나 위스키 등의 '폭탄주' 등은 신체세포의 반응에 더 혼란을 가져올 수 있어서 여러 가지 부작용이 나타난다. 심하면 혼수상태나 심장마비 또는 사망에 이를 수 있다. 이 경우에 우리 몸은 반사적인 작용으로 구토를 하게 된다.

술을 마시는 사람에게 구토는 제일 좋은 생명의 자구책이다. 해가 되거나 독이 될 수도 있는 술을 위장에서 흡수하기 전에 구토해 버림으로써 급성 또는 만성적인 술의 영향을 미리 방지할 수 있다. 어떤 사람이 술에 취하여 혼수상태가 되었다면 손가락을 입에 넣어 인공적으로 구토를 유도하여 빨리 술의 농도를 줄여 혼수상태를 벗어나게 하고, 심장마비를 예방해 주어야 한다. 술을 토해 내면 조금 있다 정신이 드는데, 중추신경을 촉진할 수 있는 따뜻한 커피나 과당이 많이 들어간 꿀물이나 과일을 주어 안정시키고 술에 의한 심한 탈수현상을 막는 것이 좋다. 사람을 살리는 길이 바로 이 간단한 구토방법과 사후처리임을 알아 둘 필요가 있다.

2.4 숙취의 예방

과음하면 찾아오는 숙취, 술을 많이 마시면 그만큼 소변이나 땀 등으로 많은 수분을 소비하게 되고, 미네랄 같은 각종 전해질이 체외로 방출된다. 또한 간장이 소화하지 못한 아세트알데히드가 몸에 부작용을 일으킨다. 이에 따라 갈증과 두통, 무기력한 증상을 호소하게 된다. 이런 숙취의 고통을 사전에 예방하려면 다음 몇 가지 사항을 지키는 길밖에 없다.

① 술 마시기 전에 음식을 먹어서 공복(빈속)을 피한다.
② 자기 자신의 알맞은 음주량을 초과하지 않는다.
③ 술을 마실 때는 가능한 천천히 그리고 조금씩 시간을 끌면서 마신다.
④ 반드시 안주를 잘 먹으면서 마신다.
⑤ 술과 함께 탄산가스가 함유된 음료를 마시지 않는다.
⑥ 약물을 함께 먹지 않는다.

과음한 다음 날 심한 숙취로 갈증과 설사, 두통 등의 고통을 견디기 힘들 정도면 의사에게 도움을 청하라. 병원에 가기 어려운 경우 다음과 같은 방법을 쓰면 회복하는 데 도움이 된다.

① 위 속에 남아 있는 알코올 찌꺼기를 토해 낸다.
② 토했으면 위장약을 먹도록 한다.
③ 따뜻한 물에 꿀을 진하게 타 마신다.
④ 가을에는 따뜻한 차를 몇 잔 마신다.
⑤ 잘 익은 홍시를 먹는다.
⑥ 따뜻한 물로 목욕을 하며, 뜨거운 열탕이나 사우나는 좋지 않다.

2.5 술과 물

1) 술은 물로 다스려야

술을 많이 마시면 자주 화장실 신세를 지게 된다. 특히 맥주를 마신 경우에는 이런 현상이 더 심하다. 이처럼 수분을 대량으로 배설하고 나면 탈수현상이 뒤따른다. 탈수현상은 숙취의 한 원인이 된다. 또한, 혈중 알코올 농도를 높인다. 위장 속에 수분이 적다보니 알코올 농도가 그만큼 높아지는 것이다.

술을 물로 다스리는 일은 이런 이유 때문이다. 지나치다 싶을 정도로 충분히 수분을 섭취하지 않으면 심한 숙취에 시달리게 된다. 가장 좋은 것은 술을 마시면서 함께 물을 마시는 것이다. 그만큼 알코올의 농도를 묽게 하기 때문에 위장의 부담도 적고 간장에서 알코올을 분해하기도 훨씬 쉬워진다. 물을 많이 마시면 좋은 점이 또 하나 있다. 당연히 소변을 자주 보게 되고, 이 소변에 섞여 알코올이 몸 밖으로 많이 빠져나간다. 자주 소변을 보면서 술을 마시고 나면 다음 날 숙취가 훨씬 덜하다. 숙취가 심한 날도 오전에 2~3번 소변을 보면 의외로 숙취가 말끔해지는 경우도 있다.

술에 찌든 위장을 열심히 세척하는 것이 숙취 해소에 큰 도움이 된다. 물을 마시는 시점도 중요하다. 술을 마시면서 물을 함께 마시면 가장 좋고, 아니면 집에 돌아가서 물을 마시는 습관을 들이는 것이 좋다. 술을 마시고 난 다음에 물을 마시는 습관을 들이는 것이 좋다. 그러나 술을 마시고 난 다음에 찬물을 한꺼번에 많이 마시면 위와 장에 충격을 줄 우려가 있으므로 조금씩, 천천히 마셔야 한다. 아울러 가급적이면 따뜻한 물이나 차를 마시는 것이 좋은 방법이다.

2) 술이 깬 뒤 냉수 한잔의 맛

잔뜩 술을 마신 다음 날 아침, 냉수 한 사발을 들이키는 상쾌함은 이루 말할 수 없는 맛이다. 술꾼들은 아침에 마시는 냉수가 오히려 술기운을 북돋운다는 사실을 알고 있으면서도 유혹을 이기지 못하여 냉수를 마시곤 한다. 술을 마신 다음 날에 마시는 냉수 한잔이 그토록 달콤한 것은 무슨 까닭일까.

알코올의 이뇨작용 때문이다. 알코올은 뇌하수체 후엽에서 만들어지는 항이뇨 호르몬의 분비를 방해한다. 정상적으로 신장에서 처리되는 소변에는 물 성분 외에 소량의 염분과 칼륨이 들어 있다. 그러나 알코올의 힘에 의해 반강제로 배설되는 소변은 이런 물질이 거의 포함되지 않고, 물이 대부분을 차지하는 비정상적인 소변이라고 할 수 있다. 알코올의 이런 성질은 혈액의 삼투압을 상승시킨다. 수분을 많이 배설하고 염분은 조금만 배설하기 때문에 혈액의 염류농도가 높아진다.

밤새 이런 과정을 되풀이하고 나서 아침이 오면 우리 몸은 혈액의 삼투압을 정상적으로 돌려놓기 위하여 수분 공급을 기다리게 된다. 이때에 냉수를 마신다면 말 그대로 '사막에서 오아시스'를 만난 셈이다.

알코올은 휘발성이 강한 물질이다. 술을 마시고 나면 호흡을 통하여 휘발성이 강한 알코올 성분이 몸 밖으로 배출된다. 전날에 잔뜩 술을 마신 사람에게서 술 냄새가 심하게 나는 이유가 여기에 있다. 문제는 알코올과 함께 주위에 있는 수분도 함께 증발한다는데 있다. 즉, 기도나 입안의 점막에 있던 수분이 알코올과 함께 증발하기 때문에 '목마른 현상'이 나타나는 것이다.

아침에 마시는 냉수 한 사발은 피하는 것이 좋다. 목을 축이고 혈액의 삼투압을 정상으로 돌려놓는 데는 도움이 되지만, 그 자체가 술기운을 없애 주기는커녕 오히려 위장에 자극만 주기 때문이다. 술이 깬 아침에는 따끈한 차를 마시는 편이 훨씬 좋다. 위장에 자극을 주지 않으면서도 충분한 역할을 하기 때문이다. 더욱이 술독을 푸는데 도움이 되는 차를 마신다면 일석이조의 효과도 기대할 수 있다.

2.6 항알코올 기능성 음료

일반적으로 알맞은 음주는 남자의 경우 하루 2잔 이하, 여자와 노인의 경우 하루 1잔 이하의 음주를 말한다. 여기서 1잔은 12～14 g의 알코올이 함유된 술의 양으로 포도주 1잔(150mL), 맥주 1캔(344 mL), 위스키 1잔(45 mL) 또는 소주 1⅓잔(60 mL) 정도에 해당한다. 이러한 음주량은 평균적인 양이며, 개인에 따라 다소 차이가 있다.

부득이 과음한 경우 간에서 알코올과 아세트알데히드를 가능한 빨리 제거하도록 도와주는 방법이나 또는 뇌의 에너지원인 포도당을 충분히 공급하는 방법이다. 따라서 과일이나 과일주스, 꿀물이나 저분자 당질을 공급해 주며, 생화학적으로 알코올과 아세트알데히드 대사에 필요한 조효소인 NAD^+를 충분히 공급하는 방법도 있다.

알코올로부터 오는 해로운 작용을 방어하기 위한 항알코올 기능성음료는 컨디션, 아스파, 비지니스 등이 시판되고 있다. 이들 항알코올 기능성음료는 각각 체내의 알코올과 아세트알데히드 농도를 빠르게 낮춤으로써 알코올의 유해성을 최소화시켜 숙취를 예방할 수 있다. 항알코올 기능성음료들은 각기 구성성분이 다양하지만, 그 역할은 모두 체내 알코올 대사(metabolism)의 증진에 있다. 항알코올성 기능성음료들의 숙취제거 효과는 여러 가지 기작(mechanism)이 예상되지만,

① 알코올의 흡수 자체를 직접적으로 저해하는 물질을 투여하는 방법

② 알코올 대사를 촉진시킴으로써 알코올의 유해성을 억제할 수 있는 물질을 투여하는 방법으로 구분할 수 있다.

알코올의 흡수를 저해하기 위하여 음주 전에 우유를 마시거나, 식사를 함으로써 어느 정도 알코올의 흡수를 억제하는 효과를 볼 수 있는 민간요법이 있으며, 실제로 많이 응용되는 방법이다.

항알코올성 기능성음료의 경우 대부분 알코올 대사를 촉진시키는 방법이 이용된다. 알코올 대사에 관여하는 여러 가지 인자들, 즉 알코올 대사관련 효소들을 활성화할 수 있는 물질, NADH와 같은 알코올 대사 보조효소(coenzyme)의 재생을 도와주는 물질, 알코올과 아세트알데히드와 직접적으로 결합하여 독성을 없애주는 물질, 반응 부산물인 유리 라디칼의 반응성을 억제할 수 있는 물질 등의 공급을 주요 목적으로 하고 있다. 이러한 항알코올 기능성음료 중 대표적인 몇 가지의 구성성분 및 그 기능은 다음과 같다.

① 제일제당의 '**컨디션**'은 구루메(glumate)를 주원료로 하여 과당, 벌꿀, 비타민 등이 성분으로 이루어져 있다. 이 중에서 구루메는 쌀의 배아와 대두를 주원료로 하여 발효 추출한 천연 진액(extract)으로 알코올의 흡수 저해와 알코올 대사의 증진을 유도하고, 위 점막의 알코올에 의한 손상으로부터 보호할 수 있다고 한다.

② 대상의 '**아스파**'는 아미노산인 아스파라긴(asparagine)을 주원료로 하여 비타민과 벌꿀 등의 성분으로 이루어져 있다. 주로 작용하는 반응은 NADH의 재생 촉진물질로서 작용한다. NAD(nicotin-amide adenine dinucleotide) 자체가 세포막을 투과하기 어렵기 때문에 NAD 사용의 결과로 생성된 NADH를 미토콘드리아와 세포질 사이의 NADH 재생 경로 중 하나인 aspartate-malate shuttle을 활성화시켜 빠르게 NADH를 NAD로 재생시켜 알코올 대사를 촉진시킨다. 실험적으로 체내의 아세트알데히드 농도를 36% 정도 감소시키는 것으로 알려져 있다.

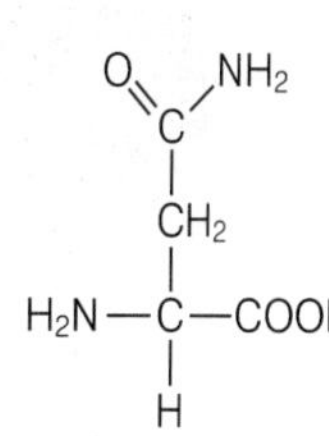

Asparagine

③ 조선무약의 '**비지니스**'는 식물 발효액이라는 바이오짐을 주성분으로 하여 올리고당과 비타민 등으로 이루어졌다. 바이오짐은 시험관 내에서 알데히드 탈수소

효소의 활성을 14% 증가시키나, 알코올 탈수소효소를 활성화시키지는 않았다. 또한 생체 내의 실험에서도 알코올 투여 후, 생체 내에서 알코올 대사를 촉진시킨다고 한다.

④ ㈜그래미의 '**여명**808'은 숙취해소 음료시장에 급속한 성장으로 자리를 잡았다. 화학성분의 드링크제 형태를 보이던 기존의 틀을 깨고 오리나무, 마가목, 갈근 등 천연 한방재료를 이용해 만들어진 제품이다.

⑤ 이 외로도 키토산, β-glucan, 상황버섯 등은 면역활성 및 대사활성의 증진효과를 준다.

이후에 해주로. 호쾌, 모닝세븐, 모닝케어, 간비, 숙취보감, 필치, 해수로 등 많은 종류의 항알코올성 기능성 음료가 시판되고 있다. 모두 이와 비슷한 기작(mechanism) 및 효과를 나타낸다고 한다. 이 물질들이 간세포가 상해를 받을 경우 증가하는 혈청 glutamic oxaloacetic transaminase(GOT), glutamic pyruvic transaminase(GPT) 활성을 억제한다는 것과 관련하여 알코올성 간장 질환 치료제로 개발 중이다.

항알코올 기능성 음료(그림 8-6)들은 1차적으로 알코올의 흡수를 억제하기보다는 흡수된 알코올의 빠른 대사를 목표로 하고 있다. 그러나 기능성 음료들에 들어 있는 소량의 작용물질들이 알코올 대사의 증진을 유도하는 데는 한계가 있다. 따라서 일시적인 숙취 해소에는 효과가 있지만, 만성 과음에 따른 해로움을 줄이기는 어렵다. 술을 마신 다음 날의 콩나물국은 우연히도 과학적인 숙취 해소방법 중의 하나이다.

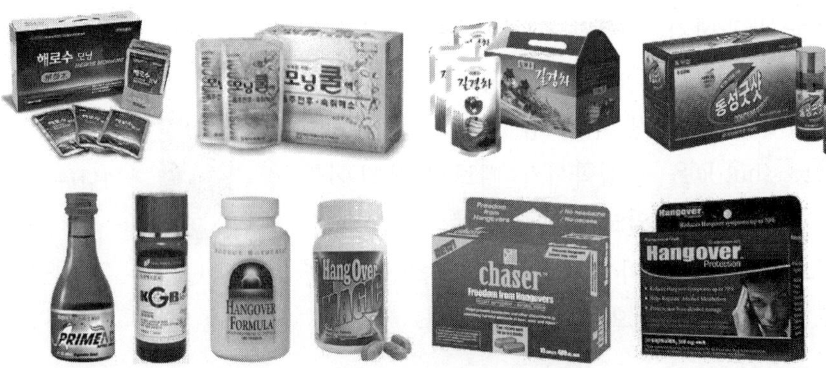

그림 8-6. 숙취해소 음료

2.7 숙취에 좋은 음식

숙취에 좋은 음식으로서는 다음과 같은 종류가 알려져 있다. 경험적으로 해장음식으로 먹었으나 과학적으로 유효성분이 하나씩 증명되고 있다.

1) 선짓국

선지에는 우리 몸에 흡수되기 쉬운 철분이 많고, 단백질이 풍부하다. 콩나물·무 등이 영양의 균형을 이루어 피로한 몸에 활력을 주고, 주독(酒毒)을 풀어준다.

2) 콩나물국

콩나물국은 최고의 해장국이다. 콩나물 속에 다량 들어 있는 아스파라긴은 전체 아미노산의 70% 정도로, 간에서 알코올을 분해하는 효소의 생성을 돕는다. 숙취에 탁월한 효과가 있으며, 특히 부위에 따라 함유량에 차이가 나는데, 꼬리부분이 87%로 가장 많다. 콩나물국을 북어와 함께 끓일 때 그 효능은 더욱 좋아진다.

3) 북어국

다른 생선보다 지방 함량이 적어 맛이 개운하고, 혹사를 당한 간을 보호해 주는 아미노산이 많아 숙취를 해소하는 데 그만이다.

4) 조갯국

조개국물의 시원한 맛은 단백질이 아닌 질소화합물인 타우린(taurine), 베타인(betaine), 아미노산, 핵산류와 호박산 등이 어울린 것이다. 이 중에서 타우린과 베타인은 강장효과가 있어 술을 마신 뒤의 간장을 보호해 준다.

5) 굴

굴에는 비타민과 미네랄이 많다. 옛날부터 빈혈과 간장병을 앓고 난 후의 체력회복에 애용되어 온 훌륭한 강장식품으로, 과음으로 깨어진 영양의 균형을 바로 잡는데 도움을 준다.

6) 야채즙

산미나리, 무, 오이, 부추, 시금치, 연근, 칡, 솔잎, 인삼 등의 즙은 우리 조상들이 애용해 왔던 숙취를 해소하는 음식이다. 간장과 몸에 활력을 불어넣어 준다. 오이즙은 특히 소주를 마신 후의 숙취에 좋다.

7) 굵은 소금

굵은 소금을 물에 타서 마시면 숙취 해소도 도와주고, 변비도 줄여 준다. 황산마그네슘($MgSO_4$)이 담즙(bile)의 분비를 도와주기 때문이며, 굵은 소금(천일염)만이 효과가 있다.

8) 군 밤

단백질, 지방, 탄수화물, 비타민 B, C 등의 영양분을 풍부하게 함유한 밤은 그 속의 당질이 위장기능을 강화해 주고, 비타민 C가 알코올을 분해하는 작용을 한다.

2.8 술을 깨는 차

우리 조상들은 술을 마신 다음 따끈한 차 한 잔으로 술독을 달래곤 하였다. 차의 독특한 성분이 술기운을 줄여 주기 때문이다. 특히 술을 차와 곁들여 마시면 거의 숙취가 생기지 않을 정도로 차의 효능이 탁월하다.

1) 유자차

유자는 술을 깨는데 좋은 것으로 알려져 있다. 유자에 풍부한 비타민 C가 알코올 분해를 도와 몸에 남아 있는 술기운을 씻어내기 때문이다. 감기에도 효과가 좋은 것으로 알려져 있다. 유자를 얇게 썬 다음 병에 겹겹으로 넣으면서 설탕으로 절인 다음 밀봉한다. 잘 절여진 유자청과 유자를 썬 것 3~4쪽을 함께 떠서 잔에 담은 다음 뜨거운 물을 부어서 마신다.

2) 녹 차

녹차는 티백(tea-bag)으로 판매하고 있어 가장 구하기 쉽고, 또 숙취에도 효과가 좋다. 술을 마신 뒤 녹차를 1~2잔 마시면 녹차 속에 함유된 카페인이 중추신경 흥분작용과 비타민 C의 상승효과로 간장의 알코올 분해효소의 활성이 높아진다. 녹차에는 폴리페놀(polyphenol)이란 물질이 있다. 이것이 아세트알데히드를 분해하는 데 많은 도움을 주어 숙취에 효과가 크다. 녹차뿐만 아니라 대부분의 차가 숙취를 해소하는 데 도움이 된다. 부족한 수분을 보충해 주기 때문이다. 특별한 차를 준비하기 어려운 상황일 때는 따뜻한 꿀물이나 설탕물이라도 마셔 두면 술독을 푸는 데 큰 도움이 된다.

커피는 숙취를 푸는데 오히려 방해가 된다. 아세트알데히드를 분해시키는 효과는 없고, 술에 찌든 간장에 카페인 해독이라는 짐만 얹을 뿐이다. 차를 주로 마시는 사람들은 커피를 마시는 사람들에 비하여 동맥경화 발생률이 낮으며, 심장근육의 경색도 커피를 많이 마실수록 늘어나고, 차를 마시면 줄어드는 것으로 나타났다.

3) 감나무잎차

감나무 잎을 따서 말려 두었다가 달여 마시면 잎에 들어 있는 탄닌(tannin)이 위점막을 수축시켜서 위장을 보호해 주고 숙취를 덜어 준다.

2.9 숙취에 좋은 목욕요법

술꾼들이 가장 즐겨 사용하는 숙취 해소법이 바로 목욕이다. 목욕은 분명히 숙취를 푸는데 도움이 된다. 목욕에 곁들여 깜박 잠이라도 자고 나면 한결 거뜬하게 하루를 보낼 수가 있다. 잠을 자는 동안 간장이 가장 활발하게 술 찌꺼기를 처리하기 때문이다.

사우나는 숙취를 심하게 한다. 술독을 풀기 위하여 사우나를 즐기는 사람들은 '땀으로 술독을 배출시킨다'고 생각한다. 몸 안에 있는 술 찌꺼기를 강제로 끄집어낸다는 생각이다. 그러나 사우나는 간에 많은 부담을 준다. 체온보다 훨씬 높은 열을 몸에 가하는 것은 달리기를 하는 것과 비슷한 에너지를 소비하는 힘든 일이다. 간에 영양을 보충해야 하는데, 오히려 간에 들어 있는 에너지를 뺏는 셈이다. 마찬가지 이유로 너무 뜨거운 물에 들어가는 것도 좋지 않다.

술독을 푸는 데 알맞은 온도는 체온보다 약간 높은 38～39℃ 정도이다. 이 정도의 따뜻한 물에 몸을 담그면 혈액순환이 좋아진다. 따라서 간에 신선한 혈액을 보다 많이 공급함으로써 간에 남아 있는 술 찌꺼기를 처리하도록 도와주는 것이다. 술을 마시고 나서 바로 목욕을 하는 것은 좋지 않다. 혈중 알코올 농도가 높을 때 목욕을 하면 혈액순환이 너무 빨라지고 혈압이 높아질 가능성이 많다. 간에서 어느 정도 술을 분해하고 난 이후에 알맞게 따뜻한 물에서 목욕을 하는 것이 숙취를 이기는 효과적인 목욕법이다.

3. 술과 건강

우리 조상들은 술을 음식으로 여겨 지나치지 않게 마시도록 하였다. 그러나 개방화된 사회의 변화 속에 절제되지 않은 음주문화는 많은 폐해를 주기도 하였다. 술은 양면성을 가지고 있어서 지나치게 많이 마시는 경우 여러 가지 질병의 원인이 되기도 한다. 술로 생기는 여러 가지 질병에 대하여 알아보자.

3.1 술의 양면성

인간이 사는 곳에는 언제, 어느 곳에나 술이 있었다. 사람이 모이면 술을 빚었고, 술이 있으면 사람이 모이고 문화가 싹텄다. 술은 사람을 기쁘게 하고, 시름을 잊게 하며, 마음의 문을 열어 주기에 술잔을 가운데 두면 모든 은혜와 원한은 녹아내리고, 우정이 싹트며, 문화와 인종의 벽도 허물어진다.

그러나 술로서 몸을 해치고, 싸움이 일어나고 나라가 망하기도 한다. 술의 양면성은 술이 사람을 취하게 만들기 때문이다. 인간이 술의 힘을 빌어하는 일일 뿐, 술은 그저 술일 뿐이다. 다만 술을 다스리는 민족과 문화는 번성하고, 술에 사로잡힌 민족과 문화는 몰락하였다. 술을 다스릴 줄 아는 성숙한 문화는 술을 아름다운 것으로 키워내었다.

흔히 술은 건강을 해치는 것으로 알려져 있으며, 술을 마시는 것이 생명을 단축시키는 것으로 알고 있다. 그러나 술은 사교 또는 사회활동에서 오는 스트레스의 해소, 긴장감을 줄이는 등 많은 좋은 기능이 있다. 지나치게 과음만 하지 않는다면 술처럼 스트레스를 빨리 해소시킬 수 있는 좋은 것은 찾기 어렵다. 기분이 좋아지고, 근심이나 걱정을 잊게 하여 정신건강에도 유익하다.

식사 전에 1~2잔의 술은 위장을 따뜻하게 해주어 소화를 돕는다. 술의 화기(和氣)는 위와 장을 따뜻하게 하면서 점막을 알맞게 자극함으로써 위산의 분비를 활발하게 한다. 입맛이 없을 때 반주는 식욕을 돋우는 구실도 한다. 그리고 음식을 잘 먹고 잘 소화시켜 배설하고, 꿀맛 같은 단잠을 자면 건강은 저절로 얻어진다. 잠이 안 와서 고생하는 사람에게 잠자리에 들기 전에 약간의 음주는 수면제보다 효과적이다. 추운 겨울날 조금의 음주는 혈액순환을 활발하게 하여 추위를 잊게 한다. 술은 소화과정을 거치지 않고 바로 흡수되기 때문에 즉시 효과를 나타내어 응급용으로 활용된다. 술을 마시면 대사량이 8% 정도 증가하여 체온이 0.6℃ 높아진다.

조금의 술은 성욕을 자극하고 성 기능을 원활하게 해주는 역할을 한다. 옛날부터 주색(酒色)이라 하여 술과 성(性)은 뗄 수 없는 상관관계에 있었으며, 이는 술이 성욕을 자극한다는 것을 말해 준다. 그러나 술이 근본적으로 정력을 높여 주는 것이 아니라 자극제 역할을 하기 때문에 상습적인 음주는 좋지 않다. 또한 약주(藥酒)라고 하여 알맞은 음주는 오히려 건강에 좋다. 특히 알맞은 양의 음주는 성인병의 원인이 되는 동맥경화나 심장병의 발병률을 감소시키며, 매일 1～2잔 정도의 포도주의 섭취는 수명을 늘린다고 한다.

알코올에 대한 많은 연구결과는 술의 주성분인 에탄올과 알코올 발효 부산물인 퓨젤유(fusel oil) 성분인 이소아밀 알코올(isoamyl alcohol), 이소부틸 알코올(isobutyl alcohol) 등의 저급 알코올에 의하여 유발되는 유해성만을 취급하고 있다. 더욱이 이들 실험 중에 만성적 알코올 중독실험을 제외하고는 대부분 한 번에 소주 2～3병의 분량인 체중 1 kg당 3～5 g 정도의 순수 에탄올을 한꺼번에 투여한 후에 나타나는 유해성을 검증하고 있다.

그러나 사람들은 순수한 에탄올을 마시지도 않으며, 한꺼번에 그렇게 지나친 양의 술을 마시는 경우는 드물다. 따라서 이러한 연구결과가 알코올에 의하여 일어나는 부작용이기는 하지만, 생체 내에서 알코올을 섭취했을 때 발생하는 알코올의 부작용이라고 말하기는 어렵다. 감미료가 첨가되지 않은 순수한 주정의 경우 대부분의 에탄올과 소량의 퓨젤유가 함께 들어 있다. 자주 마시는 희석식 소주의 경우 여기에 여러 가지 식품첨가물과 당 등이 첨가되어 시판하는 술이 된다. 그리고 포도주 등의 과실주는 각 과실을 발효시켜서 얻어지기에 순수한 주정과는 다르다. 술의 주성분인 알코올은 양면성을 가지고 있어서 인체에 좋은 면이 있는 반면 나쁜 영향을 끼친다. 술을 마시는 방법에 따라 잘 마시면 약이 되고, 잘못 마시면 독이 된다.

3.2 술에 의한 각종 질환

1) 간 질환

술 앞에는 장사가 없다. 술을 마시면 알코올은 위에서 10% 정도, 소장에서 90% 정도 흡수되어 온 몸의 핏줄을 타고 돈다. 간에서는 혈중 알코올의 90%를 물과 이산화탄소로 분해하는데, 이 과정에서 부산물로 생긴 지방이 간세포에 쌓이는 현상이 나타난다. 초기에는 3～5일 동안 술을 마시지 않으면 정상 간으로 회복한다.

(1) 간의 기능

알코올은 대부분이 간에서 해독된다. 따라서 과음이나 폭음으로 간이 쉬지 못할 정도로 계속하여 술을 마시면 간에 이상을 일으킨다. 우리나라 사람들이 간 질환이 많은 것은 유전적인 요인도 있지만 그보다는 과로, 스트레스, 지나친 음주가 주요 원인이다.

간은 사람 몸에서 가장 무거운 장기로 그 무게가 1.0～1.5 kg 가량 된다. 여러 가지 영양소를 만들고, 유해물질을 처리하는 역할을 하여 인체의 화학공장으로 비유된다. 간이 하는 일을 크게 대사기능, 배설기능, 해독기능이다. 또한, 생명력이 매우 강하여 전체의 70% 이상을 잘라내도 열흘 뒤면 원래 크기로 회복된다. 그러나 간세포의 파괴속도가 재생속도보다 빠를 정도로 손상되면 대책이 없다.

웬만큼 아파도 말이 없기에 '침묵의 장기'로 불린다. 간은 사람 몸의 오른쪽 배의 윗부분에 자리한다. 그 속에 들어 있는 세포만 해도 3천억 개이다. 이들이 하루에 하는 일은 500가지가 넘는다. 지칠 줄 모르는 힘과 넘치는 생명력으로 책임 있게 일하는 놀라운 장기다. 간은 하루도 쉬지 않고 일을 하고 있다. 여기에 과로, 스트레스, 폭음, 과음, 흡연 등으로 시달리고 있다. 계속 일을 시키면서 필요로 하는 단백질은 안주로 먹지 않고 부담이 되는 지방질만 자꾸 들여보내니 버티기 어려워진다.

(2) 알코올성 지방간

알코올성 지방간은 지방 변성의 풀릴 틈을 주지 않고 술을 마셔 지방이 간 무게의 5%를 넘도록 쌓이는 것을 말한다. 이때는 약간의 피로를 느끼거나, 식사 후에 더부룩하고 오른쪽 갈비뼈 아래에 거북함이 느껴지기도 한다. 혈액검사를 받으면 glutamic oxaloacetic transaminase(GOT), glutamic pyruvic transaminase(GPT) 수치가 정상보다 2~3배 높게 나온다. 1~6주일 동안 술을 마시지 않고 영양을 골고루 섭취하면 낫는다. 그러나 이 신호를 무시하고 하루 80 mg(소주 2홉들이 1병, 맥주 1,500~2,000 mL, 위스키 150 mL) 이상의 알코올을 1~2년 동안 계속하여 섭취하면 간염이나 간경변으로 진행된다.

(3) 알코올성 간염

지방간인 사람의 10%가 알코올성 간염에 걸리고, 술을 못 마시는 사람이 폭음해도 발병한다. 식욕이 떨어지고 구역질이 나며, 쉽게 피곤해지며, 미열(微熱)이 지속된다. 설사가 잦으며, 변에 기름이 둥둥 뜨기도 한다. 황달이 나타나고, 오른쪽 윗배에 통증을 느끼기도 한다. 6개월 이상 술을 끊고 단백질과 비타민의 일종인 지아민(thiamine) 등을 투여하는 치료를 받으면 70%는 정상 간으로 회복한다.

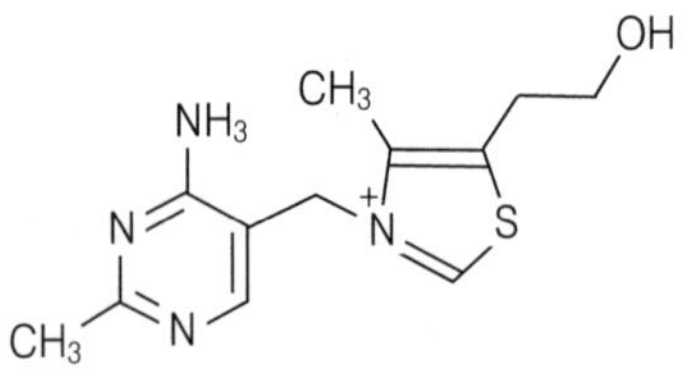

Thiamine

2) 구강 및 식도 질환

술을 마시게 되면 위장으로 가서 흡수되기 전에 가장 먼저 접촉하는 신체 부위가 구강과 식도이다. 알코올 도수가 비교적 낮은 맥주나 와인 정도는 괜찮으나, 알코올

도수가 높은 소주, 위스키, 고량주 등을 물에 희석하지 않고 그대로 마시면 구강 점막이나 식도를 싸고 있는 표피층(상피층)에 강한 자극을 주고 탈수현상을 일으킨다. 심하면 접촉 부위가 벌겋게 달아오르고 염증을 유발하여 아프게 된다. 오랜 기간 많은 양의 술을 마시면 구강과 식도의 표피세포에 존재하는 알코올 유도성 시토크롬 P450 효소(CYP2E1)의 양을 증가시킨다.

3) 근육 질환

알맞은 양의 음주는 술을 안 마신 경우보다 관상동맥 질환에 좋다. 그러나 오랜 기간 동안 과음을 계속하면 심근, 골격근, 평활근 등의 약화와 마비를 가져온다. 통계적으로 질병 숫자와 알코올의 음주량과의 관계가 U자 형태의 관계를 갖는데, 어느 정도의 음주는 건강에 좋다는 의미를 포함한다. 실제 오랜 기간 동안 과음을 하면 심장근 병변(病變) 또는 경색증, 고혈압, 부정맥, 그리고 뇌졸증(중풍) 등을 가져온다. 따라서 청소년 또는 대학 신입생 환영회나 파티에서 술을 갑자기 많이 마신 후 사람이 죽는 경우가 일어난다. 이들의 사인을 보면 대개 술에 의한 심장마비나 호흡정지로 나타난다.

음주 후에 뒤따르는 영양실조로 지나친 양의 음주는 골격근의 주요 단백질인 미오글로빈(myoglobin)을 파괴하여 가끔 근 경련 및 통증을 일으킨다. 오랜 기간 동안 음주자의 오줌에 이런 단백질이 검출되는데, 이는 골격근의 파괴 및 약화를 의미한다. 오랜 기간 동안 음주를 하면 남성 호르몬의 감퇴로 남성 고환이 줄어들고, 성적 욕구도 없어진다. 이때에 남성 성기의 근육이 약화되어 발기부전을 유발할 수도 있다.

4) 뇌 질환

술은 뇌신경을 흥분시키는 작용을 한다. 술에 취하면 수치심이 없어지고, 행동이 대담해져서 행패를 부리기도 한다. 지나치게 마셨을 경우 신경기관을 마비시켜 혀가 꼬부라지는 소리를 하고, 몸을 자유롭게 움직일 수 없게 된다.

알코올을 조금 마시면 처음에는 중추신경과 말초신경이 흥분되고 위산 분비가 촉진된다. 또한 도파민이라는 신경전달물질이 분비되어 기분이 좋아지게 된다. 그러나 술을 과음하거나 오랜 기간 동안 남용 또는 과음하면 술은 뇌 세포의 파괴를 촉진시켜 뇌의 기능을 억제시킨다. 정상적으로도 매일 십만 개씩 뇌세포가 사멸하는데, 알코올을 다량 마시면 더 많은 뇌세포가 죽는다. 학업 성취능력, 기억력, 사고능력 모두 떨어지며, 이 현상은 알코올의 농도에 비례한다.

일시적으로 술에 취하게 되면 좌우 평형감각이나 거리 감각이 둔화되거나 없어지고, 언어구사 능력의 억제, 사고력과 판단능력이 떨어진다. 따라서 여러 가지 교통사고, 안전 및 상해사고의 원인이 된다. 심지어는 방화, 살인, 강간, 폭행 등의 강력한 형사범죄를 유발하게 된다. 또한, 알코올성 치매는 성인 치매 중에 약 10%를 차지하는데, 그 증상은 노인성 치매와 비슷하게 심한 기억상실 증세를 보인다. 특히 최근에 얻은 정보에 대한 기억이 크게 떨어진다. 이러한 뇌 구조의 축소와 기능감소는 유전적인 요인과 알코올의 지나친 섭취로 인한 영양실조에 의하여 좌우된다.

5) 뼈 질환

세포 내에서 신호전달 및 단백질 기능 조절을 가지는 칼슘은 2가지 형태로 존재한다. 뼈나 치아에 들어 있는 칼슘은 저장 상태로 존재하며, 뼈나 치아의 형태보존과 강도를 결정해 준다. 다른 형태는 세포 내에서 용해된 상태로 존재하며, 세포 내에 중요한 기능에 관여한다. 칼슘의 농도는 음식물의 섭취와 흡수에 의하여 좌우된다. 특히 부갑상선 호르몬, 비타민 D, 갑상선에서 만들어지고 혈중의 Ca을 조절하는 호르몬인 칼시토닌(calcitonin)에 의하여 조절된다. 술을 짧은 시간에 지나치게 많이 마시면 부갑상선 호르몬의 결핍과 오줌으로 배설되어 칼슘의 체내 농도가 떨어진다.

오랜 기간 동안 술을 마시면 비타민 D의 대사 장애로 칼슘의 흡수를 떨어뜨린다. 또한 알코올은 조골세포에 직접 손상을 주어 뼈의 구조와 기능을 약화시킨다. 이 경우에 부갑상선 호르몬의 이상, 비타민 D의 대사 장애, 칼슘의 배설 촉진 및 흡수 저하로 칼슘의 저해와 알코올에 의한 조골 세포의 손상으로 골다공증에 쉽게 걸린다.

6) 비만증

알코올 1 g의 열량은 7 kcal, 탄수화물이나 단백질의 열량이 1 g에 4kcal인데 비하여 2배가량 높다. 양주 1잔에는 140 kcal, 맥주 1캔에 130 kcal, 소주 1병에 630 kcal의 열량이 들어 있는 셈이다. 알코올의 열량은 다른 영양소와 달리 체내에 축적되지 않고 완전히 소비된다. 그러나 알코올은 섭취된 다른 영양소의 소비를 방해하고, 지방의 형태로 체내에 저장되도록 유도한다. 특히 알코올을 g당 열량이 9 kcal나 되는 지방과 함께 섭취하면 지방이 체내에 잘 흡수된다. 술과 함께 고기를 먹으면 살이 많이 찌는 것도 이 때문이다.

술을 즐기는 사람은 술을 마시지 않은 사람에 비하여 식사량이 많고, 특히 지방이 피하보다 내장에 많이 축적된 내장형 비만인 과체중의 경우가 더 많은 것으로 나타났다. 술을 마실 때 삼겹살, 돼지갈비, 등심 등 지방 함량이 많고 칼로리가 많은 음식을 안주로 먹는 경우가 많기 때문이다. 술자리에 가더라도 천천히 마시고 야채, 생선 등

칼로리가 적은 안주를 먹도록 한다. 음주량만 줄여도 간 기능이 회복되고, 내장에 축적된 지방이 줄어들며, 고혈압, 고지혈증, 당뇨병 등도 개선된다. 비만증이 있는 사람에게 절주는 건강을 유지하는 필수조건이다.

7) 소화기관의 질환

술은 구강과 식도를 통하여 위장에 도달하며, 일부는 위에서 흡수되고, 나머지는 대부분 소장 및 대장으로 전달되어 흡수된다. 20% 이상의 알코올을 함유하는 술을 마시면 입에 온감(溫感)이 생기며, 30~40%가 되면 타는 듯싶은 감각을 나타낸다. 50% 이상의 알코올을 함유하는 술을 희석하지 않고 마시는 경우 위궤양을 일으킬 수도 있다.

알코올 도수가 높은 술을 빈속이나 알맞은 음식을 들지 않고 오랜 기간 동안 마시면 위장의 상피점막 세포들을 자극하고 탈수현상을 일으키거나 손상을 입혀 염증이 생기고 따가운 느낌을 준다. 심하면 주위 근육층을 파괴하여 위궤양을 일으킬 수 있다. 심한 스트레스나 불규칙적인 식사, 위산의 지나친 분비로 생기는 위의 염증에도 불구하고 음주를 계속하면 신체에 더욱 해로운 결과를 가져올 수 있다.

한국인을 비롯한 동양인은 위염 또는 위궤양을 일으킨다고 알려진 헬리코박터(helicobacter, 그림 8-7)를 75% 이상 가지고 있다. 헬리코박터를 가지고 있는 사람들이 음주를 많이 하면 위장의 정상기능에 더 나쁜 영향을 미쳐 위염이나 위궤양으로 진전되는 것으로 추정된다. 과음은 신체에 꼭 필요한 필수아미노산, 지방산, 비타민, 미네랄 등의 흡수를 억제하거나 떨어뜨린다. 알코올 그 자체가 장의 상피 중에 점막 세포들의 염증을 유발시켜 장염이나 설사를 일으킬 수 있고, 심하면 궤양까지 유발할 수 있다. 이미 다른 원인에 의하여 장의 질환을 가지고 있는 사람은 술을 마시지 않는 것이 좋다.

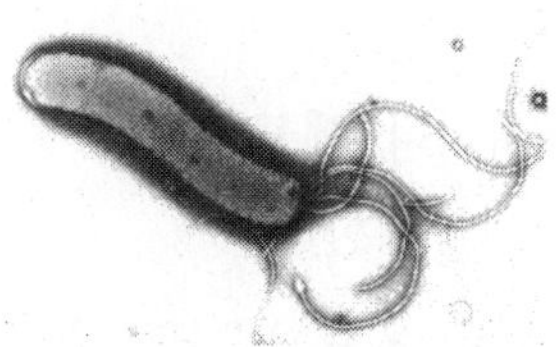

그림 8-7. Helicobacter

8) 심혈관의 질환

술은 심장을 흥분시키고, 박동횟수를 빠르게 한다. 건강한 사람도 술을 많이 마시

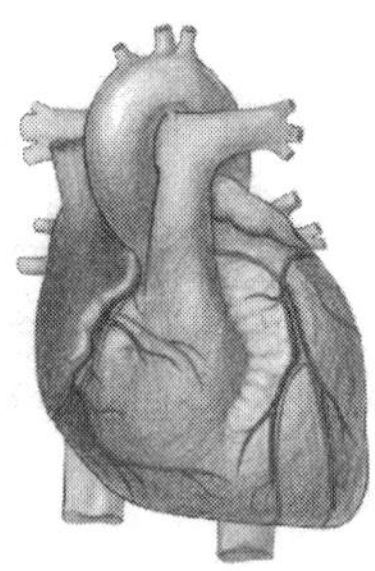

면 가슴이 두근거리고 맥박이 빨라진다. 술은 혈압을 높이고 호흡을 가쁘게 하므로 심장병 또는 고혈압 환자에게 해롭다. 술을 마시면 얼굴이 화끈거리고 빨갛게 되는 사람은 얼굴이나 손과 발 등 온몸의 혈관이 확장되어 그 곳에 혈액이 많이 흐르기 때문이다. 반대로 술을 마시면 얼굴이 창백해지는 사람은 혈관이 오히려 수축되기 때문에 혈압이 오르기 쉬우므로 주의할 필요가 있다.

술의 종류에 관계없이 하루에 1잔 정도이면 심혈관 질환에 좋다. 알코올 섭취는 동맥 내부에 침적되어 동맥경화증을 일으킬 수 있는 저밀도 지질단백질(low density lipoprotein, LDL)을 몸에 유익한 고밀도 지질단백질(high density lipoprotein, HDL)로 바꾸어 준다. 하루에 5잔 이상씩 오랜 기간 동안 과음을 하면 알코올성 심근경색증을 일으켜 정상인에 비하여 심장의 근육이 약화되거나 심장의 부피가 20~30% 정도 늘어난다. 이는 알코올이 심장근육의 칼슘을 비롯한 전해질 대사에 영향을 주는 것으로 보인다.

9) 암 질환

실험동물에서는 알코올 자체가 직접 암을 일으킨다는 연구결과는 거의 없으나, 알코올이 간접적으로 암을 일으키는 역할을 한다. 사람의 경우 행동방식이나 취미가 다르고 식사의 패턴과 주거환경이 각기 다르지만, 암의 발생빈도와 음주량과는 밀접한 상관관계가 있다. 특히 구강암과 식도암의 경우는 음주량과 암의 발생빈도가 비례한다. 간암의 경우 알코올은 중요한 요인으로 알려져 있다. 이 경우에 간암바이러스 존재 여부가 가장 중요한 원인이 되고, 알코올이 보조역할을 한다. 알코올이 발암의 중요 요소로 작용하는 기준은 아직도 잘 구명이 안 되었지만, 다음과 같은 몇 가지 주장이 있다.

① 알코올은 유기용매로 작용하거나 세포막의 유동성을 변화시켜 여러 종류의 발암물질들의 세포막 통과를 쉽게 한다.

② 술을 마실 때 증가되는 알코올 유도성 P450 효소가 알코올뿐만 아니라 여러 발암물질들을 대사하여 더욱 독성이 강한 대사산물로 만들고, 이들이 돌연변이나 암을 일으키는 물질로 작용한다.

③ 술을 마실 때 흔히 따르는 필수 영양분들의 소화 및 흡수 장애로 항산화 또는 항암물질들의 저하에 기인한다.

④ 음주가 생체 내 면역기능을 크게 감소시켜 질병의 감염이나 발암이 쉽게 일어난다.

⑤ 알코올과 흡연 또는 다른 약물과의 상호 상승작용을 들 수 있다.

⑥ 위에서 설명한 여러 요인들이 동시에 또는 연계적으로 작용하여 암과 같은 비가역적 질병이 생성된다.

10) 췌장 질환

췌장(이자, 그림 8-8)은 소화액을 분비하는 신체 장기이다. 오랜 기간 동안 만성적으로 술을 마시면 췌장염을 일으킬 수 있다. 췌장염이 진행하여 오랜 기간 동안 지속되면 췌장의 기능 장애로 인슐린(insulin)의 분비기능이 떨어져 당뇨병이 발생하기도 한다. 이는 알코올성 급성 또는 만성 췌장염으로 밝혀질 때가 많다. 미국인의 경우 췌장염 환자의 65~70% 정도가 알코올 음주와 관련이 있다고 하였다. 췌장 내에서 생성하여 분비되는 소화효소나 인슐린 같은 호르몬의 분비에 이상이 생기면 체내 당분조절이 잘 안 되어 당뇨병 증상이 나타난다.

알코올에 의한 간 기능의 약화로 간에서 형성되는 췌장효소의 억제제들의 생성을 떨어뜨리고, 췌장의 분해효소가 많이 분비되어 만성췌장염을 일으킬 수 있다. 자주 반복되는 췌장염의 경우 알코올에 의한 영양분의 흡수 장애에 기인할 수도 있는데, 이 경우에도 여자들이 남자보다 더 잘 걸린다.

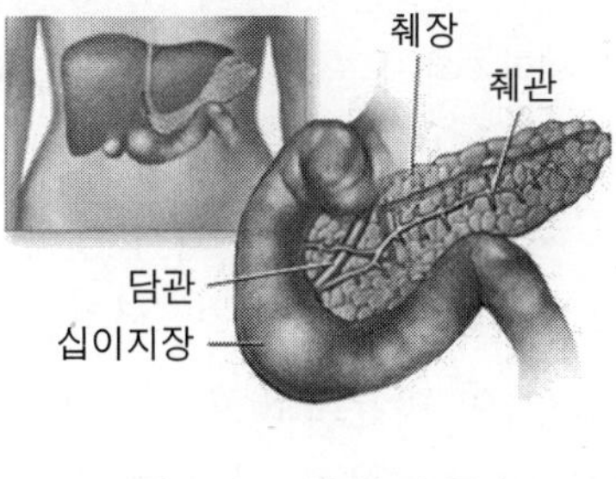

그림 8-8. 췌장의 구조

11) 기타 질환

알코올 중독환자들은 정상인에 비하여 20배나 많은 정신과 질환을 앓고 있다. 비사교적인 성격으로 자주 고립되고, 격리되어 사람과의 접촉을 회피한다. 사소한 일에도 감정이 격분하여 시비를 잘 걸고, 난폭한 언행을 하기 쉽다. 이들은 우울증이나 자폐증에 걸릴 확률이 높다. 이들은 자신감이 없고 불안과 초조한 행동을 많이 한다.

신장은 정력을 주관하며, 신진대사에서 생기는 체내의 노폐물을 걸러내고 체액을 조절하는 기관이다. 신장이 나쁘면 온몸이 붓고 몸을 움직이기 힘들어지는 것은 체액을 조절하는 기능을 잃어 몸 안에 수분이 고이기 때문이다. 술은 색(色)이 따르고, 과음하는 사람은 신장 기능이 떨어져 정력이 약해진다. 특히 신장에는 찬술이 해롭다. 부스럼, 버짐, 두드러기 등 피부병이나 종기, 절상(折傷), 창상(創傷) 등 외과질환, 특히 화농성 질환이 있을 경우 술이 해롭다.

4. 술과 연관된 상식

4.1 술과 영양

맥주를 즐기는 뚱뚱한 사람을 보면 '맥주살이 붙었다'고 한다. 이에 비하여 오랜 기간 동안 과음하면 몸이 마르는 사람들을 많이 볼 수 있다. 이러한 서로 다른 현상에 대한 이유는 정확히 알려져 있지 않다. 알코올은 7.1 kcal/mol의 높은 열량을 가지고 있으며, 음주는 영양에 직접 또는 간접적으로 인체에 영향을 미친다. 살아있는 생물체는 신체의 각 장기나 부위에 정상적인 기능을 유지하기 위하여 알맞은 영양분 공급이 절대적으로 필요하다.

술을 마시면 알코올 산화에서 얻어지는 일시적인 에너지의 공급으로 뇌를 자극하여 음식물의 섭취를 줄인다. 이에 따라 각종 영양분의 소화 및 흡수, 저장과 이용, 분비를 억제하거나 방해함으로써 하루 5잔 이상씩 오랜 기간 동안 과음하면 영양결핍증에 걸려 체중이 줄어들고, 신체 여러 조직의 기능 장애를 초래한다.

만성적으로 음주를 하였을 경우에는 일부 알코올이 대사되면서 소모성 에너지로서 방출되므로 실제 생체 에너지 차원에는 도움이 되지 않아 체중이 줄 것이라는 주장도 있다. 그러나 확실한 것은 과음할 경우 음식물의 섭취량이 줄어들고, 알코올에 의한 비효율적인 영양분의 이용으로 몸이 마른다고 할 수 있다. 알코올은 췌장에서 소화효소들의 분비를 억제하고, 위장 및 소장에서 각종 영양분들의 흡수를 억제한다. 일단 흡수된 영양분이라도 혈액을 통하여 간이나 뇌, 이 외의 다른 조직으로 운반되어 대사된 후 저장되며, 영양분이 필요할 때는 즉시 분비하여 이용되어야 한다.

알코올이 이런 모든 과정에 장애를 주기 때문에 원활한 영양공급이 일어나지 않는다. 3대 영양소인 탄수화물·지방·단백질은 어느 정도 생체 내의 대사반응에 의하여 필요할 때 즉시 상호교환이 가능하다. 그러나 꼭 필요한 각종 비타민이나 칼슘, 아연, 마그네슘 등의 미네랄(mineral)은 체외로부터 음식물로 공급되고 흡수되어 저장이 되어야 한다.

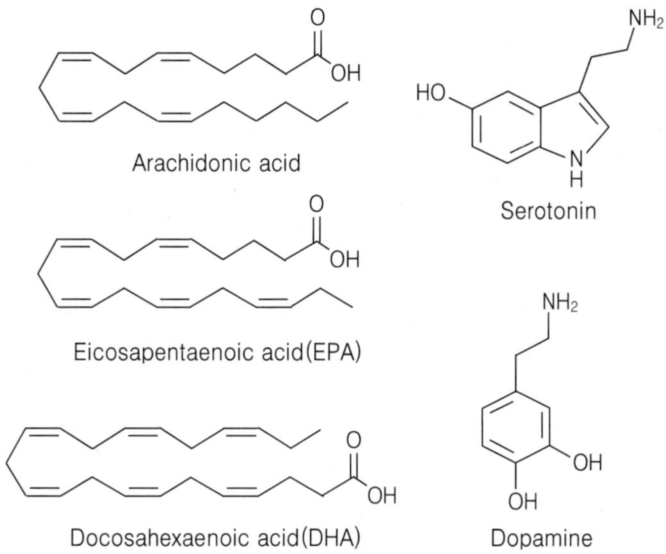

그림 8-9. DHA와 dopamine

알코올은 이들의 흡수 및 이용되는 과정도 억제하여 질병 등의 부작용을 초래한다. 정상적인 발육에 필요한 비타민 A나 엽산(folic acid)이 부족하면 알코올성 태아증후군처럼 신생아의 발육부진과 두뇌기능이 떨어지게 된다. 비타민 A, B, C, E, K의 결핍으로 상처가 생겼을 때 재생이 늦어지기도 한다. 술을 마시면 뇌세포 막을 구성하고 있는 필수지방산인 DHA(4,7,10,13,16,19-docosahexaenoic acid, 그림 8-9)가 적어져 뇌세포 사이의 상호 신호전달이 제대로 이루어지지 않음으로써 기분의 상승에 관여하는 세로토닌(serotonin), 도파민(dopamine, 그림 8-9) 등의 신경전달물질들이 제대로 작용하지 않는다. 결과적으로 기분이 좋지 않게 되며, 알코올 중독자에게 많은 우울증이나 자살 또는 비사교성 성격 같은 정신적 질환이 많아진다.

DHA와 같은 필수지방산은 심해어류에 많이 있고, 음식물에서 공급되어 뇌에서 만들어진다. 오랜 기간 동안 과음하면 DHA 지방산의 분해를 증가시킴으로써 DHA 양이 감소한다. 알코올과 두뇌기능의 저하, 알코올과 영양이라는 측면이 서로 긴밀한 상관관계가 있음을 보여준다.

4.2 술 잔

와인의 술잔 모양을 보면 다양하고 아름답다. 다양하다는 이야기는 술의 종류에 따라 사용하는 술잔이 달라야 하며, 각각의 술에 어울리는 술잔을 통하여 술의 진미를 맛볼 수 있기 때문이다(그림 8-10).

① 보르도(Bordelais) 와인글라스: 보르도 와인은 탄닌 성분이 많다. 이를 공기에 노출시켜 탄닌의 텁텁함이 부드러워지도록 글라스 보디(body)의 경사각이 작은 게 좋다. 몸체(볼)가 커야 향이 오래 지속되고, 와인이 혀끝부터 안쪽으로 넓게 퍼져 깊은 맛이 살아난다.

② 버건디(Burgundy) 와인글라스: 보르도와 함께 세계 2대 와인 생산지로 꼽히는 부르고뉴(Bourgogne)의 와인을 마시는 잔이다. 향과 맛을 오랫동안 즐기려면 보르도 글라스보다 경사각과 볼이 커야 한다. 리델의 '소믈리에 버건디 그랑크뤼'는 1958년 미국 뉴욕 현대예술박물관에 영구 소장된 부르고뉴 와인글라스의 대표작이다.

③ 이탈리아 와인글라스: 척박한 토양과 일조량이 많은 이탈리아의 와인은 산도(acidity)와 탄닌의 조화가 특징이다. '소믈리에 키안티 클라시코'는 부드러운 미감을 확보하는 데 알맞은 미디엄 글라스이다. 거의 모든 와인에 무난하게 어울려 '시음용 글라스'로도 유명하다.

④ 화이트 와인(White wine) 글라스: 시큼하고 개운한 맛을 느끼는 혀의 앞부분에 와인이 먼저 떨어지도록 입구가 레드 와인글라스에 비해 덜 오목하다. 화이트 와인의 맑은 빛깔을 강조하기 위해 투명하면서도 두께가 얇은 게 좋다.

그림 8-10. 술잔의 모양

⑤ 샴페인(Champagne) 와인글라스: 튤립 모양의 긴 볼과 스템(손잡이)이 특징이다. 스탠딩(standing) 파티에서 엎지르는 것을 방지하기 위한 목적이었지만, 샴페인의 기포와 향을 간직하는 데도 알맞다.

⑥ 위스키(Whisky) 글라스: '온 더 록스(on the rocks)'에는 텀블러 글라스가 가장 알맞다. 텀블러 글라스의 대표작인 바카라의 '아르쿠루 올드 패션'은 1825년에 만들어진 이래 세계 여러 나라의 정치가나 귀족들이 애용하고 있다.

⑦ 브랜디(Brandy) 글라스: 와인글라스처럼 튤립 모양이면서도 입구가 좁고 몸통 부분이 넓다. 향이 잔 속에서 휘감기는 게 특징이다. 잔을 양손으로 감싸 온도를 올려 향기가 퍼질 때 천천히 마시는 것이 포인트이다. 브랜디는 글라스의 크기와 상관없이 1온스(약 30 mL) 정도 따르는 게 정통이다.

⑧ 셰리(Sherry) 글라스: 애피타이저(aperitif wine)용 술인 셰리는 맛이 담백한 스페인의 화이트와인이다. 와인글라스의 절반 크기다. 여성에게는 크림 셰리가, 남성에겐 드라이 셰리가 어울린다.

⑨ 칵테일(Cocktail) 글라스: 진토닉 등 일부 칵테일을 제외하면 손의 체온이 전해지지 않도록 스템(stem)이 있는 게 좋다. 술과 어울리는 색상이 있는 글라스가 선호되기도 한다. 바카라의 '베가 마티니 글라스'가 대표작이다.

⑩ 맥주(Beer) 글라스: 맥주는 알맞은 거품에 탄산가스가 천천히 지속되는 게 관건이다. 수직 형태를 띠면서도 윗부분은 넓고, 아랫부분은 좁은 필스너(Pilsner) 글라스가 알맞다.

참고문헌

1. 고정삼, 2000, 술의 세계, 광일문화사.
2. 고정삼, 2003, 제주의 술, 제주문화.
3. 고정삼, 2005, 술 알고 마시면 건강이 보인다, 유한문화사.
4. 고정삼, 고영환, 오남순, 김진현, 인만진, 채희정, 2003, 생물공학, 유한문화사.
5. 고정삼, 2004, 식품생물산업, 유한문화사.
6. Naver, Google, Yahoo internet sites.
7. 고정삼, 양영택, 박재권, 이영재, 2007, 나무인삼 탐라오가피, 제주문화.

〈부 록〉

주류 분석법

각종 농산물을 원료로 청주, 약주, 과실주 등의 발효주, 그리고 이들을 증류하여 제조한 소주, 위스키, 브랜디, 진 등 각종 주류의 품질평가를 위해서는 이에 필요한 여러 가지의 분석을 실시하게 된다. 여기에서는 국세청 기술연구소 주류분석 규정을 중심으로 한 주류 분석법의 일부를 소개한다.

1. 분석시료의 채취

여러 가지 술에 대한 시험을 하기 위하여 청결한 건조용기에 채취한 시료를 봉인하여 다음 사항을 기재한다.

① 시험 의뢰자
② 시료의 명칭
③ 제조자의 주소 및 성명
④ 용기번호 또는 제조번호
⑤ 제조 연월일
⑥ 채취장소
⑦ 제조량 및 저장량
⑧ 채취 연월일
⑨ 채취자의 인적사항
⑩ 시험항목
⑪ 채취할 때의 시료 상황, 채취방법

기타 참고가 될 사항을 기재한 다음 공인된 시험기관에 의뢰하게 된다. 실험실에서 시료를 보관하면서 분석할 경우에도 같은 방법으로 표기(labeling)한다.

2. 원료의 분석

술의 제조 원료는 쌀, 밀가루, 옥수수가루, 고구마, 보리쌀, 타피오카녹말 등의 녹말 원료, 또는 당밀을 사용하고 있다. 과실주의 제조용으로는 포도, 사과 등의 과일을 이용한다. 이들 원료의 분석항목은 주로 일반성분의 분석에 따라 이루어진다.

2.1 시료의 조제

분석시료는 전체를 대표해야 함으로 가능한 그 시료의 평균조성을 나타내야 한다. 가능한 많은 시료를 취하는 것이 바람직하지만, 실제로 분석에 많은 시료를 처리하는 일이 쉽지 않다. 일반적으로 소량씩 취한 시료를 잘 혼합한 다음 분쇄기(그림 9-1)를 사용하여 처리한다. 고체시료의 경우는 분쇄기로 잘 분쇄한 다음 30 mesh 이하의 체로 쳐서 그 일부를 시료로 한다. 표준분석에 있어서 기준이 되는 각종 식품에 따른 시료의 조제는 다음과 같다.

1) 곡 류

시료 중에 혼입되어 있는 모래・흙 등의 이물질을 제거하여 사용하며, 정선하여 분쇄기로 분쇄한 가루제품은 잘 혼합한 다음 시료로 한다. 충분히 건조한 시료는 그

그림 9-1. 실험실용 분쇄기 종류와 표준체

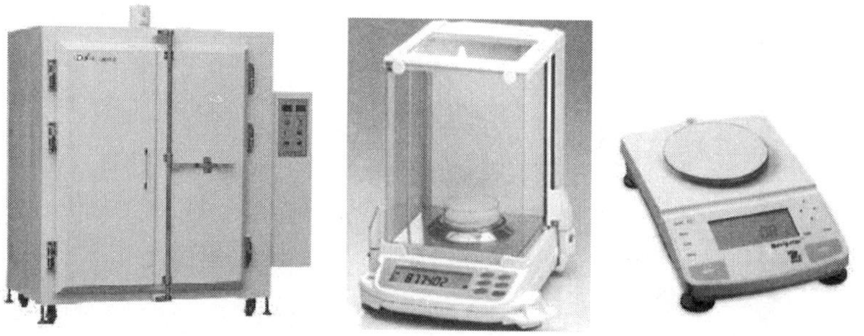

가열건조기 저울

그림 9-2. 실험실용 건조기와 저울

대로 쓸 수 있다. 그러나 건조가 덜 된 시료는 건조기(그림 9-2)에서 60~ 80℃에서 수일간 예비건조 한다. 건조한 시료는 1~2일간 건조한 실내에서 방치하였다가 분쇄하여 500~840 ㎛ 정도로 체질한 다음 분석시료로 쓴다. 예비건조를 할 때에 건조기 내에 온도가 너무 높으면 시료가 타버릴 우려가 있으므로 주의해야 한다.

2) 두류 및 유박류

일반적으로 곡류와 같은 방법으로 처리한다. 대두, 참깨, 땅콩 등 지방이 많이 들어 있어 직접 분쇄하기 어려운 두류 등은 25~50 g 정도를 저울에서 정확히 칭량하여 막자(motor, 그림 9-1)에서 분쇄한 다음 미리 건조시킨 삼각플라스크(flask)에 넣는다. 막자에 붙어 있는 시료를 에테르(di-ethylether)로 씻어 플라스크에 옮긴다. 여기에 약 250 mL의 에테르를 가하여 잘 흔든 다음 마개를 하고 하루 동안 방치시킨 후, 기울여서 다른 플라스크에 넣는 조작을 반복하여 먼저 플라스크에 더한다.

찌꺼기는 미리 정량한 여과지(filter paper) 위에 넣고, 에테르로 씻어 먼저 플라스크에 합하여 1~2 L로 채운다(그림 9-3). 이 중에서 50 mL를 취하여 미리 칭량한 병에 넣고 에테르를 증발시킨 다음 건조하여 무게를 잰다. 실제로 시료량을 줄여 충분히 지방 성분이 추출되었다고 판단되는 수준에서 시료를 조제하기 때문에 실제 사용하는 에테르의 양을 줄일 수 있다.

에테르로 씻어낸 찌꺼기는 먼저 실내에서 에테르를 날려 보낸 다음 60~80℃에서 1~2일간 건조시킨 후 무게를 재어 분석시료로 사용한다. 간혹 **에테르가 많이 남아 있는 상태에서 고온의 건조기에 넣었을 때는 불이 붙을 우려**가 있기 때문에 실온에서 에테르를 충분히 날려 보낸 다음 건조기에 넣는다. 시료 중에 들어 있는 유지의 함량과 탈지(脫脂)한 시료의 무게를 따로 측정하며, 일반성분의 분석시료는 탈지한 것을

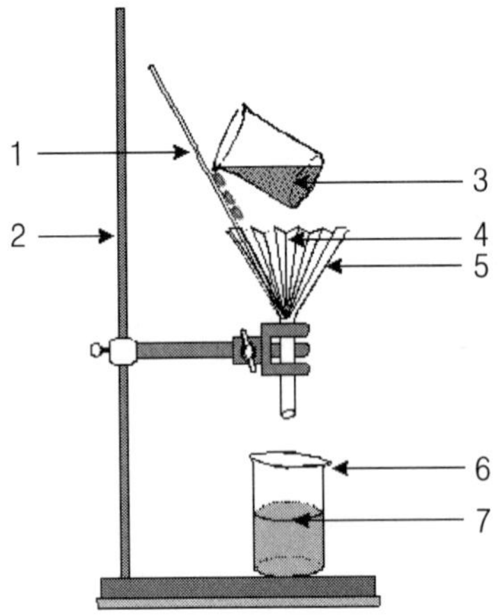

그림 9-3. 시료의 여과

1. 유리봉, 2. stand bar, 3. 혼합물, 4. 여과지, 5. 깔대기, 6. 비커, 7. 여과액

사용한다. 탈지한 시료를 분석한 경우는 탈지된 유지 함량을 포함한 원료 시료에 대한 중량으로 환산하고, 각 성분에 대한 백분율로 성분 함량을 나타낸다.

3) 과일과 채소

과일과 채소는 일반적으로 수분함량이 높고, 개체 및 부위에 따라 성분 함량이 달라질 경우가 많으므로 시료를 조제하는 데 주의하여야 한다. 시료 보존에 있어서도 성분 변화가 일어나기 쉽기 때문에 예비건조를 하여 풍건시료를 조제한다. 생체시료는 대표적인 장소에서 시료를 취한 다음 약 1 cm의 길이로 잘라 500~1,000 g을 칭량하여 자기그릇(crucible)이나 유리로 만든 샤레(petri plate) 등에 넣고 건조기 내에 60~80℃에서 예비건조 한다(그림 9-4).

건조한 시료는 1~2일간 실온에 방치하여 대기 중의 습도와 평형이 되도록 하여 무게를 측정하고, 신선한 시료와 건조한 시료 사이의 수분관계를 구한다. 예비건조한 시료를 분쇄하여 체로 친 다음 분석시료로 한다. 건조 중에 열에 의한 내용 성분의 변화를 줄이기 위하여 열풍건조 대신에 감압건조 또는 동결건조 방법이 많이 이용된다.

예비건조한 시료를 분석한 다음에 예비건조에서 감량된 수분 함량을 보정하여 원료 시료에 대한 중량으로 환산한다. 각 성분에 대한 성분 함량을 백분율로 나타내거나(wet basis), 또는 수분함량을 0으로 하여 환산한 건물량으로 표시한다(dry basis).

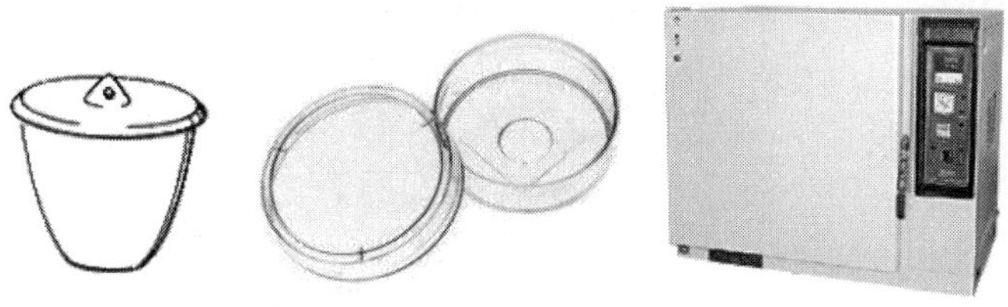

그림 9-4. 시료의 예비건조용 기구

[참고사항]

과일과 채소의 경우 각 부위에 따라 성분 함량이 차이가 심하다. 따라서 정확한 성분 함량을 분석하는 일은 쉽지 않으며, 시료를 조제할 때에 각 부위별로 골고루 혼합되도록 조제하는 것이 무엇보다도 중요하다. 일반적으로 시료의 양은 실험목적에 따라 줄여 사용하며, 이때에는 가능한 각 개체 및 부위를 소량씩 골고루 취하여 이를 혼합되도록 선택하여야 한다.

2.2 조제시료의 보존

분석시료는 보존 중에 다음과 같은 변화가 일어나기 쉽다. 즉, ① 수분 또는 휘발성 성분의 증발 또는 흡수, ② 빛 또는 열 등에 의한 산화작용, ③ 효소작용, ④ 미생물에 의한 분해 등에 의해 성분변화가 일어나기 쉽다.

시료의 보존 중에 이러한 변화를 가능한 억제하기 위하여 데시게터(desiccator, 그림 9-5) 등과 같은 밀폐된 용기에 보관하여 수분의 흡수를 방지하며, 공기와의 접촉을 피한다. 또한, 빛이나 열 접촉을 피하기 위하여 건조한 시료를 냉장고에 보관한다(그림 9-5). 내용 성분의 변화를 줄이기 위해서는 가능한 건조한 시료를 빨리 분석하는 것이 좋다. 냉장고에 장기간 시료를 보관할 경우는 건조에 의한 감량이 일어나 성

그림 9-5. Desiccator와 냉장고

분 분석 값이 차이가 생길 수 있음으로 밀폐된 용기나 포장재를 사용하는 것이 좋다. 분석시료를 보관하는 용기에는 시료의 명칭, 채취 장소, 조제 연월일, 조제자 등을 반드시 기재한다.

3. 식품성분의 분석

3.1 수 분

수분 정량방법에는 ① 건조법, ② 증류법, ③ 화학적 정량법, ④ 전기적 측정법, ⑤ 물리적 측정법으로 구분할 수 있으며, ④와 ⑤는 간이 측정법에 속한다. 일반적으로 건조법에 의한 수분 정량이 많이 이루어진다.

곡류, 두류, 과자류와 같이 수분이 적어서 그대로 분쇄할 수 있는 것은 시료 1～2g을 미리 건조한 칭량병에 담아 뚜껑과 함께 100～110℃(보통 105℃)의 건조기에 넣어 뚜껑을 반쯤 열어 둔 상태에서 약 5시간 건조시킨다. 건조기 속에서 뚜껑을 닫고 꺼낸 후 데시게터에 옮긴 다음 냉각하여 무게를 잰다. 칭량이 끝난 후 다시 뚜껑을 열고 건조기에 넣어 1～2시간 건조시킨다. 먼저와 같이 건조, 칭량을 반복하여 같은 무게(항량)을 구한다. 보통 이와 같은 조작을 3～4번 반복하며, 2회 칭량의 차가 0.3mg 이하가 되면 항량이 된 것으로 여긴다. 수분함량은 다음 식으로 산출한다.

$$수분(\%) = \frac{W_1 - W_2}{W_1 - W_0} \times 100$$

칭량병

위의 식에서, W_0 : 칭량병의 무게
W_1 : 처음 시료가 든 칭량병의 무게
W_2 : 항량이 되었을 때의 무게

수분이 비교적 많은 시료일 때는 예비 건조를 실시한 후 수분함량을 측정하고, 다시 본 건조를 실시한다. 수분함량은 다음 식에 의하여 산출한다.

$$수분(\%) = 100 - \frac{(100 - W_1)}{(100 - W_2)} \times 100$$

건조기

위의 식에서, W_1 : 예비 건조에서의 감량(%)
W_2 : 풍건물의 수분량(%)

[참고사항]

① 지나치게 오래 건조시키면 시료가 까맣게 타거나, 건조 중에 산화반응으로 무게가 오히려 증가할 우려가 있음으로 주의한다.

② 비가 오는 날이나 장마철과 같이 상대습도가 높은 날에는 칭량할 때 시료를 저울 위에 오래 놓아두면 주위로부터 흡습하여 무게가 조금씩 증가하므로 가능한 데시게터에서 꺼낸 후 신속히 측정하는 것이 좋다.

탄수화물의 정량법에는 굴절당도계(그림 9-6)에 의한 Brix당도(가용성 고형물, soluble solids)를 측정하는 간이법과 유리 환원당 또는 소당류와 다당류를 가수분해한 다음 환원당으로 정량하는 방법이 있다. 환원당의 정량법에는 여러 가지가 있으며, 여기에서는 대표적인 Somogyi-Nelson 법을 설명하였다.

그림 9-6. Abbe형 굴절당도계

3.2 환원당의 정량

1) Somogyi-Nelson법

[시 약]

① A액 : 15% cupric sulfate($CuSO_4 \cdot 5H_2O$, 15 g/100 mL), 물에 잘 녹지 않을 때는 소량의 황산을 가한 증류수로 녹인다.

② B액 : Sodium carbonate(anhydrate) 25 g, rochelle salts(potassium sodium tartrate) 25 g, $NaHCO_3$ 20 g, Na_2SO_4 200 g을 1 L의 증류수에 녹인다.

③ C액 : 사용하기 직전에 A액 1.0 mL에 B액 25 mL의 비율로 혼합하여 사용하며, 혼합한 후에는 하루 이상 지난 것은 사용하지 않는 것이 좋다.

④ Nelson 시약 : Ammonium molybdate 25 g, 96% H_2SO_4 21 mL와 $Na_2HAsO_4 \cdot 7H_2O$ 3 g을 증류수에 녹여 500 mL로 맞춘다. 37℃에서 24시간 정도 두었다가 갈색병에 보관하여 사용한다.

[측정방법]

시험관에 glucose 함량으로 5～500 ㎍이 들어 있는 여과시료 1 mL와 혼합 동시약(銅試藥, C액) 1 mL를 가하고 뚜껑을 덮는다. Blank로는 증류수 1 mL를 사용하여 같은 방법으로 실시한다.

↓

비등욕(沸騰浴) 중에 10분간 가열한 후 급히 냉각시킨다.

↓

Nelson시약 1 mL를 가하고 잘 혼합하여 발색시킨다.

↓

증류수 10 mL를 가하여 희석시킨 다음(또는 알맞은 희석배수로 증류수를 가한다), 15분 후에 spectrophotometer(그림 9-7)의 660 nm 또는 500 nm에서 흡광도를 측정한다.

↓

시료 대신 포도당으로 조제한 표준용액을 사용하여 같은 방법으로 표준곡선을 구한다. 표준곡선에서 시료의 환원당 함량을 환산한다.

그림 9-7. Spectrophotometer

[참고사항]

① 이 방법은 환원당 정량에 가장 널리 이용되는 방법 중의 하나로, 정량 범위는 포도당 함량으로서 0.01～0.6 mg/mL이다.

② 고농도의 염류, 특히 구연산염을 함유한 시료에서는 흡광도가 감소하며, 시약을 조제할 때 주의해야 할 뿐만 아니라 A액을 30℃ 정도의 항온기에서 보관하며 사용하여야 한다. 저온에서는 결정이 석출될 우려가 많다. Molybden blue의 색깔은 5시간 정도 유지가 되기 때문에 측정에 별 다른 문제점이 없다. 구리(銅)의 환원되는 정도는 단당류의 종류에 따라 다르며, galactose, mannose는 환원

속도가 다른 환원당에 비해 느림으로 주의하여야 한다. 660 nm에서의 흡광도는 500 nm에 비해 4배 정도가 됨으로 실험의 재현성을 위해서 500 nm에서의 측정이 바람직하다.

③ 참고문헌

- Somogyi, M. 1952, Notes on sugar determination, *J. Biol. Chem.*, 195, 19~23.
- Dische, Z. 1962, Color reactions based on the reducing properties of sugars, Methods in carbohydrate chemistry(Whistler, R. L. and M. L. Wolfrom ed.), vol. 1, p. 512~514.
- Hataka, C. and Y. Kobara, 1989, Determination of glucose by a modification of Somogyi-Nelson method, *Agric. Biol. Chem.*, 44, 2943~2949.

2) 총당의 정량

소당류(oligosaccharide), 다당류와 같이 비환원당 형태로 되어 있는 탄수화물을 정량할 때는 직접 정량할 수 없고, 이를 가수분해시켜 환원당 형태로 바꾼 다음 환원당 정량법에 따라 정량하고, 환원당 양에 일정계수를 곱하여 총당(total sugar)의 함량으로 한다.

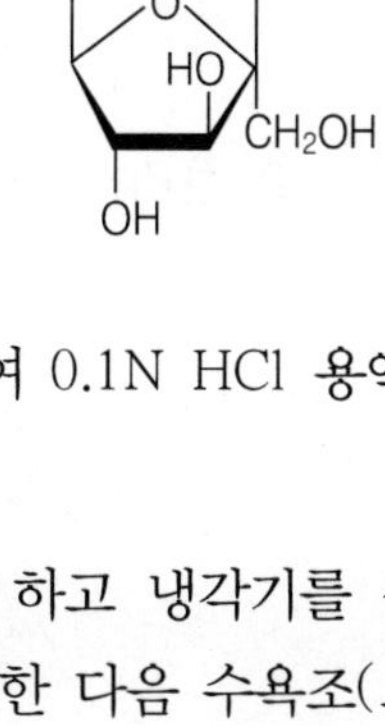

- 설탕의 정량 -

[시 약]

① 0.1N NaOH 및 0.1N HCl

② 환원당 정량용 시약

[측정방법]

시료용액 50 mL를 플라스크에 취하여 0.1N HCl 용액 15 mL를 첨가한다.

↓

역류 냉각관(플라스크에 고무마개를 하고 냉각기를 설치한 것) 또는 0.5~1.0 cm 굵기의 긴 유리관을 고무마개에 설치한 다음 수욕조(그림 9-8)에서 30분간 가열하여 가수분해 시킨다.

↓

냉각 후에 0.1N NaOH 용액 15 mL를 가하여 중화시킨다.

↓

250 mL mass flask에 옮겨 증류수를 가하여 맞춘다.

↓

이 당용액을 일정량 취하여 환원당을 정량하고, 이 값에 0.95를 곱한다.

[참고사항]

① 역류냉각관의 설치는 냉각기 또는 유리관의 길이를 50 cm 이상으로 하는 것이 좋으며, 가열 중에 수분이 일부 증발하지만 가열한 다음 중화시켜 용량을 맞추기 때문에 문제가 되지는 않는다.

② 가수분해를 시키기 전의 시료에 대하여 환원당 함량을 정량하고(B), 가수분해를 시킨 후에 환원당 함량(A)을 위의 방법으로 구한다. 원래 들어 있던 유리 환원당량을 뺀 값(A－B)에서 0.95를 곱하여 설탕 함량으로 한다.

그림 9-8. 플라스크와 water bath

-녹말의 정량-

녹말 정량용 시료는 구근류 또는 pentosan이나 다른 불순물이 적은 경우에 다음과 같은 방법에 의해 정량한다.

[시 약]

① 묽은 염산(비중이 1.125인 염산, HCl : 물 = 1 : 10, 약 2.27%)

② 5% NaOH

③ 환원당 정량용 시약

[측정방법]

원심분리기

시료 1 g에 물을 가하여 mixer로 마쇄한다.
(거품이 많이 생기는 경우 소포제로서 소량의 아밀알코올을 가한다)

↓

마쇄물을 원심분리하여 상징액을 제거하고, 침전물은 물을 첨가하여 교반하고 원심분리한다.

↓

몇 차례 반복 처리하여 상징액을 제거함으로써 수용성 당분을 제거한다.

↓

침전물에 묽은 염산 100 mL를 사용하여 플라스크에 넣는다.

↓

환류 냉각기를 설치한 다음 2～3시간 가열한다.

↓

냉각한 다음 5% NaOH로 중화시키고 전체를 1 L로 맞춘 후 여과한다.

↓

여액에 대한 환원당을 정량한다.

↓

원래 들어있던 유리 환원당 양을 뺀 값에 0.9를 곱한 값을 녹말 함량으로 한다.

3.3 조섬유의 정량

섬유질은 cellulose 뿐만 아니라 hemicellulose, lignin, pentosan, pectin, mannan, 수지(樹脂) 등과 같이 식물체의 뼈대를 이루고 있는 성분이다. 강한 무기산에 의해 포도당으로 분해하지만, 물에 녹지 않고 유기용매 및 묽은 산이나 알칼리에 녹지 않는다. 따라서 이와 같은 성질을 이용하여 일정한 농도의 묽은 산과 알칼리로 처리하여 단백질, 지방, 녹말 등을 용해시키고 남는 물질인 조섬유를 정량한다.

[장치 및 기구]

- 여과관: 길이가 약 20 cm이고, 여과면의 지름은 3 cm 정도이며, 여과면에는 체눈이 큰 동망(銅網)을 씌우고, 외측에 linen(1 cm에 약 18줄)을 치고 실로 매어져 있다.
- 산 및 알칼리 가열장치: 냉각관이 달려 있는 500 mL 들이 플라스크
- Glass filter(1G-3) 또는 Gooch crucible

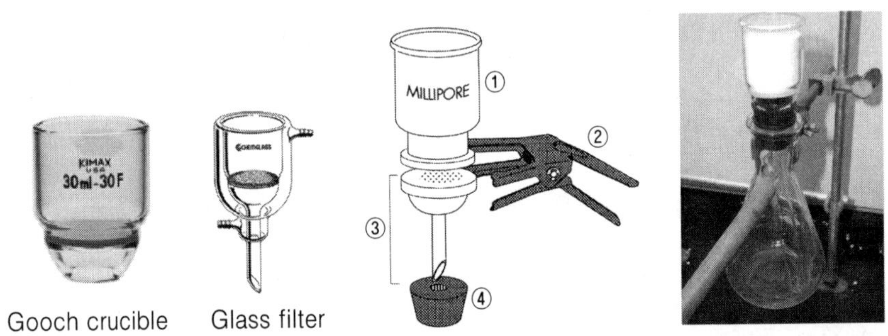

그림 9-9. 여과장치

① 여과기, ② Clamp, ③ Base, ④ 고무마개

[시 약]

① 1.25% 황산

② 1.25% NaOH

③ 석면: 정제한 것은 그대로 사용하나, 그렇지 않은 것은 5%의 NaOH 용액을 가하여 수욕조 위에서 8시간 이상을 가열한 다음 뜨거운 물로 잘 씻는다. 다시 염산(HCl : 물 = 1 : 3)을 가하여 마찬가지로 8시간 이상 가열한 다음, 염산을 버리고 뜨거운 물로 씻고 건조한 후 600～700℃로 가열해서 정제한 다음 사용한다.

[측정방법]

시료를 칭량하고, 500 mL 플라스크에 옮긴다.

↓

1.25% 황산용액 200 mL를 가하여 역류냉각기를 설치한다.

↓

내용물이 1분 이내에 끓도록 하여 30분간 끓인다.
(가열 중에 내용물이 잘 혼합되도록 하고, 시료가 벽에 붙어 용액 밖에 남지 않도록 한다).

↓

뜨거운 상태로 흡입 여과시킨다.
(뜨거운 물로 세척하며, 산성이 띄지 않을 때까지 4～5회 반복한다).

↓

1.25% NaOH 용액 200 mL를 사용하여 여과면에 붙어 있는 불용물을 플라스크에 옮긴다.

↓

같은 방법으로 가열한 다음 글라스 필터로 흡입 여과시킨다.

↓

뜨거운 물로 2～3회 세척한 다음 95% 에탄올 15 mL로 세척한다.

↓

여과기를 100～110℃에서 건조하여 항량을 구한다(W_1).

↓

450～500℃에서 1시간 회화시킨 후 항량을 구한다(W_2).

회화로

조섬유 함량은 다음 식에 의해 구한다.

$$조섬유(\%) = \frac{W_1 - W_2}{S} \times 100$$

여기에서 S는 시료의 무게이다.

[참고사항]

지방함량이 적은 시료는 그대로 사용하며, 지방질 식품은 조지방 정량이 끝난 시료를 사용하는 것이 좋다.

3.4 단백질

1) 조단백질의 정량

단백질을 구성하는 원소로는 반드시 질소가 들어 있으며, 그 함량은 모든 단백질에

표 9-1. 식품의 종류에 따라 조단백질을 산출하는 질소계수

식품의 종류	질소계수	식품의 종류	질소계수
동물성 식품		팥, 작두콩	6.25
달걀, 육류	6.25	땅콩	5.46
우유	6.38	밤	5.30
유제품, 마아가린	6.38	녹두, 강낭콩	5.25
식물성 식품		목화씨	5.30
쌀	5.95	코코넛	5.30
옥수수, 수수	6.25	참깨	5.30
보리, 라이맥, 귀리	5.38	메밀	6.31
밀가루(제분율 94~100%)	5.83	호두	5.30
밀가루(중간질, 제분율 93% 이하)	5.70	호박씨	5.30
국수, 마카로니, 스파게티	5.70	해바라기씨	5.30
콩, 콩제품	5.71	아마인	5.30

서 거의 일정하게 약 16%를 함유하고 있다. 따라서 시료 중에 들어 있는 질소량을 측정하고, 여기에 6.25를 곱하면 대략적인 단백질량이 될 것이다. 따라서 이 값을 질소계수라고 하며, 각 식품의 종류에 따른 질소계수는 표 9-1에서 보는 바와 같이 조금씩 다르다. 그러나 질소가 들어 있는 성분을 반드시 단백질이라고 할 수 없다. 따라서 시료 중의 총 질소량을 구하여, 이 값에 표 9-1에서 보는 바와 같은 질소계수를 곱한 것을 조단백질(crude protein)이라고 한다. 보통 분석시료의 질소계수를 모를 때는 6.25를 곱한다.

2) 총 질소의 정량

조단백질의 정량에는 주로 켈달법(Kjeldahl method)을 이용하여 시료 중의 총 질소 함량을 구한다. 이 방법은 분해과정과 증류과정으로 크게 나눌 수 있다.

분해과정에서는 무기촉매를 첨가한 다음 시료에 진한 황산을 넣어 가열하면, 시료 중의 질소는 ammonium sulfate로 바뀌게 된다.

$$\text{시료 중의 질소} + H_2SO_4 \xrightarrow[\text{가 열}]{CuSO_4 \text{ 또는 } K_2SO_4} (NH_4)_2SO_4$$

증류과정에서 과잉의 NaOH 용액을 가하여 가열하면 $(NH_4)_2SO_4$는 Na_2SO_4와 NH_4OH로 분해가 일어난다. 암모니아수는 분해반응에 의해 NH_3로 바뀌며, 이를 산

용액에 흡수시킨 후 알칼리 또는 산 표준용액으로 적정하여 유리 암모니아 함량을 구하는 방법이다.

$$(NH_4)_2SO_4 + NaOH \xrightarrow{\text{수증기 증류}} Na_2SO_4 + NH_4OH$$

$$NH_4OH \xrightarrow{\text{알칼리(NaOH)}} NH_3 + H_2O$$

다음에 소개하는 내용은 국세청 기술연구소의 분석법에 준하여 녹말 원료 중의 총 질소를 구하는 방법이다.

그림 9-10. Kjeldahl 분석장치

[시 약]

① 진한 황산(분해용)

② 산화제 : 분해 촉진제로서 $CuSO_4$와 K_2SO_4를 각각 motor에서 분쇄한 다음 1 : 9 (중량비)의 비율로 혼합하여 사용한다.

③ NaOH 포화용액

④ 1/50N NaOH : 0.1N NaOH를 조제한 다음 희석하여 factor(F)를 구한 다음 사용한다.

⑤ 1/50N H_2SO_4: 진한 황산 0.6 mL에 증류수를 가하여 1 L로 맞추고, 1/50N NaOH로 적정한다(a mL).

⑥ 지시약: methyl red 0.2 g과 methylene blue 0.1 g을 95% 에탄올 200 mL에 녹인다.

[측정방법]

시료 0.5～1 g(N량이 10 mg 정도 되도록)을 켈달 플라스크에 넣고, 분해촉진제 1g과 진한 황산 10 mL를 가한다.

↓

내용물이 투명하게 될 때까지 가열 분해시킨다.

↓

분해가 끝나면 냉각한 다음 증류수로 희석하여 100 mL로 맞춘다.

↓

10 mL를 증류장치에 넣고, 포화 NaOH를 첨가하여 수증기 증류한다[수기(受器)에는 1/50N 황산 10 mL와 지시약 2～3방울을 가한다].

↓

증류액이 약 40 mL가 되면 냉각관 끝을 물로 씻은 다음 1/50N NaOH로 역적정한다(b mL).

총 질소량은 다음 식에 의하여 계산한다.

$$\text{총 질소(\%)} = \frac{(a-b) \times F \times 0.28}{S}$$

여기에서 F는 0.1N NaOH의 factor이며, S는 시료의 무게이다.

[참고사항] 0.1N NaOH의 factor를 구하는 법

NaOH 포화용액을 수일간 방치한 다음 상징액 5 mL(20℃) 또는 6 mL(15℃)를 취하여 탄산을 함유하지 않는 증류수(증류수를 끓인 후 바로 냉각한 것을 사용)로 1L로 맞춘다.

↓

Potassium biphthalate[$KHC_6H_5(COO)_2$] 약 0.5 g을 정확히 칭량한 다음 증류수로 50 mL로 맞춘다.

↓

Phenolphthalein 0.5 g을 95% 에탄올에 용해한 지시약 2∼3방울을 가한다.

↓

0.1N NaOH 용액으로 담홍색이 될 때까지 적정한다.

$$F = \frac{KHC_6H_5(COO)_2\text{의 mg 수}}{20.42 \times NaOH\text{의 mL 수}}$$

* 또는 factor 값이 표시된 시판하는 1N NaOH를 이용한다.

3) 수용성 질소의 정량

시료 10 g을 비커에 취하여 증류수 50 mL를 가한다.

↓

5분간 끓인 후 냉각하여 원심분리 시킨다.

↓

상징액은 mass flask에 옮긴다.

↓

침전물은 증류수를 가하여 다시 추출한 다음 원심분리 한다.

↓

상징액을 mass flask에 합쳐 용량을 맞춘다.

↓

피펫으로 시료 50 mL를 취하여 총 질소를 정량한다.

↓

총 질소에 희석배수를 곱하여 환산한다.

원심분리기

4) 순수한 단백질의 정량

- Lowry의 방법 -

[시 약]

① A 용액 : 0.1N NaOH에 녹인 2% sodium carbonate
② B_1 용액 : 1% $CuSO_4 \cdot 5H_2O$
③ B_2 용액 : 2% sodium(또는 potassium) tartrate
④ C 용액 : A 용액 50 mL에 B_1, B_2 용액 각각 0.5 mL를 넣어 혼합한다(B_2를 먼저 넣으며, 사용 직전에 조제한다).
⑤ D 용액 : 1N Folin 시약

[측정방법]

0.005～0.7 mg의 단백질을 함유한 시료 1.0 mL에 C 용액 5 mL를 가한다.

↓

잘 혼합하고 10분간 방치한다.

↓

D 용액 0.5 mL를 가하고 잘 혼합시킨다.

↓

실온에서 30분간 방치한다.

↓

500 nm에서 흡광도를 측정한다.

Spectrophotometer

[참고사항]

① Blank는 단백질을 함유하는 시료 대신에 증류수를 사용하여 같은 방법으로 처리한다. Bovine serum albumin을 사용한 표준곡선(standard curve)을 구하고, 여기에서 시료의 단백질 함량을 구한다.
② 참고문헌 : Lowry, O.H., N.J. Rosebrough, D.F. Farr and R.J. Randall. 1951, Protein measurement with Folin reagent, *J. Biol. Chem.*, 193, 265～275.

3.5 조지방

지질은 일반적으로 물에 녹지 않고 유기용매에만 녹는 물질을 말한다. 유지는 지질에 해당되는 물질이며, 트리글리세리드(triglyceride)로서 상온에서 액체인 것을 기름(油), 고체인 것을 지(脂)라고 한다. 따라서 조지방을 정량할 때는 시료 중의 지질 성분을 에테르(diethylether)로 추출한 다음, 에테르를 증발시킨 다음 건조하여 남는 물질을 칭량한다. 에테르 추출물 중에는 유지 외에 색소류, 유기산 등이 들어 있어서 이를 조지방(crude fat)이라고 한다.

[측정방법]

건조하여 부순 시료 3～5 g을 정확하게 칭량하여 원통여지에 넣고, 그 위에 탈지면을 가볍게 끼어 넣는다.

↓

Soxhlet 지방추출기의 추출관에 넣는다.

↓

미리 항량을 구한 수기(受器)와 추출관, 냉각기를 연결시킨다.

↓

냉각기 윗부분에서 깔대기를 올려놓고 에테르를 충분히 붓는다.

↓

1회 반복(에테르의 증발, 응축, 낙하) 시간이 2～3분이 되도록 조절하여 가열한다. 약 10시간 경과 후에 냉각관을 떼어 여지를 꺼내고, 다시 연결하여 수기(受器) 중의 에테르를 증발시킨다.

↓

수기 바깥을 닦고 105℃에서 건조하여 항량을 구한다.

$$조지방(\%) = \frac{W - W_0}{S} \times 100$$

여기에서 W : 추출한 후 항량이 되었을 때의 수기무게

W_0 : 수기 무게, S : 시료 무게

[참고사항]

건조가 잘 안된 시료는 건조기에서 2～3시간 건조시켜 사용한다. 냉각기 윗부분에서 에테르를 가할 때는 에테르가 추출관의 사이폰(siphon 그림 9-11) 조금 위까지 차게 되면 사이폰 작용에 의해 내려가는데, 약간 더 부어 에테르가 충분할 정도로 가한다. 수기(受器) 내의 에테르가 끓어 증발하면 에테르의 증기는 냉각기(condenser)에서 냉각되어 원통여지 위에 떨어지고, 추출관에 담긴 에테르는 사이폰 상부까지 올라가면 수기로 내려가 증발, 응축, 낙하가 반복된다. 처음 5시간 정도의 추출에서 약 98%의 유지가 추출된다. 유지추출 중에 연결 부분에서 에테르가 새는 경우가 있으므로 주의해야 한다.

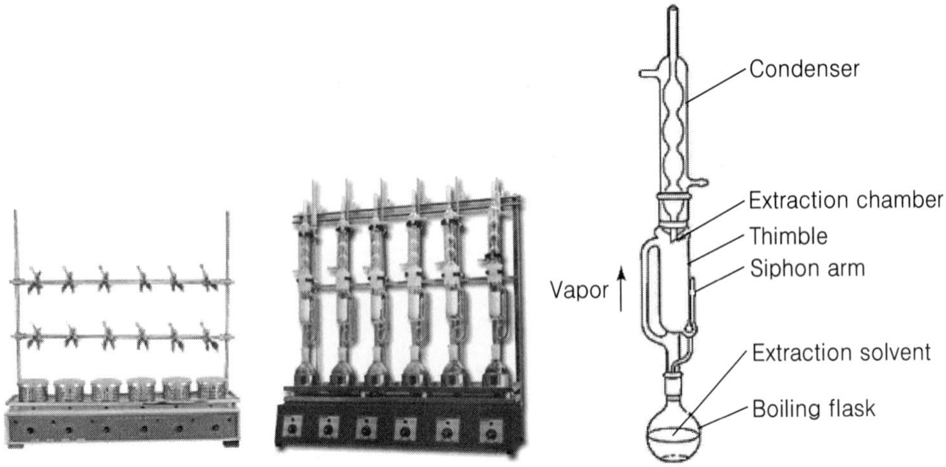

그림 9-11. Soxhlet 지방추출장치

3.6 회 분

회분(灰分, ash)은 일반적으로 유기물을 태웠을 때 남는 무기물에 해당되기 때문에 고온에서 유기물을 연소시켜 남는 물질을 정량한다.

[측정방법]

깨끗이 씻어 말린 도가니(crucible)를 전기로에서 구워(600℃, 2～3시간), 항량을 구한다.

↓

시료 2～5 g을 정확히 재어 도가니에 넣는다.

↓

서서히 온도를 올려 500～600℃에서 4～5시간 가열한다.
(도가니 밑이 벌겋게 될 정도로 가열한다)

↓

백색 또는 회백색의 재가 되면 전원을 끄고 회화로에서 약간 냉각한다.

↓

데시게터에서 실온으로 냉각하여 칭량한다.

↓

30～60분간 다시 구운 다음 냉각하고, 칭량하여 항량을 구한다.

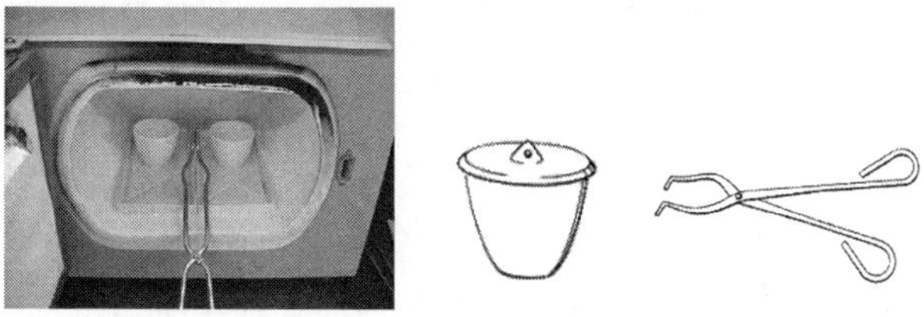

회화로 Crucible Crucible tong

그림 9-12. 회화로

$$\text{회분(\%)} = \frac{W_1 - W_0}{S} \times 100$$

위 식에서, W_1 : 시료와 함께 항량이 되었을 때 도가니의 무게

W_0 : 항량이 되었을 때의 도가니의 무게

S : 시료의 무게

3.7 무기성분

습식분해법으로 전처리를 한 후 여과한 다음, 각각의 무기성분의 함량을 각각의 분석조건에 맞추어 atomic absorption analyzer 또는 ICP(Inductively Coupled Plasma Emission Spectrophotometer, 그림 9-13)로 분석한다.

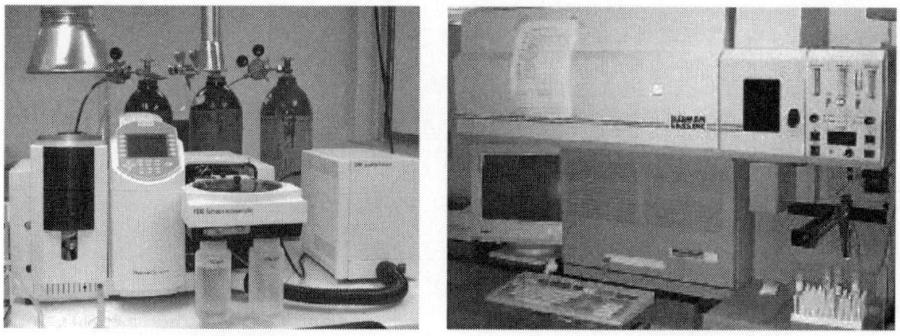

원자흡광분석기 ICP

그림 9-13. 무기성분 분석장치

4. 누룩의 분석

청주 제조에 사용하는 누룩(麴)을 각 제조 구분마다 4분법에 의해 약 100 g씩 채

취하고 색상, 균의 번식상태, 향미, 건습의 정도 등을 검사한다. 수분함량은 건조법에 의해 측정하며, 당화력(SP, saccharogenic power)의 측정은 다음 방법에 의해 실시한다.

누룩 1 g이 가용성전분 1 g에 작용하여 생성한 포도당을 기질(가용성전분 1 g)에 대해 백분율로 표시한 것을 당화율이라 하고, 이 당화율에 효소의 희석배수를 곱한 수치를 당화력이라고 한다. 누룩에서 순수분리한 곰팡이의 당화력인 amylase의 활성을 측정하는 경우는 밀기울 배지에서 배양한 다음 물을 첨가하여 추출한다. 추출 후 여과하여 조효소액을 조제하고, 가용성전분을 기질로 하여 조효소액의 아밀라아제 활성을 측정한 다음 그의 당화력을 비교한다.

- 효소활성의 측정 -

[시 약]

① 초산완충액(pH 5.0) : 0.1N acetic acid 용액과 0.1N sodium acetate 용액을 혼합하여 조제한다. 예를 들어 pH 5.0으로 맞출 경우 0.1N acetic acid 용액 29.6 mL에 0.1N sodium acetate 용액 70.4 mL를 가하면 된다.
② 2% 가용성 전분용액
③ 25% 염산용액
④ 10% 가성소다용액
⑤ 1% 식염용액
⑥ Somogyi 시약(환원당 정량법을 참조)

[효소액의 조제]

입국(粒麴) 10 g 또는 80~100 mesh로 분쇄한 누룩 10 g을 300 mL 마개가 달린 플라스크에 취한다.

↓

1% 식염용액 200 mL를 가한다.

↓

가끔 흔들어 주면서 30℃에서 3시간 동안 효소를 침출시킨다.

↓

정성용 여과지로 여과한다.

↓

침출된 조효소액은 5% 농도로 물로 희석하여 1%와 0.5% 용액으로 만들어 사용한다.

[효소반응]

플라스크 또는 시험관에 2% 가용성 전분용액 5 mL와 초산완충액(pH 5.0) 3 mL를 넣는다.

↓

55℃의 항온수조에서 10분간 예열한다.

↓

조효소액 1 mL를 가하고 60분간 당화시킨다.

↓

0.5N NaOH용액 1 mL를 가하여 효소작용을 중지시킨다.

↓

물을 가하여 10 mL로 맞추고 환원당을 정량한다.

항온수조

[참고사항]

당화력과 희석배수(D)와의 관계를 대수그래프에 plot하면 직선적인 관계를 갖는다. 당화력은 작용효소의 기준 농도를 5%로 하였을 경우 기질 1 g에 대한 효소 1 g의 작용을 뜻하며, 다음과 같은 관계식을 갖는다.

당화력 = 15 × D

$$\text{당화율}(\%) = \frac{(\text{녹말 당화액의 당분 \%} - \text{희석 효소액의 당분 \%}) \times 1/10}{(\text{2\% 가용성 전분의 총당} \times \frac{1}{2}) + [\text{희석 효소액의 총당 \%} - \text{희석 효소액의 환원당 \%}] \times 1/10} \times 100$$

5. 맥주용 보리 및 맥아 분석

5.1 보 리

1) 발아율

ASBC hydrogen peroxide 방법(Barley-3,B)에 의해 측정하며, 보리곡립 100개를 0.75% H_2O_2 100 mL에 넣고 48시간 후에 발아된 보리곡립(chitted barley kernel)을

%로 나타낸다. 색도는 분쇄시료를 color difference meter를 사용하여 껍질의 색도 값을 측정한다.

2) β-glucan 함량

β-glucan 함량은 McCleary와 Glennie-Holms의 방법에 의하여 측정한다. 보리 0.5 g을 polypropylene tube에 넣고 시료가 잘 분산되도록 50%(v/v) ethanol 용액 1mL를 넣은 다음 5 mL의 인산완충용액(20 mM sodium phosphate, pH 6.5)을 가하여 vortex mixer로 교반하여 시료를 혼합한다. 100℃ boiling water bath에서 수시로 교반하면서 끓인 후 40℃로 냉각시킨 다음 lichenase(50 U/mL in 20 mM sodium phosphate buffer, pH 6.5) 0.2 mL를 가하여 40℃ water bath에서 1시간 동안 반응시킨다. 여기에 증류수 24 mL를 가하여 30 mL로 정용한 다음 교반한 후 3000 rpm에서 10분간 원심분리를 한다. 상징액 0.1 mL씩을 3개의 시험관에 분취한 다음 1개의 시험관에는 초산완충용액(50 mM, pH 4.0) 0.1 mL를 가하고, 다른 2개의 시험관에는 β-glucosidase(2 U/mL in 50 mM sodium acetate buffer, pH 4.0)를 가하여 40℃에서 15분간 반응시킨다. 각각의 시험관에 glucose oxidase/peroxidase 시약(Megazyme, gluco 측정 kit, Ireland)을 가하여 40℃에서 20분간 반응시킨 다음 510 nm에서 흡광도를 측정한다.

$$\beta\text{-glucan}(\%,\text{w/w}) = \Delta E \times F \times 300 \times \frac{1}{1000} \times \frac{100}{W} \times \frac{162}{180} \times 100$$

$$= \Delta E \times \frac{F}{W} \times 27$$

ΔE = absorbance(reaction) − absorbance(blank)

$$F = \frac{100(\mu g \text{ of glucose})}{\text{absorbance of } 100\,\mu g \text{ of glucose}}$$

(conversion from absorbance to μg)

$\frac{1}{1000}$ = conversion from μg to mg

$\frac{162}{180}$ = adjustment from free glucose to anhydroglucose

300 = volume correction(i.e. 0.1 mL taken from 30.0 mL)

$\frac{100}{W}$ = factor to express β-glucan content as a percentage of dry flour.

W = the calculated dry weight of the sample analyse(mg)

5.2 맥 아

맥아의 품질평가에는 수분, 조단백질, 전분 및 환원당, 조지방, 회분, β-glucan, 색도(Daego JP7200F/C, Japan) 등을 측정하여 비교한다. 효소활성으로는 diastatic power(DP), α-amylase, β-amylase, β-glucanase을 측정한다.

1) Diastatic power

Diastatic power는 AACC mothod에 준하여 측정한다. 분쇄한 맥아 5 g에 증류수 100 mL를 넣은 다음 마개로 막고 교반하고 20℃ water bath에서 150분 동안 추출한 다음 여과한다. 100 mL starch용액(2%, w/v)에 malt infusion(맥아추출 여과액) 2mL를 넣고, 30분 후에 10 mL의 0.5N NaOH 용액을 넣어 혼합한다. 반응용액 5 mL에 alkaline ferricyanide 시약을 첨가하여 100℃ boiling water bath에서 20분간 반응시킨 다음 흐르는 물로 냉각시킨 다음 20 mL acetic acid와 1 mL starch KI 용액을 첨가하여 혼합한다. 0.05N sodium thiosulfate 용액을 사용하여 청색이 완전히 없어질 때까지 적정하여 다음 식에 의해 산출하였다.

Diastatic power(°L) = (B − M) × 18(2 mL 맥아 추출 여과액을 사용)
B = starch blank에 대한 sodium thiosulfate의 mL
M = 맥아에 대한 sodium thiosulfate의 mL

2) β-amylase 활성

β-amylase assay kit(Megazyme, Ireland)를 사용하여 측정하였다. 분쇄한 맥아 0.5 g에 5.0 mL 완충용액(Extraction Buffer ; 50 mMTrizma Base, 1mM di sodium EDTA)을 첨가한 후 20℃에서 1시간 동안 효소를 추출한 다음 3000 rpm에서 10분간 원심분리한 상징액에 buffer를 사용하여 희석한다. 0.2 mL Betamyl β-amylase 기질용액을 시험관에 넣고 water bath에서 5분간 40℃로 유지한다. Betamyl 기질용액을 포함하는 시험관에 효소추출액 0.2 mL를 첨가하고 40℃에서 정확히 10분간 반응시킨다. 반응 후 3.0 mL의 반응종결시약(1%w/v Trizma base)을 넣고 잘 혼합하여 410 nm에서 측정한다.

1 unit의 효소활성은 α-glucosidase와 함께 1분 동안 PGPN5(p-nitrophenyl Mal-topentaoside)로부터 p-nitrophenol 1 μmole을 생성하는 데 필요로 하는 효소의 양으로서 Betamyl unit으로 나타낸다.

$$\text{Unit/g powder} = E_{410} \times 1194$$

3) α-amylase 활성

α-amylase 활성은 Cerapha α-amylase assay kit(Megazyme, Ireland)를 사용하여 측정하였다. 분쇄한 맥아의 효소추출은 0.5 g의 분쇄물을 100 mL 정용플라스크에 넣고, 1% sodium chloride, 0.02% calcium chloride, 0.02% sodium azide를 함유한 용액으로 추출한다. 20℃에서 15분 동안 5분 간격으로 저어주면서 효소를 추출하며, 추출액을 3000 rpm에서 10분간 원심분리 한다.

상징액 0.5 mL와 추출 buffer(1M sodium malate, 1 M sodium chloride, 40 mM calcium chloride, 0.1% sodium azide) 9.5 mL를 넣어 희석하고 2시간 이내에 효소 활성을 측정한다. 0.2 mL Ceralpha α-amylase 기질용액을 시험관에 넣고 40℃의 항온수조에서 5분간 유지시키며, 추출하여 희석한 효소추출액도 같은 온도에서 5분간 유지시킨다. Ceralpha 기질용액 0.2mL을 함유하는 각각의 시험관에 0.2mL 효소추출액을 첨가한다. 40℃에서 10분간 반응시킨 후에 반응종결시약(20% w/v Tri-sodium phosphate solution) 3.0 mL를 넣어 410 nm에서 흡광도를 측정한다. 증류수를 사용한 blank의 흡광도를 측정하였다. α-amylase의 효소활성은 다음에 의해 계산한다.

$$\text{Unit/g powder} = E_{410} \times 382(\text{맥아가루})$$

1 unit의 효소활성은 정해진 분석조건에서 충분하게 존재하는 α-glucosidase와 glucoamylase와 함께 1분 동안 PGPN7(Blocked p-nitrophenyl maltoheptaoside)으로부터 p-nitrophenol 1 μmole을 생성하는 데 필요로 하는 효소의 양으로서 Ceralpha unit로 나타낸다.

4) β-glucanase 활성

분쇄맥아 0.5 g을 원심분리튜브(14 ×120 mm)에 넣고 8.0 mL 추출 buffer 용액(40 mM acetate/phosphate, pH 4.6)을 첨가하여 혼합한다. 실온에서 15분 동안 효소를 추출하며 3000 rpm에서 10분간 원심분리 한다. 30℃로 미리 조절된 0.5 mL Azo-barley glucan 기질용액을 원심분리 튜브에 넣고 30℃에서 5분간 유지하며, 맥아추출물도 30℃에서 5분간 유지한다. 각각의 시험관에 0.5 mL Azo-barley glucan 기질에 0.5 mL 맥아추출물을 넣고 혼합한 후 30℃에서 10분 동안 반응시킨다. 반응 후에 3.0 mL 침전용액을 넣고 혼합하여 5분간 방치한 다음 3000 rpm에서 10분간 원심분리 한 상징액을 590 nm에서 흡광도를 측정한다. β-glucanase의 활성은 unit/kg malt로 하며 1 unit는 30℃, pH 4.6에서 1분 동안 glucose 환원당에 해당하는 1 μmole을 생성하는 효소의 활성으로 나타낸다.

6. 발효주의 분석

발효주는 크게 청주 및 합성청주, 탁주 및 약주, 맥주, 과실주 등으로 구분된다. 발효주의 분석은 시료채취 후에 색깔 및 향미 등의 성상(性狀), 비중, 주정분(알코올 함량), 총산 및 휘발산, 아미노산, 엑스분, 총당, 메탄올, 가스압력(맥주인 경우), 아황산(과실주의 경우) 등을 측정한다.

6.1 시료의 채취

시료의 채취량은 700～800 mL로 하고 혼탁성 침전물의 상태를 조사한 다음, 색깔 및 향미를 감정한다. 발효주의 투명도 평가는 육안으로 판별하지만, 비색계를 이용하여 660 nm에서 흡광도를 측정하고 관능평가를 같이 하면 좋은 결과를 얻을 수 있다.

6.2 비중과 주정도

술의 비중은 비중계를 사용하여 측정하며, 주정분은 다음 방법에 따라 주정계에 의해 측정하여 15℃에서의 값으로 환산한다.

- 비중의 측정 -

비중(比重, specific gravity)은 어떤 물질의 무게와 그것과 같은 부피를 가지는 물의 무게의 몇 배인가를 나타내는 것으로, 보통 4℃의 물을 표준으로 하여 측정온도 t℃일 때의 부피와 비교하는 것이다. 액체의 경우 보통 비중계를 사용하여 측정한다. 비중계에는 표준 비중계, 보오메 비중계, 알코올 메타(주정계, 그림 9-14) 등이 있다. 액체시료 중에서 초산, 소금용액, 청주 등을 측정할 때에는 티끌과 같은 불순물이 없는 것은 그대로 쓰고, 불순물이 있는 것은 여과하여 시료로 한다. CO_2 등의 가스를 함유하고 있는 시료는 끓여서 가스를 제거한 다음에 시료로 쓴다.

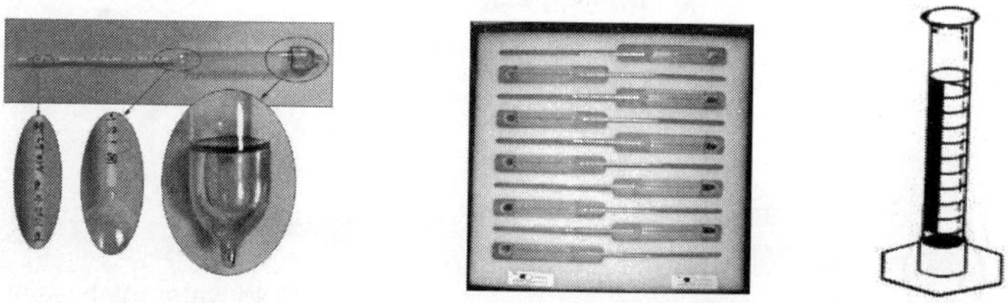

비중계의 구조 알코올 메타(주정계) Mass cylinder

그림 9-14. 비중계

[측정조작]

시료를 15℃가 되도록 맞추고, 실린더에 조용히 부어 수평인 실험대 위에 넣는다.

↓

비중계의 위 끝을 가볍게 잡아 살며시 시료 속에 넣어 비중계가 실린더 벽에 닿지 않고 정지하면 손끝으로 비중계의 위 끝을 가볍게 눌렀다 놓는다.

↓

비중계가 실린더에 닿지 않고 정지하면 액면과 비중계가 접촉하는 윗면의 한 눈금을 ½까지 읽으면 이것이 그 시료의 비중이다.

↓

같은 조작을 2～3회 반복하여 얻어지는 값의 평균치를 그 액체의 비중으로 한다.

- 주정도 -

보통 시료 중에 들어 있는 에탄올 함량을 말하며, 시료 100 mL 중에 들어 있는 에탄올의 g수로 나타낸다. 주류 등의 시료를 증류하면 비점의 차이에 의해 알코올 성분이 먼저 유출되는데, 이것을 모아 그 액 중의 알코올 농도를 알코올 메타(주정계)로 측정한다. 청주, 과실주, 위스키, 브랜디 등은 그대로 시료로 사용하며, 맥주와 같은 발포성인 시료는 함유하고 있는 탄산가스를 제거한 다음에 시료로 사용한다. 그리고 당분이 많은 술은 2배로 희석하여 시료로 쓴다.

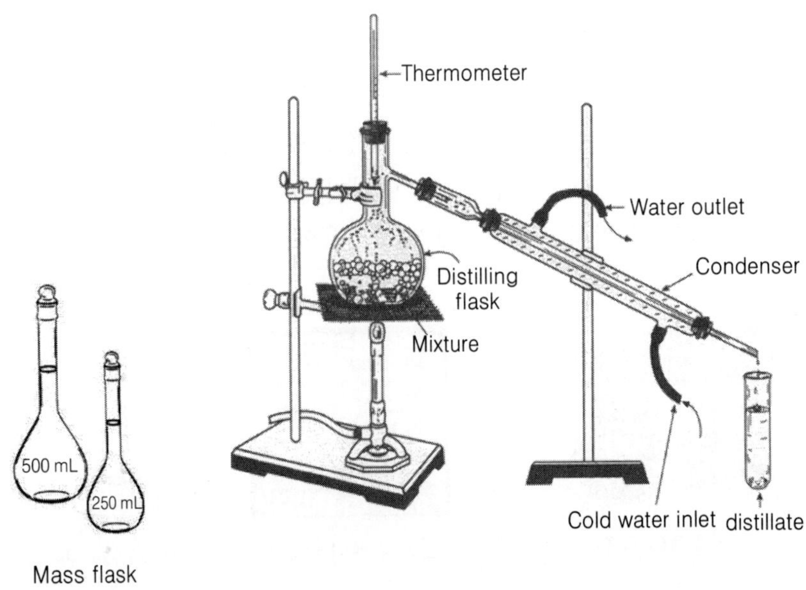

그림 9-15. 상압 증류장치

[측정방법]

Mass flask(또는 mass cylinder)로 시료 100 mL를 정확히 취한다.

↓

상압 증류장치(그림 9-15)의 플라스크에 넣고 증류한다.

↓

증류액이 60～70 mL가 되면 증류를 끝낸다(약 20분 정도가 소요된다).

↓

증류수를 가하여 100 mL로 맞춘다.

↓

Cylinder에 옮겨 잘 혼합하고 알코올 메타로 눈금을 읽는다.

[참고사항]

알코올 농도를 표시할 때는 15℃에서 측정치를 나타낸다. 15℃에서 알코올 농도를 측정할 수 없을 때는 측정온도에서 읽은 값을 주정온도 보정표를 사용하여 15℃에서의 값으로 보정한다. 알코올의 용량%를 중량%로 나타낼 때는 다음 식에 의해 계산한다.

$$\text{알코올 함량(중량\%)} = V \times \frac{S}{d}$$

위 식에서 V : 알코올의 용량%
S : 15℃에서 순수한 알코올의 비중(0.794)
d : 증류액의 비중

6.3 유기산

식품 중에 들어 있는 유기산(organic acid)은 일반적으로 유기산 총량(휘발산과 불휘발산)으로 나타낸다. 따라서 총산 함량과 휘발산 함량을 각각 측정하고, 총산에서 휘발산 함량을 뺀 값을 불휘발산 함량으로 표시한다. 주스, 술, 식초 등의 액체식품은 그대로 시료로 쓰지만, 과일, 된장 등의 고체식품은 일정한 량을 취하여 증류수를 가하여 희석한 다음 일정량을 취하여 시료로 하며, 필요에 따라서는 여과하여 사용한다.

총산 및 휘발산의 정량은 다음의 방법에 의한다. 적정값을 총산(total acid)으로 나타낼 때는 청주(淸酒)인 경우 succinic acid 함량으로 표시하고, 과실주에 있어서는 원료 과실의 주성분인 유기산 종류로 나타내기 때문에 포도주는 tartaric acid 함량으로, 사과주는 malic acid로, 감귤주는 citric acid 함량으로 각각 표시한다. 또한 휘발산은 acetic acid 함량으로 나타낸다.

- 총 산 -

[측정방법]

시료 10 mL를 정확하게 재어 플라스크에 취한다.

↓

1% phenolphthalein 용액 몇 방울을 가하여 0.1N NaOH 용액으로 적정한다(시료가 청주일 때는 BTB와 NR의 혼합 지시약을 사용한다).

적정하는 예

$$총\ 산(\%) = a \times f \times F \times 10$$

위 식에서,

a : 0.1N NaOH 용액의 적정 mL 수

f : 0.1N NaOH 용액의 factor

F : 0.1N NaOH 용액 1 mL에 해당하는 각각의 유기산 계수는 다음과 같다.

(acetic acid 0.0060, lactic acid 0.0090, succinic acid 0.0059
malic acid 0.0067, citric acid 0.0064, tartaric acid 0.0075)

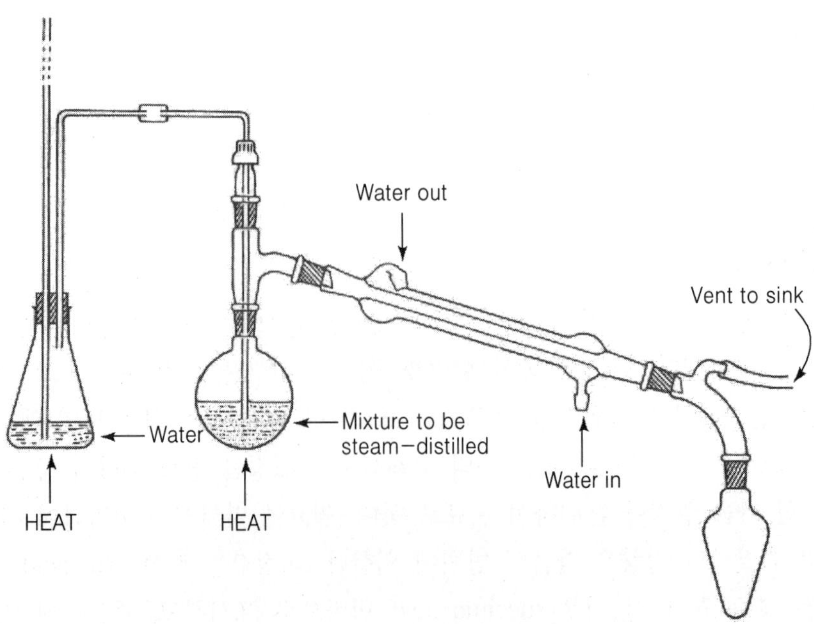

그림 9-16. 수증기 증류장치

- 휘발산 -

시료 10∼25 mL를 300 mL들이 round bottom flask에 취하고, 증기발생관(그림 9-16)을 가열한다. 500 mL 들이의 수기(受器)에 약 300 mL를 받고 나서 총산의 측정방법과 같이 적정한다.

$$휘발산(\%) = \frac{a \times f \times 0.006 \times 100}{S}$$

Round bottom flask

여기에서 a : 0.1N NaOH 용액의 적정 mL 수
f : 0.1N NaOH 용액의 factor
S : 시료 무게

유기산의 개별 정량법으로는 HPLC(그림 9-17)가 주로 이용된다. 저자의 연구실에서 분석하였던 예로서 원심분리한 상징액을 millipore filter(0.45 ㎛)로 여과한 후, 초순수를 사용하여 1,000배 희석하여 분석시료로 하였다. Bio-LC(Dionex, DX-500)를 이용하였으며, detector는 ED 40 conductivity를 사용하여 측정하였다. Ionpac® ICE-AS6 column을 사용하였으며, 0.5 ㎕를 주입하고 이동상은 0.4 mM heptaflorobutyric acid로 하여 유속을 0.9 mL/min로 하였다. 표준물질로서는 L-malic acid, citric acid, oxalic acid(Sigma, GR)를 20 ppm 농도로 혼합하여 측정하였다.

다른 분석 예로서 시료를 분쇄한 다음 100 mesh 나일론 포로 압착하여 과즙을 짠 후 증류수를 가하여 희석시켜 여과하였다. 여액을 Sep-pak C_{18} cartridge와 0.45 ㎛ membrane filter를 통과시켜 유기산 분석시료로 하였다. 분석조건은 μ-bonda pak C_{18} cartridge column(3.9 mm × 30 cm)을 사용하여, 시료 5 ㎕를 주입한 다음 0.2 M KH_2PO_4(pH 2.4) 용매계로 0.8 mL/min로 흘려보내 UV/VIS로 검출하였다. 표준시료(Sigma)를 같은 조건에서 분석한 다음 비교하고, 그 함량을 환산하였다. 이 외에도 표 9-2에서 보는 바와 같은 조건에서 탄수화물과 유기산을 분석하기도 한다.

그림 9-17. HPLC 분석장치

표 9-2. HPLC에 의한 탄수화물과 유기산의 분석조건

	탄수화물	유기산
컬럼(column)	Supelcosil LC-NH_2 (250 × 4.6 mm, 5 mm)	Alltech IOA-1000 organic acids(300 × 7.8 mm)
검출기(detector)	RI	UV 210 nm
주입량(injection volume)	20 μl	20 μl loop (Rheodyin)
유량(flow rate)	1.5 mL/min	0.4 mL/min
컬럼온도	35℃	Ambient
이동상(mobile phase)	Acetonitrile : water(85 : 15)	0.01N H_2SO_4

- pH의 측정 -

발효주의 pH는 원료 중에 들어 있던 유기산이나 발효과정 중에 미생물에 의해 생성되는 대사산물에 영향을 받게 되며, pH meter(그림 9-18)에 의해 측정한다. pH meter를 이용한 전기적인 방법은 원리는 같으나 pH meter의 종류에 따라서 조금씩 사용방법이 다르기 때문에 각각 사용 설명서에 따라 조작한다. 전극은 측정할 때마다 증류수를 사용하여 잘 씻고, 물기를 여과지 또는 화장지로 닦고 사용한다.

[측정방법]

전원 스위치를 키고 warming-up을 시킨다.

↓

표준 pH 용액을 사용하여 pH meter의 pH를 조정한다.

↓

시료에 전극을 담고 시료의 pH를 측정한다.

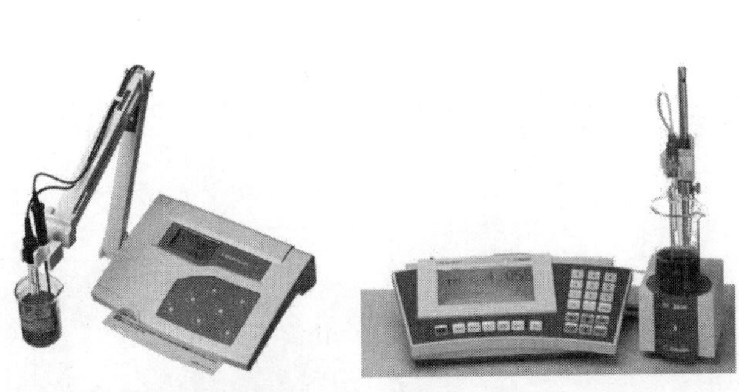

그림 9-18. pH 메타

[참고사항] 유리전극을 사용할 때의 주의사항

① 필요 이상 오랫동안 시험용액이나 다른 용액 속에 담가 두지 않는다. 특히 pH 9 이상의 알칼리 용액에서는 전극의 감도를 떨어뜨린다.
② 시험용액의 pH를 측정한 다음에 바로 증류수로 세척한다. 알칼리 용액을 측정하는 경우는 pH 완충용액이나 묽은 염산용액에 담가 세척하는 것이 좋다.
③ pH 전극을 보관할 때는 증류수에 담가 두는 것이 전극 내부에 들어있는 용액의 증발을 억제하는 효과가 있다. 측정할 때에 pH 변화가 심할 때는 response를 서서히 주어야 한다.

6.4 엑스분

엑스분(extract)은 식초, 간장, 과실주 등의 액체식품에서 수분, 알코올, 휘발산 등의 휘발성 물질을 증발시키고 난 고형물로서 탄수화물, 단백질, 산, 무기질에 해당된다.

1) 직접법

항량을 구한 증발접시에 시료 10～50 mL를 취한다(불순물이 있을 때는 여과 후에 사용한다)

↓

수욕조에서 증발, 농축시킨다.

↓

엷은 갈색의 점질물이 되면 꺼내어 밑부분을 닦는다.

↓

100℃에서 1～2시간 건조시켜 항량을 구한다.

증발접시

$$엑스분(g/100\ mL) = \frac{시료의\ 감량}{시료의\ 무게} \times 100$$

2) 간접법

청주, 맥주, 과실주 등의 엑스분을 측정할 때 쓰이는 방법으로 시료의 무게와 알코올 농도로부터 다음 식에 의해 간접적으로 구할 수 있다.

$$엑스분(E) = (S - A) \times 260 + 2.1$$

위 식에서, S : 15℃에서의 시료의 비중

A : 알코올 농도를 표 9-3에 의해 비중으로 환산한 값

표 9-3. 15℃에서의 주정도와 비중의 환산표

주정도수	비 중	주정도수	비 중	주정도수	비 중	주정도수	비 중
0	1.0000	16.0	0.9802	32.0	0.9633	48.0	0.9386
1.0	0.9985	17.0	0.9792	33.0	0.9621	49.0	0.9367
2.0	0.9970	18.0	0.9782	34.0	0.9608	50.0	0.9348
3.0	0.9956	19.0	0.9773	35.0	0.9594	51.0	0.9329
4.0	0.9942	20.0	0.9763	36.0	0.9581	52.0	0.9309
5.0	0.9929	21.0	0.9753	37.0	0.9567	53.0	0.9289
6.0	0.9916	22.0	0.9742	38.0	0.9553	54.0	0.9269
7.0	0.9903	23.0	0.9732	39.0	0.9538	55.0	0.9248
8.0	0.9891	24.0	0.9721	40.0	0.9523	56.0	0.9227
9.0	0.9878	25.0	0.9711	41.0	0.9507	57.0	0.9206
10.0	0.9867	26.0	0.9700	42.0	0.9491	58.0	0.9185
11.0	0.9855	27.0	0.9690	43.0	0.9474	59.0	0.9163
12.0	0.9844	28.0	0.9679	44.0	0.9457	60.0	0.9141
13.0	0.9833	29.0	0.9668	45.0	0.9440	61.0	0.9119
14.0	0.9822	30.0	0.9657	46.0	0.9422	62.0	0.9096
15.0	0.9812	31.0	0.9645	47.0	0.9404	63.0	0.9073

6.5 당 분

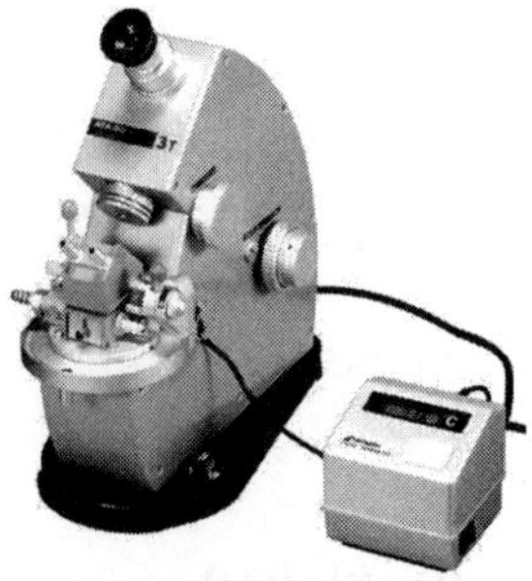

총당 함량은 묽은 염산을 첨가하여 가열함으로써 환원당으로 전환시킨 다음 환원당 정량법으로 분석한다. 또한 간단히 측정할 때는 Abbe 굴절계를 이용하여 Brix당도(가용성 고형물)를 나타내기도 한다. 가용성 고형물은 수용성 당분뿐만 아니라 유기산, 단백질 등이 포함되기 때문에 당 함량과 같은 의미로 사용될 수는 없지만, 측정이 간단하여 대략적인 당분농도를 예측하는 데 이용된다.

일정한 조건에서 빛에 대한 굴절률은 물질에 따라 다르며, 한 가지 물질에서는 언제나 일정한 값을 나타내므로 그 물질의 굴절률을 측정하게 되면 순도와 농도를 알 수 있게 된다. 그러나 같은 물질이라도 빛의 파장, 온도 및 시료의 농도 등 측정조건에 따라 굴절률이 달라지며, 보통 스펙트럼 D선으로 20℃에서 측정한다. Abbe 굴절

계를 많이 사용하며, 주 프리즘(prism) 위에 시료를 1～2방울 떨어뜨리고 부 프리즘을 밀착시킨 다음 전원 스위치를 넣고, 접안렌즈를 돌려 초점을 맞춘 후 눈금을 읽는다. 설탕용액, 주스, 술 등의 당도를 동시에 읽을 수 있다.

- 녹말의 정량 -

녹말 정량용 시료는 곡류, 구근류 또는 pentosan이나 다른 불순물이 적은 경우에 다음과 같은 방법에 따라 정량한다.

[시 약]

① 묽은 염산(비중이 1.125인 염산, HCl : 물 = 1 : 10, 약 2.27%)
② 5% NaOH
③ 환원당 정량용 시약

[측정방법]

시료 1 g에 물을 가하여 mixer로 마쇄한다.
(거품이 많이 생기는 경우는 소포제로서 소량의 아밀알코올을 가한다)

↓

마쇄물을 원심분리 하여 상징액을 제거하고, 침전물은 물을 첨가하여 교반하고 원심분리 한다.

↓

몇 차례 반복 처리하여 상징액을 제거함으로써 수용성 당분을 제거한다.

↓

침전물에 묽은 염산 100 mL를 사용하여 플라스크에 넣는다.

↓

환류 냉각기를 설치한 다음 2～3시간 가열한다.

↓

냉각한 다음 5% NaOH로 중화시키고 나서 전체를 1 L로 맞춘 후 여과한다.

↓

여액에 대한 환원당을 정량한다.

↓

원래 들어있던 유리 환원당 양을 뺀 값에 0.9를 곱한 값을 녹말 함량으로 한다.

유리된 환원당의 개별 정량법으로는 HPLC가 많이 이용되며, 각각의 분석조건은 반드시 일치하지 않다. 시료를 3,000 rpm에서 10분 동안 원심분리한 후 상징액을 시료로 사용한다. 유리당 분석은 착즙하여 원심분리를 한 상징액을 millipore filter(0.45 ㎛)로 여과한 후 증류수를 사용하여 희석한 다음 분석시료로 사용한다.

저자의 연구실에서 분석하였던 예로서 Bio-LC(Dionex, DX-500)를 이용하였으며, detector는 ED 40 INT amperometry를 사용하였다. Carbopac TM PA1 column을 사용하였으며, 이동상은 100 mM NaOH로 하였다. 시료용액 0.5 ㎕를 주입하여 유속 0.6 mL/min로 조절하였다. 유리당 정량을 위한 표준물질로서는 fructose, glucose, sucrose(Sigma, GR)를 초순수로 각각 20 ppm 농도로 희석 혼합하여 측정하였다.

다른 분석 예로서 HPLC(Waters, model 246, 미국)에 의해 분석한 경우 당분석용 column을 사용하여 용매계는 80% acetonitrile을 유속 1.0 mL/min로 하고, 시료 5 ㎕ 주입하였다. 당 함량은 같은 조건에서 실시한 표준용액(Sigma)과 비교하여 정량하였다.

6.6 메탄올

[시 약]

① 3% $KMnO_4$
② $NaHSO_3$
③ 5% chromotropic acid
④ 진한 황산
⑤ 메탄올

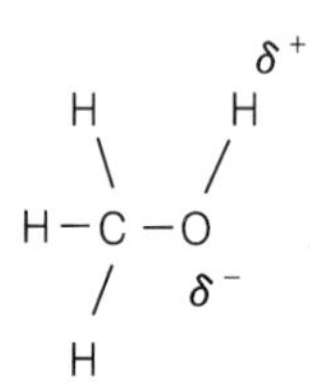

[측정방법]

에탄올 함량이 약 5.5%가 되도록 희석하여 조제한 시료 2 mL를 50 mL 플라스크에 취한다.

↓

Ice bath에서 냉각시킨다.

↓

예냉한 3% $KMnO_4$ 2 mL를 가하고 30분간 정치한다.

↓

극소량의 $NaHSO_3$를 가하여 탈색한다.

↓

5% chromotropic acid용액 1 mL와 진한 황산 15 mL를 가한다.

↓

60～75℃의 항온수조에서 15분간 가열한 다음 냉각한다.

↓

증류수를 가하여 50 mL로 맞춘다.

↓

575 nm에서 비색정량한다.

↓

같은 알코올 농도를 갖는 용액에 메탄올을 가하여 표준용액을 조제하고, 같은 조건에서 분석하여 표준곡선을 작성하고 시료의 메탄올 함량을 산출한다.

7. 증류주의 분석

증류주는 양조를 증류하여 알코올 함량을 높인 술이다. 증류주에는 크게 주정, 소주 및 고량주, 위스키 및 브랜디, 기타 재제주로 구분된다. 증류주의 종류에 따라 분석항목이 조금씩 차이가 있으나, 일반적으로 발효주의 분석항목 이외로 퓨젤유(fusel oil), 알데히드(aldehyde), 에스테르(ester), 디아세틸(diacetyl), 중금속, 푸르푸랄(fufural), 인공착색료 및 인공감미료(위스키와 브랜디) 등을 측정하게 된다.

7.1 퓨젤유

[시 약]

① 1% p-dimethyl amino benaldehyde

② 진한 황산

③ 퓨젤유 표준용액 : *i*-butyl alcohol과 *i*-amyl alcohol 혼합액(1 : 4)을 물과 에탄올의 혼합액(10 : 1)으로 희석하여 0.01～0.001 v/v%의 표준용액 계열을 만든다.

[측정방법]

시료 2 mL를 플라스크에 취하여 ice bath에서 냉각시킨다.

↓

1% *p*-dimethyl amino benaldehyde용액 1 mL를 가하고 혼합한 후에 냉각한다.

↓

진한 황산 10 mL를 가하고 30분간 가열한다.

↓

냉각한 후에 540 nm에서 흡광도를 측정한다.

↓

표준용액을 사용하여 같은 방법으로 측정한 표준곡선에서 퓨젤유의 함량을 산출한다.

7.2 에스테르

[시 약]

① 1/50N NaOH
② 1/50N 황산
③ Phenophthalein 지시약

[측정방법]

시료 25 mL를 300 mL 마개가 달린 플라스크에 취한다.

↓

지시약을 2～3방울 가하고, 1/50N NaOH 용액으로 담홍색이 될 때까지 적정한다(a mL).

↓

NaOH 용액을 추가하여 빨간색이 되도록 하고 50 mL로 맞춘다.

↓

마개를 하고 실온에서 24시간 동안 방치한다.

↓

1/50N 황산용액으로 무색이 될 때까지 적정한다(b mL).

↓

1/50N NaOH용액으로 담홍색이 될 때까지 역적정한다(c mL).

$$총\ 에스테르(mg/100\ mL) = 1.76 \times (50 + c - b - a) \times \frac{100}{25}$$

7.3 알데히드

[시 약]

① 1.5% $K_2S_2O_5$
② 0.45% phosphate EDTA
③ HCl
④ 0.1N iodine용액
⑤ 0.2% 녹말용액

[측정방법]

시료 5 mL에 증류수 30 mL와 1.5% $K_2S_2O_5$용액 1 mL를 가하여 혼합한다.

↓

15분간 방치한 후에 0.45% phosphate EDTA용액 1 mL를 가한다.

↓

15분간 방치한 후에 HCl용액 1 mL를 가한다.

↓

0.2% 녹말용액을 2～3방울 가하고 0.1 N-iodine 용액으로 적정한다.

↓

Acetaldehyde의 표준용액을 만들고, 같은 방법으로 적정하여 구한 표준곡선에서 산출한다.

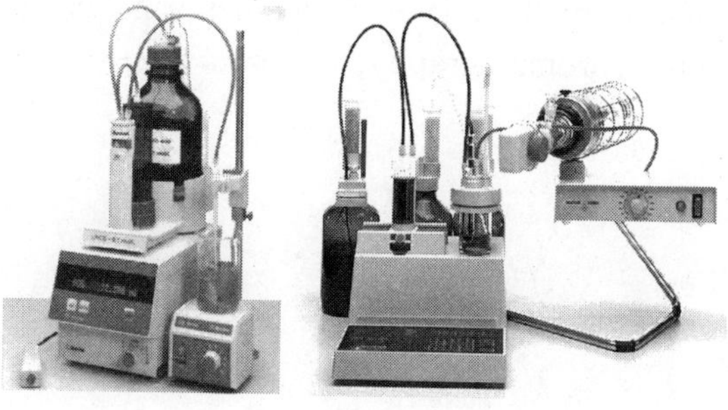

그림 9-19. 적정장치

참고문헌

1. 고정삼, 1998, 식품분석실험, 제주대학교 출판부.
2. 송은영, 최영훈, 강경희, 고정삼, 1998, 제주산 감귤류의 숙기에 따른 유리당, 유기산, 헤스페리딘, 나린진, 무기물 함량의 변화, 한국식품과학회지, 30(2), 306～312.
3. 고정삼, 김성학, 1995, 제주산 감귤류 성분과 그 특성, 한국농화학회지, 38(6), 541～545.
4. 좌창숙, 양영택, 고정삼, 2000, 섬오갈피의 수확시기와 부위에 따른 유리당, 유기산, 아미노산, 무기물의 함량 변화, 한국농화학회지, 43(2), 106～109.
5. Naver, Google, Yahoo internet sites.
6. McCleary, B.V. and Glennie-Holmes, M., 1985, Enzymic quantification of (1-3)(1-4)-β-D-glucan in barley and malt, *J. Inst. Brewing*, 91, 285～295.
7. Rotter, B.A., Marquardt, R.P., Guenter, W. and Crow, G.H., 1990, Evaluation of three enzymic methods as predictors of in vivo response to enzyme supplementation of barley-based diets when fed to young chicks, *J. Sci. Fd. Agric.*, 50, 19～27.
8. McCleary, B.V. and Codd, R., 1989, Measurement of β-amylase in. cereal flours and commercial enzyme preparations. *J. Cereal Sci.*, 9, 17～33.
9. McCleary, B.V. and Sheegan, H., 1987, Measurement of cereal α-amylase, A new assay procedure, *J. Cereal Sci.*, 6, 237～251.
10. McCleary, B.V. and Shameer, I., 1987, Assay of malt β-glucanase using Azo Barley Glucan, an improved precipitant, *J. Inst. Brew.*, 93, 87～90.
11. 고정삼 외, 2000, 식품영양실험핸드북, 도서출판 효일.
12. Ting, S.V., R.L. Rouseff, M.H. Dougherty and J.A. 1986, Attaway, Determination of some methoxylated flavones in citrus juices by high performance liquid chromatography, *J. Food Sci.*, 44, 69.

찾아보기

ㅇ

Index

E

F

G

H

I

K

L

M

N

P

저자 약력

고 정 삼

- 제주대학교 식품가공학과(공학사)
- 서울대학교 대학원 식품공학 전공(농학석사)
- 일본 동경대학 대학원 농예화학과(농학박사)
- 미국 Texas A&M University 객원연구원
- 제주도농업기술원, 난지농업연구소 겸임연구관
- 전 제주대학교 생명자원과학대학 교수
- 저 서: '식품가공학', '생물공학', '식품생물산업', '제주감귤', '식품공학', '제주의 술' 외 다수, 학술논문 120여 편

재미있고 알기쉬운 양조공학

2021년 12월 20일 재판 인쇄
2021년 12월 25일 재판 발행

저 자 : 고정삼
펴낸이 : 천승배
펴낸곳 : 도서출판 유한문화사

주소 : 경기도 고양시 덕양구 지도로124번길 8-35
전화 : 2668-2055
팩스 : 2668-2565
http://www.yuhansa.com
E-mail : yuhansa@hanmail.net
등록 : 제 5-31호. 1979. 3. 6.

값 24,000 원

ISBN : 978-89-7722-557-2 93590